दलित आन्दोलन से असली धर्मनिरपेक्षता

दलित आन्दोलन
से
असली धर्मनिरपेक्षता

डा॰ उदित राज

कल्पज़ पब्लिकेशन्स
दिल्ली-110052

दलित आन्दोलन से असली धर्मनिरपेक्षता

रुपये 750

ISBN: 81-7835-482-9

प्रकाशन वर्ष 2006
कल्पज़ पब्लिकेशन्स
सी–43, सत्यवती नगर, दिल्ली–110052
ई–मेल : kalpaz@hotmail.com

अक्षर मुद्रांकन : मास्टर कम्प्यूटर्स, दिल्ली
सालासर ऐमेजिंग सिस्टम, दिल्ली

विषय सूची

भूमिका

भारत की सामाजिक व्यवस्था अनूठी, जटिल और बहुस्तरीय है। जाति, भारतीय समाज की कड़वी सच्चाई है जो इसके स्वरूप को विश्व के परिदृश्य में बिल्कुल अलग जगह देती है। संसार भर की विचारधाराएं भारतीय समाज की इस पेचीदगी के सामने बौनी और विवश हो जाती हैं। डॉ॰ अम्बेडकर ने इसीलिए कहा था कि भारतीय जाति व्यवस्था एक बहुमंजिली इमारत की तरह है। इसमें जो जिस मंज़िल पर पैदा होता है, उसी पर जीता और मरता भी है। डॉ॰ अम्बेडकर विश्व के उन इने–गिने विचारकों में गिने जाते हैं, जिन्होंने समाज व्यवस्था को उसकी पूरी गहराई के साथ समझा था।

जाति के विरूद्ध लड़ाई जरूर है, परंतु असाध्य नहीं है। इस रास्ते पर बहुत से अवरोध हैं, कठिनाइयां हैं। ये कठिनाइयां बहुस्तरीय हैं। एक स्तर पर यह मानसिक है, तो दूसरे पर आर्थिक, तीसरे पर सामाजिक है। हमें इन अवरोधों को 'लोकेट' करके खत्म करना होगा। यह जरूरी है कि शुरूआत खुद से हो। आंदोलन के लिए सबसे पहले खुद को आहूत करना होता है। जो कौमें शहादत और कुर्बानी के लिए तैयार नहीं होती, वे हमेशा गुलाम बनी रहती हैं। दलित समाज की गुलामी का एक बड़ा कारण शहादत से दूर भागना भी है। बिना शहादतों और कुर्बानियों के कोई लड़ाई नहीं जीती जा सकती है। लालच, अकमर्ण्यता और स्वार्थों को पहचानना और उनसे बचना

होगा। विश्व के इतिहास भी गौरवपूर्ण है। अंग्रेज और मुसलमान दोनों ही ऐसी कौमें हैं, जिनकी रग–रग में शील और शहादत भरी हुई है। बाबरनामा में बाबर ने भारत के बारे में बहुत ही अशोभनीय परन्तु सच्ची टिप्पणी की है। वह हिन्दुस्तान के लोगों के बारे में कहता है कि वे सफाई पसन्द नहीं हैं। उनमें शायरी (कविता) की तमीज़ नहीं है। मुहम्मद ग़ौरी, महमूद गजनवी जैसे लुटेरों ने भी 'हिन्दुस्तानियों' की जाहिली और काहिली पर बहुत तंज़ किए थे। मैकाले, वारेन हेंस्टिग्ज, मेयो, ह्यूरो, कार्नवालिस आदि सभी अंग्रेज–लॉर्ड 'हिन्दुस्तानियों' की इस कमजोरी को जानते–पहचानते थे। इसलिए भारत को गुलाम बनाए रखने में उन्हें कोई परेशानी नहीं हुई।

भारत को सर्वाधिक नुकसान ब्राह्मणवाद ने पहुंचाया। धर्म की चाशनी में ब्राह्मणवादियों ने समाज को 'स्लो पॉयजन' देने का काम किया। धर्म की चाशनी (शुगर कोटेड) के कारण जनता में इसका व्यापक प्रतिकार भी न हो सका। भारतीय जनता आमतौर पर धर्मभीरू और अमनपसंद (सही शब्दों में डरपोक और त्यागभीरू) है। तीन हजार साल वर्षीय ब्राह्मणवादी विचारधारा में पलने–बढ़ने के कारण भारत का हर स्तर पर अवमूल्यन हुआ। यह अचरज की बात है कि भारतीय संस्कृति का जो भी श्रेष्ठ और विश्व प्रशंसित है, वह ब्रह्मणी विचारधारा के हाशियों से आया है। भले ही वह बुद्ध हों, कबीर हों या अम्बेडकर हों। ब्राह्मणी विचारधारा का कोई भी व्यक्ति अथवा कृति विश्व स्तर पर 'सरवाइव' नहीं करती है। ब्राह्मणी इतिहास का पूरा दर्शन गपोड़ियों और लपंटों का दर्शन है। स्त्री की नग्न देह और ईश्वर की अदृश्य देह पर रचा गया है पूरा का पूरा ब्राह्मणवादी साहित्य। कथनी और करनी का अंतर ब्राह्मणवादी विचार की प्रमुख पहचान है। वह हर व्यभिचार के खिलाफ और सदाचार के पक्ष में बोलेगा जरूर, परन्तु करेगा इसके एकदम उलट। उसके मंदिर, मठों और अखाड़ों में सदाचार की

धज्जियां उड़ाई जाएंगी। दलितों और मौका मिलने पर पूरे गैर ब्राह्मण समाज की औरतों को सीधे–सीधे नंगा घुमाया जाएगा या अप्रत्यक्ष दैहिक शोषण के लिए प्रस्तुत रखा जाएगा। व्यभिचार पर धार्मिक मुलम्मा चढ़ाकर पूजनीय बनाया जाएगा। विश्व भर में महान ग्रन्थ के रूप में प्रचारित की जाने वाली 'श्रीमद्‌भागवतगीता' के नवें अध्याय के बत्तीसवें श्लोक पर यदि एक नजर डालें तो पाएंगे कि वहां शूद्रों (सिर्फ दलित नहीं) के साथ सिर्फ सभी समाजों की औरतें ही नहीं हैं, बल्कि वैश्य वर्ग (बनिया समाज) भी 'पापयोनि' करार दिया गया है। ब्राह्मणवादी विचार पितृसत्तात्मक विचार है। वहां स्त्रियों के प्रति सिर्फ और सिर्फ घृणा एवं गैर बराबरी है। स्त्रियों को अपनी स्थिति पहचानकर इस ब्राह्मणी विचार के खिलाफ खड़ा होना ही चाहिए।

संक्षेप में कहा जाए तो ब्राह्मणवादी विचार मनुष्य विरोधी, नृशंस और व्यभिचारी है। सभी समाजों की स्त्रियों, दलितों, पिछड़ों और अल्पसंख्यकों के साथ–साथ जन्मना ब्राह्मण विद्वानों को भी इसके विरोध में खड़ा होना चाहिएं ब्राह्मणवादी विचार की खिलाफत मनुष्यता की पक्षधरता है। हाशिये की सभी ताक़तों को इसके खिलाफ एकजुट होने की सामयिक, वैचारिक और ऐतिहासिक जरूरत है।

इस किताब की जरूरत इन्हीं कारणों से जरूरी और अपरिहार्य होती है। डॉ॰ अम्बेडकर के जीवन–दर्शन से अनुप्रणित डॉ॰ उदित राज वर्तमान समय में दलित समाज के ऐसे ही मसीहा बनकर काम कर रहे हैं जैसे कभी बुद्ध, कबीर और डॉ॰ अम्बेडकर ने किया था। निस्वार्थ भाव और अपने समाज के प्रति समर्पण और प्रतिबद्धता ने उनके व्यक्तित्व का जन–जन के मन में बिठा दिया था। शहादत के लिए आकुल, त्याग के लिए प्रस्तुत और 'दलित कॉज़' पर सब कुछ न्यौछावर कर देने वाले हैं डॉ॰ उदित राज। जिस भारतीय प्रशासनिक सेवा के लिए बड़े–बड़े संयमी पर काबू नहीं रख पाते, उसी सेवा से

उन्होंने बाखुशी त्यागपत्र देकर साबित कर दिया कि वे समाज सेवा को व्यक्तिगत स्वार्थों से बिल्कुल पृथक रखते हैं। उनका यह त्याग प्रशंसनीय ही नहीं अनुकरणीय भी है। इस कठिन समय में ऐसी ईमानदारी अन्यत्र कम ही देखने को मिलती है। डॉ॰ उदित राज अपनी इसी कर्तव्यनिष्ठा, त्यागभावना, सदाचारिता, और उच्च मानवीय मूल्य वत्ताओं के कारण डॉ॰ अम्बेडकर की सच्ची परंपरा में स्थान पाते हैं।

1

विहिप का जातिवादी चेहरा

भारत जैसे विशाल देश को बार–बार पराजय, गरीबी और न जाने किन–किन यातनाओं का सामना करना पड़ा और आने वाले दिनों में भी लगता है ऐसे कठिन दिन आते ही रहेंगें। सिकंदर सतलुज नदी को पार कर पोरस की बड़ी सेना पर आक्रमण करने की हिम्मत नहीं जुटा पा रहा था, किन्तु जब उसे यह पता लगा कि भारत की सेना विभिन्न जातियों में विभाजित है, तो उसने उसी रात योजना बनाकर आक्रमण कर दिया और विजयी हुआ। इसी तरह से 712 ई॰ में एक ब्राह्मण ने मोहम्मद बिन कासिम को भारत पर आक्रमण करने का निमन्त्रण दिया। और उसका परिणाम यह हुआ कि सिन्ध का राजा दाहिर लड़ाई में हार गया। मोहम्मद गजनवी को जयचन्द ने भारत पर आक्रमण करने के लिए दावत दी। अंग्रेजों के शासन में राय साहेब और तमाम सम्मानित पद से दलितों एवं महिलाओं को नहीं सुशोभित किया गया। अंग्रेजी हुकूमत ने जब समाज सुधार आन्दोलन करने का प्रयास भी किया तो पोंगापंथी बगावत पर उतर आए। डॉ॰ बी.आर. अम्बेडकर के संघर्ष के बाद जब अंग्रेजी सरकार ने दलितों को पृथक मताधिकार दिया, तो गांधी जी सहित तमाम पोंगापंथी नेता विरोध पर उतारू हो गए और अन्त में आरक्षण का अधिकार समझौते में मिला। क्षण भर के लिए सोचा जाए कि यदि भारत में जात–पांत न होती तो क्या कोई इसे अमेरिका, जापान या अन्य विकसित देशों की तरह होने से रोक सकता था? कदापि नहीं।

विश्व हिन्दू परिषद के नेता श्री गिरिराज किशोर ने 25 अक्टूबर, 2001 को एक आरोप लगाया कि 4 नवम्बर, 2001 को अनुसूचित जाति/जन जाति संगठनों के अखिल भारतीय परिसंघ की अगुवाई में हजारों लोग ईसाई बनाए जा रहे हैं। इसका आधार यह था कि अमेरिका में कुछ लोगों ने वेबसाइट पर यह सूचना दी थी। आए दिन वेबसाइट या इंटरनेट पर नग्न तस्वीरें और न जाने क्या–क्या सूचनाएं भेजी जाती रहती हैं। पिछले वर्ष इलाहाबाद के कुम्भ मेले के समय विदेशों में तमाम वेबसाइट बनाई गईं थी, जिसमें यह कहा गया था कि लोगों को ईसाई बनाया जाएगा और साहित्य भी वितरित किए जाएंगें। कुम्भ मेले को कवर करने के लिए तमाम विदेशी मीडिया भी उपस्थित था, जिसके समक्ष संघ परिवार के लोगों ने धड़ाधड़ बयान दिए। किसी दलित ने इसका विरोध नहीं किया। संघ परिवार एवं भाजपा के तमाम नेताओं ने खुद एवं अपने बच्चों की शिक्षा ईसाई स्कूलों एवं कालेजों में ली और विदेशों में भी उच्च शिक्षा एवं रोजगार के लिए गए, तो किसी ने विरोध नहीं किया। सरकार भी ईसाई देशों से स्वास्थ्य, शिक्षा एवं तमाम क्षेत्रों में सहयोग के लिए हाथ फैलाए रहती है। जब मैंने विदेशी पत्रकारों को दावत दी तो संघ परिवार बौखला गया कि दलित कैसे ईसाईयों से फायदा ले रहे हैं। 7 सितम्बर, 2001 को हैदराबाद में ईसाई सम्मेलन में मुझे एवं अन्य परिसंघ के नेताओं को निमंत्रण दिया गया। तदनुसार हम लोग गए भी और उनके समक्ष मांग रखी कि अपनी संस्थाओं में दलितों को आरक्षण दें। यह भी हम लोगों ने मांग की कि मेडिकल एवं विश्वविद्यालय यदि बनाते हैं तो हम लोगों को भी अवसर दिया जाए।

वास्तव में संघ परिवार को कोई न कोई बहाना ढूढ़ कर बौद्ध धम्म दीक्षा का कार्यक्रम रद्द कराना था।

बौद्ध धर्म की दीक्षा का कार्यक्रम 13 दिसम्बर 1999 में आरक्षण बचाओ रैली, फिरोज शाह कोटला मैदान, दिल्ली में घोषित किया गया था और तभी से प्रचार–प्रसार में हम लोग जुटे हैं। पहले यह कार्यक्रम 14 अक्टूबर, 2001 को होना निश्चित था, परन्तु राम लीला के कारण राम लीला मैदान नहीं मिल सका। शुरुआत में लालकिले के पीछे करने का इरादा था, परन्तु सरकारी तौर पर सार्वजनिक सभा न करने के कारण राम लीला मैदान पर करने का फैसला किया गया। दिल्ली नगर निगम में सर्वप्रथम परिसंघ की ओर से आवेदन किया गया था और बार–बार आश्वासन भी दिया जाता रहा कि 14 अक्टूबर का दिन खाली है और हम लोगों को दिया जाएगा। जब तीन माह रह गए

तब दिल्ली नगर निगम ने कहा कि यह स्थल रामलीला कमेटी को दिया जाएगा। दो साल से 14 अक्टूबर के लिए प्रचार–प्रसार होता रहा परन्तु उस पर पानी फिर गया। फिर हम लोगों ने दिल्ली हाई कोर्ट में याचिका दायर की कि राम लीला 17 अक्टूबर से होनी है, इसलिए 14 अक्टूबर के लिए स्थान दिया जा सकता है। हाई कोर्ट जज महोदय ने भी कहा कि राम लीला की तैयारी पहले से शुरू हो जाती है, इसलिए 26 अक्टूबर के बाद की कोई तिथि ले सकते हैं। तदनुसार 3–4 नवम्बर के लिए राम लीला मैदान की अनुमति मिली और दिल्ली पुलिस ने भी कहा कि हमें कोई आपत्ति नहीं है। भारतीय संविधान के अनुसार राज्य का कोई धर्म नहीं हो सकता है। फिर भी राम लीला करने के लिए निःशुल्क लगभग एक महीने के लिए मैदान दे दिया जाता है, जबकि हम इस्तेमाल करने के लिए अच्छा–खासा शुल्क देते हैं। क्या उपरोक्त से किसी भी निष्पक्ष व्यक्ति को यह नहीं लगेगा कि दलितों की दूसरे दर्जे की नागरिकता है?

श्री गिरिराज किशोर के बयान के बाद दिल्ली पुलिस से 29 अक्टूबर को नोटिस प्राप्त हुई कि वेबसाइट में ईसाई बनाने की बात कही गई है। अनुमति रद्द करने का यह भी एक मुख्य आधार था कि हम लोगों ने अपनी प्रचार–सामग्री में दस लाख लोगों द्वारा बौद्ध धर्म की दीक्षा का प्रचार–प्रसार किया है, जबकि राम लीला मैदान की क्षमता 70 हजार लोगों की ही है। पुलिस ने कहा कि हमने तथ्य को छुपाया है, इसलिए अनुमति रद्द की जाती है। 30 अक्टूबर तक पुलिस ने जवाब मांगा और जवाब दे भी दिया गया। 31 अक्टूबर को पुनः पत्र प्राप्त हुआ कि अनुमति रद्द कर दी गई है और यदि अनुमति चाहते हों तो संयुक्त आयुक्त पुलिस से सम्पर्क करें। संयुक्त आयुक्त पुलिस के स्तर से 3 नवम्बर की शाम को अनुमति रद्द कर दी गई। ऐसी परिस्थिति में मात्र एक रात बची। शायद भारत में आज तक किसी को इस आधार पर अनुमति रद्द नहीं की गई होगी।

कुछ लोगों ने दिल्ली में 2 नवम्बर से ही आना शुरू कर दिया था और हमने पुलिस को भी बताया कि अब दूर के लोग अपने घरों से चल चुके हैं। इसलिए उन्हें रोकना मुश्किल हो गया। चूंकि हमारे साथ अधिकतर पढ़े लिखे लोग जुड़े हैं, इसलिए अधिकतर लोग अपनी स्वयं की व्यवस्था पर रुकते हैं। राम लीला मैदान को एक–दो दिन पहले से ही पुलिस छावनी के रूप में परिवर्तित किया जा चुका था। सरकार को इतना निम्न स्तर पर गिरना पड़ा कि परिसंघ की ओर से बैनर एवं होर्डिंग लगा दिया कि बौद्ध धम्म दीक्षा का

कार्यक्रम रद्द हो गया है। सभी अन्तराष्ट्रीय बस अड्डों एवं रेलवे स्टोशनों पर पुलिस तैनात कर दी गई और एक–एक पुलिस ने प्रचार शुरू कर दिया कि कार्यक्रम रद्द हो गया है और बहुत से लोगों को डांटा–फटकारा कि वापिस चले जाओ। अधिकतर लोग डरकर वापिस चले गए। प्रेस सहित सभी लोग जानते हैं कि एक भी बस, टेम्पो इत्यादि अम्बेडकर भवन के आस–पास न फटक सका। अघोषित आपात्काल एवं पुलिस की बर्बरता के बावजूद लाखों लोगों ने हिन्दू धर्म का त्याग करके बुद्ध धर्म की दीक्षा ली एवं सरकार और विहिप के षड्यन्त्र को नाकामयाब भी कर दिया। इस आपातकालीन माहौल में चन्द घण्टे पहले लोगों को रेलवे स्टेशन एवं जहां सम्भव था, सूचित किया कि वे राम लीला मैदान जाने के बजाए अम्बेडकर भवन, मंजनू टीला एवं अन्य स्थानों पर एकत्रित हों। ज्यादातर लोग दिल्ली, हरियाणा, उत्तर प्रदेश से आने थे, लेकिन पुलिस ने मुख्य नेताओं एवं कार्यकर्ताओं के घरों पर जाकर कहा कि कार्यक्रम रद्द हो गया है, इसलिए वे घरों से न निकलें। पुलिस ने व्यक्तिगत तौर पर उनको धमकाया। कइयों को तो पुलिस स्टेशन पर बुलाया गया और कुछ को पीटा भी गया। सभी बसें एवं यातायात के साधनों को दिल्ली की सीमाओं पर रोक दिया गया। हजारों बसें, टेम्पो एवं कारें रोक दी गईं। हम लोग लगातार पुलिस से निवेदन करते रहे कि इनको छोड़ दें, किन्तु छोड़ा नहीं गया। समूहों में लोगों को जाने से रोक दिया गया अतः छोटे ग्रुप में लोगों को छुपकर आना पड़ा। सरकार ने सोचा कि कुछ भी नहीं होगा फिर भी दीक्षा में शामिल होने वालों ने विशालतम दीक्षा कर डाली। तमाम वरिष्ठ नेताओं को सीमाओं पर रोका गया और बड़ी मुश्किल से वे यहां तक पहुंच पाए।

इस सब के बावजूद भी अम्बेडकर भवन खचाखच भरा था और उसके आस–पास की सड़कें जाम थीं। अम्बेडकर भवन में बौद्ध भिक्षु द्वारा दो बार दीक्षा दिलाई गई। तीसरी बार, जब लोग राम लीला मैदान की ओर जा रहे थे, पुलिस ने सड़कों पर रोका, तो पहाड़गंज की सड़क पर ही दीक्षा दिला दी गई। यदि सरकार जनतन्त्र का गला न घोटती तो दस लाख के बजाए पन्द्रह लाख लोग दीक्षा में शामिल होते। कुछ स्वार्थी दलित नेताओं ने इस जुल्म में सरकार से हाथ मिलाया। इन दलित नेताओं को सोचना चाहिए कि उन्होंने कितना दलित समाज का अहित करने का प्रयास किया है।

सत्य यह है कि संघ परिवार बौद्ध धर्म का सीधे विरोध नहीं कर सकता। पहला कारण यह है कि बौद्ध धर्म डॉ॰ अम्बेडकर से जुड़ गया है।

दूसरा कारण यह है कि दलितों की संख्या चुनाव में निर्णायक भूमिका निभाती है। तीसरा कारण यह है कि बौद्ध धर्म दुनिया के दूसरे देशों में भी है, इसलिए भारत की छवि विदेशों में खराब हो सकती है।

हिन्दू धर्म पर अभी भी संघ परिवार के लोग चर्चा कराने के लिए तैयार नहीं हैं। वर्तमान सरकार आरक्षण एवं संविधान दोनों पर हमला बोल चुकी है और इस बात को दलित समझते हैं। यह भी कारण था कि बहुत अल्प समय में परिसंघ भारत का बहुत बड़ा संगठन बन गया। यदि वर्णव्यवस्था वाली मानसिकता में बदलाव नहीं आया तो दलितों एवं महिलाओं की दुर्गति तो होनी ही है, लेकिन देश भी कभी उन्नति नहीं कर सकेगा। विहिप की दस पेज की वेबसाइट को देखने से यह लगता है कि अभी भी दलितों को पैर के नीचे रखना चाहते हैं। मैं संघ परिवार तथा हिन्दू धर्म के नेताओं को चुनौती देता हूं कि मीडिया के सामने हमारे तथा उनके बीच हिन्दू धर्म पर संवाद हो। हो सकता है कि संवाद के बाद संघ परिवार एवं हिन्दू धर्म के ठेकेदारों में कुछ परिवर्तन आए। यदि इन लोगों की संख्या अधिक होती तो तालिबान से भी अधिक कट्टर साबित होते और देश को बर्बाद करके रख देते। सभी जाति व मूल के लोगों से मेरा निवेदन है कि इस कट्टरवाद रूढ़िवाद के खिलाफ संघर्ष में साथ दें, ताकि नए भारत का निर्माण किया जा सके। जो जात–पांत तोड़ों और समतामूलक समाज की स्थापना के लिए आगे आएगा वही सच्चा राष्ट्रभक्त होगा। अतः जिन लोगों ने बौद्ध धर्म की दीक्षा 4 नवम्बर को ली, उन्होंने उत्तम किस्म की देशभक्ति का परिचय दिया है।

---

12 नवम्बर, 2001, दैनिक हिन्दुस्तान, हम पलायनवादी नहीं परिवर्तनवादी हैं

2

बौद्ध धम्म दीक्षा : राजनीति या पुनर्जागरण

धर्म परिवर्तन या धर्म ग्रहण करना अथवा नकारना प्राचीन काल से ही चला आ रहा है और वर्तमान में यह प्रक्रिया थोड़ा तेज जरूर हुई है। संघ परिवार जैसी शक्तियों का रूढ़िवादी रवैया बना रहा तो आगे चलकर भारत में बहुत तेजी से धर्म परिवर्तन होने के आसार हैं। वर्तमान सरकार संघ परिवार के इशारे पर चलकर कल्याणकारी योजनाओं को तिलांजलि दे रही है, जिससे गरीबों, किसानों एवं दलितों में भारी आक्रोश पैदा हो गया है। सन् 1997 में कार्मिक एवं प्रशिक्षण विभाग ने पांच आरक्षण विरोधी आदेश जारी करके आरक्षण को समाप्त करने का प्रयास किया। ज्ञात रहे कि इन आरक्षण विरोधी आदेशों के पीछे सुप्रीम कोर्ट के फैसले को आधार बनाया गया था। अनुसूचित जाति / जन जाति संगठनों का अखिल भारतीय परिसंघ एवं लॉर्ड बुद्धा क्लब ने इन आदेशों के विरोध में 26 नवम्बर 1997, 16 नवम्बर 1998, 13 दिसम्बर 1999 एवं 11 दिसम्बर 2000 को चार बड़ी रैलियां की, फिर भी केन्द्र सरकार ने सभी आरक्षण विरोधी आदेश वापिस नहीं लिए, बावजूद इसके कि बार–बार वायदा किया जाता रहा। याद रहे कि जब जनता की समस्याओं का समाधान सरकार करने में अक्षम हो जाती है या बहरी हो जाती है, तो जनाक्रोश स्वाभाविक प्रक्रिया का रूप ले लेता है। 13 दिसम्बर 1999

की महारैली में मैंने घोषणा की थी कि 14 अक्टूबर 2001 को बौद्ध धर्म की दीक्षा लाखों लोगों द्वारा ली जाएगी। ऐसा निर्णय इसलिए लिया गया था कि बौद्ध धर्म के प्रचार–प्रसार से देश में रूढ़िवादी परम्परा एवं जाति का विनाश हो सकेगा, ताकि भारत एक शक्तिशाली राष्ट्र बन सके।

भारतीय संविधान किसी भी व्यक्ति को अपना धर्म एवं विचार ग्रहण करने और छोड़ने के लिए इजाजत देता है। संविधान निर्माताओं की दूरदर्शिता इससे साफ झलकती है। हमारे यहां धर्मांतरण का प्रायः गलत मतलब निकाला जाता है, जबकि विकसित देशों में व्यक्ति अपनी प्रतिष्ठा एवं स्वतन्त्रता की खोज में यह आसानी से कर सकता है। मैं हिन्दू धर्म को छोड़कर यदि बौद्ध धर्म में जाता हूं, तो यह मात्र वैचारिक परिवर्तन है और वैचारिक परिवर्तन मानव का जन्मसिद्ध अधिकार है। वैसे बौद्ध धर्म अपनाने को मैं धर्मांतरण नहीं मानता हूं, क्योंकि यह धर्म इस देश में ही पैदा हुआ और पनपकर विश्व में फैला। बौद्ध धर्म अपनाना सनातन धर्म के पुनर्जागरण के समान है। हिन्दू धर्म के ठेकेदारों ने अपने धर्म में कभी झांककर देखने की कोशिश नहीं की और हमेशा यही कहते रहे कि उनका धर्म विश्व में सर्वोत्तम है। बहुजनों की भावना एवं आवाज पर कभी ध्यान नहीं दिया। इस धर्म के कारण समस्त मानवों को हजारों टुकड़ों में बांट दिया। विभाजित समाज बाहरी आक्रमणकारियों को रोकने में अक्षम रहा, जिसके परिणाम स्वरूप देश बार–बार गुलाम हुआ। वर्तमान में विश्व हिन्दू परिषद एवं समानान्तर शक्तियां तमाम सड़ी–गली परम्परा एवं विचारों को बार–बार थोपने का कुप्रयास करती रहती हैं, जिसके कारण लोग हिन्दू धर्म छोड़कर जा रहे हैं।

धर्मांतरण मानव कल्याण एवं देश हित में होना चाहिए। आधुनिक जनतन्त्र में धर्म एवं राजनीति को मिश्रित कर देने से सामन्तवादी कुशासन का ही आविर्भाव होगा। विश्व हिन्दू परिषद एवं आर॰एस॰एस॰ जैसी संस्थाएं आदिवासियों का जब हिन्दूकरण करती हैं, तो इसके पीछे न तो मानव कल्याण की बात है और न ही यह देश के विकास के लिए उचित है। जो लोग ईसाई हो गए हैं, उनका पुनः हिन्दूकरण करने का भी प्रयास करते रहते हैं, ताकि उन्हें फिर से हिन्दू धर्म का गुलाम बनाया जा सके। इस तरह का

धर्म परिवर्तन राजनीति से प्रेरित है, जो न तो कभी मानव का कल्याण कर सकता है और न ही जनतन्त्र का। 4 नवम्बर 2001 को मेरे नेतृत्व में दस लाख लोगों द्वारा बौद्ध धर्म की दीक्षा राम लीला मैदान, दिल्ली में दिलाई जानी थी, परन्तु विहिप एवं सरकार के दमनकारी रवैए के कारण राम लीला मैदान की अनुमति 3 नवम्बर की शाम को वापिस ले ली गई और पूरी दिल्ली में पुलिस तैनात कर दी गई थी कि कहीं भी लोग इकट्ठा होकर बौद्ध धर्म की दीक्षा न ग्रहण कर सकें। दिल्ली की सीमाओं पर जबर्दस्त पुलिस जांच एवं बस अड्डों व रेलवे स्टेशनों पर भी पुलिस द्वारा बौद्ध धर्म की दीक्षा में शामिल होने वालों को डरवाया और धमकाया गया। इसके बावजूद भी लाखों लोगों ने अम्बेडकर भवन पर एकत्रित होकर बौद्ध धर्म की दीक्षा ले ली। इस तरह से बौद्ध धर्म की दीक्षा को वास्तविक धर्म परिवर्तन अथवा प्राचीन धर्म का पुनर्जागरण कहा जा सकता है। दीक्षा में भाग लेने वाले लोगों की इच्छा यह नहीं थी कि वे राजनैतिक सत्ता पर आधिपत्य जमाएं, बल्कि हिन्दू धर्म से त्रस्त होकर प्रतिष्ठा एवं स्वतन्त्रता पाने का प्रयास किया। धर्म परिवर्तन या बौद्ध धर्म के पुनर्जागरण से भयभीत होने की जरूरत नहीं है, क्योंकि इससे मानवता एवं देश का विकास होगा। अनुसूचित जाति/जन जाति संगठनों का अखिल भारतीय परिसंघ एवं लॉर्ड बुद्धा क्लब के नेतृत्व में यह बौद्ध धर्म दीक्षा महापर्व सम्पन्न हुआ, जिसके पीछे एक ही कारण था कि मानवता एवं देश की सेवा बेहतर ढंग से की जाए। मैं पूरी जिम्मेदारी से कह सकता हूं कि इसका ताल्लुक राजनीति से बिल्कुल नहीं है। धर्म परिवर्तन यदि राजनीति से प्रेरित होगा, तो इससे जनतन्त्र कमजोर होता है।

---

18 नवम्बर, 2001 दैनिक भास्कर मत कहिए इसे धर्म परिवर्तन

3

हिन्दू धर्म की आंतरिक प्रकृति और धर्मांतरण

धर्म का मतलब है—जो धारण करने वाला हो अर्थात् मानव कल्याण के लिए बना हो। जैसे जैसे मानव सभ्यता का विकास हुआ उसने अपनी आवश्यकतानुसार तमाम विचारों एवं वस्तुओं का आविष्कार किया और धर्म भी इसी प्रक्रिया का परिणाम है। किसी विचार या धर्म का जन्म वस्तुगत परिस्थिति के अनुसार होता है, अतः जो सामाजिक, आर्थिक एवं राजनैतिक वातावरण होता है, धर्म उसी का परिणाम होता है। यह भी सत्य है कि धर्म सामाजिक, आर्थिक एवं राजनैतिक वातावरण को प्रभावित करता है। अतः इन सबका विकास एकदूसरे के सहयोग एवं अन्तर्द्वन्द के कारण ही होता है। हिन्दू धर्म का आविर्भाव उस समय हुआ जब आर्यों (मध्य एशिया से आए हुए लोग) एवं अनार्यों (मूल निवासी) के बीच अन्तर्द्वन्द चल रहा था, इसीलिए इस धर्म में ऊंच—नीच, छुआछूत एवं मानव का सामाजिक, आर्थिक एवं राजनैतिक स्थान निश्चित हो गया, यह कहते हुए कि ईश्वर सभी का जन्म उसके द्वारा किए गए पूर्व जन्म के कर्मों के कारण करता है। हिन्दू धर्म के बड़े—बड़े भगवान जैसे राम ने शम्बूक की गर्दन इसलिए काट दी कि उसने शूद्र होकर पूजा करने का साहस किया। शूद्र, गंवार, ढोल, पशु, नारी ये सब पीटने से काम करते हैं, राम चरित मानस में ऐसा लिखा गया है। बौद्ध धर्म का जन्म

मूलतः सामाजिक कुरीतियों के विरूद्ध हुआ। तथागत गौतम बुद्ध के चिन्तन एवं प्रयास से इस समतामूलक एवं परिवर्तनकारी धर्म का खूब विकास हुआ। इसी समय भारत में बड़ा साम्राज्य स्थापित हुआ और तमाम बौद्ध सम्राट जैसे अशोक, हर्षवर्धन, कनिष्क इत्यादि हुए।

देखा जाए तो धर्मांतरण की शुरुआत बौद्ध धर्म के ह्रास के समय से होना शुरू होता है। बौद्धों में कमी यह रही कि वस्तुगत परिस्थिति के अनुसार उन्होंने अपने में परिवर्तन नहीं किया, सत्य, अहिंसा के मार्ग पर चलने के लिए बोलते रहे, जबकि दुश्मन उनकी जड़े साफ करने में कोई भी षड्यन्त्र रचने में पीछे नहीं रहे। आज भी यह बात सच है कि नंगे और दुष्ट आदमी से सभी बचने की कोशिश करते हैं और परिणाम यह होता है कि वह शोषण करता रहता है। कभी–कभी अच्छाइयां कमजोरी साबित हो जाती हैं। हिन्दू धर्म के पुनः स्थापित होने से समाज के टुकड़े–टुकड़े हो गए। मात्र क्षत्रिय को देश की सीमा की रक्षा का अधिकार सौंपा गया शेष समाज को इस जिम्मेदारी से वंचित कर दिया गया। क्षत्रियों की संख्या कम होने से लड़ने वाले इतने कम हो गए कि बाहरी हमलावर को रोक ही नहीं सके। 712 ई॰ में सिन्ध का राजा दाहिर हारता है और उसके बाद बाह्य हमले बढ़ते ही गए। जैसे–जैसे जात–पांत चरम सीमा पर पहुंचती गई, वैसे–वैसे समाज की एकता तार–तार होती गई। यही कारण है कि ब्राह्मण कभी अफगानिस्तान और पाकिस्तान में राज्य करते थे, लेकिन कश्मीर की सीमा तक बंधकर रह गए। जब से कश्मीर में आतंकवाद का प्रसार हुआ, वहां से भी ब्राह्मण पलायन करने लगे हैं।

कहते हैं कि तेरहवीं शताब्दी में रतनजू नामक एक व्यक्ति था और वह कश्मीर के राजा सहदेव के राज्य में ऊंचे पद पर पहुंच गया। उसका कोई धर्म नहीं था। वह हिन्दू धर्म से बहुत प्रभावित था और प्रति दिन गीता की कथा सुना करता था। एक दिन पंडित ने गीता के अठारहवें अध्याय के सैंतालीसहवें श्लोक की व्याख्या करते हुए कहा कि अपना धर्म चाहे बिगुण भी हो उसे छोड़ना नहीं चाहिए। तब रतनजू पूछता है कि क्या मैं हिन्दू धर्म ग्रहण नहीं कर सकता? पंडित ने कहा कदापि नहीं ग्रहण कर सकते। यह

बात बुलबुल शाह नामक एक मुसलमान फकीर को पता चली और वह रतनजू के महल पहुंचा रतनजू ने कहा कि क्या आप मुझे अपने धर्म में शामिल करेंगें? बुलबुल शाह ने उत्तर दिया–इस्लाम का द्वार मानव समाज के लिए खुला है और उसे मुसलमान बना दिया। उसके पुत्र शाह मीर ने राजसिंहासन पर अधिकार जमा लिया। कहते हैं कि जिन कश्मीरी पंडितों ने मुसलमान बनने से इनकार किया उनको रतनजू और शाह मीर ने बोरियों में बन्द कर झेलम नदी में डुबा दिया और वह स्थान बट मज़ार के नाम से आज भी जाना जाता है। रतनजू ने जमकर इस्लाम धर्म का प्रचार–प्रसार किया। ऐसा ही कुछ ढाका, बंगाल में कुमार नृत्य के साथ हुआ। वह ब्राह्मण होकर मुसलमान युवती से शादी करना चाहता था, परन्तु हिन्दू धर्म मे उसे स्थान न मिला और अन्त में मुसलमान हुआ और उसने सम्पूर्ण बांग्लादेश को मुसलमान बनाने का वीड़ा उठाया। यह धटना इतिहास में काला पहाड़ के नाम से प्रसिद्ध है। मुसलमान राजाओं के समय जो बचे–खुचे बौद्ध थे वे या तो मुसलमान बन गए या फिर देश छोड़कर चले गए।

कभी–कभी यह सवाल उठ जाता है कि बौद्ध धर्म में अहिंसा के सिद्धान्त के कारण देश गुलाम हुआ। यह इसलिए गलत है कि बौद्ध धर्म के ही समय देश की सीमा अफगानिस्तान, श्रीलंका, वर्मा आदि तक फैली और यह धर्म भी खूब फैला। आज भी अफगानिस्तान में कहीं भी उत्खनन करवा लिया जाए, बौद्ध संस्कृति के अवशेष अवश्य मिलेंगें। अगर यह सच होता तो बौद्ध देश श्रीलंका, वर्मा, थाइलैंड इत्यादि भी बार–बार गुलाम हुए होते। सवाल उठता है कि हिन्दू धर्म प्रधान देश भारत ही क्यों बार–बार गुलाम हुआ? अंग्रेज भारत में इसलिए सफल हुए कि दलितों को भारी संख्या में अपनी सेना में भर्ती करके अपनी सैन्यशक्ति मजबूत कर ली। दलितों को मराठों या किसी भी सामन्त राजा की सेना में भर्ती का अधिकार नहीं था और यहां तक कि उनकी परछाईं से भी नफरत थी। ऐसी परिस्थिति में ये दलित, जिन्हें जानवरों से बदतर माना जाता था, रोटी और सम्मान के लिए अंग्रेजों की सेना में भर्ती हो गए। अतः अंग्रेजों की जीत का भी कारण हिन्दू धर्म रहा।

भारत की आजादी के पहले से ही डॉ॰ अम्बेडकर भी दलितों की आजादी के लिए लड़ रहे थे और वे चाहते थे कि भारत वास्तविक रूप से

आजाद हो। आजादी मिल भी जाए और फिर हम टुकड़ो–टुकड़ों में बंटे रहें तो क्या हम देश का सर्वांगीण विकास कर सकते हैं? अंग्रेजी हुकूमत के ही कारण कुछ दलितों, पिछड़ों एवं महिलाओं को पढ़ने के लिए ईसाई मिश्नरियों की संस्थाओं में प्रवेश मिला और डॉ. अम्बेडकर भी उसी अवसर के परिणाम थे। यदि ब्रिटिशराज न होता तो शायद यह देश डॉ॰ अम्बेडकर जैसी प्रतिभा से वंचित हो गया होता। पृथक मताधिकार अंग्रेजी हुकूमत की देन थी, लेकिन जैसे ही दलितों को यह अधिकार मिला, गांधी जी और उनके साथियों में दलितों के लिए अगाध प्रेम उमड़ा कि दलित हिन्दू ही हैं। इसलिए यह आपसी मामला है। गांधी जी अनशन पर बैठ गए और डॉ॰ अम्बेडकर को मजबूर कर दिया और अन्त में आरक्षण पर समझौता हो गया।

संविधान में तमाम अधिकार दलितों को दिए गए परन्तु उन्हें ठीक से लागू नहीं किया गया। जब आजाद भारत की तस्वीर डॉ॰ अम्बेडकर ने देखी, तब उन्होंने हिन्दू धर्म छोड़कर लाखों अनुयायियों के साथ बौद्ध धर्म ग्रहण कर लिया। अतः धर्मांतरण का कारण फिर से हिन्दू धर्म ही हुआ। वैसे तो बौद्ध धर्म में जाना धर्मांतरण नहीं है, क्योंकि बौद्ध धर्म हमारे पूर्वजों का ही धर्म है। 13 दिसम्बर 1999 को फिरोज शाह कोटला मैदान, नई दिल्ली में आरक्षण बचाओ रैली के समय ही मैंने घोषणा की थी कि 14 अक्टूबर, 2001 को लाखों लोग बौद्ध धर्म की दीक्षा लेगें। उचित स्थान न मिलने के कारण इस कार्यक्रम को 4 नवम्बर, 2001 को रामलीला मैदान पर रखा गया। पुलिस द्वारा 29 अक्टूबर 2001 को अपने पत्र द्वारा कुछ स्पष्टीकरण मांगा जिसे 30 अक्टूबर को दे दिया गया। विश्व हिन्दू परिषद के नेता श्री गिरिराज किशोर 25 अक्टूबर को ही प्रेसवार्ता के माध्यम से धमकी दे चुके थे कि 4 नवम्बर को बौद्ध धर्म दीक्षा का कार्यक्रम हरगिज नहीं होने देगें। विहिप एवं आर.एस.एस. के दबाव में सरकार ने पुलिस के माध्यम से पुनः 31 अक्टूबर को पत्र भेजा कि रामलीला मैदान की अनुमति रद्द की जाती है, क्योंकि इस कार्यक्रम में मुसलमान एवं ईसाई बनाए जाएंगें। रामलीला मैदान में दस लाख लोागों को जमा भी नहीं किया जा सकता अतः कानून व्यवस्था का बहाना। ये वे ही लोग हैं, जो मात्र चन्द लम्हों में गणेश को पूरी दुनिया में दूध पिला देते

हैं। पत्र द्वारा यह भी कहा गया कि हम अनुमति के लिए संयुक्त आयुक्त पुलिस को लिखें और लिखा भी गया किन्तु अन्त में 3 नवम्बर की शाम को वहां से भी बौद्ध धर्म की दीक्षा का कार्यक्रम रद्द कर दिया गया। 1–2 नवम्बर से ही लोग दिल्ली में आना शुरू हो गए थे। राम लीला मैदान को चारो तरफ से पुलिस ने घेर लिया और परिसंघ का झूठा बैनर लगा दिया कि बौद्ध धर्म की दीक्षा का कार्यक्रम रद्द हो गया है। सभी रेलवे स्टेशनों एवं बस अड्डो पर पुलिस तैनात कर लोगों को डराना, भ्रमित करना और दीक्षा का कार्यक्रम रद्द होने की सूचना देना शुरू कर दिया। दिल्ली में तमाम कार्यकर्त्ताओं के घरों में पुलिस ने कार्यक्रम में न शामिल होने के लिए दबिश दी। दिल्ली की सारी सीमाएं सील कर दी गई और आम आदमी से भी पूरी दिल्ली में पुलिस जांच–पड़ताल करने के बाद ही आगे जाने देती थी, ऐसा लगा कि हम दलितों के लिए आपात्काल घोषित हो गया हो। इस तरह से लाखों लोगों को आने से वंचित कर दिया। स्थिति को संभालने के लिए चन्द घण्टों में ही रामलीला मैदान से अम्बेडकर भवन पर लोगों को आने के लिए कहा गया। अन्त में वहीं पर दीक्षा का कार्यक्रम हुआ।

वाजपेयी जी की सरकार लगभग एक सप्ताह तक तांडव नृत्य करती रही। इससे लाखों दलितों ही नहीं बल्कि सभी वर्गों के समझदार लोगों में आक्रोश पैदा हुआ। विश्व हिन्दू परिषद के नेता सुप्रीम कोर्ट के आदेश के बावजूद भी अयोध्या में विवादास्पद स्थान पर पूजा करने के बाद भी आजादी से घूम सकते हैं, परन्तु हम संवैधानिक अधिकार का भी अनुपालन नहीं कर सकते? जो लोग बौद्ध धर्म की दीक्षा में नहीं पहुंच पाए, उनमें भारी असन्तोष पैदा हो गया। सवाल अब यह उठता है कि क्या हिन्दू धर्म के ठेकेदारों की नजर में संविधान एवं दलित के लिए कोई सम्मान या सहानुभूति है? उत्तर नकारात्मक ही होगा, क्योंकि हम गत् चार सालों से आरक्षण विरोधी आदेशों को वापिस कराने की लड़ाई लड़ रहे हैं। और अभी तक दो ही आदेश वापिस हो सके, जबकि प्रधानमंत्री जी कई बार कार्मिक एवं प्रशिक्षण विभाग द्वारा आरक्षण से सम्बंधित उपजे विसंगतियों को समाप्त करने का वायदा कर चुके हैं। अनुसूचित जाति/जन जाति संगठनों का अखिल भारतीय परिसंघ एवं

लॉर्ड बुद्धा क्लब को इस असन्तोष के कारण आन्दोलन पैदा करने में काफी सहयोग मिला है। सुप्रीम कोर्ट के पूर्व न्यायाधीश मा. सौभाग्यमल जैन, ब्राह्मण महासभा के वरिष्ठ नेता मांगेराम शर्मा इत्यादि के नेतृत्व में आरक्षण विरोधी आन्दोलन एक अर्से से चलाया जा रहा है और इनका आन्दोलन सरकार को प्रभावित भी कर सकने में क्षमता रखता है। उपरोक्त बांतों से क्या सिद्ध होता है? क्या आज का जागृत दलित इसे बहुत दिन तक बर्दाश्त करेगा? शायद नहीं। इस कारण से भी वे हिन्दू धर्म का भारी संख्या में त्याग करेंगें।

महामहिम राष्ट्रपति के.आर. नारायणन जी ने भी कहा था कि हमें देखना है कि संविधान ने हमें असफल किया, या हमने संविधान को? भारतीय संविधान किसी भी व्यक्ति को कोई भी धर्म छोड़ने व ग्रहण करने की आजादी देता है, परन्तु इस आजादी पर सरकार ने 4 नवम्बर को पाबंदी लगा दी। यहां पर सरकार ने संविधान को असफल किया। वर्तमान सरकार कल्याणकारी योजनाएं जैसे भूल ही गई है। वाजपेयी जी खुद ही कहते हैं कि खुली स्पर्धा होनी चाहिए, जो आगे जा सके जाए। अर्थात् जो गरीब है, और गरीब होता जाए और अमीर है तो अमीर। कोई भी सरकार जब आम जन की पीड़ा के प्रति असंवेदनशील हो जाती है, तो वह आक्रोश किसी न किसी रूप में स्फुटित जरूर होता है। 4 नवम्बर को लाखों लोगों ने बौद्ध धर्म अपनाकर हिन्दू धर्म के ठेकेदारों एवं सरकार को संदेश भेजा है कि वे अपने रवैए में बदलाव लाएं।

---

3 दिसम्बर, 2001, राष्ट्रीय सहारा, हिन्दू धर्म के अंतर्विरोध

4

बौद्ध धर्म ग्रहण करने से मानसिक गुलामी खत्म होगी

आपके दैनिक अखबार (दैनिक हिन्दुस्तान) में 16 नवम्बर को "दलितों के धर्म परिवर्तन के बाद" लेख छपा, जो लेखक की आत्म केन्द्रीयता की विडम्बना, पूरे तथ्य की जानकारी न होना, अम्बेडकरवादी आन्दोलन से जुड़े होने का दावा करते हुए भी बौद्ध धर्म को क्षत्रिय जाति का धर्म कहना एवं मेरे तथा काशीराम जी के बीच विरोधाभास आदि को दर्शाने का प्रयास किया गया। गत् 4 नवम्बर को दस लाख लोगों द्वारा बौद्ध धर्म की दीक्षा राम लीला मैदान, दिल्ली में लेनी थी, परन्तु 3 नवम्बर की शाम को सरकार ने अनुमति रद्द कर दी, जिससे दीक्षा का कार्यक्रम रामलीला मैदान पर होने का प्रश्न ही नहीं उठता था। विश्व हिन्दू परिषद एवं आर॰एस॰एस॰ के इशारे पर सरकार ने दिल्ली की सभी सीमाओं को सील कर दिया ताकि लोग बसों, टेम्पो एवं कारों से आकर दीक्षा में शामिल न हो सके। रामलीला मैदान को चारों तरफ से पुलिस द्वारा घेर लिया गया और जालसाजी करके परिसंघ का बैनर लगाते हुए लोगों को भ्रमित कर दिया कि दीक्षा का कार्यक्रम रद्द हो गया है। बस अड्डों एवं रेवले स्टेशनों तक पर पुलिस तैनात कर दी गई और बहुत से लोगों को वहीं से यह कह कर वापिस कर दिया कि दीक्षा का कार्यक्रम

कैंसिल हो गया है। अखबार की खबरों से भी लोग भयभीत होकर नहीं आए। परिसंघ के तमाम नेताओं के घरों पर रात में पुलिस ने जाकर बौद्ध धर्म की दीक्षा के कार्यक्रम में शिरकत न लेने के लिए दबिश दिया और यहां तक कि कार्यक्रम को विफल करने के लिए मेरी गिरफ्तारी तक की योजना बना डाली। हमारे लिए लगभग एक सप्ताह तक अघोषित आपात्काल था। लेखक ने न तो इसके बारे में कुछ लिखा और न ही कोई संवेदना व्यक्त की।

न तो मैं और न ही मेरे साथियों ने दावा किया कि बौद्ध धर्म ग्रहण करते ही सारी समस्याओं का समाधान हो जाएगा और धर्म परिवर्तन के तुरन्त बाद ही जीवन में गुणात्मक परिवर्तन आ जाएगा। हमने बौद्ध धर्म की दीक्षा शोषितों सहित इसलिए ली कि मानसिक परिवर्तन हो। हिन्दू धर्म मानव को यह सिखाता है कि उसे कुछ करने की आवश्कता नहीं है, अतः जो कुछ हुआ या हो रहा है अथवा होगा सब भगवान एवं भाग्य की मर्जी से ही होगा। हालांकि यह देन ब्राह्मणवाद की है, लेकिन दलित अब स्वयं की मर्जी से ही मानने लगे हैं। यदि आज यह सवाल किसी मनुवादी से पूछा जाए तो वह बड़ी आसानी से कह सकता है कि उसके पुरखों ने शोषण करने की योजना जरूर बनाई, परन्तु वर्तमान में यह स्वैच्छिक है, अतः दलितों को मानने या न मानने के लिए कोई बाध्य नहीं कर रहा है। मानसिक गुलामी से छुटकारा पाने के लिए महिलाएं, दलित एवं पिछड़े हिन्दू धर्म को छोड़कर ऐसे विचार को ग्रहण करें, जहां धर्म के आधार पर भेदभाव और ऊंच–नीच न हो। 4 नवम्बर को बौद्ध धर्म की दीक्षा द्वारा यही संदेश पहुंचाने की कोशिश की गई। यदि यह प्रयास प्रदेश, जनपद एवं गांव स्तर तक जारी रहा तो आने वाले दिनों में भारत में भारी सामाजिक परिवर्तन के आसार हैं। इस दीक्षा का सबसे अच्छा पहलू यह रहा कि अधिकतर लोग शिक्षित थे, जो बौद्ध धर्म के बारे में समझते–बूझते हैं और समाज के अन्य वर्ग के लोगों को भी समझा सकते हैं। दूसरी अच्छी बात यह रही कि जिन लोगों ने दीक्षा में भाग लिया वे किसी भी नेता की भाषणबाजी से प्रभावित नहीं किए जा सकते। ये लोग सरकारी विभागों में कार्यरत् होने की वजह से दुनिया को अच्छी तरह से समझ सकते हैं।

लेखक ने मेरे बारे में लिखा है कि मैं धार्मिक नहीं हूं। यह उनकी पूर्वाग्रहित भावना को प्रदर्शित करता है। बौद्ध धर्म को मानने के लिए कोई बाह्य आडम्बर एवं ढोंग दिखाने की जरूरत नहीं है, बल्कि भगवान बुद्ध के द्वारा दी गई शिक्षाओं को जीवन में अवतरित करने की आवश्यकता है। हालांकि इसका प्रमाण–पत्र समाज ही जारी कर सकता है, न कि कोई व्यक्तिविशेष।

बौद्ध धर्म के कार्यक्रम को लेने के पहले हमारा आन्दोलन आरक्षण एवं संविधान बचाओ के सम्बन्ध में था। सन् 1997 में कार्मिक एवं प्रशिक्षण विभाग ने पांच आरक्षण विरोधी आदेश जारी किए, जिसके विरोध में अनुसूचित जाति/जन जाति संगठनों का अखिल भारतीय परिसंघ की स्थापना हुई अतः हमारे आन्दोलन की शुरूआत ही लोगों की दिन प्रतिदिन की समस्याओं से सम्बंधित थी, है और रहेगी भी। उस समय न तो राजनैतिक लोगों ने और न ही सामाजिक लोगों ने इस मुद्दे की लड़ाई लड़ी। 15 मार्च, 1999 में दया निधान पाक्र, लखनऊ में आरक्षण बचाओ रैली हुई और उस दौरान बौद्ध धर्म अपनाने की बात कही गई। दूसरे दिन सुश्री मायावती जी ने प्रेसवार्ता करके बौद्ध धर्म अपनाने को गलत बताया और कहा कि यदि धर्म परिवर्तन करते हैं, तो दलित भी ईसाइयों की तरह पीटे जाएंगें। 4 नवम्बर के बाद बसपा में भी भारी बौखलाहट है और इसी कारण दबी जुबान से बौद्ध धर्म की वकालत करने लगे हैं। मायावती जी ने यह भी कहा था कि कर्मचारियों की रैली से आरक्षण नहीं बचेगा और इसके लिए बसपा को सत्ता में आना होगा। सवाल यह पैदा होता है कि बसपा केन्द्र में सरकार बनाने में बीस–पचीस साल लगा दे तो क्या लड़ाई लड़नी ही नहीं चाहिए? सत्ता में आने तक इन्तजार करते रहे तो मनुवादी तब तक सारे अधिकार खत्म कर देंगें। 10 दिसम्बर 1998 को मैंने दलित सांसदों की बैठक बुलाई, जिसमें लगभग 37 दलित सांसद आए और अन्त में एक राय बनी कि जब तक आरक्षण विरोधी आदेश वापिस नहीं हो जाते लोकसभा की कार्यवाही नहीं चलने देंगें। इन दलित सांसदों ने 17–18 मार्च, 1999 को लोक सभा की कार्यवाही रोक दी। मायावती जी को लगा कि अभी तक हम लोगों के खिलाफ वे जो प्रचार कर

रही थी कि आरक्षण खत्म नहीं हो रहा है, वह झूठा साबित होगा अतः 18 मार्च, 1999 को जिन दलित सांसदों ने लोक सभा की कार्यवाही ठप की थी, उनके स्वर में स्वर मिलाया। 11 दिसम्बर 2000 को हमने राम लीला मैदान में सभी आरक्षण विरोधी आदेशों की वापसी, निजी क्षेत्र एवं उच्च न्यायपालिका में आरक्षण एवं संविधान समीक्षा आयोग भंग करने के लिए की। उसके बाद मायावती जी ने भी निजीक्षेत्र में आरक्षण की मांग कहीं–कहीं पर की। बसपा का पूरा आन्दोलन न तो मुद्दों के आधार पर था और न ही व्यवस्था बदलने के लिए कोई ठोस कार्यक्रम। लोग जानते हैं कि बसपा ने शुरू से लेकर अब तक केवल सत्ता में आने की बात कही है, चाहे कितने भी दलित अधिकारों पर घातक प्रहार किए जाते रहे हों। क्या डॉ॰ अम्बेडकर के हाथ में सत्ता थी? डॉ॰ अम्बेडकर के हाथ में सत्ता न होते हुए भी मुद्दे की लड़ाई लड़ते रहे और बहुत से अधिकार हमारे लिए सुरक्षित कराए। गत् तीन–चार वर्षों में बसपा हमारे मुद्दे को अपनी भाषा में उठाने की कोशिश करती है और फिर बीच में छोड़ भी देती है। इसी से अन्दाजा लगाया जा सकता है कि समाज के बदलाव के लिए किसका दृष्टिकोण स्पष्ट है। लेखक ने काशी राम जी को ही सही काम करने का श्रेय दिया, जबकि डॉ॰ अम्बेडकर को ही परोक्ष रूप से क्षत्रिय धर्म अपनाने का दोषी करार दिया।

लेखक ने यह भी कहा कि हमने असन्तोष, बेरोजगारी आदि परिस्थितियों का फायदा उठाते हुए आन्दोलन पैदा किया। कोई भी क्रांति या आन्दोलन उस समय की परिस्थितियों के कारण ही होता है। लोग तभी कारवां में जुड़ते हैं, जब उनकी समस्याएं होती हैं। जब आरक्षण का मुद्दा किसी ने नहीं उठाया तब हमने उठाया और उससे लोग जुड़े। मनुवादी षड्यन्त्र के कारण सरकारी कम्पनियों एवं विभागों का निजीकरण हो रहा है, ताकि आरक्षण का आधार ही खत्म हो जाए। संविधान भी खतरे में है। ऐसी परिस्थिति में दो बातें ध्यान देने योग्य हैं। पहली यह कि परिस्थितिजन्य असंतोष पैदा होने से कोई न कोई आन्दोलन या क्रांति का सही नेतृत्व मिलने पर आविर्भाव जरूर होता है। और दूसरा बौद्ध धर्म के माध्यम से वैचारिक क्रांति सम्भव है। आरक्षण एवं तमाम संवैधानिक लाभकारी योजनाओं के सहारे पूरे दलित समाज का

कल्याण नहीं हो सकता, अतः मानसिक गुलामी समाप्त करने की लड़ाई लड़नी ही होगी, ताकि सरकारी योजनाओं पर आश्रित दलित स्वतः अपने प्रयास से अन्य क्षेत्रों में प्रगति के लिए प्रयास करें। यह तो बहुत ही साधारण बात है कि किसी आन्दोलन या क्रांति की सम्भावना उस समय की व्याप्त परिस्थितियों के कारण ही होती है। अतः हवा में आन्दोलन नहीं जन्म लिया करते।

न मैं और न ही हमारे लोग बहुजन समाज पार्टी की आलोचना करते हैं, लेकिन बहुजन समाज पार्टी के लोग जरूर आलोचना किए बिना नहीं रहते। जब भी कोई रैली या कार्यक्रम हम करते हैं, उस दिन बसपा के लोग जरूर कोई न कोई बैठक रखते हैं, ताकि उनके लोग हमारी सभाओं में न आ सकें। लेखक ने यह भी कहा कि हम बसपा विरोधी बातें करते हैं, जो एक पूर्वाग्रहित मानसिकता को दर्शाता है। 4 नवम्बर के कार्यक्रम में संघ परिवार एवं केन्द्रीय सरकार की कटु आलोचना की गई, यह बात लेखक ने जानबूझ कर नजरन्दाज कर दी। जिस तरह से संघ परिवार ने हम लोगों को परेशान किया और कार्यक्रम रामलीला मैदान में नहीं होने दिया, उससे दलितों में सरकार के विरूद्ध बहुत असन्तोष बढ़ा है। सरकार के इस घिनौने कुकृत्य की आलोचना सी.पी.एम., सी.पी.आई.एम.एल. एवं कांग्रेस तक ने की, लेकिन बहुजन समाज पार्टी ने एक बयान तक नहीं जारी किया। बसपा दो बार भाजपा के साथ सरकार बना चुकी है और हो सकता है कि अन्दरूनी राजनैतिक गठजोड़ के कारण सरकार की घिनौनी हरकत की निन्दा न की हो। फिर भी मुझे बसपा से कोई शिकायत नहीं है, क्योंकि इतिहास इन्साफ जरूर करेगा। लेखक ने जिनकी बड़ाई का पुल बांधा है, उन्होंने जरूर हवाई योजनाओं की भरमार लगाई होगी, लेकिन मेरे आन्दोलन में केवल ठोस मुद्दों पर संघर्ष होता रहा है और होगा भी। बहुजन समाज पार्टी के पूर्व सांसद श्री अमन कुमार नागरा, जो हरियाणा बसपा के अध्यक्ष रहे हैं, ने 13 दिसम्बर 1999 को परिसंघ द्वारा आयोजित आरक्षण बचाओ रैली में भाग लेकर समर्थन दिया, तो इस वर्ष की शुरुआत में सुश्री मायावती ने उनको पार्टी से इसलिए निकाल दिया कि वे परिसंघ की रैली में क्यों शामिल हुए? हमने परिसंघ की

ओर से आरक्षण बचाओ रैली सन् 1997, 1998, 1999 एवं 2000 में की और प्रत्येक बार बसपा के नेताओं को आमंत्रित किया, परन्तु ये लोग शामिल नहीं हुए। दूसरे राजनैतिक दल के लोग आमंत्रित करने पर आते हैं, तो हम क्यों न स्वागत करें?

लेखक खुद भी प्राध्यापक हैं, फिर भी आरक्षण में उपजी विसंगतियों के बारे में सही जानकारी नहीं रखते। पांच आरक्षण विरोधी आदेशों में से दो आरक्षण विरोधी आदेश हमारे आन्दोलन के प्रभाव से वापिस हुए हैं। 81वां संशोधन इसलिए लाया गया कि 29 अगस्त 1997 में कार्मिक एवं प्रशिक्षण विभाग ने एक कार्यालय ज्ञापन जारी करते हुए कहा था कि आरक्षण की सीमा 50 प्रतिशत से ज्यादा नहीं हो सकती। जिसका दुष्प्रभाव यह रहा कि दलितों का बैकलाग पूरा नहीं किया जा सकता, लेकिन इस संशोधन से कोटा पूरा करने के लिए यह पाबन्दी हटा दी गई। 82वां संशोधन संसद ने इसलिए किया था कि विभागीय परीक्षाओं में दलित कर्मियों की छूट 22 जुलाई 1997 के आदेश द्वारा वापिस ले ली गई थी। इस संशोधन के बाद विभागीय परीक्षाओं में मिली अर्हता फिर से मिल सकेगी। अतः लेखक को आरक्षण के सम्बन्ध में पूरी जानकारी करके ही लिखना चाहिए।

पूर्वाग्रहित होने के कारण लेखक ने कहा कि ज्यादातर लोग उत्तर प्रदेश से आए जो सर्वथा गलत है, वास्तव में दस लाख की घोषणा हम लोगों ने अपने ठोस कार्य के आधार पर की थी। इसमें हरियाणा दिल्ली और उत्तर प्रदेश की भागीदारी ज्यादा होनी थी, परन्तु दिल्ली की सीमाऐं सील कर दी गई जिससे लोग आ नहीं पाए। यह भी कहा कि लोग मुझसे अस्थाई मुहब्बत कर बैठे हैं, इसका फैसला भविष्य पर छोड़ देना ही अच्छा होगा।

भिक्षुओं के सम्बन्ध में जो टिप्पणी लेखक ने की है, उससे मैं सहमत हूं, परन्तु कुछ भिक्षु ऐसे हैं जो वास्तव में कार्य कर रहे हैं, जैसे भन्ते बुद्ध प्रिय राहुल। इनके नेतृत्व में धम्म वाहन 17 राज्यों का सघन दौरा करके माहौल को पक्ष में करने का महत्त्वपूर्ण कार्य किया। आने वाले दिनों में गैर दलित जातियों को शामिल करने की बड़ी योजना तैयार की जा रही है। देश का पुनर्निमाण करने में प्रत्येक वर्ग का सहयोग लेना जरूरी है। 'वॉयस ऑफ

बुद्धा' हमारे आन्दोलन का मुखपत्र है, इसलिए सामान्य समाचार देने का सवाल ही नहीं पैदा होता। मुखपत्र का मतलब ही यही होता है कि आन्दोलन और उसके बारे में ही लिखे।

4 नवम्बर की घटना के बाद भारत में भारी परिवर्तन की लहर पैदा हुई है। सभी वर्ग के बुद्धजीवियों को इस अवसर का लाभ उठाते हुए नए सिरे से देश का निर्माण करने का प्रयास करना होगा। पूर्वाग्रह से बिना मुक्ति पाए यह कार्य सम्भव नहीं है। पूर्वाग्रह से कोई भी ग्रसित हो सकता है, जैसे लेखक स्वयं दलित होते हुए भी यह कहा कि डॉ० अम्बेडकर ने 24 वर्ष धर्म परिवर्तन के लिए लगाए अतः हमें इसे करने के लिए 48 वर्ष जरूर लगाना चाहिए। परोक्ष रूप से यह कहने का प्रयास किया गया कि डॉ० अम्बेडकर ने बौद्ध धर्म अपनाकर गलत किया। इसी वजह से काशी राम जी की प्रशंसा का पुल बांधा क्योंकि काशी राम जी ने न तो अभी तक मुद्दे की लड़ाई लड़ी और न ही बौद्ध धर्म अभी तक अपनाया। हमारे आन्दोलन के बाद शायद दलित नेता इसके लिए बाध्य हो सकते हैं। दलित की वेदना यह है कि वह जात–पांत से मुक्त होना चाहता है, लेकिन कुछ पढ़े–लिखे दलित भी खुद और दलितों को जाति व्यवस्था में ही बांधे रखना चाहते हैं, जैसे लेखक ने कहा कि डॉ० अम्बेडकर को रविदास, कबीर दास आदि के विचारों को स्वीकार करना चाहिए था। चाहे इनके विचार हिन्दू धर्म से मेल क्यों न खाते हों? निष्कर्ष यह हुआ कि वर्णव्यवस्था से बाहर नहीं निकलना चाहिए, जबकि डॉ० अम्बेडकर इस व्यवस्था को जड़मूल से नष्ट करना चाहते थे। विचार किसी के भी हों, यदि वे मानवकल्याण के लिए लाभप्रद हैं तो अपनाना चाहिए और इसमें जात–पांत के लिए कोई स्थान नहीं है।

---

4 दिसम्बर, 2001 दैनिक हिन्दुस्तान, मानसिक गुलामी का खात्मा पहली शर्त

5

संघ परिवार अपने लिए इतिहास की रचना कर रहा है

भारतीय समाज की सबसे बड़ी विडम्बना यह रही कि शिक्षा को कुछ ही लोगों तक सीमित करने का प्रयास रहा है। इसका दुष्प्रभाव इतना अधिक पड़ा कि हजारों वर्ष पुरानी सड़ी–गली व्यवस्था को आज तक तोड़ा न जा सका। तथागत गौतम बुद्ध ने जरूर अपने विचारों का पालि भाषा (उस समय की प्रचलित आम लोगों की भाषा) में प्रचार–प्रसार किया। प्राचीन भारत में संस्कृत भाषा में कुछ ज्ञान की बातें जरूर सुरक्षित थी, लेकिन यह भाषा आम लोगों के लिए वर्जित थी। मनुस्मृति में लिखा है कि यदि शूद्र वेद का उच्चारण करता है तो उसकी जिह्वा काट लेना चाहिए, सुनता है तो कान में पिघला हुआ सीसा डाल देना चाहिए और पढ़ता है तो उसकी आंखे फोड़ देनी चाहिए। संस्कृत भाषा एवं उस समय तक जो भी ज्ञान मानव द्वारा अर्जित किया गया था, उस पर तथाकथित अभिजात्य वर्ग का ही अधिकार था। पाश्चात्य मुल्कों में भी तमाम भेदभाव हुए और गुलाम बनाने की परम्परा तो बहुत ही मजबूत रही है, फिर भी समयानुसार समाज के विकास के अवरोधक संस्कार एवं विधियों का खण्डन करते हुए नए मूल्यों को प्रतिस्थापित करने में वे सफल रहे। उन्होंने यह नहीं माना कि उनके पूर्वजों ने जो कहा वह सब कुछ सही है, बल्कि जो भी बातें समयानुसार मानव कल्याण के लिए लाभकारी नहीं सिद्ध हुई उन्हें खत्म किया और नए मूल्यों को समाहित करते

हुए सर्वहिताय एवं सर्वसुखाय सिद्धान्त को मानने का पूरा प्रयास किया। उदाहरण के लिए सुकरात के सिद्धान्तों को प्लेटो ने पूरी तरह से न मानते हुए समाज को उस समय की वर्तमान परिस्थितियों के अनुसार शिक्षा एवं दर्शन देने का प्रयास किया। अरस्तू ने अपने गुरू प्लेटो की कई बिन्दुओं पर आलोचना की और वर्तमान समाजिक आर्थिक एवं राजनैतिक सच्चाइयों को अपनी बातों को कहते वक्त पूरा–पूरा ध्यान देने की कोशिश की। आज भी हमारे देश में इस परम्परा की शुरूआत नहीं की जा सकी। जो भी बातें ऋषि–मुनि हजारों वर्ष पहले कह गए, उन्हीं को सबकुछ समझकर आज भी वर्तमान के अनुसार जीने का प्रयास नहीं किया जा रहा है।

वर्तमान में केन्द्रीय माध्यमिक शिक्षा बोर्ड (सीबीएसई), राष्ट्रीय शैक्षणिक अनुसंधान एवं प्रशिक्षण परिषद (एनसीईआरटी) द्वारा इतिहास को बदलने का प्रयास देश को विकास की ओर ले जाने की बाजाय इसे तोड़ने एवं पुनः कुण्ठित करने की साजिश के अलावा कुछ नहीं है। साधारण ज्ञान वाला व्यक्ति भी इस बात की जानकारी रखता है कि मानव अपने विकास की शुरूआत में शिकार एवं प्राकृतिक उपादानों से इकट्ठा हुए भोज्य पदार्थ (हन्टर एवं गेदरर) पर निर्भर करता था। अतः जानवरों का मांस खाना एक स्वाभाविक बात थी। ऋग्वेद सहित तमाम धार्मिक पुस्तकें भी इस बात की पुष्टि करती हैं कि गोमांस बहुत ही प्रचलित भोजन हुआ करता था। इसे लगभग सभी लोग खाते थे। समय बीतने के साथ कुछ लोगों ने खाना कम कर दिया या बन्द कर दिया। जब प्रो॰ डी॰एन॰ झा इस पर कुछ लिखते हैं, तो संघ परिवार बौखला जाता है। रोमिला थापर, विपिन चन्द्र, आर.एस. शर्मा, डी.एन. झा एवं सतीश चन्द्र जब इतिहास को ईमानदारी से लिखने का प्रयास करते हैं, तो संघ परिवार इतिहास बदलने पर उतारू हो जाला है। यदि ये ही इतिहासकार वर्णव्यवस्था को बढ़ाचढ़ाकर लिखते तो वर्तमान सरकार इन्हें पुरस्कृत करती।

आखिर में संघ परिवार से पूछा जाए कि हमारे यहां प्राचीन इतिहास से लेकर बहुत दिनों बाद तक इतिहास लिखने की परम्परा क्यों नहीं रही? परम्परा तो तब बने जब भाषा एवं ज्ञान को आम लोगों को पढ़ने के लिए प्रोत्साहित किया जाता। संस्कृत जब अभिजात्य वर्ग की भाषा बनकर रह गई, तो अभिजात्य वर्ग की ही जिम्मेदारी थी कि वे इतिहास को लिखते,

परन्तु ऐसा करने में असफल रहे। जब तथाकथित सवर्णों का मन और मस्तिष्क मानव–मानव में भेद पैदा करने एवं अपने अहंकार को देश एवं समाज के हित की कीमत पर बनाए रखने की लगातार पुरजोर कोशिश रही हो तो भला रचनात्मक कार्य करने की ओर दिमाग जाएगा तो जाएगा कैसे? यही मुख्य कारण था कि हम इतिहास को लिपिबद्ध नहीं कर पाए। आज संघ परिवार अतीत को जानने के लिए विदेशी स्रोतों की आलोचना कर रहा है। इसलिए कि कुछ बातें वर्णव्यवस्था को कमजोर करती हैं। यदि विदेशी मोहर इनके पक्ष में लग जाए तो उनकी बड़ाई करते नहीं थकते। बौद्ध साहित्य एवं संस्कृति दुनिया के विशालतम में से एक है और उसके बारे में चीनी भाषा में सुरक्षित लेखा–जोखा से ही इस धर्म के बारे में हम विस्तार में जान पाए हैं। बौद्ध धर्म के इतिहास को आखिर किसने नष्ट किया?

सरकार यह कह रही है कि केन्द्रीय माध्यमिक शिक्षा बोर्ड (सीबीएसई) एवं राष्ट्रीय शैक्षणिक अनुसंधान एवं प्रशिक्षण परिषद (एनसीईआरटी) के ऊपर भारी दबाव था और इसीलिए इतिहास की किताब से तमाम अंश निकाल दिए गए। वास्तव में इतिहास किसी को खुशी या नाराज करने के लिए नहीं लिखा जाता, बल्कि सच्चाई को सामने रखने का सर्वोत्तम मानवीय प्रयास होता है। सरकार की यह दलील है कि वर्णव्यवस्था से लोगों की भावनाओं को ठेस पहुंचेगी, जबकि दलितों ने कभी भी वर्णव्यवस्था को इतिहास से निकालने की आवाज नहीं उठाई। यह सम्भव है कि संघ परिवार के लोग अन्य समुदायों के लोगों को भड़काकर इतिहास के कुछ अंश को निकलाने के लिए व्यूह रचा हो। मान लिया जाए कि सरकार में रहने की वजह से इन्होंने इतिहास को बदल दिया, तो क्या ये वर्तमान सामाजिक, राजनैतिक एवं आर्थिक सच्चाई को उसी तरह से बदल पाएंगें?

वर्णव्यवस्था को इतिहास से निकाला गया, यह कहते हुए कि दलितों की भावनाओं को ठेस पहुंचती है। क्या दलितों से पूछा गया?

केन्द्रीय माध्यमिक शिक्षा बोर्ड (सीबीएसई), राष्ट्रीय शैक्षणिक अनुसंधान एवं प्रशिक्षण परिषद (एनसीईआरटी) ने संघ परिवार के दबाव में आकर वर्णव्यवस्था से सम्बंधित ऐतिहासिक तथ्य को इतिहास की किताब से निकाल दिया, यह कहते हुए कि इससे दलितों की भावनाओं को ठेस पहुंचती है। यहां पर तालिबान से संघ परिवार की तुलना की जाए तो अतिशयोक्ति

नहीं होगी, क्योंकि ये वर्णव्यवस्था के बारे में जब चर्चा तक नहीं करना चाहते हैं, तो जात–पांत मिटाने की बात तो बहुत दूर की हो जाती है। जब तक वर्णव्यवस्था के बारे में जानकारी नहीं होगी, तब तक आरक्षण दलितों को क्यों दिया जाता है, यह समझना मुश्किल है। यदि इतिहास से कुछ निकालने की आवश्यकता है, तो मनुस्मृति को, जो यह कहती है कि शूद्रों को स्वर्ग जाने के लिए भी ब्राह्मणों की सेवा करनी चाहिए और इन्हें सम्पत्तिहीन रहना है। संघ परिवार मनुस्मृति जलाने की बात क्यों नहीं करता? जो मानव कल्याण एवं देशहित में होगा।

वर्तमान से अतीत के बारे में जाना जा सकता है। आज भी जात–पांत का बोल–बाला है, तो क्या यह जानने का भी अधिकार नहीं है, कि वर्णव्यस्था की इजाद कब और किसने की? हिन्दूवादी शक्तियां इसे इतिहास से निकालकर जात–पांत बनाए रखने की साजिश में हैं। यदि संघ परिवार को दलितों की भावनाओं की इतनी ही चिन्ता है, तो रोटी–बेटी का सम्बन्ध क्रकरके जात–पांत को क्यों नहीं समाप्त कर देते? एक बार जात–पांत समाप्त हो जाए, तो वर्णव्यवस्था को इतिहास के पन्नों से निकालने के बारे में सोचा भी जा सकता है। वास्तव में संघ परिवार कभी भी नहीं चाहता कि दलितों का विकास हो। जब ऐतिहासिक बवन्डरों एवं गलतियों पर चर्चा होगी, तभी वर्णव्यवस्था खत्म हो सकती है, जो ये नहीं चाहते हैं।

गोमांस सेवन संस्कृति है

लगभग सभी आदिवासी गोमांस खाते हैं, दक्षिण भारत में काफी संख्यां में दलित भी इसका सेवन करते हैं। कुछ पिछड़े वर्ग के लोग भी खाते हैं। ईसाई एवं मुसलमान तो इसे खाते ही हैं। इस तरह से लगभग 10 प्रतिशत अनुसूचित जाति, 7 प्रतिशत जन जाति, 10 प्रतिशत पिछड़े, 12 प्रतिशत मुसलमान एवं 3 प्रतिशत ईसाई गोमांस का सेवन करते हैं। आन्ध्र प्रदेश के माला एवं मादिगा भी गोमांस खाते हैं और कर्नाटक के दलितों ने तो पिछले वर्ष विधानसभा के सामने समूह में गोमांस खाकर समारोह मनाया। प्रसिद्ध इतिहासकार प्रो॰ डी.एन. झा ने इस बात की पुष्टि अपने दो लेखों हिन्दुस्तान टाइम्स में दिनांक 17.12.2001 और 18.12.2001 द्वारा की है कि प्राचीन भारत में ब्राह्मण भी गोमांस खाते थे। जो लोग गोमांस सेवक हैं, क्या यह उनकी सांस्कृतिक धरोहर नहीं है? डॉ॰ मुरली मनोहर जोशी देश की

जनसंख्या का 2 से 3 प्रतिशत ब्राह्मणों (आर्य) का नेतृत्व करते हैं, भला आर्य संस्कृति (गोमांस न खाने वाले) कैसे बहुसंख्यक की संस्कृति को इतिहास से निकालकर ध्वस्त कर सकते हैं? गोमांस इस देश के काफी लोगों का भोजन है। कुछ लोग इसे मुस्लिम धर्म से जोड़ने का प्रयास कर रहे हैं। जो सर्वथा गलत है। मुसलमानों के आने के पहले से ही हमारे देश में गोमांस खाया जाता रहा है। दलित देवता जामवन्त ने गोमांस खाने की वकालत बढ़–चढ़कर की है। अतः इसका धर्म से कोई सम्बन्ध नहीं है।

गोमांस देश के तमाम लोगों की भोज्य संस्कृति है और इसे इतिहास से निकलाने का आशय है कि इनकी भावनाओं को ठेस पहुंचाना। वेद एवं धार्मिक पुस्तकों में इस बात का जगह–जगह पर उल्लेख मिलता है। जिन मानव समूहों ने इसका सेवन किया वे हमसे लगभग प्रत्येक क्षेत्र में आगे निकल गए हैं। ओलम्पिक में हम आज तक एक गोल्ड मेडल तक नहीं ले पाए, उसका कारण है कि हम कम प्रोटीन वाले भोजन पर आधारित हैं। गोमांस में 21 प्रतिशत, मटन में 16 प्रतिशत, चिकन में 13 प्रतिशत और सब्जी में 7 प्रतिशत प्रोटीन है। कम प्रोटीन युक्त भोजन खाने से मानसिक और शारीरिक कमजोरी अवश्य आएगी। एंगेल ने कहा था कि मानव मष्तिस्क का विकास गोमांस से ही हुआ था। हम सम्भवतः कम प्रोटीन वाले भोजन का सेवन करते थे, इसलिए न ही विदेशी हमलावरों से देश की रक्षा की ताकत रही और न ही ज्ञान–विज्ञान में तरक्की कर सके। अटल बिहारी बाजपेयी जी कहते हैं कि भूमण्डलीकरण के जमाने में प्रत्येक व्यक्ति को बिना किसी के सहारे आगे बढ़ना है। दूसरी तरफ शाकाहारी भोजन की वकालत की जा रही है, तो हम कैसे दूसरों के सामने प्रतिस्पर्धा में टिक सकते हैं?

दलितों के प्रति भेदभाव से ही अन्दाज लग जाता है कि आर्य बाहर से आए

सरकार ने इतिहास की किताब से यह भी निकाल दिया है कि आर्य बाहर से आए, जबकि पं. जवाहर लाल नेहरू ने 'भारत एक खोज' में लिखा था कि आर्य बाहर से आए। लोकमान्य तिलक ने भी ऐसी बात कही। इनके अलावा तमाम ऐतिहासिक तथ्य पक्ष में हैं कि आर्य बाहर से आए। वर्तमान से अतीत को समझा जा सकता है। संघ परिवार के चरित्र को देखा जाए

तो साफ नजर आएगा कि आर्य बाहर से आए। नीचे मैं इसके पक्ष में निजी विचार व्यक्त कर रहा हूं–

1. भारत लगभग एक हजार वर्षों तक गुलाम रहा, फिर भी आर्यों ने भारत माता की खातिर बहुजनों से भाई–चारा स्थापित करने का प्रयास करके विदेशियों को खदेड़ने का कोई उपाय नहीं किया। यदि ये बाहर से न आए होते तो देश के प्रति लगाव अवश्य होता और देश के विकास की खातिर जात–पांत समाप्त करने के लिए आवाहन करते।
2. किसी भी समाज में अपने भाइयों एवं बहिनों से नफरत एवं भेदभाव करते नहीं देखा, जैसा कि तथाकथित हिन्दू समाज में। हां विदेशी या हमलावर ही भेदभाव की दृष्टि से देखेगा। इसी से अन्दाज लग जाता है कि आर्य बाहर से आए।
3. वर्णव्यवस्था को इतिहास के पन्नों से निकालने के प्रयास से ही स्पष्ट हो जाता है कि ये जात–पांत समाप्त करने में रूचि नहीं रखते। जो लोग चर्चा तक करने के लिए तैयार नहीं हैं, वे देश का क्या निर्माण करेंगें? इससे भी स्पष्ट होता है कि ये बाहर से आए।

बौद्ध धर्म का इतिहास एवं संस्कृति कहां गई?

बौद्ध धर्म इस देश में कभी बहुजनों का धर्म हुआ करता था और इसके समय में भारत की सीमा अफगानिस्तान, पाकिस्तान, श्रीलंका, बर्मा इत्यादि देशों तक थी। विदेशी शासन भी नहीं था, फिर भी दुनिया के तमाम देशों में अपनी अच्छाई फैलाने वाला धर्म भारत में किसके षड्यन्त्र से खत्म हुआ? चाहे तिरूपति मन्दिर हो या पुरी या केदारनाथ अथवा बद्रीनाथ, ये सब के सब कभी बौद्धों के मन्दिर हुआ करते थे और हिन्दुओं ने बाद में कब्जा कर लिया। साम्यवादी एवं तक्रसंगत इतिहासकार भी बौद्ध धर्म के इतिहास के ऊपर न लिखकर अपनी जिम्मेदारी निभाने से वंचित रहे।

आधुनिक संचार प्रणाली, उत्खनन, पुरातत्व प्रमाण आदि की वजह से पता लगा कि बौद्ध धर्म किन कारणों से इस देश से लुप्त हुआ। संघ परिवार के लोग कहते हैं कि बौद्ध धर्म हिन्दू धर्म का हिस्सा है, यदि ऐसा है तो 4

नवम्बर, 2001 को बौद्ध धर्म की दीक्षा के लिए अनुमति रद्द क्यों की गई? एक समय हिन्दू धर्म की सीमाएं अफगानिस्तान तक थीं और उसके बाद ब्राह्मण कश्मीर तक सिमट गए और वहां से भी अब पलायन कर रहे हैं। बौद्ध धर्म दुनिया के तमाम देशों में राज्य धर्म के रूप में है। यदि बौद्ध धर्म हिन्दू धर्म का हिस्सा होता तो हिन्दू धर्म क्यों देश में ही सिमट कर रह गया? हिन्दू धर्म में बिना आत्मा–परमात्मा के बात ही नहीं होती, जबकि बौद्ध धर्म में इसके लिए कोई स्थान ही नहीं है।

जो सत्य है उसे इतिहास के पन्नों में रहने दिया जाए। संघ परिवार की इस गलती से उन्हें ही नहीं, बल्कि पूरे देश को इसकी कीमत चुकानी पड़ेगी। आर्य समाजियों का भी चेहरा साफ हो गया। इन्होंने कुछ इतिहासकारों की गिरफ्तारी मांगी है, जबकि गिरफ्तारी इन्हीं की होनी चाहिए, क्योंकि ये लोग गलत लोगों का पक्ष ले रहे हैं। देश का भविष्य बड़ा ही अन्धकारमय लगता है, क्योंकि विकास, ज्ञान–विज्ञान, शिक्षा, स्वास्थ्य एवं सामाजिक कुरीतियों से लड़ने की बात के बजाए भावनात्मक मुद्दे जैसे मंदिर, पोटो एवं इतिहास को तोड़–मरोड़कर पेश करने की बात की जा रही है।

---

21 दिसम्बर, 2001, राष्ट्रीय सहारा, इतिहास में घुसपैठ

6

बहुजन समाज पार्टी कितनी बहुजन?

मा॰ कांशी राम ने बामसेफ (दलित, पिछड़ों एवं अल्पसंख्यक कर्मचारियों का संगठन) शुरू में बनाया यह कहते हुए कि इन्हें समाज को कुछ देना है। अथक परिश्रम एवं लम्बे समय के बाद कर्मचारियों का संगठन खड़ा करने में वे सफल भी रहे। शुरू में ही जिन सिद्धान्तों पर इस संगठन का निर्माण किया, निश्चित तौर से बहुजनों को इकट्ठा करने की बात रही। पिछड़े वर्ग से तो खास लोग नहीं जुड़ पाए, परन्तु दलितकर्मी अवश्य लामबन्द हुए। अल्पसंख्यक वर्ग में भी अच्छा प्रभाव बना। डॉ॰ अम्बेडकर, ज्योतिबाफूले, साहू जी महाराज एवं पेरियार आदि महापुरुषों को आदर्श मानकर पूरी गतिविधि चलाई गई। कांशी राम जी इस बात के लिए हमेशा याद किए जाते रहेंगें कि उन्होंने 85:15 का नारा दिया और कुछ हद तक सफलता भी प्राप्त की। जैसे उत्तर प्रदेश में सन् 1994 में दलितों–पिछड़ों के द्वारा सरकार बनाना। याद रहे कि किसी ने उनकी जाति जानने की कोशिश नहीं की और न ही शुरुआत में ऐसी बात खुलकर की भी गई। अर्थात् सभी ने दकियानूसी जाति–पांति के बन्धन से उठकर एक नए आन्दोलन एवं नेतृत्व का निर्माण किया। कांशी राम जी ने कभी मुद्दे या संघर्ष की बात नहीं की और सभी को रटवाते गए कि बहुजनों को सत्ता में आना है। लगभग सभी लोग बिना जांच–पड़ताल के इस नारे में विश्वास किया। सिद्धान्त, भावना एवं सब्जबाग का मिश्रण लोगों को खूब भाया और इसी के माध्यम से कांशी राम जी ने राजनीति करने के लिए अच्छी–खासी जमीन तैयार कर ली।

सन् 1984 में बामसेफ के लगभग सभी नेताओं ने उनका साथ छाड़ दिया। कांशी राम जी चाहते ही थे कि उनके पुराने साथियों का साथ छूट जाए तो अच्छा है, क्योंकि उनका विशेष योगदान एवं पूर्व परिचित होने के कारण कांशी राम जी की गतिविधियों पर नजर रहती। इस तरह से कांशी राम जी को स्वच्छन्द रूप से काम करने को नहीं मिल पाता। जिन साथियों ने साथ छोड़ा वे अलग खुश थे कि उन्होंने कांशी राम जी को निकाल दिया। कांशी राम जी की सफलता का सबसे बड़ा रहस्य यह है कि उन्होंने लोकतन्त्र की परवाह कभी नहीं की। कम्युनिस्ट पार्टी एवं भाजपा को छोड़कर लगभग सभी पार्टियां व्यक्तिवादी हैं और लोकतांत्रिक प्रक्रिया की खास परवाह नहीं की जाती। बामसेफ छोड़ने के बाद उन्होंने डीएस--4 बनाया, तब भी बहुजन की सभी जातियों के लोगों ने उनका समर्थन किया। कुछ ही समय बाद उन्होंने बहुजन समाज पार्टी का निर्माण किया और दलित, पिछड़ों एवं अल्पसंख्यकों का भारी समर्थन मिला। किसी ने नेतृत्व की जाति नहीं पूछी।

सन् 1997 में कार्मिक एवं प्रशिक्षण विभाग द्वारा पांच आरक्षण विरोधी आदेश जारी किए गए, परन्तु दूर–दूर तक इसके विरूद्ध आवाज उठाने वाला कोई नहीं दिखा। मेरे नेतृत्व में 10 अक्टूबर, 1997 को अनुसूचित जाति/जन जाति संगठनों का अखिल भारतीय परिसंघ का गठन हुआ। मेरी अघोषित शर्त यही थी कि परिसंघ का आन्दोलन अधिकारों की रक्षा के लिए हमेशा समाज का समर्थन प्राप्त कर संघर्षरत् रहेगा। मुझे पता था कि दसियों बड़े संगठन दलित विकास के लिए हैं, परन्तु मुद्दे की बात न कर केवल सिद्धान्त का ढिंढोरा पीटते रहते हैं। समय–समय पर लोगों को लामबन्द करने के लिए सवर्णों को जी भर कर गाली भी देते हैं। कुल मिलाकर रचनात्मक दृष्टिकोण का पूरी तरह अभाव है। हमने सबसे पहले आरक्षण विरोधी आदेशों के लिए दलित कर्मियों व अधिकारियों को सड़क पर लाने के लिए 26 नवम्बर, 1997 को रैली की और यह पहली राष्ट्रीय स्तर की बड़ी रैली थी, जो शुद्ध रूप से पांच आरक्षण विरोधी आदेशों की वापसी, आरक्षण कानून बनाकर संविधान की 9वीं सूची में रखने, दलितकर्मियों के संगठनों को विभागीय मान्यता, राष्ट्रीय अनुसूचित जाति/जन जाति आयोग के पूरे अधिकार एवं सफाई कर्मचारियों को समयबद्ध पदोन्नति के लिए की गई। 16 नवम्बर, 1998 को दूसरी बड़ी रैली की गई। मांगें न मानने पर संघर्ष का सिलसिला जारी रहा और तीसरी रैली 13 दिसम्बर, 1999 को आयोजित की गई। इस रैली को

न करने के लिए भाजपा के एक सांसद ने मुझे पत्र भी लिखा, यह कहते हुए कि या तो रैली करनी नहीं चाहिए या इसके माध्यम से प्रधानमंत्री श्री अटल बिहारी वाजपेयी को धन्यवाद देना चाहिए, क्योंकि उन्होंने आरक्षण विरोधी आदेशों को वापिस लेने की घोषणा कर दी है। परिसंघ के तमाम नेता भी इसी मत के थे और उन्होंने रैली को असफल करने के लिए पूरा प्रयास भी किया। हमारे आन्दोलन के कारण 81वां एवं 82वां संवैधानिक संशोधन करके दो आरक्षण विरोधी आदेश वापिस किए गए। बीच में सरकार ने संविधान समीक्षा आयोग का गठन करके इसे नष्ट करने का प्रयास किया अतः हमने चौथी रैली 11 दिसम्बर, 2000 को रामलीला मैदान, दिल्ली में 'आरक्षण एवं संविधान बचाओ' के नाम से की। 4 नवम्बर, 2001 को दिल्ली में लाखों लोगों को बौद्ध धर्म की दीक्षा लेकर जातिविहीन समाज का निर्माण करने के प्रयास को सरकार ने रोकने की कोशिश की, फिर भी बौद्ध धर्म का पैगाम देश में ही नहीं, बल्कि विदेशों तक पहुंच गया। इस तरह से अधिकार एवं सम्मान की रचनात्मक लड़ाई हमने लड़ी, जबकि बसपा या अन्य संगठनों के पास ऐसी कार्य प्रणाली नहीं है। लोग परिसंघ एवं लॉर्ड बुद्धा क्लब से जुड़ते गए और देखते ही देखते सबसे बड़ा दलित आन्दोलन राष्ट्रीय स्तर का तैयार हो गया। इतने कम समय में शायद ही दुनिया में किसी संगठन ने इतना बड़ा आन्दोलन खड़ा किया हो। शुरू से लेकर आज तक बसपा से हमारी कोई शिकायत नहीं रही, लेकिन बसपा को हमसे शिकायत लगभग हमेशा ही रही है। बसपा सुप्रीमो सुश्री मायावती लगभग सभी कार्यकर्त्ताओं की सभाओं में परिसंघ के विरूद्ध बोलती ही रही हैं, लेकिन 15 दिसम्बर, 2001 को लखनऊ की रैली में तमाम ऐसे आरोप लगाए, जिसका जबाब देना हमारे लिए मजबूरी बन गई।

सुश्री मायावती ने अपने सम्बोधन के दौरान मेरी कड़ी आलोचना की। हालांकि मैं बसपा पर टीका–टिप्पणी से कतराता हूं, परन्तु सुश्री मायावती द्वारा व्यक्त किए गए विचार, जो दलित समाज के लिए घातक सिद्ध हो रहे हैं, पर स्पष्टीकरण एवं अपना मत व्यक्त नहीं करता हूं तो दलित समाज को भारी क्षति होगी। इसी बात का ध्यान रखते हुए मैंने 20 दिसम्बर, 2001 को प्रेस वार्ता के माध्यम से उनके लगाए गए आरोपों का सिर्फ स्पष्टीकरण दिया। बहुजन समाज पार्टी नाम के लिए तो बहुजनों की है, परन्तु मायावती जी इसे मात्र चमारों की पार्टी बनाने पर तुली हुई हैं, बेहतर होता कि पार्टी

का नाम भी बदल देतीं। रैली में मेरे बारे में कहा कि मैं अमुक जाति का हूं, जबकि मैं बौद्ध धर्म ग्रहण करने के बाद जाति समाप्त कर चुका हूं। मेरी पत्नी ब्राह्मण जाति की कभी नहीं थी और 4 नवम्बर की दीक्षा के बाद उनकी भी जाति समाप्त हो गई है, फिर भी ब्राह्मण कहकर दुष्प्रचार करना एवं निजी मामले में दखल देना निन्दनीय है। यदि कोई तथाकथित उच्च जाति का व्यक्ति ऐसी बात कहे तो बात कुछ समझ में आती है। राम विलास पासवान जी को बार–बार दुसाध जाति का बताना और बंगारू लक्ष्मण को सफाई करने वाली जाति से बताना यह संकेत देता है कि मायावती जी मनुवादियों से भी अधिक जात–पांत कर रहीं हैं, जो बहुजन समाज के लिए खतरनाक है। राम विलास पासवान या बंगारू लक्ष्मण अथवा मेरी सैद्वान्तिक आलोचना वे करें तो बात समझ में आती भी है। दलित एवं बहुजन समाज को मायावती जी तोड़ने पर आमादा हो गई हैं। इस तरह तो डॉ॰ अम्बेडकर भी चमार जाति से नहीं थे, फिर भी उनके नाम को क्यों इस्तेमाल कर रही हैं?

श्री कांशी राम ने जब कर्मचारियों का संगठन बनाया, तो सभी जाति के कर्मचारी यहां तक कि मुसलमान एवं पिछड़े वर्ग के लोगों ने बहुजन समाज के निर्माण के लिए पूरा योगदान दिया। इत्तफाक की बात है कि उत्तर प्रदेश में आर.पी.आई. के आन्दोलन एवं कुछ और ऐतिहासिक कारणों की वजह से चमारों ने दलित की अन्य जातियों से अधिक अम्बेडकरवाद की समझ होने के कारण वर्णव्यवस्था के खिलाफ लड़ने के लिए बहुजन समाज पार्टी का पूरा साथ दिया। अगड़ी जातियों को इन्हीं से ''तिलक, तराजू और तलवार, इनको मारो जूते चार'' गाली दिलवाकर शत्रुता करा दी और अगड़ी एवं कुछ पिछड़ी जातियां इन्हें अपना दुश्मन बना बैठीं। गांव से लेकर शहर तक चमारों को निशाना बनवा दिया। श्री कल्याण सिंह जब उत्तर प्रदेश के मुख्यमंत्री थे, तब चमार कर्मचारियों एवं अधिकारियों को चुन–चुनकर प्रताड़ित किया। इस तरह से चमारों को बसपा नेतृत्व अगड़ी जाति, पिछड़ी जाति एवं दलित जातियों से भी अलग–थलग कर दिया, ताकि इन्हें कोई स्वीकार न करे। बसपा के आने के पहले उत्तर प्रदेश में अट्ठारह सांसदों में से 11 और 14 के बीच हमेशा चमार जाति से सांसद होते रहे और विधान सभा सदस्य भी अच्छी–खासी संख्या में इस जाति से होते रहे, लेकिन आज केवल तीन या चार सांसद इस जाति से हैं और विधायकों की संख्या भी उसी अनुपात में घटी है। कुल मिलाकर केवल मायावती जी का व्यक्तिगत फायदा हो रहा

है, न कि चमार बिरादरी या दलित समाज का। मायावती जी के मुख्यमंत्री बनने से चमारों को मानसिक संतुष्टि जरूर होगी, लेकिन कुल मिलाकर भारी नुकसान होगा।

बसपा दलितों के खून पसीने के बल पर आज अस्तित्व में आई है, लेकिन यह पार्टी भी आरक्षित सीटों के अलावा दलितों को टिकट नहीं दे रही है, जबकि अन्य पार्टियों के लोग दे भी देते हैं। यदि संविधान द्वारा सीटें आरक्षित न होती तो बसपा भी एक सीट दलितों को देने वाली नहीं थी। पिछले नगर निगम चुनाव में पैसे लेकर ही लोगों को टिकट दिया और अब जिन ब्राह्मणों और ठाकुरों को गाली देते थे, उन्हीं से पैसे लेकर टिकट दे रही हैं। अधिकतर सवर्ण उम्मीदवार दलितों पर अत्याचार करने वाले ही हैं। जिन कार्यकर्त्ताओं ने अपनी जान की परवाह न करते हुए इस पार्टी को बनाया और अपने गृहस्थ जीवन को भी संचालित न कर सके, अब उन्हें टिकट नहीं दिया जा रहा है। कुल मिलाकर दलितों के विश्वास का सौदा बसपा कर रही है। दूसरी पार्टियों के भी चतुर नेताओं ने जहां जीतने की संभावना है, भारी कीमत देकर बसपा से टिकट ले रहे हैं, ताकि जीतने के बाद वे सभी पूर्व की तरह दूसरी पार्टियों में भाग जाएं। मानता हूं कि पार्टी को पैसे की आवश्यकता होती है, उस बात को भी मद्देनजर रखा जाए तो सभी से पैसा नहीं लेना चाहिए। जो मिश्नरी हैं, उनसे तो पैसा लेना ही नहीं चाहिए। यदि बसपा भी सुरक्षित सीटों तक ही दलितों को लड़ाती है, तो अन्य पार्टियों और इसमें क्या फक्र रह गया। मात्र मुख्यमंत्री बनने के लिए लाखों कार्यकर्त्ताओं एवं बहुजन समाज को सूली पर नहीं चढ़ाना चाहिए।

कर्मचारियों को संगठित करने के समय से लेकर आज तक बसपा ने सत्ता में आकर ही कुछ करने की बात कही है। प्रश्न यह उठता है कि क्या डॉ॰ अम्बेडकर सत्ता में रहकर पूना पैक्ट और बौद्ध धर्म की दीक्षा आदि महान कार्य किए? ऐसा बिल्कुल नहीं हुआ। सन् 1997 में कार्मिक एवं प्रशिक्षण विभाग द्वारा पांच आरक्षण विरोधी आदेश जारी किए गए। अनुसूचित जाति/जन जाति संगठनों का अखिल भारतीय परिसंघ का जन्म इन्हीं आदेशों की वापसी के लिए हुआ। सुश्री मायावती जी ने 16 मार्च, 1999 को लखनऊ में प्रेस वार्ता के माध्यम से मेरी आलोचना करते हुए कहा कि कर्मचारियों की रैली से आरक्षण बचने वाला नहीं है। आरक्षण विरोधी आदेश बसपा के सत्ता में आने के बाद ही वापिस हो सकते हैं। बसपा सत्ता में नहीं

आई, फिर भी आरक्षण विरोधी आदेश वापिस हुए और काफी हद तक आरक्षण बचा। प्रश्न यह उठता है कि यदि बसपा सत्ता में पचास साल तक न आए, तो हम अपने अधिकार को समाप्त होने दें और अत्याचार बर्दाश्त करते रहें?

बौद्ध धर्म की दीक्षा के कार्यक्रम के पहले बसपा ने लोगों को दीक्षा लेने से रोकने का एक नया तरीका निकाला था कि बसपा एक करोड़ लोगों को बौद्ध धर्म की दीक्षा दिलाएगी, ताकि लोग हमारे दीक्षा कार्यक्रम में शामिल न हों। संघ परिवार के कातिलाना हमले के बाद भी कार्यक्रम सफल हो गया और बसपा इस सफलता को बर्दाश्त नहीं कर पा रही है और सुश्री मायावती कह रहीं हैं कि जब वे केन्द्र की सत्ता में आएंगी तब बौद्ध धर्म को बढ़ावा देंगीं। प्रश्न उठता है कि यदि वे पचास वर्ष तक सत्ता में न आएं तो क्या बौद्ध धर्म की बात करनी ही नहीं चाहिए? कांग्रेस, सी.पी.एम., सी.पी.आई.एम.एल., आर.पी.आई. सभी ने सरकार द्वारा दीक्षा के कार्यक्रम को रोक लगाने के लिए निन्दा की, परन्तु बसपा ने एक बयान तक जारी नहीं किया।

बसपा ने दुष्प्रचार करने में महारत हासिल कर रखी है। इस पार्टी को बनाने में तमाम लोगों ने बड़ी कुर्बानियां दी हैं, फिर भी गलत आरोप लगाकर उन्हें पार्टी से निकाल दिया। चमार नेतृत्व की तो पहले ही पार्टी से छुट्टी कर दी ताकि सुश्री मायावती के लिए कोई चुनौती न रह जाए। मुझे तथा मेरे आन्दोलन को कभी भाजपा तो कभी कांग्रेस का एजेन्ट बताती रहती हैं, जबकि वर्तमान में खुद ही भाजपा के एजेन्ट जैसे कार्य कर रहीं हैं। समझा जाता है कि चुनाव के पहले भाजपा से अन्दरूनी समझौता होगा और बाद में मुख्यमंत्री पद के लिए खुला समझौता होगा। जहां सुश्री मायावती को मुख्यमंत्री बनने की लालसा है, वहीं भाजपा को केन्द्र बचाना है। भले ही भाजपा निजीकरण करके नौकरियां समाप्त कर दे, इतिहास से वर्णव्यवस्था निकाल दे और महत्त्वपूर्ण संस्थाओं एवं मीडिया में आर.एस.एस. को घुसा दे, जिससे दलितों के विकास पर प्रश्नचिन्ह लग जाए। इन्हें शर्म भी नहीं आती, जो दो बार भाजपा के साथ सरकार बना चुके हैं और कांग्रेस के साथ चुनाव भी लड़ चुके हैं, वे हमें इनका एजेन्ट बताते रहते हैं।

बसपा का कभी आन्दोलन अवश्य था, लेकिन अब वह समाप्त सा होता जा रहा है। सुश्री मायावती का व्यक्तिगत स्वार्थ सिद्धि का मामला अधिक महत्त्वपूर्ण हो गया है। इनके पास तो मुद्दे कभी भी नहीं रहे हैं और गत् चार

सालों में हमने पहले आरक्षण का मुद्दा लिया फिर संविधान और बौद्ध धर्म का, इसीलिए मजबूर होकर कभी–कभी ये हमारे मुद्दों के दबाव में बोल देते हैं। दलित जातियों को विभाजित करने की घिनौनी हरकत मायावती जी बन्द करें, एक विशेष दलित जाति कभी सत्ता में नहीं आ सकती है। बेहतर होगा कि बसपा अपना नाम सवर्ण पार्टी या कुछ और रख ले, न कि बहुजन। मायावती जी ने पहले पिछड़े वर्ग के नेताओं जैसे–कुर्मी एवं गड़रिया को निकाल कर पिछड़ों को अलग करने का संदेश दिया और बाद में कुछ ऐसा ही मुसलमानों के साथ भी किया। अब यही बात दलितों के साथ करके क्या अपनी पार्टी को समाप्त नहीं कर रही हैं? उत्तर प्रदेश का चुनाव सर पर है, क्या बसपा परिसंघ एवं बुद्धा क्लब से जुड़े लोगों को अलग–थलग करने का संदेश देकर अपना नुकसान नहीं कर रही है? हम उनके विरोधी नहीं हैं, बल्कि समाज के विकास का प्रयास सामाजिक मंच से कर रहे हैं। तथाकथित सवर्णों की संख्या 10 या 15 प्रतिशत से अधिक नहीं है, फिर भी उनमें 100 से अधिक राष्ट्रीय नेता होंगे। हमारी जनसंख्या भी उनसे अधिक है, फिर भी बसपा के लोग मेरे ऊपर आरोप लगाते रहते हैं कि मैं दलित नेतृत्व विभाजित करने का प्रयास कर रहा हूं। हमारी समस्याएं इतनी हैं कि कांशी राम जी एवं मुझ जैसे दसों नेताओं की समाज को आवश्यकता है। अच्छा रहता कि बसपा हम लोगों को निशाना बनाने की बजाय उनको बनाती जो संविधान एवं आरक्षण खत्म करने का काम कर रहे हैं। वैसे बसपा बहुजन समाज के तमाम वर्गों को अपने से अलग कर चुकी है, इसलिए मुश्किल दिखता है कि वह वास्तविक रूप से बहुजन संगठन का स्वरूप बरकरार रख सके। शुरूआत में जरूर बहुजन चरित्र रहा है, लेकिन अब उसे स्वयं ही मिटाने पर तुले हैं।

---

08 जनवरी, 2002–दैनिक हिन्दुस्तान–बहुजन समाज पार्टी कितनी बहुजन

7

अनुसूचित जाति/जन जाति आयोग : आयोग या एक पुनर्वास

राष्ट्रीय अनुसूचित जाति/जन जाति आयोग 68वें संवैधानिक संशोधन से सन् 1990 में अस्तित्व में आया। यह दलितों के कल्याण के लिए है, परन्तु वर्तमान में यह हारे हुए नेताओं और अवांछित नौकरशाहों एवं कर्मचारियों के पुनर्वास का केन्द्र बन गया है। इसमें छः सदस्य एवं एक चेयरमैन होता है। चेयरमैन का स्तर केन्द्रीय मंत्री, उपचेयरमैन का स्तर राज्य मंत्री एवं सदस्यों का स्तर भारत सरकार के सचिव का है। जो भी सत्ता में आता है, अपने लोगों को यहां पुनर्स्थापित करता है। वर्तमान आयोग का समय 14 नवम्बर, 2001 को समाप्त हो गया। इसके पहले सभी आयोग के सदस्य व अध्यक्ष नरसिंह राव सरकार द्वारा नियुक्त किए गए थे, एक अपवाद को छोड़कर जो लद्दाख से आते हैं। इसकी अवधि अक्टूबर 1998 में समाप्त हुई थी, लेकिन श्री अटल बिहारी वाजपेयी की सरकार ने इनकी नियुक्ति करने में पर्याप्त समय लिया था। यह भी नियुक्ति राजनैतिक दृष्टिकोण से हुई थी, अतः योग्यता एवं अभिप्राय का इनके नामित करने में कोई मापदण्ड नहीं अपनाया गया था।

आयोग का कार्य 3 विभागों सामाजिक एवं अर्थिक विकास, सरकारी सेवाओं की सुरक्षा एवं अत्याचार निवारण में विभाजित है। सामाजिक एवं आर्थिक विकास इकाई का मुख्य लक्ष्य है कि सरकारी योजनाओं एवं अन्य

मिश्रित मामले उचित रूप से देखे जा रहे हैं या नंहीं। जहां तक नौकरियों का मामला है, उसका मुख्य कार्य है कि दलित कर्मियों की समस्याओं की देखभाल करना और अत्याचार निवारण अधिनियम पुलिस एवं अन्य तरह के अत्याचार सम्बन्धी मामले की जांच करना। खास तौर से प्रोटेक्शन ऑफ सिविल राइट ऐक्ट 1955 एवं अनुसूचित जाति/जन जाति अत्याचार निवारण अधिनियम 1989 की परिधि में जो मामले आते हैं, उनकी जांच पड़ताल करना आयोग का कार्य है।

जहां तक सरकारी सेवाओं का मामला है, हजारों की संख्या में शिकायतें आयोग के पास आतीं हैं, इस उम्मीद से कि आयोग उन्हें राहत दे सकेगा। प्रत्येक दिन सैकड़ों की संख्या में शिकायतें आती हैं। कुछ में एक साधारण पत्र जारी करते हुए 30 दिन में आख्या मांगी जाती है, परन्तु अधिकतर विभाग जवाब देने से कतरा जाते हैं। कार्यवाही न होने पर प्रार्थी फिर आयोग में गुहार करते हुए आता है, यदि वह चेयरमैन या सदस्य से मिल पाता है, तो उसका मामला विशेष रूप में माक्र करते हुए पुनः संबंधित विभाग को चेतावनी के साथ सूचित किया जाता है, फिर भी कुछ विभाग परवाह नहीं करते। ऐसे मामलों में सम्मन भेजा जाता है। इस आयोग को इतनी ताकत है कि सम्मन भेजने पर यदि विभाग का अधिकारी या संबन्धित व्यक्ति नहीं आता, तो उसे गिरफ्तार करके लाया जा सकता है। शायद आज तक अनेक बार अवहेलना करने पर भी आयोग ने इसके अन्तर्गत एक भी अधिकारी गिरफ्तार नहीं किया।

जहां तक मेरी जानकारी है, एक प्रतिशत से अधिक मामलों में उचित कार्यवाही ही नहीं हो पाती। जिन मामलों में संबन्धित विभाग से लोग प्रतिनिधित्व करने आते भी हैं, तो वे इतने दक्ष होते हैं कि सामान्यतः आयोग के सदस्य एवं अधिकारी मुकाबला ही नहीं कर पाते। जिनको कानून या सरकारी सेवाओं का ज्ञान तक नहीं होता है, उन्हें बहुत ही मुश्किल है कि सेवाओं की बारीकियों को समझ सके। बेचारे प्रार्थी का पक्ष जब ठीक से नहीं रखा जाता, तो उसका कल्याण होने का सवाल ही नहीं पैदा होता। मान लिया जाय कि उसका पक्ष ठीक से रख दिया गया हो और पक्ष में फैसला भी आ गया, लेकिन इस बात की गारण्टी नहीं है कि संबन्धित विभाग इसको

लागू ही करे। आयोग चाहे, तो ऐसे लोगों के लिए मुश्किल खड़ी कर सकता है, लेकिन इच्छाशक्ति के अभाव एवं कृपावश उपक्रत हुए अपने नामांकन की व्यवस्था के दबाव में ऐसा हो नहीं पाता। यह शोचनीय विधिसंगत बात है कि आयोग को निर्देश देने का अधिकार नहीं प्राप्त है। ऐसा न केवल सरकारी सेवाओं में या नियुक्तियों की समस्याओं के सम्बन्ध में ही होता है, बल्कि अत्याचार एवं अन्य विकास की योजनाओं के सम्बन्ध में भी। 1 जनवरी, 1998 को डी.ओ.पी.टी. ने एक कार्यालय ज्ञापन निर्गत किया था, जिसमें आदेश दिए गए थे कि आयोग की छानबीनों (फाईंडिग्स) की अनुपालना विभागों को आवश्यक नहीं है। इस अपमान स्वरूप कृत कार्यवाही के सम्बन्ध में अपने आयोग ने कोई विरोध दर्ज नहीं कराया। जो अपने सम्मान की रक्षा नहीं कर सकता, वह दलितों के सम्मान की रक्षा कैसे कर पाएगा? राहत दिलाने की अवधि लम्बी होने से भी समय पर न्याय नहीं मिल पाता। आयोग यह भी जांच करता है कि दलितों के लिए केन्द्र सरकार द्वारा दिए गए अनुदान का सही इस्मेमाल हो रहा है या नहीं। पिछले आयोग के अध्यक्ष ने, जो कर्नाटक से थे, काफी भाग–दौड़कर दुरुस्त कराने की कोशिश की कि दलितों के लिए दी गई राशि को राज्य सरकारें, उन्हीं के लिए इस्तेमाल करें, न कि दूसरे उद्देश्य के लिए।

आयोग के सदस्य एवं अध्यक्ष के कार्य की जांच करने वाला कोई नहीं है। सदस्य एवं अध्यक्ष ने कितने मामलों का निबटारा किया, उसका भी कोई आंकड़ा नहीं रखा जाता। जो रिपोर्ट राष्ट्रपति जी को सौंपी जाती है, उसमें सबका सामूहिक निबटान दर्शाया जाता है। हाल में जो लोग सेवानिवृत्त हुए हैं, उनमें एक आदिवासी सदस्य उड़ीसा से और उपाध्यक्ष बिहार से थे, जिन्होंने लगभग नहीं के बराबर शिकायतों का समाधान या निबटान किया है। वर्तमान में केवल दो ही सदस्य हैं और अन्य सभी सभी 14 नवम्बर, 2001 को सेवानिवृत्त हो चुके हैं। दो महीने से ऊपर होने वाले हैं, लेकिन सदस्यों एवं अध्यक्ष की नियुक्ति नहीं हुई है। इससे साफ हो जाता है कि आयोग सरकार की नजर में कोई अहमियत ही नहीं है और पराजित एवं अवांछित नेताओं को यहां पर उपकृत करने हेतु पुनर्स्थापित करने के उद्देश्य की प्राप्ति के लिए अकारण विलम्ब का रास्ता अपना लिया जाता है। दलितों के लिए अति महत्त्वपूर्ण प्रकरण इस प्रकार ठण्ढे बस्ते में पड़े रहते हैं।

अब हम देखें कि सदस्यों एवं अध्यक्ष को नियुक्त करने के लिए क्या मापदण्ड है? कल्पना कीजिए कि इनकी कितनी जिम्मेदारियां है और इन पर कितना खर्च होता है। अध्यक्ष सहित ज्यादातर सदस्य सम्बन्धित उत्पीड़क संस्थाओं की पैरवी करने वालों के मुकाबले में जानकारी ही नहीं रखते, इसलिए उनका ये मुकाबला ही नहीं कर पाते। कभी प्रार्थी या आयोग में एक--दो कर्मचारी हैं, जो इन्हें कानूनी पेचीदगियों के सम्बन्ध में मदद करते हैं, लेकिन गलत करने वाले को दुरुस्त करने के लिए यह भी पर्याप्त नहीं होता, क्योंकि पैरवी करने वाले आयोग को भ्रमित करने के लिए आते ही हैं। इस प्रक्रिया के कारण अन्ततः मामला हल्का पड़ जाता है। कभी–कभी आयोग सही तथ्य तक पहुंच जाता है। लेकिन उसे विभाग के अधिकारी मानते नहीं हैं। जो सदस्य या अध्यक्ष कानून की जानकारी रखते हैं, वे निश्चित ही राहत दिलाने में सफल रहे हैं, जैसे पंजाब से आने वाले सदस्य ने पिछले आयोग में भारी सफलता प्राप्त की है। इससे पहले के आयोग के अध्यक्ष इसलिए प्रभावशाली थे कि उन्हें कानून की जानकारी थी। मान लिया जाय कि सदस्य एवं अध्यक्ष सेवानियम या कानून के जानकार नहीं हैं, तो भी ये न्याय दिलाने में उचित साबित हो सकते हैं, यदि इनमें साहस और दलितों के कल्याणार्थ कुछ करने की तमन्ना हो। ऐसा इसलिए नहीं हो पाता कि इन्हें और कहीं समायोजित न की जाने की स्थिति में यहां पर पुनर्वासित कर दिया जाता है और वह इस कृपा के दबाव में ही कार्य करते हैं।

आयोग में अधिकारियों एवं कर्मचारियों को नियुक्त करने के लिए भी कोई मापदण्ड नहीं है। कुछ को छोड़कर इस स्थान पर ये अपनी तैनाती दण्ड के रूप में समझते हैं या दण्डस्वरूप ही ऐसी नियुक्तियां की जाती हैं। देखना चाहिए कि दलितों की समस्याओं के प्रति ये कितने सम्वेदनशील हैं। साधारणतया आयोग का सचिव, जो वरिष्ठ प्रशासनिक अधिकारी होता है, कोई रुचि ही नहीं दिखाता। गत् कई वर्षों से सामजिक न्याय एवं अधिकारिता मंत्रालय राज्य स्तर के मंत्री से चल रहा है और आयोग का अध्यक्ष केन्द्रीय मंत्री के स्तर का है, फिर भी आयोग को स्टाफ एवं धन देने का अधिकार मंत्रालय को ही है। कई बार सदस्य एवं अध्यक्ष को मंत्री मिलने का समय ही नहीं देता। इससे भी सिद्ध हो जाता है कि यह स्थान पराजित नेताओं

की पार्किंग की जगह है। आयोग में कर्मियों की भी कमी है, लेकिन कौन चिन्ता करता है? आयोग के राज्य स्तर के कार्यालय निदेशक स्तर के अधिकारी होने चाहिए, परन्तु कई क्षेत्रीय कार्यालयों में रिसर्च अनुसंधान स्तर के ही अधिकारी काम–काज को देख रहे हैं। छः सदस्यों में से एक सदस्य गौरदलित होता है। गैर दलित सदस्या, जिनकी सेवानिवृत्ति 14 नवम्बर, 2001 को हुई, आयोग में रहकर तमाम आकड़े इकट्ठा करती रहीं, ताकि उन्हें इनके सहारे अपनी स्वयं सेवी संस्था चलाने में मदद मिले।

अनुसूचित जाति/जन जाति आयोग विशेष रिपोर्ट तैयार करके राष्ट्रपति को सौंपता है। यह रिपोर्ट संसद में पेश होती है और बिना बहस एवं उचित कार्यवाही के ही इसका निबटान हो जाता है। दलित सांसद चर्चा में मुख्यतया भाग ही नहीं लेते। आयोग अपनी चौथी रिपोर्ट में यह मांग कर चुका है कि उसे निर्देश देने का अधिकार हो, परन्तु अभी तक कोई कार्यवाही नहीं हो सकी। अनुसूचित जाति/जन जाति संगठनों का अखिल भारतीय परिसंघ ने अपने संघर्ष में इस बात को उठाता रहा कि आयोग को पूरे वित्तीय, न्यायिक एवं प्रशासनिक अधिकार दिए जाएं, परन्तु सरकार ने कुछ भी नहीं किया। मैंने एक–दो बार सदस्यों एवं अध्यक्ष को सलाह दी कि वे आन्दोलन जैसा कुछ करें, परन्तु उन्होंने कुछ नहीं किया। साहस एवं मंजिल पाने की दृढ़ता ही सबकुछ करती है। जैसे टी.एन. शेषन ने चुनाव आयोग की ताकत दिखाकर सिद्ध कर दिया था कि आयोग भी कुछ है। तमाम दलित संगठन हैं, परन्तु इस बात की उन्हें भी चिन्ता नहीं है कि आयोग ही दलित कल्याण की देखभाल करने वाली सर्वोच्च संस्था है एवं इसकी कार्यप्रणाली को ठीक करने के लिए उनको भी आन्दोलन करना चाहिए। मेरा सुझाव है कि यदि ये काम न करें तो इनका घेराव करना चाहिए और यह भी मांग करनी चाहिए कि जो योग्य है, उसी की नियुक्ति आयोग में हो।

प्रधानमंत्री के कार्यालय में जोड़–घटाना चल रहा होगा कि किस पार्टी के नेता को यहां पर पुनर्स्थापित किया जाए। यह लगभग निश्चित है कि एक सदस्य, जो लद्दाख के निवासी हैं, की नियुक्ति फिर हो, क्योंकि गत कई वर्षों से आयोग में निष्क्रिय एवं उदासीन सदस्य के रूप में चले आ रहे हैं। इन्होंने कभी औपचारिक शिक्षा भी नहीं ली है। वास्तव में जो राजनेता एवं नौकरशाह

असफल हैं, वे इनसे गुरुमंत्र अवश्य लें कि कैसे पद और हैसियत झटकी जाती है? मुझे खुद भी हैरानी होती है कि ये महाशय बिना खास कार्य किए कैसे बार–बार यहां पर जम जाते हैं। 4 नवम्बर, 2001 की 'बौद्ध धर्म दीक्षा' कार्यक्रम के विरोध में तत्कालीन सेवानिवृत्त आयोग के अध्यक्ष यहां तक दलित विरोधी कार्य कर गए कि उन्होंने मेरे विरूद्ध कार्यवाही की मांग की और कहा कि मैं बौद्ध धर्म अपना लिया हूं, इसलिए आरक्षण से मिली जो सुविधाएं हैं, उसे सरकार वापिस ले ले। उन्हें यह भी नहीं पता था कि जब श्री वी.पी. सिंह प्रधानमंत्री थे, तो उन्होंने एक कानून बनाया था कि दलित यदि बौद्ध धर्म को अपनाता है, तो आरक्षण की सुविधा उसे मिलती रहेगी। जब इन्हें इतनी जानकारी नहीं थी, तो इन्होंने आयोग का कार्यभार कैसे चलाया होगा। उत्तर प्रदेश, पंजाब एवं अन्य प्रदेशों के चुनाव सिर पर हैं, इसलिए प्रधानमंत्री अटल बिहारी वाजपेयी जी को ऐसे ही लोगों की नियुक्ति करनी चाहिए, जिन्हें कानूनी ज्ञान हो और काम करने के लिए भी इच्छुक हों। दलित देख रहे हैं कि सरकार कब और किसे आयोग में नियुक्त कर रही है। इसका असर चुनाव पर भी पड़ेगा। जहां तक गैर दलित सदस्य की नियुक्ति की बात है, उनकी रुचि एवं दलितों के प्रति नजरिये को देखकर ही किया जाए। मुझे विश्वास है कि प्रधानमंत्री जी इस पुनर्स्थापित आयोग में योग्य लोगों की नियुक्ति करके आयोग का पुनर्वास करेंगें।

---

23 जनवरी, 2002, राष्ट्रीय सहारा, हारे हुए नेताओं की शरणस्थली

8

हनुमान को आतंकवादी या बन्दर कहना अनुचित

पिछले दिनों मशहूर पत्रकार एवं चिन्तक राजेन्द्र यादव ने हनुमान को आतंकवादी के रूप में चित्रित किया, तो इस पर बवाल खड़ा हो गया। विहिप एवं तमाम हिन्दू धर्म के ठेकेदार कमर कस कर मैदान में उतर पड़े और उनके खिलाफ कड़ी कार्यवाही की मांग करने लगे। जहां तक मैं समझता हूं राजेन्द्र यादव की मंशा यह थी कि कभी–कभी परिस्थितियां मनुष्य को ऐसे मोड़ पर लाकर खड़ी कर देती हैं, जिससे कुछ लोग विरोध करते हैं, तो कुछ लोग अच्छा मानते हैं। भारत की स्वतंत्रता की लड़ाई में अंग्रेज या कुछ लोगों ने भगत सिंह या चन्द्रशेखर आजाद को आतंकवादी बताया तो भारतवासियों ने उन्हें देशभक्त की संज्ञा दी। शायद राजेन्द्र यादव ने यह बात इसी सन्दर्भ में लिखी है।

अभी तक अयोध्या या राम–रावण के युद्ध या अन्य चीजों के अस्तित्व के सम्बन्ध में कोई ऐतिहासिक प्रमाण किसी के हाथ नहीं लगा। 1997 में इतिहास तथा भूगोल के ज्ञाता डॉक्टरों तथा प्रोफेसरों का एक दल पश्चिम एशियाई देशों से राम के जन्म तथा राज्य व देश का पता लगाने के लिए अफगानिस्तान गया था। बनारस हिन्दू विश्व विद्यालय के प्रख्यात विद्वान डॉ॰ श्याम नारायण पाण्डेय तथा के॰पी॰ महाविद्यालय मिर्जापुर के भूगोल विशेषज्ञ एवं अवकाश प्राप्त प्रोफेसर के अतिरिक्त डॉ॰ पाणनी, पी॰सी॰ लाल, ए॰एस॰ अलटेका, बी॰ विख घने, ए॰एल॰ भाष्यम तथा के॰के॰ कुलिस आदि के एक दल

ने अफगानिस्तान में पर्याप्त अनुसंधान कार्य किया और भारत वापिस आकर उन्होंने कहा कि राम की जन्मभूमि भारत नहीं, अफगानिस्तान थी। बंगलौर में 17 नवम्बर, 1997 को एक सम्मेलन का आयोजन किया गया और उस अध्ययन दल की उपलब्धियों के सम्बन्ध में दल के अध्यक्ष डॉ. पाण्डेय ने घोषणा करते हुए यह प्रमाण पेश किया कि राम की जन्मभूमि अफगानिस्तान ही थी। उन्होंने आगे बताया कि पश्चिम एशिया में अध्ययन दल की खोज के अलावा उन्होंने स्वयं वेदों एवं अवस्था का अध्ययन करने के बाद यह निर्णय लिया है। सम्मेलन की कार्यवाही 18 नवम्बर, 1997 के तमिल डेली तथा दिनमान समाचार पत्रों में प्रकाशित की गई थी। पुनः एक अन्य इतिहासकारों तथा भूगोल शास्त्रियों का अध्ययन दल राम जन्मभूमि का पता लगाने के उद्देश्य से अफगानिस्तान गया था। इस अध्ययन दल के अध्यक्ष दिल्ली विश्व विद्यालय के डॉ. आर.एस. शर्मा थे। डॉ. शर्मा ने पाण्डेय की राय से अपनी सहमति ही नहीं जताई, अपितु अपना सुनिश्चित मत भी प्रकट किया कि अफगानिस्तान में राम जन्मभूमि होने को नकारा नहीं जा सकता। डॉ. आर.एस. शर्मा ने आगे बताया कि वैदिक काल में वर्णित सरयू नदी अफगानिस्तान की ''हरिरूद्ध' ही थी। अतः यह पूर्वानुभूत निश्चित है कि भारत के उत्तर प्रदेश में पाए जाने वाले न तो अयोध्या नगर का और न ही सरयू नदी का राम जन्मभूमि से कुछ लेना–देना है।

हम मान भी लें कि कभी राम और उनका राज–पाट अस्तित्व में था, तो भी जहां तक हनुमान जी, जो एक बन्दर थे, ने ऐसा कार्य किया जो किसी भी दृष्टिकोण से गले से नीचे उतरने वाली बात नहीं है। राम का अभियान किसी आदर्श को लेकर नहीं शुरू होता है, बल्कि सौतेली मां कैकेयी के बचन को अपने पिता दशरथ के द्वारा निभाने तक की बात है। यह वनवास इस लिए नहीं हुआ था कि राज्य में भाई–चारा, विकास या न्याय स्थापित किया जाए। यहीं पर हमें गौतम बुद्ध एवं ईसा मसीह याद आते हैं कि इन लोगों ने मानवता के लिए जीवन भर संघर्ष किए। गौतम बुद्ध ने अपने राज्य को अपने मां–बाप की इच्छा के विरूद्ध त्याग दिया था कि उन्हें मानवता के लिए पूरा जीवन कार्य करना है। क्या ऐसा आदर्श राम के वनवास के साथ जुड़ा है। गलत बात कोई भी करे, चाहे उनकी सौतेली मां कैकेयी भी तो उन्हें नहीं मानना चाहिए था, क्योंकि इससे किसी को लाभ मिलने वाला नहीं था।

राजेन्द्र यादव ने हनुमान को किसी खास दृष्टिकोण से और विशेष परिस्थिति में आतंकवादी चित्रित किया या कहा, तो कम से कम हनुमान को

मानव की श्रेणी में तो लाकर खड़ा कर ही दिया। मानव के अलावा पशु–पक्षी तो आतंकवादी बन नहीं सकते।

मैं प्रायः लोगों को संगठित करने एवं सभाओं के सम्बोधन में व्यस्त रहता हूं। कभी–कभी ऐसे भी दलित मिले हैं, जिन्होंने मुझसे कहा कि एक अच्छे विश्वासपात्र साथी या कमाण्डर को तथाकथित भगवान राम ने बन्दर बना दिया। ध्यान देने की बात यह है कि हनुमान जी दलित आदिवासी समाज के ही थे। आदिवासी आज भी जंगल में रहते हैं। दलितों के हालात को जब हम देखते हैं, तो उसकी तस्वीर इसमें झलक पड़ती है, कि उन्होंने हजारों वर्षों से तथाकथित सवर्णों की सेवा पूरी वफादारी से की, लेकिन बदले में इन्हें अपमान और नीच का दर्जा मिला। हनुमान जी एक आदिवासी कबीले के वीर और होनहार व्यक्ति रहे होगें और उन्होंने निःस्वार्थ सेवा राम–लक्ष्मण और सीता की की और जब राम की विजय हो गई तो पुरस्कार के रूप में हनुमान को मानव के स्थान पर बन्दर बना दिया। आज भी लगभग कुछ ऐसे ही हो रहा है कि करोड़ों दलित हिन्दू धर्म एवं तथाकथित सवर्णों की पूजा एवं सेवा पूरी श्रद्धा एवं ईमानदारी से कर रहे हैं, परन्तु पुरस्कार वही है, जो राम ने हनुमान को दिया। बदले हुए हालात में तमाम दलित एवं पिछड़े इसको समझ गए हैं और हनुमान जैसी अन्ध–भक्ति नहीं कर रहे हैं। कुछ दलित चिन्तक बार–बार चेतावनी भी देते हैं कि यदि तथाकथित सवर्णों का पिछलग्गू बने रहोगे तो तुम्हारा भी यही हश्र होगा।

तथाकथित हिन्दू धर्म के ठेकेदारों की भूमिका के ऊपर दृष्टिपात करें तो देखते हैं कि दूर–दूर तक ये नए समाज एवं विकास के निर्माण करने की बात ही नहीं करते। अनुसूचित जाति/जन जाति संगठनों का अखिल भरतीय परिसंघ एवं लॉर्ड बुद्धा क्लब की ओर से जब गत् 4 नवम्बर को राम लीला मैदान में जातिविहीन समाज की स्थापना के लिए लोगों को बौद्ध धर्म ग्रहण करने का आवाहन किया, तो विश्व हिन्दू परिषद के वरिष्ठ नेता श्री गिरिराज किशोर ने प्रेस के माध्यम से चेतावनी दी कि उक्त कार्यक्रम नहीं होने देंगें और अन्त में रामलीला मैदान पर दीक्षा ग्रहण करने की अनुमति रद्द कर दी गई। यहां तक कि अन्य स्थान पर भी लोगों को इकट्ठा नहीं होने दिया। एक तरह से अघोषित आपातकाल लगा दिया गया। जब तक विहिप, आर॰एस॰एस॰ एवं तथाकथित हिन्दू धर्म के रक्षक संगठनों की सरकार रहेगी; तब तक धर्मांतरण तेज होगा। यही कारण है कि अब धर्मांतरण की प्रक्रिया तेज हो गई है। आज ये आरक्षण समाप्त करने में दलितों, मुसलमानों एवं

ईसाइयों को आतंकित करने का कार्य कर रहे हैं, तो ऐसी बात तो होनी ही है।

हिन्दू धर्म के ठेकेदारों को यदि हनुमान जी से लगाव ही है, तो सबसे पहले उन्हें इन्सान बनाएं। इन्सान बनाने के बाद वस्त्र इत्यादि पहनाना सीखें। हनुमान जी बहुत ही सहिष्णु थे, तो आर॰एस॰एस॰ एवं विहिप को उनसे सहिष्णुता एवं दयाभाव सीखना चाहिए। विहिप आज–कल दादागीरी पर उतर पड़ी है और आमादा हैं कि मन्दिर वहीं बनेगा। इस्लाम के नाम पर जो लोग आतंक फैला रहे हैं, उनसे ये लोग क्या कम हैं? सुप्रीम कोर्ट के स्पष्ट निर्देश की भी चिन्ता नहीं है और न ही देश की बड़ी आबादी वाले मुसलमानों की भावनाओं की। चुनाव हो रहा है, इन्हें चाहिए था कि ये शिक्षा, रोजगार, स्वास्थ्य एवं विकास के मुद्दे पर आन्दोलन करते, जिससे मानव एवं देश की तरक्की तो होती ही, साथ–साथ धर्म की भी पालना होती। खैर, हिन्दू धर्म में मानव–पूजा या विकास की पूजा के लिए कोई स्थान ही नहीं है, तो ये बेचारे करें तो करें क्या? ईसाइयों को मारते–पीटते रहते हैं, इस आरोप के तहत कि ये हिन्दुओं को ईसाई बनाते जा रहे हैं, परन्तु कभी ईसाई धर्म के पादरियों से सीखने की कोशिश नहीं की कि ये दबे–कुचले लोगों के सेवाभाव एवं शिक्षा देने में ही धर्म की प्राप्ति समझते हैं। लोभ लालच देकर कोई भी धर्मपरिवर्तन कराता है, तो निश्चित तौर से वह गलत है। विहिप एवं बजरंग दल के लोग हथियार बांटने के बजाय अन्तर्जातीय शादी–विवाह, जाति समाप्त करना, रोजगार एवं शिक्षा आदि कार्यों के लिए संघर्ष करें तो धर्मांतरण अपने आप रुक जाएगा। धर्मांतरण यदि रोकना है, तो हिन्दू धर्म में सुधार लाने की आवश्यकता है।

हिन्दू धर्म के ठेकेदारों को अपने भगवानों के चरित्रों में परिवर्तन करने की आवश्यकता है। अधिकतर भगवान सेवाभाव के अभाव में श्राप देने का ही काम करते हैं। ये स्त्री और पुरुष में भी भेदभाव करने में नहीं चूकते। हिन्दुओं के सबसे बड़े भगवान राम ने शम्बूक की गर्दन इस लिए काट दी कि वह शूद्र होकर पूजा करने की हिम्मत कर बैठा था। हिन्दू धर्म के पुजारी जैसे शंकराचार्य इत्यादि भेदभाव समाप्त करने के लिए आन्दोलन करें। अथाह धन–सम्पत्ति मठ, मन्दिर, आश्रम आदि बनवाने में लगाया जा रहा है, उसे गरीबों में लगाया जाए या विकास कार्यों जैसे शिक्षा आदि में। साधू–सन्त गेरूआ वस्त्र पहनकर घूमते–घामते रहते हैं और विहिप के आवाहन पर मन्दिर बनाने वाली दादागीरी के आन्दोलन में शामिल हो गए हैं। कभी–कभी

लगता है कि ये लाखों की संख्या में पृथ्वी पर भार हैं, क्योंकि इनका सहयोग किसी भी क्षेत्र में नहीं होता बदले में गरीबों एवं मजदूरों के श्रम से उपजे प्रतिफल को खा रहे हैं। यदि इन्हें परजीवी कहा जाए तो कोई अतिश्योक्ति नहीं हागी। दूसरे धर्मों के प्रचारक कम से कम कुछ तो समाज को अच्छी सीख देते हैं।

राजेन्द्र यादव जी द्वारा हनुमान जी को आतंकवादी चित्रित करने पर ये फरसे और गड़ासे भांज रहे हैं। मैं इनको सलाह दूंगा कि हनुमान जी के पास जाएं और कहें कि भगवान हनुमान जी ! राजेन्द्र यादव को कड़ी से कड़ी सजा दें और यहां तक कि मौत की भी सजा दे दें। आखिर यह झगड़ा राजेन्द्र यादव और हनुमान जी के बीच का है, तो हमें बिचौलिया या तरफदारी करने की आवश्यकता ही क्या है? यदि भगवान इतने कमजोर हो गए हैं कि अपनी रक्षा तक नहीं कर सकते तो ऐसे भगवान को पूजने की जरूरत ही क्या है? हालाकि इस झगड़े में मैं भी न आता, लेकिन जब और लोग आ गए हैं, तो मैं क्यों पीछे रहूं। कोई बेचारे राजेन्द्र यादव के पक्ष में भी तो आए।

मौका अच्छा है कि मैं यहां हिन्दू धर्म के ठेकेदारों को बता दूं कि यदि अपने धर्म को बचाना चाहते हो तो उसे सुधारो, वरना इसे कोई बचा नहीं सकता। डॉ॰ अम्बेडकर ने भी पर्याप्त चेतावनी दी थी, लेकिन जब देखा कि हिन्दू धर्म में सुधार होने वाला नहीं है, तब उन्होंने इसे छोड़कर बौद्ध धर्म अपना लिया था। अपने भगवान का सम्मान सभी को करना चाहिए, इसलिए ये पहले भगवान हनुमान को बन्दर की जगह मानव बनाने का काम करें। इसके लिए बड़ा प्रयास करने की आवश्यकता है, जैसे धार्मिक पुस्तकों में आमूल परिवर्तन आदि। मानव को बन्दर बना देना मानवाधिकार का उल्लंघन है। राजेन्द्र यादव की निन्दा छोड़े और पहले स्वयं ही अपने भगवान को सम्मान दें।

---

7 फरवरी, 2002 जनसत्ता हनुमान का मानवाधिकार

9

चुनाव में जाति, धर्म, काला धन और अपराध

हिन्दू समाज में व्यक्ति की पहचान तब तक पूरी नहीं होती, जब तक उसकी जाति का पता न लग जाए, अतः मानव के सदाचार, शील, अच्छे चरित्र एवं शिक्षा आदि बातें पहचान कराने के लिए पर्याप्त नहीं हैं। जब हम पैदा होते हैं तो मुख्यतः जाति एवं रिश्तेदार के लोग ही कर्मकाण्ड एवं शुभ अवसर पर शामिल होते हैं। रिश्तेदार जाति के ही होते हैं। बड़े होकर शादी–विवाह करना हो तो भी जाति के अन्दर ही की जाती है। दुःख और सुख में अधिकतर समय जाति से ही निर्वाह होता है। मानव की सोच, समझ एवं मनोवृत्ति जातीय संस्कार से ही प्रभवित होती है। उत्तर प्रदेश, उत्तरांचल एवं पंजाब में विधान सभाओं के चुनाव हो रहे हैं, जाति की भूमिका अहम होगी। भारत हजारों वर्षों से जातियों में विभाजित समाज है। जाति के आधार पर प्राचीन काल एवं मध्यकाल में भी चीजें निश्चित होती थीं और आधुनिक भारत में भी इसका प्रभाव बना ही है। आजादी के बाद जाति का सबसे अच्छी तरह कांग्रेस ने इस्तेमाल किया। जिस जाति का जहां समीकरण बैठा, उसी जाति के व्यक्ति को टिकट दिया। कांग्रेस के विपक्ष में मूलतः साम्यवादी एवं समाजवादी पार्टियां रही हैं, जिन्होंने जातीय समीकरण का ध्यान बहुत अधिक नहीं दिया। समयान्तराल क्षेत्रीय एवं अन्य पार्टियों का जन्म हुआ और उन्होंने भी जाति के महत्त्व को समझा और इस्तेमाल किया। यह कहना भी

अतिश्योक्ति नहीं होगा कि कुछ पार्टियां जातीय समीकरण के बल–बूते ही अस्तित्व में आईं।

उत्तर प्रदेश में भाजपा, बसपा, समाज वादी पार्टी एवं कांग्रेस मुख्य पार्टियां चुनावी मैदान में हैं। सभी ने जातीय समीकरण को ध्यान में रखते हुए टिकट का बंटवारा किया है। बसपा का जन्म बहुजन समाज को सत्ता में भागीदारी के लिए ही हुआ था पिछड़े वर्ग के लोग शुरू में तो जुड़े किन्तु बाद में कटते चले गए। अन्त में दलित वोट ही मुख्य आधार इस पार्टी का रह गया। जब सूरजभान जी उत्तर प्रदेश के राज्यपाल बनकर गए, बसपा ने जबर्दस्त विरोध किया। विरोध इसलिए किया कि सूरजभान जी भी दलित समाज से थे और इसलिए जातीय भावना का सहारा लेते हुए वे बसपा के जनाधार में सेंध लगा सकते थे। उनके हटने के बाद जब तथाकथित उच्च जाति से राज्यपाल उत्तर प्रदेश में बनकर गए, बसपा ने कभी विरोध नहीं किया। भाजपा ने जब बंगारू लक्ष्मण जी को अध्यक्ष बनाया तब सुश्री मायावती जी ने प्रेस वार्ता के माध्यम से आलोचना की कि बंगारू जी सफाई करने वाली बिरादरी से हैं, ताकि अन्य दलित जातियां उनके प्रभाव में न आ सकें। राम विलास पासवान जी के बारे में भी सुश्री मायावती जी ने कहा कि ये दुसाध जाति के हैं, इसलिए पासियों को सावधान रहना चाहिए। यदि इनकी आलोचना सैद्धान्तिक रूप से की होती तो एक अम्बेडकरवादी या प्रबुद्ध व्यक्ति को कष्ट नहीं होता। आन्ध्र प्रदेश में कम्मा या रेड्डी के अलावा राजनीति में अन्य का वर्चस्व नहीं है। हरियाणा में जाट ही मुख्यमंत्री हो सकता है। जाति जब समाज में है, तो राजनीति में इसका हस्तक्षेप होगा ही। उत्तर प्रदेश में पार्टियों ने उम्मीदवारों की घोषणा करते समय ही किन जातियों को कितना टिकट दिया है उसकी भी घोषणा कर दी। जाति राजनीति एवं व्यवसाय आदि सब पर हावी है। जिन पार्टियों के पक्ष में जातीय समीकरण नहीं होता वे धर्म या अन्य मुद्दों की आड़ लेते हैं।

भाजपा की बढ़त मण्डल कमीशन के विरूद्ध अयोध्या में मंदिर बनाने के मुद्दे पर लाल कृष्ण आडवानी के द्वारा रथयात्रा निकाल कर हुई। अयोध्या विवाद से भाजपा ने हिन्दुओं का समर्थन प्राप्त किया। तथाकथित सवर्ण इस देश में जातीय समीकरण के आधार पर राजनीति करके सत्ता में नहीं आ सकते। भाजपा को लगा कि दलित, पिछड़े एवं मुसलमान लगभग 85 प्रतिशत हैं, इसलिए जाति के बजाय धर्म का इस्तेमाल किया जाए। इसके प्रत्युत्तर में मुसलमानों के नेता श्री मुलाराम सिंह यादव बने। जब तक भाजपा

मजबूत है या आर.एस.एस. एवं विश्व हिन्दू परिषद जैसे संगठनों का खौफ है, तब तक मुस्लिम एक ऐसी पार्टी या नेता की मदद करता रहेगा जो उसकी नजर में लगे कि वह भाजपा का विकल्प हो सकता है। यही कारण है कि चुनाव के ऐन वक्त पर मुस्लिम मतदाता का रुझान उस उम्मीदवार या पार्टी के पक्ष में बनता है, जो भाजपा को हरा सके। गत एक दशक से मुसलमानों में असुरक्षा की भावना कुछ अधिक ही हो गई है, इसीलिए ये रोजगार, शिक्षा एवं अन्य विकास की बातें सोच ही नहीं पाते। यहां धर्म के कारण भाजपा और समाजवादी पार्टी को लाभ मिला। सन् 1991 और उसके बाद के चुनाव में उत्तर प्रदेश की राजनीति में धर्म की भूमिका जाति से कुछ अधिक प्रभावशाली रही।

काले धन के बिना राजनीति करना टेढ़ी खीर है। चुनाव में पानी की तरह पैसा बहता है और जो उम्मीदवार इसमें पीछे रह जाता है, वह चुनाव में भी पीछे रह जाता है। कभी–कभी जाति और धर्म को पैसा मात दे देता है। कल्पना कीजिए कि एक उम्मीदवार साफ–सुथरी और ईमानदार छवि का है और वह विकास जैसे मुद्दों पर समर्थन जुटाना चाहता है, लेकिन वह जुटा नहीं पाता, क्योंकि न तो उसके साथ धर्म है और न ही जाति और न ही काला धन। परिस्थिति के अनुसार ये तीनों तत्व राजनीति को प्रभावित करते रहते हैं। चुनाव के समय पार्टियां मुनाफाखोरों एवं पूंजीपतियों से कालाधन इकट्ठा करके चुनाव लड़ती हैं।

सन् 1980 के बाद चुनाव में अपराधियों ने प्रवेश किया। इसके पहले भी कांग्रेस इनका इस्तेमाल करती रही है, लेकिन आन्तरिक रूप से समर्थन के रूप में। संजय गांधी ने काफी गुण्डों को टिकट दिया और वे जीते भी। धीरे–धीरे ये अपराधी सोचने लगे कि जब उनकी मदद से लोग एम.पी., एम. एल.ए. बनते हैं तो वे खुद ही क्यों नहीं एम.पी., एम.एल.ए. बन सकते? परिणाम यह हुआ कि अपराधी खुद ही चुनाव लड़ने लगे और अब तो उत्तर प्रदेश में अच्छी खासी संख्यां में लड़ रहे हैं। जाति एवं धर्म न भी साथ दे, तो भी कुछ अपराधी अपने बलबूते पर चुनाव जीतने में समर्थ हैं। ऐसा नहीं है कि सभी अपराधी चुनाव जीत जाते हैं, लेकिन वे अपराधी चुनाव जीतने में सक्षम हो जाते हैं, जो कालाधन, क्षेत्र की जनता के साथ अच्छे सम्बन्ध, राजनैतिक दांव पेंच, आतंकित करने की शैली आदि में माहिर हैं।

जाति, धर्म, काला धन एवं अपराध की भूमिका निकट भविष्य में बनी रहने की संभावना है। हालांकि कांग्रेस, भाजपा एवं सपा ने घोषणापत्र जारी

किया है, लेकिन इस पर शायद कभी ही चुनाव होता है और सरकार बनने के बाद भी सत्ता में आने वाली पार्टी घोषणा के आधार पर सरकारें शायद ही चलाती हैं। रोजगार, शिक्षा, स्वास्थ्य एवं देश के विकास के मुद्दे पर फिलहाल चुनाव नहीं होने वाले हैं और न ही निकट भविष्य में इसके लिए ऐसे आसार ही हैं। ईमानदारी, योग्यता एवं कड़ी मेहनत शायद चुनाव में मतलब नहीं रखती। ऐसे में भारत का विकास अधर में ही दिखाई पड़ता है। जहां तक जनता की भूमिका की बात है, वह भी बहुत निराशाजनक है। माना कि सरकार और राज्य की जिम्मेदारी है कि जनता को पढ़ा लिखा करके योग्य एवं तक्रशील बनाए, जो नहीं किया जा सका। फिर भी जनता को कुछ तो सोचना चाहिए कि कौन पार्टी या उम्मीदवार ईमानदार है जो विकास करने की बात सोचती या करती है। वास्तव में दोष पूरे सामाजिक व्यवस्था की है। अगर ऐसा न होता तो भारत में न जाने कितनी क्रांतियां हो गई होती। अनुसूचित जाति/जन जाति संगठनों का अखिल भारतीय परिसंघ एवं लॉर्ड बुद्धा क्लब की ओर से गत् 4 नवम्बर को लोगों को बौद्ध धर्म की दीक्षा दिलाकर जातिविहीन समाज की स्थापना के प्रयास को विश्व हिन्दू परिषद एवं सरकार ने नाकामयाब करने की कोशिश की। यदि भारतीय जनतन्त्र को स्वस्थ बनाना है, तो सबसे पहले समाज से जाति समाप्त करनी होगी।

---

13 फरवरी, 2002–दैनिक हिन्दुस्तान–चुनावों में जाति का ज़हर

10

जब समाज में जाति है, तो राजनीति कैसे रहे अछूती

भारत में हिन्दू धर्म में जन्म होने के साथ जाति जुड़ जाती है। किसी भी इन्सान का परिचय उसके शील, विवेक एवं सदाचार से हो या न हो, परन्तु जाति की पहचान के बिना परिचय पूरा ही नहीं हो सकता। सन् 1998 में मलेशिया की राजधानी कौला लुम्पूर में मुझे दलित अन्तर्राष्ट्रीय सम्मेलन में भाग लेने का अवसर मिला, तो मुझे विश्वास हो गया कि जाति सबसे भयंकर और मजबूत संस्था है। वहां पहुंचने के पहले रास्ते में फूलन देवी, जो मेरे साथ सम्मेलन में शामिल होने जा रही थी, से एक–दो बार बात–चीत हुई कि वर्षों पहले भारतीय लोग मलेशिया में आकर बस गए थे, तो कैसे जात–पांत बरकरार है? वहां जाकर देखा ब्राह्मण, दलित लगभग उसी सामाजिक व्यवस्था को बनाए हुए हैं, जो भारत में देखने को मिलती है। बहुमत में दलित हैं, फिर भी उन्हें वहां के तथाकथित सवर्ण अपने से निम्न दर्जे का समझते हैं। दलितों की आबादी लगभग वहां पर दस लाख है। कई पीढ़ियां रहते हुए गुजर गई हैं। भेदभाव के ही कारण वहां के दलित नेता एम.जी. पंडितन एवं के. पंजामूर्ति ने प्रथम अन्तर्राष्ट्रीय दलित सम्मेलन का आवाहन किया।

जब चुनाव आता है, तो बुद्धिजीवी, लेखक, पत्रकार, नेता जात–पांत की निन्दा करने लगते हैं। कभी–कभी लगने लगता है कि वास्तव में ये

जातिविहीन समाज की स्थापना के प्रति गम्भीर हैं, किन्तु जब चुनाव के नतीजे आ जाते हैं और नई सरकार का गठन हो जाता है, तो बहस भी समाप्त हो जाती है। इस समय तमाम संपादकीय एवं लेख अखबारों में धड़ा–धड़ छप रहे हैं और जातीय समीकरण के आधार पर चुनाव में हार–जीत की भविष्यवाणी की जा रही है। बहुतायत में हम लोग इसको एक यथार्थ एवं सदैव शाश्वत पदार्थ मान बैठे हैं। ऐसे लोग प्रतिक्रिया व्यक्त करने के बजाय परोक्ष या प्रत्यक्ष रूप से समर्थन ही करते हैं। जिन्हें जातीय समीकरण से राजनैतिक रूप से या अन्य स्थानों पर घाटा है, वे ऊपरी रूप से तो इसकी निन्दा करते हैं, लेकिन जाति तोड़ने के लिए कोई ठोस कदम नहीं उठाते। इलेक्ट्रानिक मीडिया का भी हाल यही है। प्रश्न यह पैदा होता है कि चुनाव के पहले या बाद में क्या समाज में जाति नहीं रहती? रहती है, इसलिए इसको तोड़ने के लिए लगातार संघर्ष या प्रयास की आवश्यकता है।

भारतीय जनतन्त्र में जाति के प्रभाव के कारण यहां के जनतांत्रिक मूल्य दुनिया के अन्य जनतंत्रों से काफी भिन्न हैं। भारत की आजादी के बाद से ही चतुर एवं कामयाब नेता और पार्टी जातीय समीकरण के आधार पर उम्मीदवार खड़ा करते रहे और उनकी जीत भी होती रही है।

ऐसा नहीं है कि जातिवाद मिटाने का प्रयास न किया गया हो। प्राचीन भारत में तथागत गौतम बुद्ध ने जात–पांत की समाप्ति के लिए एक धर्म या निश्चित विचार ही प्रतिपादित कर दिया। बौद्ध धर्म का प्रभाव भी खूब हुआ और वर्णव्यवस्था पर अच्छी–खासी चोट भी पहुंची। बौद्ध धर्म के ह्रास के बाद वर्णव्यवस्था ने फिर से सिर उठाया और आज तक सिर उठा ही है। मध्यकालीन भारत में तमाम समाज सुधारक–सन्त कबीर, सन्त रविदास, गुरू नानक सहित तमाम सूफी सन्तों ने समाजिक कुरीतियों के विरूद्ध संघर्ष किए परन्तु खास सफलता नहीं मिल पाई। आधुनिक भारत में ज्योतिबा फुले, शाहूजी महाराज, पेरियार और बाबा साहेब डॉ॰ अम्बेडकर आदि महान पुरुषों ने इसे मिटाने का पूरा प्रयास किया, परन्तु अभी भी जाति नामक राक्षस जिन्दा है। डॉ॰ अम्बेडकर ने इस राक्षस का वध करने के लिए बौद्ध धर्म अपनाया। इन्हीं के पदचिन्हों पर चलकर अनुसूचित जाति/जन जाति

संगठनों का अखिल भारतीय परिसंघ एवं लॉर्ड बुद्धा क्लब की ओर से गत् 4 नवम्बर को राम लीला मैदान पर लाखों लोगों को बौद्ध धर्म की दीक्षा दिलाकर जातिविहीन समाज की स्थापना का प्रयास किया गया, तो विश्व हिन्दू परिषद के दबाव में सरकार ने रामलीला मैदान के लिए अनुमति रद्द कर दी। अभी भी हमारा प्रयास जारी है कि जातिविहीन समाज की स्थापना हो ताकि मानव को जाति सूचक शब्दों से पहचानने की बजाए उसके आचरण, चरित्र एवं शिक्षा आदि से जाना जाए।

मैं जानता हूं कि यह कार्य आसान नहीं है और इस राक्षस के प्रभाव से उच्च शिक्षित लोग भी नहीं बच पाएं हैं। पढ़े–लिखे लोग जरूर कहते हुए देखे जा सकते हैं कि वे जात–पांत में विश्वास नहीं करते, लेकिन शादी–विवाह और चुनाव के समय इनका दोहरा चरित्र उजागर हो जाता है। भले ये खुलकर पाखण्ड का समर्थन न करते हों, लेकिन परोक्ष रूप से सामाजिक कुरीतियों एवं पाखण्ड को किसी न किसी रूप में सींचते रहते हैं। हिन्दू धर्म के ठेकेदार चाहे शंकराचार्य हों या अन्य प्रचारक कभी जात–पांत तोड़ने का आवाहन नहीं किए और न ही शिक्षा, रोजगार, विकास आदि मुद्दों की लड़ाई लड़ी हो। इनसे मतलब है कि लोग इनके प्रवचनों को सुनते रहें और बदले में चढ़ावा मिलता रहे, उसी को अपना ये अन्तिम लक्ष्य समझते हैं। अपने खाने–पीने तक का भी इन्तजाम अपने श्रम से नहीं करते अतः यह कहना कि ये दूसरों पर भार हैं, कोई अतिश्योक्ति नहीं होगी। मानव एवं समाज की सेवा इस जीवन काल के बदले अगले जीवन काल में करने के लिए कहते हैं। इस जिम्मेदारी से भागने का बहाना ईश्वर की आड़ में कर जाते हैं।

इस व्यवस्था को अनायास तो बनाया नहीं गया होगा। किसी वर्ग या जाति विशेष का लाभ जरूर इसके निर्माण के पीछे रहा होगा। अतीत में तो यह व्यवस्था तथाकथित सवर्णों के पक्ष में ज्यादा रही है और धीरे--धीरे परिवर्तन होता जा रहा है। तमिलनाडु, आंध्र प्रदेश एवं कर्नाटक में तथाकथित सवर्णों को इसी व्यवस्था की भारी मार पड़ी। रामास्वामी पेरियार के आन्दोलन के कारण तमिलनाडु से तमाम ब्राह्मणों को पलायन करना पड़ा और तीनों राज्यों में राजनैतिक सत्ता से लगभग तथाकथित सवर्णों को वंचित

होना पड़ा। बिहार में भी कुछ ऐसा ही हो रहा है। कुल मिलाकर वर्णव्यवस्था तथाकथित सवर्णों के लिए अभी भी लाभदायी है, परन्तु जरूरी नहीं है कि भविष्य में ऐसा होता ही रहे। वर्णव्यवस्था न तो किसी व्यक्ति के लिए और न ही देश के लिए उपयोगी हैं। पहले और आज भी तमाम लोगों ने तथाकथित सवर्ण होते हुए भी जात–पात तोड़ने के लिए संघर्ष किया है और आने वाले दिनों में ऐसे लोगों की संख्या बढ़नी चाहिए। दुख इस बात का है कि ऐसे लोगों की संख्या कम है।

उत्तर प्रदेश, उत्तरांचल एवं पंजाब के चुनाव हो रहे हैं और यह अच्छा अवसर है कि वर्णव्यवस्था पर करारा प्रहार कर दिया जाए। जो लोग जनता का नेतृत्व करने जा रहे हैं, उन्होंने खुलकर कहा है कि उनकी पार्टी अमुक बिरादरी के इतने उम्मीदवार को टिकट दिया है। उत्तर प्रदेश में तो लगभग सभी पार्टियों ने जातियों के उम्मीदवारों की संख्या प्रेस एवं प्रचार के माध्यम से घोषित की, ताकि उस जाति के लोग समझ जाएं कि अमुक पार्टी उनकी जाति के लोगों को टिकट देने में पीछे नहीं है। इनको क्या कहा जाए, जब समाज में जाति है, तो चुनाव जीतने के लिए जातीय समीकरण बैठाकर ही सत्ता में आ सकते हैं। इस चुनावी महाभारत में बहुत ही कम लोग छटपटाते एवं उदास दिखते हैं। प्रिंट मीडिया से लेकर इलेक्ट्रानिक मीडिया तक ने इसे अधिक से अधिक कवर करने का प्रयास किया है और वे भी बिना खास चिन्ता या आक्रोश के जाति के आधार पर रिपोर्टिंग या सर्वेक्षण कर रहे हैं। कुल मिलाकर इस दल–दल में सभी फंसे नजर आते हैं। यह ऐसा दल–दल है कि इसके बाहर राजनीति के क्षेत्र में खास सफलता नहीं मिल सकती। भला सोचिए कि दल–दल में ही रहकर अस्तित्व बचता है, तो देश का क्या होगा? देश भक्त, बुद्धिजीवी या वे लोग जो बेहतर समाज के निर्माण की चाहत रखते हैं, ऐसे लोगों को इस दल–दल में सफलता खोजने वाले को शिकस्त देने के लिए कुछ करना चाहिए। हालांकि यह काम अल्प दिनों में संभव नहीं है, अर्थात् यह संघर्ष चुनाव के बाद भी अनवरत रूप से चलते रहना चाहिए। कुछ विद्वान यूरोप के सामाजिक ढांचे के अनुसार राजनीति का ताना–बाना बुनते और बिगाड़ते रहते हैं, जो सर्वथा वास्तविकता से परे है। दुनिया के

ज्यादातर देश जनतांत्रिक प्रणाली में रह रहे हैं, परन्तु परिस्थितियां भिन्न हैं। भारतीय जनतन्त्र और यूरोप एवं अमेरिका के जनतन्त्र में जो मूल्य प्रभावशाली हैं, वे भिन्न–भिन्न हैं। पाश्चात्य देशों में चुनाव के समय विकास, रोजगार, शिक्षा आदि के मुद्दों पर चुनाव होता है। कहने को तो इन मुद्दों पर चुनाव हमारे यहां भी होता है और सभी प्रमुख पार्टियों के घोषणा पत्रों में उल्लेखित भी होता है, परन्तु चुनावी प्रचार के समय एवं जिस दिन वोट पड़ता है, उस दिन की वास्तविकता कुछ और ही होती है। जैसा गुरू वैसा शिष्य का होना कोई अनहोनी बात नहीं है अर्थात् जैसा नेता वैसी जनता। जो जनता काम एवं विकास के ऊपर वोट देने की बात करती है, वही जनता चुनाव के दिन जाति, रिश्तेदारी एवं धर्म पर वोट दे बैठती है। यदि नेताओं के कथनी और करनी में अन्तर है, तो जनता भी ऐसी है। इलेक्ट्रानिक मीडिया के पत्रकार जब जनता से पूछते हैं कि आप वोट किसको दोगे, तो जनता से उत्तर यही आता है कि जो क्षेत्र का काम करेगा, लेकिन वही जनता चुनाव के दिन जाति की भावना में बह जाती है। कुल मिलाकर जात–पात करने के लिए खुलकर शायद ही कोई बात करता हो, लेकिन वक्त पर इस दल–दल में लगभग सभी को फंस ही जाना पड़ता है।

उन लोगों के ऊपर तरस आता है जो झुंझलाकर जात–पात की निन्दा करते हैं। ऐसे लोगों के ऊपर भी दया की दृष्टि ही होनी चाहिए, जो लोग यह कहते हैं कि वे जाति में विश्वास करते ही नहीं। जो लोग यह कहते हैं कि जात–पात बीते दिनों की बात है, उनके सोच पर भी कष्ट होता है। कुछ भी कह लिया जाए, जात–पांत का विरोध करने वालों की संख्या कम नहीं है, परन्तु वे भी खास कुछ कर पाने में सफल नहीं हो रहे हैं। साम्यवादी एवं समाजवादी तो कहते ही हैं कि वे वर्गसंघर्ष में विश्वास रखते हैं अतः वर्ण व्यवस्था की सत्यता को झुठलाने का प्रयास है। जो लोग जात–पात के खिलाफ खुलकर नहीं बोलते या जाति तोड़ने में उनकी आस्था नहीं है, ऐसे लोगों से कुछ कहना व्यर्थ ही है। हम उनसे कहना चाहते हैं, जो भारतीय जनतन्त्र को इस दल–दल से बचाना चाहते हैं और जात–पात के स्थान पर विकास, शिक्षा, रोजगार आदि बातों के ऊपर चुनाव करवाना चाहते हैं। मैं ऐसे

लोगों से यह कहना चाहूंगा कि जब समाज में जाति है, तो राजनीति में जाति जाएगी ही और चुनाव के दिन वोट देने वाले जाति भावना से प्रेरित हुए बिना बच नहीं सकते। बच्चों की शादी–विवाह कुछ को छोड़कर सभी जाति में ही करते हैं। जन्म होते ही जाति के ही रिश्तेदार–नातेदार शामिल होते हैं और मृत्यु के समय भी ये ही काम आते हैं। लेना–देना अधिकतर जात–बिरादरी में ही होता है। इस तरह से मानव, जाति के संस्कार में पैदा होता है, बढ़ता है और मृत्यु तक उसी कटघरे में जाने–अनजाने में रहकर ही अन्य क्षेत्रों में सक्रिय रहता है। यह जात–पांत ऐसी जेल है, जो आभास नहीं होने देती कि मानव एक विशेष सामाजिक बन्धन में कैद है। ऐसे में कैसे कल्पना की जा सकती है कि मानव की मनोवृत्ति जातीय संस्कारों से न बनकर अन्य संस्कार से होगी। चुनाव के दिन आम जनता रोजमर्रा के मुद्दों एवं राष्ट्र हित की बातें ताक पर रखकर बस अपनी जाति के उम्मीदवार को वोट देती है, चाहे वह अपराधी हो या अशिक्षित अथवा सभी दुर्गुणों से युक्त ही क्यों न हो। अपूर्ण ज्ञान और समझ से जाति को राजनीति से विदा नहीं किया जा सकता। अगर भारतीय जनतन्त्र को जातिविहीन बनाना है, तो सबसे पहले समाज से जाति को खदेड़ना होगा, वरना इसका राजनीति के क्षेत्र में हस्तक्षेप को कोई रोक नहीं सकता। जो राजनीति से जाति को समाप्त करना चाहते हैं, मैं उनको नसीहत देना चाहूंगा कि वे पहले समाज से जात–पांत समाप्त करने की पहल करें।

---

13 फरवरी, 2002 नवभारत टाइम्स राजनीति में तो जाति आएगी ही

11

यह चुनाव पहले से भिन्न होगा

मैं एक गैर राजनैतिक आन्दोलन का नेतृत्व कर रहा हूं, इसलिए मेरे लिए किसी खास पार्टी के पक्ष में कुछ कहना मुश्किल होगा और कहना भी नहीं चाहिए, फिर भी सामाजिक धरातल पर रहते हुए एक आम नागरिक की भांति कुछ उन बिन्दुओं पर चर्चा तो कर ही सकता हूं, जो भारतीय जनतन्त्र को खोखला करने का कार्य कर रहे हैं। भारतीय जनतन्त्र जाति, धर्म, काला धन एवं अपराध से ग्रसित है। यह बात कहीं कम तो कहीं अधिक, लेकिन है जरूर। उत्तर प्रदेश का चुनाव देश के अन्य सूबों से अधिक महत्त्व रखता है। इसलिए इन जनतन्त्र विरोधी तत्वों की उपस्थिति इस प्रदेश को ही नहीं अपितु पूरे भारत को प्रभावित करती है। बुद्धिजीवी और राजनैतिक पंडित भी राजनीति का बहुत ही सरल विश्लेषण करते हैं। अगर ऐसा न होता, तो इन तत्वों की उपस्थिति की आलोचना के साथ–साथ इनको जड़ से उखाड़ फेंकने का भी सुझाव अवश्य देते। तथाकथित बुद्धिजीवी उफ करते हुए कहते हुए नजर आएंगें कि आज–कल की राजनीति में जात–पात एवं गुण्डागर्दी आदि का बोलबाला है, लेकिन ये ही लोग वर्णव्यवस्था को समाज से समाप्त करने की बात शायद ही कभी करते हों। समाज में जब जाति है तो उसका हस्तक्षेप राजनीति के क्षेत्र में होगा ही। हमारे देश में मानव का पूरा परिचय उसके सदाचार, ईमानदारी, योग्यता, शिक्षा आदि से न होकर जाति से होता है।

उत्तर प्रदेश में इस समय प्रमुख रूप से भाजपा, सपा, बसपा एवं कांग्रेस मुकाबले का चुनाव लड़ रहे हैं। सभी सरकार बनाने का दावा पेश कर ही चुके हैं। चुनाव प्रचार में कभी–कभी भले विकास या रोज़मर्रा के मुद्दे उछलते हों, परन्तु मत मूलतः धर्म, जाति, व्यक्तिगत निष्ठा आदि पर ही होना है। यदि हम आम जनता से भी इस समय प्रश्न करें कि आपके वोट देने का क्या मापदण्ड होगा, तो वह कहेगी कि जो क्षेत्र के विकास या उनकी समस्याओं के प्रति गम्भीर उम्मीदवार है, उसी को उनका वोट पड़ेगा। ये ही लोग वोट देते समय सबकुछ भूल जाएंगें और व्यक्तिगत स्वार्थ, जाति व धर्म के आधार पर वोट देंगें। 'यथा राजा तथा प्रजा' कहावत को उल्लिखित किया जाय तो यहां यह अतिश्योक्ति नहीं होगी। भारतीय जनतन्त्र की शुरूआत में ही यदि राज्य या सरकार इनको सही रूप से शिक्षित करती तो शायद जनता में आज का भटकाव देखने को न मिलता। जीते कोई लेकिन प्रदेश का विकास, शिक्षा, स्वास्थ्य, औद्योगीकरण आदि क्षेत्रों में खास परिवर्तन नहीं होगा।

गत् कई विधान सभा चुनावों में स्पष्ट बहुमत किसी विशेष पार्टी को नहीं मिल पा रहा है और इस बार भी मिलने का आसार नहीं दिखता। स्रोतों एवं सर्वेक्षणों के अनुसार सपा अपनी बढ़त बनाएगी। भाजपा का गठबन्धन दूसरे स्थान पर रहेगा। बसपा की सीटों में कुछ इजाफा होने के अवसर हैं। जहां बसपा का आधार कमजोर था वहां उसने पैसे वाले एवं मजबूत उम्मीदवारों को खड़ा कर दिया है ताकि कुछ वोट तथाकथित उच्च जातियों का दलित वोट से जुड़ जाए, तो कई उम्मीदवार चुनाव जीत सकते हैं। कांग्रेस का चुनावी प्रचार धीमा है और उनके उम्मीदवार भी कम ही मजबूत हैं, इसलिए यह अच्छा कर पाए, इन्तजार करने की बात हो गई है। हालांकि कांग्रेस का घोषणा पत्र दलितों के पक्ष में है, लेकिन यह संदेश लोगों तक पहुंच नहीं सका है।

बहुजन समाज पार्टी की सुप्रीमो सुश्री मायावती द्वारा दलितों में जात–पांत करने के कारण मध्य एवं पूर्वी उत्तर प्रदेश में लोग नाराज हैं। जब बंगारू लक्ष्मण जी भाजपा के अध्यक्ष बने तो दूसरे दिन उनकी सैद्धन्तिक आलोचना न करते हुए मायावती जी ने कहा कि बंगारू जी तो सफाई करने वाली जाति से हैं। इसी प्रकार से रामविलास पासवान जी की सैद्धान्तिक आलोचना न करने की बजाय, उन्होंने कहा कि पासवान जी दुसाध जाति से

है। जो भी दलित समाज के प्रबुद्ध व्यक्ति हैं, चाहे वे किसी भी दलित जाति से हों, उन्होंने इसकी निन्दा की और अच्छी–खासी संख्या में लोग नाराज भी हो गए। दूसरा कारण यह भी है कि कट्टर मिशनरियों को टिकट न देकर पैसा लेकर लोगों को टिकट दिया। कभी बसपा का नारा हुआ करता था–'वोट हमारा–राज तुम्हारा, नहीं चलेगा–नहीं चलेगा' लेकिन इस चुनाव ने इस नारे को उल्टा कर दिया और अब यह नारा 'वोट हमारा–राज तुम्हारा, यही चलेगा–यही चलेगा' हो गया है। इस चुनाव में भी बसपा को 70 से 75 प्रतिशत वोट दलितों से ही मिलेगा, लेकिन 78 प्रतिशत तक उम्मीदवार गैर दलित हैं। इस तरह से नारा तो उलट ही गया। कुल मिलाकर बसपा के पक्ष में दलित वोट पिछले वर्षों की तुलना में कम पड़ने की पूरी सम्भावना है, लेकिन तथाकथित सवर्णों एवं मुसलमानों का वोट जुड़ने से इनकी सीटों में कुछ इजाफा अवश्य हो सकता है। आज भी विकल्प के अभाव में बसपा दलितों की पसन्द एवं आशा की पार्टी है, हालांकि इसके समर्थक नाराज हैं। यह भी सत्य है कि मायावती जी से अधिक दूसरा प्रभावशाली दलित नेता उत्तर प्रदेश में नहीं है। यदि ये संकीर्णतावाद एवं दलितों को बांटने का काम न करती तो शायद प्रथम स्थान पर होतीं। चुनाव के एक–दो दिन पहले तक समीकरण बनते एवं बिगड़ते रहते हैं, इसलिए पूरी निश्चितता से कुछ नहीं कहा जा सकता। जब चुनाव मुद्दा, विकास, उम्मीदवार की योग्यता एवं छवि, पार्टी के सिद्धान्त पर हो ही नहीं रहा है, तो ऐसे में भविष्यवाणी करना मुश्किल का काम है। बसपा ने तो घोषणा पत्र भी नहीं बनाया। इसका मतलब यह है कि कि घोषणा पत्र का कोई महत्त्व ही नहीं है।

चुनाव के बाद बसपा एवं भाजपा मिलकर सरकार बनाने की कोशिश करेगी। बसपा ने बहुत सारे टिकट पार्टी के प्रति वफादारी एवं उम्मीदवार की छवि को न महत्त्व देते हुए पैसे लेकर दिए हैं, इसलिए चुनाव के बाद ये लोग भाजपा एवं सपा में जा सकते हैं। जिस व्यक्ति ने लाखों रूपये खर्च किए हैं, वह उसे वसूलना भी चाहेगा और इसकी भरपाई जिस भी तरह से हो पाएगी, करने की कोशिश करेगा। ऐसी भी सम्भावना है कि तमाम विधायक शपथ लेने के बाद पार्टी के कार्यालय में आएं ही न। अतः इस बार पिछले समय से अधिक विधायकों की खरीद–फरोख्त होगी। यदि समाजवादी पार्टी एवं कांग्रेस सरकार बनाने की स्थिति में होते हैं, तो बहुजन समाज पार्टी के

विधायक तो टूटेंगे ही, लेकिन भाजपा और उसके गठबंधन के भी विधायक गैरवफादारी अदा करेंगें। इस तरह से सबसे अधिक टूटने की संभावना बसपा में, उसके बाद भाजपा और कांग्रेस में और सबसे कम सपा में है।

यह चुनाव पिछले चुनाव से इस मामले में भी भिन्न होगा कि इस बार अन्दरूनी समझौते होगें। जहां पर सपा जीतने की स्थिति में नहीं है, वहां पर मुसलमान बसपा को भी वोट देगें। हालांकि कांग्रेस मुसलमानों की दूसरे नम्बर की पसन्द हो गई है। भाजपा को शिकस्त देने के लिए मुसलमान कांग्रेस को भी वोट देगें। यदि भाजपा का एक धड़ा मायावती जी को मुख्यमंत्री बनाने के पक्ष में बात करता है, तो ऐसी स्थिति में भाजपा में भी फाड़ हो सकती है। राज नाथ जी के मुख्यमंत्री बनने और चुनाव की कमान उनके हाथ में होने के कारण जो स्थिति साल भर पहले थी, उसमें इजाफा हुआ है।

---

16 फरवरी, 2002–राष्ट्रीय सहारा–टूट–फूट से बनेगी सरकार

12

क्या विहिप को दादागीरी करने का लाइसेंस मिला है?

विश्व हिन्दू परिषद इस बात के लिए तो जाना ही जाता है कि धार्मिक उन्माद फैलाकर भाजपा के लिए चुनावी माहौल तैयार करता है। समय–समय पर लाठी और त्रिशूल तो बांटते ही रहते हैं। ईसाइयों एवं मुसलमानों को मार भगाने का आवाहन करना कोई नई बात नहीं है। दलितों को तो ये अपना गुलाम एवं सेवक समझते ही हैं। अपने लक्ष्य की प्राप्ति के लिए इनके हाथ में लाठी–डंडे और भाले पकड़ा देते हैं कि जाओ हिन्दू धर्म की रक्षा के लिए मार–पीट करो। बाबरी मस्जिद गिराने में इन्होंने पिछड़ो एवं दलितों का जमकर इस्तेमाल किया। हाल में गड़ासे एवं त्रिशूल भांजते हुए हजारों साधू–सन्त उत्तर प्रदेश की परिक्रमा करने के बाद आतंकित करने के लिए दिल्ली आ पहुंचे। इनके पहुंचने का स्वागत आदरणीय प्रधानमंत्री एवं गृहमंत्री लाल कृष्ण आडवानी ने किया। विश्व हिन्दू परिषद के वरिष्ठ नेता श्री गिरिराज किशोर ने प्रेस के माध्यम से 26 अक्टूबर, 2001 को हमारे द्वारा आयोजित बौद्ध धर्म की दीक्षा के कार्यक्रम को न करने देने की धमकी दी। अनुसूचित जाति/जन जाति संगठनों का अखिल भारतीय परिसंघ एवं लॉर्ड बुद्धा क्लब की ओर से गत् 4 नवम्बर, 2001 को लाखों लोगों द्वारा जातिविहीन समाज की स्थापना के लिए बौद्ध धर्म ग्रहण करना था, इसके

लिए राम लीला मैदान की अनुमति भी मिल गई थी। उक्त कार्यक्रम को रद्द करने के लिए विहिप, आर.एस.एस. एवं सरकार ने पूरा जोर लगा दिया और अन्त में राम लीला मैदान पर कार्यक्रम नहीं होने दिया। संविधान के अनुसार कोई भी व्यक्ति किसी धर्म को छोड़ने और ग्रहण करने के लिए स्वतन्त्र है। इसलिए जो लोग बौद्ध धर्म की दीक्षा को ग्रहण करने जा रहे थे, वे सारी गतिविधियां संविधान की चारदीवारी के भीतर ही कर रहे थे। क्या आज तक किसी का कार्यक्रम इस आधार पर रद्द किया गया है कि स्थान–क्षमता से ज्यादा लोगों के आने की संभावना है। दूसरी वजह विहिप ने यह प्रचारित किया था कि लोगों को ईसाई बनाया जा रहा है। क्या दुनिया में सम्भव हुआ है या होगा कि लोगों को विशेष धर्म अर्थात गत दो वर्षों से बौद्ध धर्म के लिए तैयार किया जाता रहा हो और वे राम लीला मैदान पर कुछ सेकन्डों या मिनटों में ईसाई धर्म कबूल कर लें। इस अनहोनी बात को भी विहिप ने होनी करके प्रचारित किया। कोई भी व्यक्ति आसानी से धर्म नहीं बदलता। हम बौद्ध धर्म के कट्टर अनुयायी हैं। पल भर के लिए मान भी लिया जाय कि कुछ लोग ईसाई धर्म ग्रहण कर लेते तो क्या यह असंवैधानिक कृत्य होता? हिन्दू धर्म की क्रूरता के ही कारण लोग इसे छोड़कर भाग रहे हैं। जो धर्म कभी पामीर, सिन्ध एवं अफगानिस्तान तक फैला था, वह आज कश्मीर तक सिकुड़ गया है। कश्मीर से भी हिन्दू धर्म के अनुयायी पलायन कर रहे हैं। आखिर हिन्दू धर्म के साथ ही ऐसा क्यों होता है? क्यों नहीं आर.एस.एस. एवं विहिप के लोग बैठकर सोचते और हल निकालें।

विहिप द्वारा आयोजित 'सन्त चेतावनी रैली' में हजारों लोगों ने भाग लिया। मकसद यह था कि अयोध्या में राम मन्दिर बनाया जाए। क्या इन्होंने कभी शिक्षा, स्वास्थ्य, विकास एवं रोजगार के लिए भी ऐसे आन्दोलन किए हैं? यदि ये किए होते तो बाबरी मस्जिद शायद पैदा ही न होती। जैसा मैंने पहले कहा कि हिन्दू धर्म के अनुयायी ही क्यों धर्म छोड़कर पलायन कर रहे हैं। यदि इस देश में सामाजिक विखराव न हुआ होता, तो कभी भी विदेशी शासन न करते। मोहम्मद गजनवी को जब अभूतपूर्व सफलता मिली तो उसे आश्चर्य हुआ कि उसकी छोटी सी सेना बिना खास रोक–टोक के दिल्ली तक पहुंच गई। उसने आगे कहा कि लोग खेतों में काम कर रहे थे और घरों

से तमाशा देख रहे थे। केवल कुछ ही क्षत्रियों ने लड़ाई लड़ी, क्योंकि पूरा समाज जातियों में विभाजित था और अन्य जातियों को लड़ने का अधिकार नहीं था। जाहिर है कि हमारे यहां जातियां बनी या समाज विभाजित हुआ उसका स्रोत धर्म में ही है। तमाम धार्मिक पुस्तकें खुल्लम–खुल्ला जाति के आधार पर भेदभाव की बात करती हैं। मनुस्मृति ने तो दुनिया के सभी क्रूर मापदण्डों को लांघते हुए यह नियम बनाया कि दलित यदि वेद का उच्चारण करता है, तो उसकी जीभ काट लेनी चाहिए, सुनता है तो पिघला हुआ शीशा कान में डाल देना चाहिए और यदि पढ़ता है तो आंख फोड़ देनी चाहिए। आगे यह लिखा है कि शूद्र को स्वर्ग जाने के लिए ब्राह्मण की सेवा करनी होगी और धन–सम्पत्ति के अधिकारी भी नहीं होंगें।

किसी भी दृष्टि से देखें तो इस 'सन्त चेतावनी रैली' का मकसद न तो राष्ट्र मजबूत करने के लिए था और न ही तमाम समुदायों के बीच कटुता को कम करने के लिए। इनकी यात्रा से राष्ट्र को भारी हर्जाना भुगतना पड़ेगा, जैसा कि हम पूर्व में भुगतते आ रहे हैं। मान लिया जाए कि कुछ लोगों को लोभ–लालच या दबाव में मुसलमान बना दिया गया हो, तो क्या देश से इन्हें निकाल देना चाहिए। ये लोग भी भारतीय हैं और सौहार्द्रपूर्ण ढंग से रहकर ही भाईचारा एवं सामाजिक तालमेल बनाया जा सकता है। जब यह निश्चित ही है कि ये बाहर नहीं जा सकते, तो बार–बार इनकी भावनाओं को ठेस पहुंचा कर देश एवं समाज के विरूद्ध कृत्य नहीं है तो क्या है? जिस तर्क को कभी–कभी ये मुसलमानों के विरूद्ध इस्तेमाल करते हैं, वही तर्क कभी कोई इनके विरूद्ध भी इस्तेमाल कर सकता है, यह कहते हुए कि तथाकथित सवर्ण (आर्य) भी इस देश के मूल निवासी नहीं हैं। इसी तरह से शक एवं हूण भी बाहर से आए थे। आखिर यह समझ में नहीं आता कि विहिप एवं आर.एस.एस. किस तरह से राष्ट्र की सेवा करना चाहते हैं?

धर्म का असली पुजारी बहुत कुछ अपने ईश्वर के ऊपर छोड़ देता है। जो कुछ पूर्व में हुआ सो हुआ। विहिप गीता के उपदेशों को तो जरूर मानती है, जिसमें कहा गया है–"जो हुआ सो ठीक हुआ, जो हो रहा है, सो ठीक हो रहा है और जो होगा, सो ठीक होगा। मानव के बस में कुछ नहीं है और ईश्वर ही सब कर्ता–धर्ता है।" यदि इस सिद्धान्त को भी ये मानें, तो भी

अयोध्या में मन्दिर बनाने के लिए झगड़े–झंझट करने की आवश्यकता नहीं है। इससे अच्छा हो कि भगवान की पूजा करें और उनसे आग्रह करें कि अयोध्या में मंदिर वे अपनी शक्ति से एक पल में निर्माण कर दें, तो शायद सारा ही झगड़ा समाप्त हो जाएगा। मैं इनको यही नसीहत दे सकता हूं।

एक नसीहत मैं और देना चाहता हूं कि जितने प्रमुख धार्मिक स्थल हैं, उनको दलितों, पिछड़ों एवं महिलाओं को सौंप दें और इससे जबर्दस्त एकता बनेगी। इस एकता के बाद न तो कोई हिन्दुओं का मन्दिर तोड़ पाएगा और न ही आतंकवादी हमले होंगें। अमेरिका के ऊपर हमला बोलकर तालिबान पश्चाताप कर रहे हैं, इसलिए कि वह एक मजबूत राष्ट्र है और हमलावरों को उसने सबक सिखा दिया। क्या हम आतंकवादियों को सबक सिखा पा रहे हैं? भारत के सामने पाकिस्तान छोटा सा राष्ट्र है, फिर भी नाक में दम किए रहता है। हिन्दू समाज में एकता हो जाने से न जाने कितने मामले सुलझ जाएंगें। यह बात अनुचित भी नहीं है क्योंकि हजारों वर्षों से तथाकथित सवर्णों का ही मन्दिरों एवं मठों पर आरक्षण रहा और तैंतीस करोड़ देवी–देवताओं को ये ही घेरे रहे हैं। दलितों को नौकरियों में आरक्षण मिले कुछ ही दिन हुए हैं कि शोर–शराबा होने लगा, लेकिन इनके आरक्षण की बात को कोई नहीं कहता।

श्री जना कृष्णमूर्ति–भाजपा अध्यक्ष, ने कहा कि सन्त चेतावनी रैली से उनका कोई लेना–देना नहीं है। यदि लेना–देना नहीं था, तो इनको आने ही क्यों दिया गया? हमारे संवैधानिक कार्यक्रम के लिए राम लीला मैदान की अनुमति रद्द की जा सकती थी, तो क्या इनके असंवैधानिक कार्य के लिए भी अनुमति रद्द नहीं की जा सकती थी। यहीं नहीं, बल्कि इनका गर्मजोशी से आदरणीय प्रधानमंत्री एवं गृहमंत्री ने स्वागत भी किया और दो घण्टे वार्तालाप भी किया। प्रधानमंत्री जी ने इस्तीफा देने की पेशकश तक की। आखिर विहिप है क्या? हमारे संगठन की तुलना में बहुत छोटे हैं, फिर भी सरकार का रवैया लाचारी एवं मित्रता का, क्यों? क्या हम दलित इस देश के दूसरे दर्जे के नागरिक हैं? मैंने स्वयं प्रधानमंत्री एवं गृहमंत्री से मिलने का समय मांगा, तो उनके पास मेरे लिए समय नहीं था। चुनाव को मद्देनजर रखते हुए

नूराकुश्ती की जा रही है। लोगों की आंखों में धूल झोंकी जा रही है। बाबरी मस्जिद गिराने में आर.एस.एस. एवं भाजपा की भूमिका अहम रही है और विहिप मझला साझेदार रहा है। इससे अंदाजा लगाया जा सकता है कि सन्त चेतावनी रैली क्या थी?

उपरोक्त बातों से कई प्रश्न खड़े होते हैं। कुछ तो पुराने हैं, किन्तु कुछ नए पैदा हो गए हैं। क्या हिन्दू धर्म के संगठनेां को धर्म के नाम पर दादागीरी करने का लाइसेंस दे दिया गया है। यदि ऐसा न होता तो बिना रोक–टोक के बजरंग दल एवं उनके समानान्तर संगठन खुलेआम लाखों की संख्या में हथियार न वितरित करते। दूसरा प्रश्न यह भी पैदा होता है कि तालिबान से ये उत्साहित हैं। जैसे तालिबान का व्यवहार अफगानिस्तान में था उसी नक्शे–कदम पर ये चल रहे हैं। हाल में उत्तरांचल में विहिप के कार्यकर्त्ताओं ने औरतों को दर्जी की दुकान पर अकेले जाने से रोकना शुरू कर दिया था। याद रहे कि पख्तून कबीला, जो तालिबान हैं, उनकी संख्या निर्णायक है, लेकिन तथाकथित सवर्णों की संख्या गिनती मात्र है। इनके अधिकतर कार्यकर्त्ता भी पिछड़ें एवं दलित हैं। दलित ही अपने नाम के साथ राम लिखते हैं, न कि ये। दलित, पिछड़े पुराने जमाने के नहीं हैं कि उनको बेवकूफ बनाकर तालिबान जैसा व्यवहार कर सकें। क्या इन संगठनों के लिए संविधान महत्त्व रखता है। यदि ऐसा होता तो ये सुप्रीम कोर्ट के स्पष्ट आदेश के बावजूद न तो बाबरी मस्जिद गिराते और न ही अयोध्या में मंदिर बनाने के लिए झगड़ा–झंझट करते। राष्ट्रपति महोदय ने कहा था कि हमें देखना है कि हमने संविधान को असफल किया है या संविधान ने हमें। इससे बेहतर क्या मिसाल दी जा सकती है कि ये लोग दिन–दहाड़े संविधान की धज्जियां उड़ा रहे हैं। सुप्रीम कोर्ट के स्पष्ट आदेश के बाद भी श्री अशोक सिंघल एवं उनके साथियों ने विवादास्पद स्थल पर पूजा की, क्या सुप्रीम कोर्ट या सरकार ने इनका कुछ विगाड़ लिया। यदि कोई गरीब, दलित या पिछड़ा ऐसी गलती करता तो उसे अब तक लटका दिया जाता। लालू प्रसाद यादव देश छोड़कर भागने वाले नहीं हैं, फिर भी उन्हें पूछताछ के लिए बार–बार जेल भेजा जा रहा है। मैं यह नहीं कहता हूं कि भ्रष्ट को सजा न दी जाए,

लेकिन यह नहीं होना चाहिए कि हमारे एवं इनके लिए अलग–अलग कानून–व्यवस्था हो। प्रश्न तो कई पैदा हो गए हैं, किन्तु उनको नजरन्दाज करते हुए आखिर में यह पूछना चाहता हूं कि क्या इससे देश की तरक्की होगी? क्या इनके कृत्यों से भाईचारा समाज में एकजुटता कायम हो सकेगी? क्या ज्ञान–विज्ञान के लिए उपयुक्त माहौल कभी हम बना पाएंगें? क्या देश का औद्योगीकरण हो पाएगा? यदि यह रोका नहीं गया तो अन्त में देश को इस सब के लिए भारी कीमत चुकानी होगी।

---

18 फरवरी, 2002, दैनिक भास्कर संत चेतावनी रैली देश के लिए अहितकर

13

आरक्षण खत्म करने में कहीं देश खतरे में न पड़ जाए

अघोषित आरक्षण हमारे देश में शताब्दियों से चला आ रहा है। वर्णव्यवस्था के अनुसार विद्या अर्जन करने और धर्म पर ठेकेदारी का आरक्षण ब्राह्मणों को ही था और अभी भी यही व्यवस्था लागू रहने की पुरजोर कोशिश होती रहती है। शासन–प्रशासन में क्षत्रियों का आरक्षण रहा है और वैश्य बिरादरी का आरक्षण कृषि एवं उद्योग धन्धों में। अगर यह कहा जाए कि यह अघोषित आरक्षण धर्म की आड़ में इस देश में सदियों से लागू रहा, तो इसमें कोई अतिश्योक्ति नहीं होगी। प्रयास अभी भी रहता है कि पुरानी व्यवस्था बनी रहे और पुराना आरक्षण भी स्वाभाविक रूप से चलता रहे। संघ परिवार के लोग इसकी वकालत सीधा न करके परोक्ष रूप से पुरानी व्यवस्था को और मजबूत करके, इसे पुनः जिन्दा करने के प्रयास में रहते ही हैं। संविधान ने कुछ क्षेत्रों में घोषित रूप से दलितों एवं निर्बलों को आरक्षण का अधिकार जब दिया, तो अघोषित आरक्षण का लाभ लेने वालों में से कुछ को संवैधानिक आरक्षण सहन नहीं हुआ। समय–समय पर इनके पूर्वाग्रह के हाव–भाव देखने में आते रहे हैं, लेकिन गत् कुछ सालों से ये लोग खुलकर विरोध करने लगे हैं। श्री सौभाग्यमल जैन–सुप्रीम कोर्ट के पूर्व न्यायमूर्ति, जो श्री अटल बिहारी वाजपेयी जी के गुरू होने का भी दावा करते हैं, आरक्षण विरोधी संगठनों का नेतृत्व कर रहे हैं। अनुसूचित जाति/जन जाति संगठनों का अखिल भारतीय परिसंघ के आन्दोलन के कारण सरकार को पांच आरक्षण विरोधी आदेशों में

से तीन आरक्षण विरोधी आदेश वापिस करना पड़ा, इससे न तो संघ परिवार खुश है और न ही सौभाग्यमल जैन जैसे लोग और सुप्रीम कोर्ट के वरिष्ठ एडवोकेट श्री राजीव धवन भी काफी दुखी नजर आते हैं। विनिवेश मंत्री श्री अरूण शौरी जी को सरकार ने पूरा अधिकार दे दिया है कि वे जल्दी से जल्दी सरकारी कम्पनियों को बेचकर आरक्षण समाप्त कर दें। शुरू में इस विचारधारा को मनवाने के लिए या लोगों को विश्वास में लेने के वास्ते सरकार ने यह दलील दी कि जो विभाग या कम्पनियां घाटे में चल रहे हैं, उन्हीं को बेंचा जाएगा। यह भी कहा कि इनमें कार्यरत् कर्मचारियों के भी हित का पूरा ध्यान रखा जाएगा। शुरू में इसका विरोध भी किया गया और काफी हद तक मीडिया ने भी साथ दिया। दलित एवं वामपंथी आन्दोलन से जुड़े लोग मुखर होकर इसके विपक्ष में बोले। वर्तमान में हालत यहां तक पहुंच गई है कि मुनाफा कमाने वाली कम्पनियों को धड़ाधड़ बेचा जा रहा है। मीडिया भी अब शान्त नजर आती है। पूंजीवाद का विरोध करने वाले समाजवादी एवं साम्यवादी भी चुप्पी साध गए हैं।

गत् 5 फरवरी को सरकार ने वीएसएनएल एवं आईबीपी को टाटा एवं इंडियल ऑयल कम्पनी को कुल 2592 करोड़ रूपये में प्रबन्धीय हिस्सेदारी को बेच दिया। अब इन कम्पनियों में सरकारी हिस्सेदारी 26–26 प्रतिशत होगी। यह फैसला प्रधानमंत्री की अध्यक्षता में कैबिनेट की विनिवेश की समिति में लिया गया। यह भी प्रस्ताव पास किया गया कि जून में हिन्दुस्तान पेट्रोलियम और भारत पेट्रोलियम को भी बेचा जाएगा। आश्चर्य की बात है कि ये दोनो कम्पनियां मुनाफे कमा रही हैं, फिर भी इन्हें बेच दिया गया। अरूण शौरी जी विनिवेश मंत्री हैं, उनका लक्ष्य यही रहा होगा कि इससे वे दलितों का आरक्षण समाप्त करने में सफल तो हो ही गए हैं। दलितों से वे कितना नफरत करते हैं, डॉ॰ अम्बेडकर के खिलाफ 'वर्शपिंग फाल्स गॉड' नामक किताब लिखकर पहले ही साबित कर चुके हैं। हाल में सरकार के चुनिन्दा होटल दिल्ली के कुतुब एवं लोदी होटल, मुम्बई का सेन्टूर और उदयपुर का लक्ष्मी विलास पैलेस को औने–पौने दामों में बेच दिया और जो खरीदार थे, उनके लिए बैंकों को निर्देशित कर दिया कि बहुत ही मामूली शर्तों पर इन्हें होटलों को खरीदने के लिए ऋण उपलब्ध करा दिया जाए। सरकार भारत संचार निगम लिमिटेड को भी बेचने की फिराक में हैं, जो दुनिया की सबसे अधिक मुनाफा कमाने वाली कम्पनी है। हाल में लगभग 3600 करोड़ रूपये मुनाफे का चेक दिया और मीडिया में भी यह छपा। मतलब यह हुआ

कि सरकार अपने ही पैसे से अपनी ही कम्पनियों को निजी लोगों के हाथों बेचने का काम कर रही है। इंडियन ऑयल कम्पनी को कुछ दिनों के लिए इसलिए बख्शा जा रहा है कि उसके पास सम्पत्ति और जुट जाए, तब इसे अपने चहेते उद्योगपति रिलॉयन्स समूह को बेचा जा सके। फिलहाल इंडियन ऑयल कम्पनी आईबीपी का हिस्सा खरीदने में सफल रही है, परन्तु इसका मतलब यह नहीं है कि सरकार इसकी तरक्की कराना चाहती है। सूत्र बताते हैं कि रिलॉयन्स समूह और सरकार के बीच अन्दरूनी समझौता पहले ही हो गया है और धीरे–धीरे इस कम्पनी के भी विनिवेश के लिए माहौल बनाया जा रहा है।

यह सब यह कहते हुए किया जा रहा है कि 12 हजार करोड़ रूपये का वित्तीय घाटा सरकारी कम्पनियों एवं विभागों के शेयरों को बेचकर पूरा किया जाएगा। आम लोगों को अर्थशास्त्र का ज्ञान न होने के कारण भारत सरकार का वित्तमंत्रालय या जो बजट तैयार करते हैं, उनकी आंख में धूल झोंक सकते हैं। वास्तव में 12 हजार करोड़ रूपये भारत के अर्थतन्त्र के मुकाबले कुछ भी नहीं है। इस वर्ष आयकर से मिलने वाली आय लगभग 84 हजार करोड़ रूपये होगी। सही आकलन करना तो मुश्किल है, लेकिन 60 प्रतिशत से अधिक ही आयकर की चोरी है। यह चोरी अगर 15 प्रतिशत तक भी रोक दी जाए, तो 12 हजार करोड़ रूपये आराम से इकट्ठा हो सकती है। देश की आबादी 100 करोड़ से अधिक है, लेकिन सही रूप से आयकर देने वाले एक करोड़ भी नहीं हैं। इसी तरह से और भी कर चोरी जैसे कस्टम, उत्पाद शुल्क एवं बिक्रीकर आदि के माध्यम से हो रही है। वास्तव में वित्तीय घाटा 1,28,000 करोड़ है और 12,000 करोड़ का घाटा विनिवेश के माध्यम से पूरा करना है। इस तरह से 1,16,000 करोड़ का घाटा उधार लेकर पूरा करना है। अनुमान लगाना मुश्किल है, फिर भी यदि 25 प्रतिशत तक भी कर की चोरी रोक दी जाए तो विनिवेश के माध्यम से 12,000 करोड़ रूपये का अर्जन तो कुछ भी नहीं है, बल्कि पूरा वित्तीय घाटा पूरा हो सकता है और विकास के काम में भी लगाया जा सकता है। रिलॉयन्स समूह ने आज तक खास टैक्स नहीं दिया और पिछले वर्ष नाममात्र का टैक्स अदा किया है। सरकार रिलॉयन्स जैसे समूहों या बड़े उद्योगपतियों से क्यों नहीं कर वसूलती? वास्तव में एक गहरी साजिश के तहत यह सब कुछ हो रहा है। वर्तमान में आयकर देने वालों में से सरकारी कम्पनियां प्रमुख हैं। सरकारी कम्पनी आयकर दे सकती हैं, तो रिलॉयन्स या अन्य उद्योगपति क्यों नहीं दे

सकते? जो कारण वित्तमंत्री या अरूण शौरी जी बता रहे हैं, वास्तव में वह कारण असली नहीं है। प्रधानमंत्री जी भी इस सच्चाई को जानते हैं।

दूसरा कारण यह दिया जा रहा है कि सरकार का काम व्यवसाय करने का नहीं है, यूरोप एवं अमेरिका की तर्ज पर यह तक्र दिया जा रहा है। तक्र देने के पहले क्या यह नहीं सोचा जा रहा है कि भारत विकास शील देश है, जबकि यूरोप या अमेरिका विकसित हो चुके हैं। अगर नकल ही करनी है तो अच्छी चीजों की नकल की जाए तो बात समझ में आती है। वहां की सरकार एवं व्यवस्था अति सक्षम है और भ्रष्ट भी नहीं है, तो क्या यह हमारे देश में भी सम्भव हो सकेगा? फिलहाल यह सम्भव होते नहीं लगता। वहां के पूंजीपति गर्व एवं स्वेच्छा से अधिक से अधिक कर देना चाहते हैं, लेकिन भारत में कुछ को छोड़कर शेष सरकार को कुछ मजबूरी से ही देते हैं। यह भी नहीं है कि विदेशी पूंजीपति या देशी अपने मुनाफे का एक हिस्सा बेरोजगारी दूर करने एवं अन्य साधन जैसे रोड इत्यादि बनाने में खुलकर सरकारी मद को सहायता देंगें। विकसित देशों के सामाजिक, आर्थिक एवं राजनैतिक माहौल हमारे यहां से भिन्न है, इसलिए हमें अपनी वस्तुगत परिस्थिति के हिसाब से उद्योग एवं देश चलाना होगा। इस समय हम यही भयंकर गलती कर रहे हैं।

निजीकरण से रोजगार निश्चित तौर से कम होगा। करोड़ों लोग बेरोजगारी का शिकार हो जाएंगें। 3000 वर्षों के बाद दलितों को जो भी कुछ आरक्षण के सहारे प्रगति करने का अवसर मिला था वह भी समाप्त हो जाएगा। वास्तव में इस देश के रसातल में जाने का कारण ही आरक्षण रहा है, लेकिन वह आरक्षण अघोषित वाला है। हजारों वर्षों से कुछ ही खास लोगों का आधिपत्य जमीन–जायदाद पर वर्णव्यवस्था के कारण रहा है। धर्म के भी क्षेत्र में आरक्षण है ही, इस अघोषित आरक्षण के कारण बहुसंख्यक लोग अधिकार से वंचित हो गए और अन्त में यह दुष्परिणाम हुआ कि सामाजिक और आर्थिक क्षेत्र में भारी भेदभाव एवं अन्तर पैदा हो गया। इसी भेदभाव को कुछ सीमा तक कम करने के लिए घोषित आरक्षण दलितों को संविधान के जरिए मुहैया कराया गया।

लातीन अमेरिका के तमाम मुल्क और खासतौर से अर्जेन्टीना भी इसी अन्धी नकल की होड़ में आ गया था और अन्त में वहां की अर्थव्यवस्था ही दिवालिया हो गई। बैंकों में जमा धनराशि शून्य हो गई। बहुराष्ट्रीय कम्पनियों के निर्देश पर मजदूरों की बड़े पैमाने पर छटनी हो रही है। ध्यान देने योग्य

बात यह है कि अब वह समय लद गया कि कोई दूसरा देश किसी देश को राजनैतिक रूप से गुलाम बनाकर मन चाहे धन लूट सकता है। अब लूट का तरीका बदल गया है। साम्राज्यवादी ताकतें वर्ल्ड बैंक एवं आई एम एफ तथा तमाम अन्य संस्थाओं के माध्यम से दूसरे देशों के अर्थतन्त्र का नियंत्रण कर रहे हैं और भारत भी इसमें शामिल है। हमारे देशवासियों को खास परवाह इसलिए भी नहीं है कि देश हजार वर्ष तक गुलाम रहा है, वरना सरकार के जन विरोधी रवैए का विरोध जनता अब तक सड़क पर आकर कर देती। हाल में वाजपेयी जी ने उत्तर प्रदेश के चुनावी भाषण के दौरान कहा कि भारत में विदेशी पूंजी तेजी से लग रही है और आने वाले दिनों में हमारा देश महाशक्ति होगा। क्या कभी देखा या सुना गया है कि जो देश बाहर के पूंजीपतियों या अन्तर्राष्ट्रीय संस्थाओं के कर्ज के ऊपर विकास की नींव रखना चाहे, क्या वह देश कभी विकसित हो पाया है? आदरणीय अटल बिहारी वाजपेयी जी और उनकी सरकार के लोग ही इस तक्र को समझ सकते हैं। अमेरिका और मैक्सिको के दो अर्थशास्त्री जेम्स पेत्रास एवं हेनरी वेल्तमेयर ने मिलकर एक किताब 'ग्लोबलाइजेशन ऑनमास्क्ड' लिखा और जिसमें चेतावनी दी कि निजीकरण धन लूटने का तरीका है। यह पुस्तक लातीन अमेरिका में निजीकरण के परिप्रेक्ष्य में लिखी गई है।

संघ परिवार एवं उसके तमाम साथी जैसे स्वदेशी जागरण, भारतीय मजदूर संघ अपने को राष्ट्रवादी कहते हैं। कभी–कभी ये सरकार की नीति का विरोध भी करते हैं, लेकिन वह दिखावे मात्र के लिए। वास्तव में यदि ये विरोध करना चाहते हैं, तो क्यों नहीं वर्तमान सरकार को उखाड़ फेंकने के लिए सड़क पर उतर आते। अच्छा होता कि राष्ट्रीय स्वयं सेवक संघ नाम बदल ले और राष्ट्रीय की जगह पर कुछ और लिख ले। यदि नाम नहीं बदल सकता तो अपनी सुविधानुसार परिभाषित कर लें। यह जिम्मेदारी अब संघ परिवार के ऊपर है।

भूमण्डलीकरण या निजीकरण से हमारी सरकार कमजोर होगी। जब–जब किसी देश की आर्थिक सम्प्रभुता पर नियंत्रण किसी और का होता है, तो निश्चित तौर से वह देश कमजोर होता है। लातीन अमेरिका के तगाम देश बाहर की पूंजी के ऊपर इतना निर्भर हो गए कि अन्त में उनकी राजनैतिक सम्प्रभुता भी खतरे में पड़ गई। विदेशी पूंजीपतियों के इशारे पर मजदूरों को छांटा जा रहा है और जब ये हड़ताल करते हैं, तो दमनकारी नीति का सहारा लिया जाता है। दूसरा दुष्प्रभाव यह पड़ेगा कि भारी संख्या में बेरोजगारी इस

देश में पैदा होगी, जिससे सामाजिक स्थायित्व को खतरा पैदा होगा। मार–काट और अशान्ति का जन्म होना सुनिश्चित है। तीसरा सत्य यह भी है कि मजदूर विरोधी फैसले लेना सरकार की मजबूरी होगी। हाल की बैठक में यह निर्णय लिया गया कि स्वेच्छिक सेवानिवृत्ति की नई स्कीम को लाया जाए। जो कर्मचारी नौकरी नहीं छोड़ना चाहते हैं, उन्हें जबरन सेवानिवृत्त कर दिया जाए। मजदूरों की आजादी भी खत्म हो जाएगी क्योंकि जो भी बेहतर जीवन के लिए भत्ता या वेतन की मांग करेगा, उसे निकाल फेंका जाएगा। इस उदारीकरण से देश का धन बाहर जाएगा। देशी एवं विदेशी पूंजीपति दोनो कानूनी रूप से तो मुनाफा विदेशों में ले ही जाएंगें, लेकिन हवाला लेन–देन के जरिए देश का धन तेजी से विदेशों में जमा होगा। ऐसी परिस्थिति में सरकार किसी भी प्रकार से कर नहीं ले पाएगी।

सरकार अब बार–बार यही कह रही है कि उसका काम उद्योग चलाना नहीं है। अच्छा होता कि वह एक ही बार में साफ–साफ कह देती कि गरीबी समाप्त करने का दायित्व उसके ऊपर नहीं है। अटल बिहारी वाजपेयी जी ने वायदा किया था कि प्रत्येक वर्ष में एक करोड़ की दर से रोजगार मुहैया कराया जाएगा, लेकिन जो हो रहा है, वह इसके विपरीत ही है। सरकार की जिम्मेदारी थी कि लोगों को शिक्षित करके इतना योग्य बना देती कि वे स्वयं रोजमर्रा की समस्याओं से निपटने में सक्षम हो जाते। हालांकि किसी भी दृष्टि से पाश्चात्य देशों के नक़्शेकदम पर चलने का औचित्य नहीं है और यदि चलना ही चाहते हैं तो समान एवं अनिवार्य शिक्षा पहले लागू करें और बाद में निजीकरण। हम ऐसे मोड़ पर खड़े हैं कि आम देशवासियों को इस योग्य नहीं बना पाए हैं कि वे अपने बलबूते पर जीवनयापन कर सकें। न तो सरकार शिक्षित कर रही है और न ही रोजगार मुहैया, इस तरह से दोनो जिम्मेदारियों से पल्ला झाड़ रही है। ऐसा तो पाश्चात्य देशों ने भी नहीं किया। कम से कम उन्होंने सबको अनिवार्य रूप से शिक्षित किया और बेरोजगारी भत्ता भी दिया जाता है। दलित एवं मजदूर विरोधी प्रवृत्ति और विचारधारा के कारण इन्हें बर्बाद करने के चक्कर में देश न बर्बाद हो जाए।

---

28 फरवरी, 2002, राष्ट्रीय सहारा विनिवेश की आड़ में

14

हिन्दू-मुस्लिम विवाद बनाम उच्चजातीय वर्चस्व

भारत एक ऐसा अनोखा देश है, जिसमें लगातार बाहर के लोग आते रहे हैं, यदि परिस्थितियां उन्हें भायीं तो वे यहां बसते भी रहे हैं। कहा जाता है कि फारस की महारानी एस्तर, जो सम्राट जेरेक्से की पत्नी थी, का राज सूडान से लेकर भारत तक फैला था। तमाम तीर्थस्थल एवं अन्य सांस्कृतिक अवशेष अभी भी उस काल के देखने को मिलते हैं। उसके बाद मध्य एशिया से चलकर अफगानिस्तान के रास्ते से आर्य आए। जिस तरह से आर्य आए, उनकी गतिविधियों से पता लगता है कि वे सभ्य नहीं थे। मार–काट करने में विश्वास करते थे। सुरा–सुन्दरी भी इनकी खाद्य एवं भोग्य संस्कृति रही है। जाहिर है कि जब कोई बाहर से आए, तो लोग रोकने का प्रयास भी करेंगें। मूल निवासी एवं आर्यों में भयंकर युद्ध हुआ और आर्य हार गए। उसके बाद आर्यों ने मूल निवासियों को आपस में लड़ाया और धीरे–धीरे ये राजसत्ता पर हावी हो गए। जब इतिहास लिखा गया या जो पहेलियां बनीं, उसमें मूलनिवासियों को असुर और आर्यों को देव बताया गया।

यह कोई अनहोनी बात नहीं है कि एक समुदाय दूसरे समुदाय को परास्त करता हो। मान लीजिए कि आर्यों ने ऐसा कर भी दिया था, तो इनको चाहिए था कि इस देश में रहकर इसका विकास करते और सबके साथ सौहार्द्रपूर्ण वातावरण बनाते। भारत देश का सबसे बड़ा दुर्भाग्य यही था कि

इन्होंने एक दूसरे के साथ मिलकर चलने की बात तो दूर, पूरे समाज की एकता को तार–तार कर दिया।

इनके इस कृत्य से जब समाज कराह उठा, तब एक महामानव सिद्धार्थ गौतम बुद्ध का जन्म हुआ और उन्होंने बहुजन हिताय और बहुजन सुखाय के लिए संघर्ष किया। भगवान गौतम बुद्ध अपना संदेश देने में कामयाब भी रहे।

यीशु मसीह के शिष्य सेंट थॉमस अपोशल भी पहली शताब्दी में उनका संदेश लेकर दक्षिण भारत पहुंचे। कुछ लोगों ने उनका संदेश स्वीकार किया।

सन् 712 ई॰ में मोहम्मद बिन कासिम द्वारा सिन्ध के राजा दाहिर को हराने के पश्चात् इस्लाम धर्म का प्रचार–प्रसार तेज हुआ। उसके बाद धीरे–धीरे तमाम मुस्लिम आक्रमणकारी आए और एक के बाद एक सफलता हासिल करते गए, इससे इस्लाम का प्रचार–प्रसार और तेजी से बढ़ा। ईस्ट इंडिया कम्पनी का राज जब कायम हुआ, तो ईसाइयत को थोड़ा बहुत बढ़ावा मिला।

भारतीय समाज को एक ऐसा बर्तन माना जाता है, जिसमें तमाम विचारधाराएं, परम्पराएं, धर्म एवं रीति–रिवाज घुल–मिल जाते हैं। पाश्चात्य देशों के लोगों की मान्यता अभी भी यही है, परन्तु लगता है, जल्दी ही दुनिया के लोगों का भ्रम टूटने वाला है।

जब सन् 1984 में सिक्खों को मारा गया, तो इस छवि पर सवालिया निशान पैदा हो गया कि भारतीय समाज के बर्तन में विभिन्न किस्म के धर्म और परम्पराएं घुली–मिली नहीं हैं, बल्कि काफी हद तक एक दूसरे से अलग हैं। पिछले वर्ष डरबन में संयुक्त राष्ट्र संघ की ओर से जब सम्मेलन हुआ तो दलित का मुद्दा तेजी से उछला और दुनिया के तमाम लोगों को जानने और समझने का मौका मिला कि भारतीय समाज अभी भी अलगाववाद से गुजर रहा है। इस मान्यता के ऊपर उस समय मुहर लग गई, जब 4 नवम्बर, 2001 को विश्व हिन्दू परिषद ने राम लीला मैदान पर अनुसूचित जाति/जन जाति संगठनों का अखिल भारतीय परिसंघ एवं लॉर्ड बुद्धा क्लब की ओर से आयोजित दीक्षा को नहीं करने दिया, इसके बावजूद भी लाखों लोग हिन्दू धर्म छोड़कर बौद्ध धर्म अपना गए। शायद ही दुनिया का कोई मीडिया या अखबार होगा, जिसने इस घटना को छापा न हो। हाल में हुए गुजरात के दंगे ने भी दुनिया के लोगों को विश्वास दिलाने में सहयोगी सिद्ध हुआ कि भारतीय समाज में अभी भी विखण्डन है। विश्व हिन्दू परिषद एवं बजरंग दल द्वारा अयोध्या में किए जा रहे कृत्य से भी इसकी पुष्टि हो रही है।

आम लोगों की बात तो छोड़ दी जाए, यहां तक कि बुद्धिजीवी तक समझते हैं कि गुजरात में हुए नरसंहार या अयोध्या में हो रहे नाटक के पीछे दो धर्मों का टकराव है अर्थात् यह हिन्दू और मुसलमान का झगड़ा है। इनकी सोच गलत भी नहीं कही जा सकती, क्योंकि सतही रूप से जब इस पर सोचा जाय तो ऐसा ही लगेगा। वास्तव में झगड़ा उन लोगों के बीच में है, जिनका अधिकार राजसत्ता में गत् 3000 वर्षों से चला आ रहा है। दूसरे शब्दों में कहा जाए कि तथाकथित सवर्णों एवं अन्यों के बीच का यह झगड़ा है। समाज में सर्वोच्च पद पर बने रहने एवं सत्ता हथियाने के चक्कर में ये कुछ भी कर देने से चूकते नहीं।

यूरोप में भी ऐसे वर्ग का जन्म हुआ और वर्षों सत्ता पर रहे भी हैं, फिर भी वहां के समाज में एकता स्थापित हो गई है। सभी जानते हैं कि मानवों की खरीद–परोख्त जानवरों की भांति होती थी और उस काल को हम गुलाम युग भी कहते हैं। आज के दिन में वहां गुलाम और मालिक की पहचान समाप्त हो चुकी है। जब 712 ई॰ के बाद बाह्य आक्रमण होने शुरू हुए, तब भारतीय समाज जातियों में बंटा हुआ था। क्या यह सुनहरा अवसर नहीं था कि तथाकथित सवर्ण दलित पिछड़ों एवं वैश्यों को गले लगाने का आवाहन करते और जातियों में बंटे समाज को एक करके दुश्मनों का मुकाबला करते, लेकिन इस अवसर को खो दिया गया और अन्त में विदेशी हमलावर सफल हुए। यहां समझने की बात यह है कि ये तथाकथित उच्च वर्ग के लोग चाहे देश गुलाम हो जाए या खण्डित हो जाए तब भी सत्ता एवं सम्मान अपने तक ही सीमित रखना चाहते हैं। इस मनोवृत्ति से ये हमेशा ग्रसित रहे हैं और कभी–कभी इन्हें खुद भी अपमान और दुर्दिन देखने पड़े। चाहे देश का विकास हो या न हो अथवा इसकी अखण्डता को खतरा ही क्यों न हो जाए, लेकिन ये इस मनोवृत्ति से छुटकारा नहीं पा सकें हैं। मुसलमानों एवं अंग्रेजों की हुकूमत के समय भी इन्होंने जाति समाप्त करने की बात नहीं कही और दलितों एवं महिलाओं के साथ भेदभाव बराबर जारी रखा।

भले ही मुसलमानों का शासन एक लम्बे अर्से तक रहा हो, फिर भी हिन्दुओं ने ऐसा प्रयास नहीं किया कि हिन्दू समाज जातियों में बंटा है, उसे एक कर दिया जाए। कहने का मतलब कि गुलामी तक स्वीकार थी, लेकिन स्वयं स्वार्थ की मनोवृत्ति का त्याग कभी इन्होंने नहीं किया। मुसलमान शासकों के अपमान और अत्याचार को बर्दाश्त कर लेते थे, परन्तु उससे भी ज्यादा अत्याचार एवं भेदभाव अपने से नीचे वाले वर्गों–दलितों एवं महिलाओं

पर करने से चूकते नहीं थे। यही प्रवृत्ति अंग्रेजी हुकूमत के दौर में भी बनी रही।

अंग्रेजों ने कुछ ऐसे कार्य किए जिससे भारत के कोने–कोने में रहने वाली जातियों एवं समुदायों को एक होने में सहायता मिली। जैसे रेल का प्रचलन, डाक, तार और पाश्चात्य सोच। उस समय यूरोप में बड़े–बड़े क्रांतिकारी दार्शनिक पैदा हुए। प्रजातन्त्र भी अपनी प्रगति पर था। फ्रांस और इग्लैंड में क्रांति हो चुकी थी। भारत से तमाम लोगों को यूरोपीय देशों में जाने का अवसर प्राप्त हुआ। समयान्तराल भारतीय समाज में भी चेतना की लहर पैदा होने लगी थी और यहां पर मिशनरी स्कूलों ने भी लोगों को जागृत करने का काम किया।

जैसे ही माहौल बना कि अब भारत में स्वतन्त्रता की बात चलाई जा सकती है, तमाम लोग उठ खड़े हुए। फिर भी भारतीय समाज में भेदभाव को समाप्त करने की बात नहीं कही गई। डॉ॰ भीम राव अम्बेडकर ने गांधी जी से पूछा कि आजादी के बाद इस देश में दलितों एवं महिलाओं का क्या होगा? स्वतंत्रता आन्दोलन के नेताओं ने इसका जवाब नहीं दिया और समय–समय पर डॉ॰ अम्बेडकर को अंग्रेजों का हिमायती घोषित करते रहे। ध्यान देने योग्य बात यह है कि विषम से विषम परिस्थितियों से गुजरने के बाद भी इस तथाकथित उच्च वर्ग ने अपनी सोच में बदलाव नहीं लाया।

भारत आजाद हो रहा था, तो लड़ाई इस बात की चल रही थी कि सत्ता किसको सौंपी जाए। किसी हालत में तथाकथित सवर्ण सत्ता में आसानी से हिस्सेदारी देने वाले नहीं थे। एक आम व्यक्ति के लिए आश्चर्य की बात होगी कि बंगाल के विभाजन के पक्ष में यदि दोनो पक्ष (हिन्दू बाहुल्य क्षेत्र के चुने गए प्रतिनिधि एवं मुस्लिम बाहुल्य क्षेत्र के चुने गए प्रतिनिधि) अस्वीकार कर देते हैं, तभी विभाजन नहीं होगा और दो में से एक पक्ष भी विभाजन चाहता है, तो विभाजन हो जाना था और ऐसा ही हुआ। 2 जून, 1947 की शाम को जिन्ना, लियाकत अली खान, अहमद खान, नेहरू, कृपलानी, पटेल एवं बलदेव सिंह के साथ लॉर्ड माउन्ट बेटन की सभा हुई और उसमें ये शर्तें मंजूर हुईं। 20 जून, 1947 को हिन्दू बाहुल्य क्षेत्र के चुने गए प्रतिनिधियों ने देश का विभाजन स्वीकार कर लिया और देश बंट गया। मुस्लिम बाहुल्य क्षेत्र के प्रतिनिधियों ने विभाजन का विरोध किया। अब कोई पूछे कि भारत का विभाजन मुसलमानों ने किया कि हिन्दुओं ने। अतः एक बार फिर सिद्ध हुआ कि तथाकथित उच्च वर्ग ने अपने को सर्वोच्च घोषित करने एवं सत्ता पर काबिज होने के लिए देश व समाज की परवाह नहीं की।

1925 में आर.एस.एस. का जन्म हुआ और इसके संस्थापक गोलवक्रर जी ने लिखा कि मुसलमानों को वोट देने का अधिकार नहीं होना चाहिए और उन्हें हिन्दुओं के अधीन रहना होगा। यह संगठन शुद्ध रूप से तथाकथित सवर्ण मानसिकता की सोच का प्रतिफल है। इस संगठन ने कई रूप लिये फिर भी सत्ता से दूर रहा। बीच में जनसंघ का निर्माण किया, तो भी सत्ता इनके नजदीक नहीं आई। कांग्रेस ने जिस तरह से इस देश को चलाया, चाहा होता तो इस बर्तन में तमाम धर्म, समुदाय एवं परम्पराएं घुल–मिल गईं होतीं और इन लोगों को धार्मिक उन्माद करने का मौका ही न मिलता। भारत के साम्यवादियों ने वर्ण की बात को कभी सोचा ही नहीं और हमेशा वर्ग विश्लेषण के चश्मे से भारतीय समाज को देखते रहे। इन्हें चाहिए था कि सबसे पहले सामाजिक क्रांति की पहल करते और फिर बाद में आर्थिक क्रांति या दोनो साथ–साथ चलाते। डॉ. भीम राव अम्बेडकर के बाद तमाम दलित नेताओं ने आपस में जात–पांत समाप्त करने की बात तक नहीं कही, तो पूरे समाज को जाति विहीन समाज बनाने की बात तो दूर की।

सन् 1990 में जब विश्व नाथ प्रताप सिंह जी ने मण्डल कमीशन लागू किया, तो सवर्ण भड़क गए। संघ परिवार तथाकथित सवर्णों की भावनाओं को तुरन्त भुनाने के लिए श्री लाल कृष्ण आडवाणी के नेतृत्व में अयोध्या में मंदिर बनाने के लिए रथयात्रा की। उस समय के गुस्साए तथाकथित सवर्णों की भावनाओं का लाभ उठाते हुए देश में ऐसा संदेश भेजा कि हिन्दू धर्म पर बाबरी मस्जिद कलंक है। अतः पुनः उसी मानसिकता का जागरण हुआ, जो अपने सिवा दूसरे को मान–सम्मान एवं सत्ता में कभी बर्दाश्त न किया हो। यूं तो सीधे ये कह नहीं सकते कि सभी सुख और राज भोगने का अधिकार इन्हीं का है, परन्तु दोहरा चरित्र अपनाकर इसे प्राप्त करना चाहते हैं। उसी पिछड़े वर्ग को इस्तेमाल कर लिया, जिसके खिलाफ रथयात्रा निकली थी। वास्तव में कमण्डल था ही मण्डल के विरूद्ध। इनकी सफलता का सबसे बड़ा रहस्य यह है कि अज्ञानी, पिछड़े और दलित समझ नहीं पाते हैं और इनके कहने पर हिन्दू धर्म की खातिर जान तक लुटा देते हैं। मान लिया जाए कि मुस्लिम दूसरे धर्म के मानने वाले हैं तो इसलिए इनसे झगड़ा है, लेकिन दलित तो हिन्दू ही है, जिसे हजारों वर्ष से मार–पीट रहे हैं और कभी भी इनके प्रति भेदभाव की भावना समाप्त नहीं हुई। पिछड़ों के बारे में भी ऊपर कहा ही जा चुका है। जब सोनिया गांधी ने सत्ता में आने का प्रयास किया या कांग्रेस का नेतृत्व संभाला तो संघ परिवार के लोगों ने देश के ईसाइयों के ऊपर

हमला शुरू किया। गांव से लेकर शहरों तक दुष्प्रचार किया कि सोनिया गांधी ईसाई है, ताकि ये सत्ता में जमें रहें। पुनः एक बार इनकी मानसिकता का परिचय मिलता है कि सत्ता में आने के लिए ये कुछ भी कर सकते हैं। इसके पहले देश में ईसाई विरोधी कोई बात नहीं थी। जब तक कांग्रेस सत्ता में थी, तथाकथित सवर्ण इसमें थे और जब भाजपा का राज आया तो रातो–रात कांग्रेस छोड़कर यहां तशरीफ ले आए। याद रहे कि आर.एस.एस. को चलाने वाला इस देश का बनिया और पाकिस्तान से आया पंजाबी ही था, लेकिन वे आज भी शाखा ही चला रहे हैं और तथाकथित सवर्ण पूरी राजसत्ता हथिया बैठे हैं। कुल मिलाकर यह हिन्दू–मुसलमान का झगड़ा है ही नहीं, बल्कि एक तरकीब है जिसके माध्यम से पिछड़ों और दलितों को अपने पीछे लगा सकें और इन्हें मुसलमानों के खिलाफ इस्तेमाल करते रहें। संघ परिवार शोर मचाता है कि हिन्दुओं के साथ भेदभाव हो रहा है। इनसे पूछें कि आजादी के समय मुसलमानों का अनुपात प्रशासन में लगभग 35 प्रतिशत था और वह घटकर 2 प्रतिशत से भी आज कम हो गया है। इस देश का मुख्य न्यायाधीश भी सवर्ण है और प्रधानमंत्री तो हैं ही। भूल–चूक से श्री के.आर. नारायणन् यदि राष्ट्रपति बन भी गए हैं, तो उनकी बात यह सरकार तो मानती ही नहीं। वास्तव में न्यायपालिका, विधायिका और कार्यपालिका में इन्हीं का दबदबा है। मीडिया लगभग पूरा ही इनके हाथ में है। आर्थिक क्षेत्र की बात ही क्या है? इसी मानसिकता के कारण भारतीय समाज के बर्तन में तमाम धर्म, रीति–रिवाज और परम्पराएं घुल–मिल नहीं पाईं हैं और इसे खत्म नहीं किया गया तो आगे भी यह संभव नहीं हो पाएगा। गुजरात में मुसलमानों के खिलाफ भावनाएं भड़काकर हिन्दुओं का वोट लेने के अलावा कुछ नहीं है। अयोध्या में राम मंदिर बनाने के कृत्य से सत्ता में बने रहने की एक तरकीब है और लोगों को रोजगार, शिक्षा, विकास, स्वास्थ्य एवं कानून व्यवस्था से ध्यान हटाना।

---

22 मार्च, 2002 राष्ट्रीय सहारा सत्ता में बने रहने की तरकीब

15

दलितों के विभाजक कौन?

भारत की दुर्दशा का मुख्य कारण सामाजिक विभाजन है। शहर का मध्यम वर्ग इस पर चर्चा करने से इसलिए कतरा जाता है कि कहीं इसे कुछ जिम्मेदारी न वहन करनी पड़ जाए और दूसरा कारण यह है कि खुद ही प्रत्यक्ष या परोक्ष रूप से इस व्यवस्था को मानता है। जहां तक उच्च शहरी वर्ग की बात है, वह इन चीजों से बेखौफ रहता है और उसकी अपनी एक नई दुनिया होती है, जिसमें ऐसी चीजें कभी–कभी ही उसे टकराती हैं। गरीब–मजदूर अपनी रोजी–रोटी कमाने की व्यस्तता के कारण सोच ही नहीं पाता और बौद्धिक सीमितता भी आड़े आती है। भारत के गांव का आम आदमी भी अपने रोजमर्रा के कार्यों में व्यस्त रहता है, अतः उसके पास समय के अभाव के साथ–साथ सोच का भी अभाव होता है। पुरानी सड़ी–गली मान्यताओं के सहारे अपनी अल्प आवश्यक सांस्कृतिक एवं मनोरंजन की तुष्टि इन्हीं से करता रहता है। जनवादी एवं नए विचार तभी जन्म लेते हैं, जब शिक्षा का स्तर उचित हो। कुल मिलाकर कोई भी वर्ग इस खूंखार सामाजिक व्यवस्था के विरूद्ध जाने को तैयार नहीं है। राजनैतिक लोगों को यथास्थितिवाद से ही लाभ है। अतः वे क्यों इसे उखाड़ फेंकना चाहेंगें? कभी–कभी अम्बेडकरवादी दलित जरूर प्रयास करते हैं कि इस सामाजिक व्यवस्था में बदलाव आए। साम्यवादी एवं समाजवादी लोग यह कहकर इस विषय को गोल कर देते हैं कि आर्थिक एवं औद्योगिक विकास के साथ जात–पांत अपने आप समाप्त हो जाएगा।

आश्चर्य तब होता है, जब तथाकथित अम्बेडकरवादी बसपा सुप्रीमों सुश्री मायावती इस व्यवस्था को उखाड़ने की बजाए मजबूत करती हैं। बसपा के पूरे आन्दोलन की नींव ही वर्णव्यवस्था समाप्त करने के लिए बनाई गई थी, परन्तु मायावती जी की नीतियों से ऐसा प्रतीत होने लगा है कि तथाकथित मनुवादी भी इनके सामने वर्णव्यवस्था को मजबूत करने में फीके पड़ गए हैं। पिछले वर्ष जब श्री बंगारू लक्ष्मण को भाजपा ने पार्टी का अध्यक्ष बनाया तो दूसरे दिन सुश्री मायावती जी ने लखनऊ में प्रेसवार्ता के माध्यम से यह कहा कि श्री बंगारू लक्ष्मण सफाई करने वाली बिरादरी से हैं। जब इस पर टीका टिप्पणी होने लगी तो मायावती जी फिर से प्रेस के द्वारा स्पष्टीकरण किया कि उन्होंने यही कहा था कि बंगारू लक्ष्मण जी सफाई करने वाली जाति से हैं, अतः इन्हें फिर से बंगारू जी की जाति बताने का मौका मिल गया। इसके विरूद्ध बाल्मीकि समाज के तमाम लोगों ने धरने भी दिए और कड़ी भर्त्सना की। वास्तव में मैं भी बंगारू जी की जाति नहीं जानता था और न ही मैं अपने संगठनों–अनूसूचित जाति/जन जाति संगठनों का अखिल भारतीय परिसंघ एवं लॉर्ड बुद्धा क्लब के लोगों की जाति जानता हूं। मैं समझता हूं कि यह घोर कुकृत्य है। वैसे मायावती जी राम विलास पासवान जी के बारे में भी कई बार कहा कि पासियों ! सावधान हो जाओ, राम विलास पासवान पासी नहीं है, बल्कि दुसाध जाति से हैं। भला बताइए कि आज के दिन में भाजपा, शिवसेना या कांग्रेस के भी नेताओं की हिम्मत नहीं है कि वे किसी भी नेता की आलोचना जातिसूचक शब्दों के द्वारा कर सकें। मायावती जी से पूछा जाए कि जब तथाकथित सवर्ण जात–पांत करें तो क्या वे नैतिक रूप से उन्हें कुछ कहने लायक हैं? तथाकथित सवर्ण तो इस बात के लिए जाने ही जाते हैं, कि वे भेदभाव जाति के आधार पर करते हैं, लेकिन जब कोई दलित नेता ही करे तो कैसे अपने समर्थकों में विश्वास प्राप्त करेगा कि वह अम्बेडकरवादी है और जात–पांत के आधार पर हो रहे भेदभाव को समाप्त करना चाहता है? मायावती जी बंगारू लक्ष्मण या राम विलास पासवान की सैद्धान्तिक रूप से जितनी भी आलोचना करें उसमें मैं हस्तक्षेप कतई नहीं करूंगा, परन्तु दलित समाज को जातियों में बांटेंगी तो हम किसी भी कीमत पर ऐसा नहीं होने देंगें।

इससे तो यही प्रतीत होता है कि सैद्धान्तिक रूप से सुश्री मायावती जी ने जमीन तैयार कर दी थी और उत्तर प्रदेश के मुख्यमंत्री राजनाथ सिंह जी

ने दलितों को दो भागों में बांटकर अमली जामा पहना दिया। आज दलित, अति दलित एवं दलित दो भागों में बंट गए हैं। भाजपा ने टिकटार्थियों की सूची जारी करते हुए यह संकेत दिया कि उसने 84 सुरक्षित सीटों में से 50 सीटों पर टिकट अति दलित को दिए। इस विभाजन के पहले चाहे भाजपा हो या कांग्रेस किसी ने स्पष्ट रूप से दलितों को विभाजित करके टिकट देने की कभी भी राजनीति नहीं की, यदि की भी है, तो लुके–छुपे रूप में। आर. एस.एस., विश्व हिन्दू परिषद एवं बजरंग दल जैसे संगठन जो भाजपा की जान हैं, मायावती जी को मन ही मन सराह रहे होंगें कि चलो भाजपा का काम मायावती जी की नीति ने कुछ आसान जरूर किया है।

जाति, पैसा, धर्म एवं बाहुबल के इस्तेमाल के बिना चुनाव की प्रक्रिया का पूर्ण होना इस देश में तो सम्भव ही नहीं है। आजादी के बाद एक लम्बे अर्से तक कांग्रेस इस फार्मूले पर गोपनीय ढंग से काम करती रही और वर्षों सत्ता का भी लाभ प्राप्त हुआ। अब इस फार्मूले को क्षेत्रीय एवं अन्य राजनैतिक पार्टियां भी इस्तेमाल करके कांग्रेस से भी आगे निकल रही हैं। सत्ता में चाहे जो आए विशेष परिवर्तन होने वाला नहीं है, चूंकि विकास एवं रोजमर्रा के मुद्दों पर भारत में कभी मुख्य रूप से चुनाव न हुआ है और न निकट भविष्य में होने के आसार हैं। कुछ पार्टियां जो यथास्थितिवादी हैं, उनका सत्ता में आने से दलित, पिछड़ों एवं अल्पसंख्यकों का भारी नुकसान हो सकता है। जब सामाजिक न्याय के नेता जैसे सुश्री मायावती ही जात–पांत फैलाने में तुले हैं, तो यथास्थितिवादी पार्टियों को सुनहरा मौका मिलता ही रहेगा। शिक्षा, योग्यता एवं ईमानदारी का उम्मीदवारी निर्धारण में खास महत्त्व नहीं है। जाति का समीकरण पहली प्रमुखता है। इसलिए उम्मीदवार बड़े ही नालायक एवं भ्रष्ट हों फिर भी जातीय समीकरण के नाते राजनैतिक पार्टियों के बनाए गए मापदण्ड में फिट होकर चुनाव लड़ने उतर रहे हैं। जातीय समीकरण भी पक्ष में रहे, अगर उम्मीदवार पैसा खर्च करने में पीछे हो गया तो भी मामला गड़बड़ा सकता है अतः कुछ न कुछ पैसे की आवश्यकता जरूर है। जाति समीकरण न भी रहे पक्ष में तो हिन्दू–मुसलमान का झगड़ा करा दिया जाए, तो भी मजे हैं और जीत करीब–करीब पक्की हो जाती है। जाति, धन एवं धर्म कमजोर पड़ जाए तो बाहुबल प्रभावशाली हो जाता है और कई स्थानों पर जीत भी सुनिश्चित हो जाती है। संक्षेप में चुनाव

की प्रक्रिया के उल्लेख से क्या कहीं देखने को झलकता है कि विकास, विज्ञान, बेरोजगारी, स्वास्थ्य एवं शिक्षा के मुद्दे उठाने वाले को क्या चुनाव में कोई मदद मिलने वाली है? वर्तमान सामाजिक परिप्रेक्ष्य में ऐसे लोगों की खास पूछ नहीं है।

भारत पाकिस्तान का झगड़ा सर्वविदित है, लेकिन इसकी समाप्ति का क्या हल है, क्या किसी ने सोचा? इस पर वही सही सोच सकता है, जो वर्तमान सामाजिक व्यवस्था को समाप्त करना चाहता हो। भारत वर्तमान में ही नहीं, बल्कि अतीत में भी दुनिया के अन्य देशों के मुकाबले लाचार और कमजोर रहा है, फिर भी तथाकथित शासक वर्ग एवं बुद्धिजीवियों ने कभी ईमानदारी से सोचा ही नहीं कि आखिर इस कमजोरी का क्या कारण है? अधिकतर समय यही कहा जाता रहा कि जिस देश में गंगा बहती है, उस देश का रहने वाला हूं, भारत सोने की चिड़िया थी, यहां की संस्कृति महान है आदि केवल इसी को अन्तिम सत्य के रूप में रखने वाले सच्चाई पर पर्दा डालते रहे। भारत पाकिस्तान की तुलना में कई गुना बड़ा है और प्रत्येक दृष्टिकोण से शक्तिशाली भी है। खनिज एवं ऊर्जा के मामले में भी यह देश अच्छी स्थिति में है। जहां तक जलवायु एवं मिट्टी की बात है, वह भी अच्छी ही है, फिर क्या बात है कि भारत कमजोर एवं लाचार बना रहता है? पाकिस्तान ने कारगिल में सेना घुसाई, देश के पास फौज से लेकर अन्य सूचना–तन्त्र विशाल होने के बाद घुसपैठ की जानकारी महीनों बाद लगी। इनको हटाने में अरबों रूपए खर्च हुए और हजारों भारतीयों की जानें भी गईं, फिर भी इसे देशवासियों ने बड़ी विजय के रूप में माना। अरे ! हमको अपनी ताकत पहचाननी होगी। पाकिस्तान जो अमेरिका के सहारे जिन्दा है, उसकी क्या मजाल कि जब चाहे भारत के साथ छेड़–छाड़ करे। पाकिस्तान को कठमुल्लाबाद या कट्टरवाद ने पीछे ढकेला है तो भारत को जातिवाद ने। हमें अपनी परवाह करनी है। इजरायल एक छोटा सा देश है, धार्मिक कट्टरवाद न होने एवं जातिविहीन समाज के कारण कई मुल्क उससे थर्राते हैं। इंग्लैंड की जनसंख्या एवं क्षेत्रफल हमारे देश की तुलना में कुछ भी नहीं है, फिर भी उन्होंने दुनिया भर में राज्य किया और आज भी उनका प्रभाव बना हुआ है।

जनतन्त्र को बिना मजबूत किए न तो आन्तरिक समस्याएं हल हो सकती हैं और न ही बाह्य। हमारा जनतन्त्र जाति, काला धन, साम्प्रदायिकता

एवं बाहुबल पर टिका हुआ है, तो ऐसी परिस्थिति में आखिर इसे मजबूत बनाएं तो कैसे बनाएं? यह अतिश्योक्ति नहीं होगी कि सबसे ज्यादा यदि आज हमें किसी बात की आवश्यकता है, तो स्वस्थ जनतन्त्र की। स्वस्थ जनतन्त्र बिना जातिविहीन समाज की स्थापना के बन ही नहीं सकता। अतः असली लड़ाई वर्णव्यवस्था को समाप्त करने की है। प्रश्न यह उठता है कि इस लड़ाई को अंजाम कौन दे? यह भी एक बहुत बड़ी समस्या है। मुसलमान सोचता है कि हिन्दू धर्म की जात–पांत से उसका क्या लेना–देना है। ईसाई स्वास्थ्य एवं शिक्षा के क्षेत्र के बाहर प्रभावशाली सिद्ध नहीं हो सकता। सिक्ख धर्म में भी जात–पांत का वर्चस्व है। आखिर कौन हैं वे लोग जो जनतन्त्र की खातिर सामाजिक व्यवस्था को दुरुस्त करने के लिए आगे आएंगें?

मध्यकाल के भारत में सूफी सन्तों ने यदा–कदा वर्णव्यवस्था के खिलाफ बोले और खड़े हुए, लेकिन वह वर्णव्यस्था को खत्म करने के लिए पर्याप्त नहीं था। अंग्रेजों के प्रभाव से कुछ जात–पांत में नर्माहट जरूर आई, लेकिन जब उन्होंने देखा कि सामाजिक सुधार उनके खिलाफ जा सकता है, तो उन्होंने भी शासन प्रशासन तक अपने को सीमित कर लिया। ज्योतिबा फुले, शाहूजी महाराज, पेरियार एवं डॉ॰ बी.आर. अम्बेडकर आदि ने प्रयास किया कि वर्णव्यवस्था समाप्त हो एवं मानव–मानव की पहचान जात–पांत के आधार पर न होकर मानव के आधार पर हो। डॉ॰ अम्बेडकर ने हिन्दू समाज में सुधार करने का बड़ा प्रयास किया और अन्त में जब उन्होंने देखा कि इसमें सुधार होने की कोई गुंजाइश नहीं है, तब उन्होंने फैसला लिया कि एक ऐसे वैकल्पिक विचार एवं धर्म की स्थापना की जाए, ज़िसमें जात–पांत न हो। इसी सोच के कारण उन्होंने 14 अक्टूबर, 1956 को नागपुर में लाखों अनुयायियों के साथ बौद्ध धर्म की दीक्षा लेकर देशवासियों को संदेश देने का प्रयास किया कि जब तक वर्णव्यवस्था है, तब तक देश का विकास सम्भव नहीं है।

गत् 4 नवम्बर को अनूसूचित जाति/जन जाति संगठनों का अखिल भारतीय परिसंघ एवं लॉर्ड बुद्धा क्लब की ओर से यह निर्णय लिया गया था कि उक्त दिन लगभग दस लाख लोग बौद्ध धर्म की दीक्षा लेकर देश में जातिविहीन समाज की स्थापना की जबर्दस्त शुरुआत करेंगें, लेकिन विश्व हिन्दू परिषद की दादागीरी के कारण भारत सरकार ने इसे यथोचित समय

एवं स्थान पर होने नहीं दिया। बड़ी मुश्किल से लोग अम्बेडकर भवन में एकत्रित होकर दीक्षा ले पाए। क्या यह देश का पुनर्सृजन करने का जबर्दस्त प्रयास नहीं था? सी.पी.आई.एम.एल., सी.पी.आई.एम., कांग्रेस एवं आर.पी. आई. ने भी इसकी भर्त्सना की, परन्तु दलित नेता सुश्री मायावती एवं राम विलास पासवान ने कोई निन्दा नहीं की। इन्होंने क्या संकेत दिया?

हाल में ही पाकिस्तान के जनरल परवेज मुशर्रफ ने मदरसों पर अंकुश लगाकर दुनिया के सामने अपनी नई तस्वीर पेश कर दी, उसके जवाब में हमारे देश के प्रधानमंत्री ने कौन सी ऐसी नजीर पेश की, जो सराहनीय हो। जब मुशर्रफ धार्मिक कट्टरवाद से लड़ सकते हैं तो क्या वाजपेयी जी जात–पांत के खिलाफ लड़ने का संकेत देकर नए समाज के सृजन की शुरुआत नहीं कर सकते? हाल ही में कई राज्यों के चुनाव हुए और उत्तर प्रदेश का चुनाव सबसे अहम था। यहां की प्रमुख चार राजनैतिक पार्टियों में से कोई भी नए समाज के निर्माण के मुद्दे को लेकर लोगों के बीच नहीं आई। जिस तरह से टिकट वितरित किए गए, उससे उम्मीद तो नहीं थी कि विकास एवं रोजमर्रा की बातों पर चुनाव केन्द्रित होता, फिर भी आशावान होना ही सेहत के लिए उचित प्रतीत होता है। अन्ततः दलित विभाजन भी देश के विकास को प्रभावित किए बिना नहीं रह सकता। यह जरूरी नहीं कि यह पुनीत कार्य केवल दलित ही करें बल्कि जो राष्ट्रभक्त हैं, इसका परिचय देने के लिए उन्हें आगे आना चाहिए।

---

1 अप्रैल, 2002 दैनिक जागरण स्वस्थ जनतंत्र से संभव है, जातिविहीन समाज

16

मायावती जी कृपया डॉ. अम्बेडकर को गलत कोट न करें

यह तो धरातल की सच्चाई है, कि डॉ. भीम राव अम्बेडकर विशेष तौर पर दलितों के लिए आदर्श और प्रेरणा के स्रोत बन गए हैं। उन्होंने कई मोर्चों पर लड़ाई लड़ी, लेकिन अहमियत जाति–पांति समाप्त करने को ही दी। जिस महापुरूष के संघर्ष का जो मूल सिद्धान्त होता है, उसी को उसके मानने वाले ध्यान में रखकर आन्दोलन करते हैं। डॉ. भीम राव अम्बेडकर की समझ में जाति–पांति पर आधारित भेदभाव एवं उत्पीड़न सबसे अधिक खतरनाक चीज न केवल दलितों के लिए, बल्कि पूरे राष्ट्र के लिए थी, इसीलिए उन्होंने हिन्दू धर्म को छोड़ने का आवाहन किया। यह भी सच्चाई है कि उन्होंने कहा, राजनैतिक सत्ता वह कुंजी है, जिससे विकास एवं प्रगति के सारे ताले खुल जाते हैं, अर्थात् तमाम समस्याओं का निराकरण इससे सम्भव है।

बहुजन समाज पार्टी के आन्दोलन की शुरुआत ही राजनैतिक सत्ता हासिल करने की थी और इस मामले में श्री कांशी राम एवं सुश्री मायावती जी बड़े ही स्पष्ट दृष्टा रहे हैं। हालांकि बहुजन समाज पार्टी के आन्दोलन में कुछ ऐसे मोड़ आए, जैसे शुरू में उन्होंने बौद्ध धम्म की वकालत की परन्तु वे मोड़ अपने अस्तित्व को बनाए नहीं रख सके और अन्त में पूरा आन्दोलन राजनीति की राह पर सरपट दौड़ लगा गया। हाल में रामलीला मैदान,

दिल्ली में मायावती जी का भव्य स्वागत हुआ और उन्होंने बार–बार अपने भाषण में अपने समर्थकों को नसीहत देने की कोशिश की कि उनका भाजपा से समझौता उचित इसलिए है कि बाबा साहेब ने कहा था कि राजनैतिक सत्ता मास्टर कुन्जी है। ऐसा उन्होंने इसलिए कहा, ताकि भाजपा से समझौते को उचित अमलीजामा पहनाने में डॉ॰ अम्बेडकर का सहारा ले सकें। वास्तव में यह आन्दोलन ही मूलतः डॉ॰ अम्बेडकर के सिद्धान्तों को केन्द्र बिन्दु मानकर शुरू हुआ था। गुजरात में हुए खुलेआम कत्लेआम एवं नरसंहार की वारदातों के ऊपर भी चुप्पी साध लेना क्या किसी भी मापदण्ड में बाबा साहेब का कोई यथोचित सिद्धान्त हो सकता है? दलित सोच रहे होंगें कि जो मायावती जी कह रही हैं, वही असली सिद्धान्त डॉ॰ अम्बेडकर के रहे होंगें, लेकिन ऐसा है नहीं, इसीलिए इस भ्रान्ति को दूर करना अतिआवश्यक है।

देखा जाए तो डॉ॰ अम्बेडकर तथागत गौतम बुद्ध के बाद पहले ऐसी सामाजिक क्रांति के योद्धा हैं, जो हिन्दू धर्म के विरूद्ध चट्टान की तरह खड़े रहे। वैसे मध्य काल एवं आधुनिक काल में भारत में बहुत समाज सुधारक हुए और उनकी नीयत एवं सोच पर सन्देह नहीं किया जा सकता कि वे मानव कल्याण नहीं चाहते थे, परन्तु उन्होंने हिन्दू धर्म का विकल्प नहीं दिया। डॉ॰ अम्बेडकर की सोच यही थी कि राजनैतिक सत्ता एक मजबूत अस्त्र होगा, जिससे जाति–पांति को ध्वस्त किया जा सकता है। मायावती जी को बता देना जरूरी है कि जिस सत्ता को उन्होंने प्राप्त किया है, उससे जाति–पांति कमजोर होने की बजाय मजबूत ही होगी, क्योंकि संघ परिवार सामाजिक यथास्थितिवाद का पक्षधर है। एक आम दलित के लिए राजनैतिक सत्ता उसके सम्मान, अधिकार जैसे आरक्षण इत्यादि माध्यम हैं। इसके विपरीत बहुजन समाज पार्टी ने न तो संविधान बचाने और न ही कार्मिक एवं प्रशिक्षण विभाग द्वारा जारी किए गए मुद्दों पर संघर्ष करते हुए राजनैतिक सत्ता प्राप्त करने की बात की। जब अनुसूचित जाति/जन जाति संगठनों का अखिल भारतीय परिसंघ ने इस मुद्दे के ऊपर जबर्दस्त संघर्ष शुरू किया, तो मायावती जी ने कभी परोक्ष रूप से तो कभी प्रत्यक्ष रूप से इस आन्दोलन की आलोचना ही की। परिसंघ ने अपने आन्दोलन एक के बाद दूसरे अर्थात्

क्रमबद्ध रूप से लड़े, जैसे–आरक्षण बचाओ, बाद में संविधान बचाओ और बौद्ध धर्म का प्रचार–प्रसार। इसके भावी मुद्दों में निजी क्षेत्र में आरक्षण जैसी बातें हैं, जो बसपा के आन्दोलन में देखने को नहीं मिलतीं। उच्च न्यायपालिका आरक्षण समाप्त करने पर तो तुली ही है। भाजपा से हाथ मिलाकर उत्तर प्रदेश में सरकार तो बना ली, लेकिन केन्द्र सरकार की भूमण्डलीकरण एवं उदारीकरण की नीति के कारण आरक्षण समाप्त हो रहा है और बेरोजगारी भी बढ़ रही है। सरकारी कम्पनियों एवं विभागों को जिस तरह से औने–पौने दामों में बेचा जा रहा है, उससे भारतीय अर्थतन्त्र तो दिवालिया होता ही जा रहा है, साथ–साथ आरक्षण भी समाप्त हो रहा है। क्या मायावती जी की सत्ता की कुन्जी इस परिस्थिति में दलितों के लिए कोई दरवाजा खोल सकती है?

हाल में ही सरकार ने भारतीय संविधान की समीक्षा का प्रारूप जाहिर कर दिया और इसके पीछे बाबा साहेब द्वारा निर्मित संविधान को समाप्त करने के अलावा कुछ भी नहीं लगता। वर्तमान संविधान ही है, जिससे दलितों को आरक्षण मिला है और सामाजिक तौर पर हो रहे भेदभाव के ऊपर तमाम उपाय निहित हैं। बहुजन समाज पार्टी ने ऐसे जीने–मरने वाले मुद्दे के ऊपर कभी कुछ नहीं किया, इससे दलित तो प्रभावित होंगें ही, लेकिन पूरा राष्ट्र कमजोर होगा। भाजपा के साथ गठजोड़ करने से गरीबों और दलितों के अधिकार तेजी से छिनेंगें। आज भारत का प्रधानमंत्री दलित हो भी जाए, तो जो देन आरक्षण की है, उसका कोई मुकाबला नहीं है। इसी से अन्दाजा लगाया जा सकता है कि दलित समाज के लिए आरक्षण कितना महत्त्व रखता है। यह आरक्षण ही है, जिसकी वजह से चालीस लाख से अधिक दलितों की आर्थिक स्थिति कुछ सुदृढ़ तो हुई ही, उनको सम्मान भी मिला। क्या मायावती जी की मास्टर कुन्जी डॉ॰ अम्बेडकर के द्वारा निर्मित संविधान को नष्ट करने में भाजपा को मदद नहीं कर रही है?

राजग के घटक, जेडीयू, टीएमसी, टीडीपी, एवं कुछ भाजपा के नेताओं ने भी श्री नरेन्द्र मोदी की आलोचना की, लेकिन बसपा फिर भी चुप रही। पंजाब, उत्तरांचल एवं उत्तर प्रदेश में चुनाव हार जाने के बाद भाजपा ने पुनः

अपने पुराने कार्यक्रम को जिन्दा करके सत्ता में आने की सोच बनाई है। यह सम्भव है कि भाजपा नेता संशय के दौर से गुजर रहे हों, लेकिन गुजरात के मुख्यमंत्री नरेन्द्र मोदी ने उसको एक झटके में ही समाप्त करते हुए पुराने एजेण्डे को जिन्दा कर दिया। इस एजेण्डे को जिन्दा करने के लिए मुसलमानों का कत्ल, बलात्कार, उनके घर, खेत, एवं सम्पत्ति को नष्ट करके ही यह सम्भव हुआ। मुसलमानों की संख्या आन्ध्र प्रदेश में अच्छी होने के कारण जब तेलगूदेशम के ऊपर दबाव बढ़ने लगा तो चन्द्र बाबू नायडू को भी नरेन्द्र मोदी जी के खिलाफ बोलना पड़ा। वास्तव में राजग के तमाम घटक निकलना तो चाहते हैं, किन्तु अवसर नहीं उपलब्ध है और जब कभी ऐसा मौका मिलेगा तो वे निकल भी जाएंगें। तेलगू देशम पार्टी सोच ही रही थी कि राजग का साथ छोड़ दे और उसी दिन अर्थात् 14 अप्रैल, 2002 को कांशी राम जी का बयान आ गया कि यदि तेलगूदेशम पार्टी भाजपा का साथ छोड़ती है, तो बसपा बिना शर्त समर्थन देने के लिए तैयार है। इससे संघ परिवार को राहत मिल गई और उन्होंने पुनः गुजरात में हिंसा, अफवाह और घृणा फैलाने का काम शुरू कर दिया और दलितों को मुसलमानों से लड़ाना भी। मायावती जी की मास्टर कुन्जी ने तो जाति–पांति समाप्त करने के बजाय, उसको और भी मजबूती देने का काम किया है।

जब राष्ट्रपति चुनाव पर चर्चा जोरों पर थी और महामहिम के.आर. नारायणन् जी के मुकाबले कोई उम्मीदवार नहीं मिल पा रहा था, तो ऐसी स्थिति में भी बसपा ने माननीय नारायणन् जी को समर्थन नहीं करने का ऐलान सबसे पहले किया, यह कहते हुए कि जो संघ परिवार का उम्मीदवार होगा, उसी को उसका समर्थन होगा। उसके बाद में भाजपा को इतना बड़ा मनोबल मिल गया कि वह महामहिम नारायणन् जी को दुबारा राष्ट्रपति न बनाने में कामयाब सिद्ध हो गई। ऐसा भी समय आया था, जबकि माननीय नारायणन् जी को दुबारा राष्ट्रपति बनने का शुभ अवसर लगभग आ ही गया था, परन्तु बसपा के उक्त निर्णय से एकाएक झटका लगा और अन्त में समीकरण बिगड़ गया। उपराष्ट्रपति का चुनाव हो रहा है, उसमें भी बसपा ने ऐसा ही किया, जिससे पुनः भाजपा को एक ऐसे संघ परिवार के

उम्मीदवार को खड़ा करने में मदद मिली, जिसके शासनकाल में जयपुर हाईकोर्ट के प्रांगण में 'मनु की मूर्ति' की स्थापना हुई और सती होने की परम्परा को और भी मजबूत बनाया गया। क्या डॉ॰ अम्बेडकर ऐसी ही सत्ता चाहते थे, जिससे दलितों का ही नुकसान हो? डॉ॰ अम्बेडकर के लेख एवं भाषणों में यह खोजने की कोशिश की गई कि क्या उन्होंने कहीं पर भी यह सोचा या लिखा है कि सत्ता को प्राप्त करो चाहे, उससे फासीवादी ताकतें ही क्यों न मजबूत हों, लेकिन ऐसा देखा न जा सका। अतः यह कहा जाए कि यह सबकुछ बसपा के कुछ चन्द नेताओं के लिए है, न कि डॉ॰ अम्बेडकर के सिद्धान्तों के लिए। दूसरों का क्या अधिकार कि वे बसपा को रोंकें या सुझाव दें कि वह भाजपा से समझौता न करे। लेकिन एतराज है तो इस बात पर कि मायावती जी डॉ॰ अम्बेडकर को गलत जगह पर गलत रूप से इस्तेमाल या उद्धृत कर रही हैं। इससे लाखों दलित भ्रमित हो रहे हैं और मायावती जी की इस नासमझी को वे डॉ॰ अम्बेडकर के सिद्धान्त को मानने की भूल कर रहे हैं। कृपया मायावती जी डॉ॰ अम्बेडकर को गलत उद्धृत न करें।

दलित डॉ॰ अम्बेडकर को अपना मसीहा मानते हैं और जो भी उनकी आड़ में गलत या अपने स्वार्थ में कोई भी कृत्य करता है, उससे डॉ॰ अम्बेडकर के सिद्धान्तों पर गहरी चोट पड़ती है। क्या पूरब और पश्चिम को कभी मिलाया जा सकता है? बसपा ने ही कहा था, ''तिलक, तराजू और तलवार, इनको मारो जूते चार'।' इससे दलित, गरीब एवं अल्पसंख्यक भावनावश या जो भी कारण हों, बसपा से बड़े पैमाने पर जुड़ गए। इसमें दो राय नहीं है कि इससे जनचेतना पैदा हुई थी। इसमें भी सन्देह नहीं है कि मायावती जी जब उ॰प्र॰ की मुख्यमंत्री रही हैं, तो दलित कर्मियों की बेहतर पोस्टिंग, तमाम कल्याणकारी योजनाओं का लागू होना और दलित उत्पीड़न में कमी होना स्वाभाविक ही है। वहां के लोगों का मनोबल भी ऊंचा होगा, लेकिन इसके बदले में कीमत क्या चुकानी पड़ रही है, वह जानना और समझना भी बहुत जरूरी है? जितने दिन भाजपा का शासन केन्द्र में है आर्थिक लूट चाहे विनिवेश के माध्यम से हो या अन्य प्रकार से जारी ही

रहेगी। इससे देश तो खोखला होगा ही साथ ही साथ आरक्षण भी समाप्त हो जाएगा। इसके बदले में कीमत यह चुकानी पड़ेगी कि आरक्षण पूरे देश में समाप्त हो जाएगा। अतः पूरे देश के दलितों का अधिकार समाप्त हो जाएगा और उसमें उ॰प्र॰ के भी दलित होंगें। यहां मायावती जी को याद दिलाना जरूरी है कि उन्होंने अत्याचार निवारण अधिनियम 1989 में एक भारी संशोधन करते हुए यह कहा कि यह कानून केवल बलात्कार एवं मृत्यु के मामले में इस्तेमाल हो सकता है। बलात्कार एवं मृत्यु के मामलो की वैसे भी इंडियन् पेनल कोट (भारतीय दंड संहिता) के तहत ही कार्यवाही होती है। अतः जो केन्द्र सरकार ने कानून बनाया उसको दलित मुख्यमंत्री मायावती जी ने लागू करने के बजाए, लगभग खत्म कर दिया। भाजपा की कुछ राज्य सरकारें भी इस तरह से इस कानून को संशोधित नहीं कर सकीं और न ही करने का अधिकार रखती हैं, क्योंकि केन्द्र सरकार के द्वारा बनाए गए कानून को राज्य सरकार बदल नहीं सकती। मायावती जी आपकी मास्टर कुन्जी कैसी है, जो दलितों की प्रगति के ही दरवाजे बन्द करती है? निश्चित तौर से यह आपकी अपनी मास्टर कुन्जी होगी, परन्तु यह मास्टर कुन्जी डॉ॰ अम्बेडकर की नहीं हो सकती।

---

8 अगस्त, 2002 राष्ट्रीय सहारा अम्बेडकर के विचारों की भ्रामक व्याख्या

17

निजीकरण की क्रूरता

भारतीय राज्य का चरित्र अभी भी कल्याणकारी है और निकट भविष्य में भी रहेगा। एक समय था कि यूरोप के ज्यादातर राज्य अथवा सरकारें कल्याणकारी थी और दुनिया के अन्य देश भी इसी होड़ में थे। यूरोप एवं अमेरिका उस परिस्थिति से गुजर चुके अर्थात् उन्होंने लगभग सबका कल्याण कर दिया। उस समय भारत के पास संसाधनों की कमी थी और चाहते हुए भी यह उन देशों जैसी कल्याणकारी सरकारें नहीं दे सका। आजादी में शरीक लगभग सभी प्रमुख नेताओं की सोच समाजवाद और साम्यवाद से प्रभावित रही है। गुरू गोल वालकर, वीर सावरकर एवं आर.एस.एस. जैसे लोगों की सोच उस समय वैसी नहीं थी, जैसे नेहरू जी एवं गांधी जी या उस समय के बुद्धिजीवी एवं भारत में आजादी की लड़ाई में शामिल होने वालों की। जाहिर सी बात है कि यूरोपीय देश 18वीं और 19वीं सदी में औद्योगिक क्रांति कर चुके थे, जो आज भी हम नहीं कर पाएं हैं। जिन परिस्थितियों से अमेरिका और यूरोप के देश गुजर चुके हैं, उन परिस्थितियों से भारत अभी भी नहीं गुजर पाया है, लेकिन वाजपेयी जी की सरकार जबर्दस्त रूप से भारत के राज्य को वहां के राज्यों के अनुरूप ढालने का पूरा प्रयास कर रही है, चाहे इससे देश टूट जाए, हम अधिक गरीब हो जाएं या कोई भी कीमत देश को चुकानी पड़े। कौन नहीं जानता कि भारत आज भी कृषि प्रधान देश है और यह बात 16वीं या 17वीं शताब्दी के यूरोप के देशों के लिए सत्यार्थ है। परिस्थितियां भिन्न हों और फिर भी अंधी नकल की जाए तो निश्चित ही इसकी कीमत देश को चुकानी पड़ेगी।

नरसिंहराव जी के प्रधानमंत्री काल के समय डॉ मनमोहन सिंह वित्त मंत्री थे। अर्थशास्त्र के सिद्धान्त को वे अच्छी तरह समझने वाले थे। इनका चश्मा यूरोप के अर्थशास्त्री जैसा था। भारत सरकार के वित्तमंत्री होते हुए व्यवहार यूरोपीय देश की सरकारों के वित्तमंत्रियों जैसा किया। उन्होंने उदारीकरण की शुरुआत की। नरसिंह राव जी छुपे हुए तरीके से गरीबों एवं दलितों के विरोधी थे ही अतः इनका आशीर्वाद मनमोहन सिंह जी को मिलता रहा।

उसके बाद श्री अटल बिहारी वाजपेयी प्रधानमंत्री हुए और उनके काबिल वित्तमंत्री श्री यशवन्त सिंह ने मनमोहन सिंह जी की नीति को और व्यापक स्तर पर लागू करना शुरू कर दिया। बजट पेश करते वक्त बड़े हंगामें के साथ उन्होंने कहा कि बारह हजार करोड़ रूपये की आय भारतीय अर्थतन्त्र को सरकारी कम्पनियों से शेयरों के विनिवेश से होगी। वास्तव में बजट के भूलभुलैया को अच्छे–अच्छे लोग नहीं समझ पाते, इसलिए इस बारह हजार करोड़ का खेल भी लोग नहीं समझ पाए। श्रीमान वाजपेयी जी ने कहा भी है कि आज का दौर प्रतिस्पर्धा का दौर है और जो आगे जा सके जाए। वे यह भी कहते रहते हैं कि हम भूमण्डलीकरण के दौर से गुजर रहे हैं अतः हमें खुला खेल खेलना चाहिए। कुल मिलाकर वित्तमंत्रालय नौकरशाहों एवं भारतीय पूंजीपतियों का एक जबर्दस्त गिरोह बन गया है, जो व्यक्तिगत फायदे के लिए भूमण्डलीकरण का बहाना हो या अन्य बहाने से भारतीय अर्थतन्त्र को कुछ निजी लोगों के नियंत्रण में सौंप रहे हैं। 5 फरवरी, 2002 को भारतीय संचार निगम लि. को टाटा के हाथों बेच दिया, यह कहते हुए कि सरकार को इस बिक्री से 1439.25 करोड़ रूपये प्राप्त होंगें। भारतीय अर्थतन्त्र के ढांचे को देखा जाए तो बारह हजार करोड़ रूपये कोई माने ही नहीं रखता। दलितों एवं गरीबों के सबसे बड़े दुश्मन श्री अरुण शौरी जी को विनिवेश मंत्री इसलिए बनाया गया कि वे जल्दी से जल्दी सरकारी कम्पनियों को देशी या विदेशी पूंजीपतियों को बेच सकें। जो भी लोग गरीबों के प्रति सहानुभूति रखते हैं उन्हें इस षड्यन्त्र का आभास है। महामहिम राष्ट्रपति श्री के.आर. नारायणन जी गरीबों एवं देश के शुभचिन्तक होने के नाते इस खतरे से अवगत हैं और तभी उन्होंने 26 जनवरी, 2002 की पूर्व संध्यां पर अपने भाषण में इस बात का उल्लेख किया कि निजीसंस्थानों एवं उद्योगों को गरीबों के प्रति जिम्मेदारी निभानी चाहिए। इस बात से श्री अरुण शौरी जी बड़े दुखी हुए होंगें, परन्तु कुछ बोल नहीं सकते।

प्रश्न यह उठता है कि हमारे सरकारी कारखाने या विभाग अच्छे नतीजे क्यों नहीं दे पा रहे हैं। यही आज विनिवेश का आधार बन गया है। शुरू से ही सरकार की गलती रही है कि जिन अधिकारियों को इन उपक्रमों एवं विभागों को चलाने की जिम्मेदारी थी, उन्हें जिम्मेदार क्यों नहीं बनाया गया कि यदि दक्षता या नतीजे ठीक नहीं हुए तो यह उनकी जिम्मेदारी होगी। सरकार को गुण्डे एवं दलाल किस्म के मजदूर नेताओं के ऊपर भी अंकुश लगाना चाहिए था। सैकड़ों अर्द्धसरकारी कारखानों की सम्पत्तियां अरबों में हैं। जिन–जिन लोगों ने प्रशासन एवं उत्पादन का कार्य देखा या देख रहे हैं, उन्होंने जमकर लूटा। सिफारिशी लोगों की तैनाती हुई। मंत्रियों की हमेशा मिलीभगत रही है। आखिर जब यही कारखाने निजी लोगों के हाथों में सौंप दिए जाते हैं, तो क्यों मुनाफा कमाने लगते हैं? सरकारी उपक्रमों से अधिक सुविधा निजी कम्पनियों को कभी मिल ही नहीं सकती। इनकम टैक्स, सेल टैक्स एवं एक्साइज विभाग आदि का सरकारी संयंत्रों पर कोई प्रकोप भी नहीं होता। विद्युत विभाग भी दूर ही रहता है, गुण्डे एवं राजनैतिक लोग भी कुछ पाने की फिराक में कभी नहीं रहते। सरकारी कारखाने होने के कारण लगभग सारी अड़चने समाप्त रहती हैं, लेकिन ऐसा अच्छा माहौल निजी उद्योगों को नहीं होता, फिर भी वे मुनाफे में हैं। जब ये उद्योग या विभाग सरकारी कर्मचारियों के द्वारा संचालित होते हैं तो घाटा होता है और निजी लोगों के हाथ में होता है तो मुनाफा अर्थात् गड़बड़ी है तो प्रबन्धन की। एक प्रशासनिक सेवा के अधिकारी को विद्युत निर्माण या खाद बनाने वाले संयंत्र को जिम्मेदारी देना भी कैसे उचित है? कुल मिलाकर दोष सरकारी नीति का हो, तो सरकार और गरीब क्यों मरें? जब अधिक से अधिक विभाग एवं उपक्रम सरकार के अधीन नहीं रहेंगें, तो इससे सरकार भी कमजोर होगी और कल्याणकारी योजनाएं भी। निजी उद्योगों को क्या पड़ी है कि वे गरीबों की भलाई के लिए सामाजिक जिम्मेदारी वहन करें। वास्तव में इस समय देश में गरीबों एवं महिलाओं के खिलाफ साजिश चल रही है। सरकार ने पिछले वर्ष छत्तीसगढ़ स्थित बाल्को कम्पनी को औने–पौने भाव में बेच दिया, जबकि यह कम्पनी सौ करोड़ से अधिक मुनाफा दे रही थी।

बारह हजार करोड़ रूपये का खेल समझ में नहीं आता। लगभग दो तिहाई धन जिस देश में काला हो, तो इसका क्या वजूद? आयकर विभाग लगभग अस्सी हजार करोड़ रूपये का योगदान भारतीय अर्थव्यवस्था को देता है, जबकि इसे बहुत बड़ा स्रोत नहीं माना जाता। यदि एक तिहाई काले

धन को और सफेद कर लिया जाए, तो लगभग अस्सी हजार करोड़ रूपये तो आयकर से ही प्राप्त हो जाएगा और इसका प्रभाव उत्पादन शुल्क, विक्रीकर शुल्क एवं विद्युत के ऊपर भी पड़ेगा। यहां पर बारह हजार करोड़ रूपये का मकड़जाल समझ में आ जाता है। वास्तव में आरक्षण समाप्त करने की यह मुहिम है, जिसके नेता अरुण शौरी जी हैं। इस समय लगभग 56 लाख लोग मोबाइल फोन इस्तेमाल कर रहे हैं, जबकि मात्र 16 लाख लोग ही पंजीकृत हैं। इससे भी अंदाजा लगा सकते हैं कि भारत में कितना अधिक काला धन है। यदि सरकार मोबाइल फोन इस्तेमाल करने वाले लोगों से भी कर वसूल नहीं कर सकती, तो क्या कर सकती है? दिल्ली सरकार का काम लगभग आधा सुप्रीम कोर्ट एवं हाई कोर्ट ही चलाते हैं, इसी से अनुमान लगाया जा सकता है कि सरकार कितनी अधिक दक्ष है।

इस गणित को समझना आसान बात नहीं है, क्योंकि मीडिया का भी कुछ हद तक समर्थन है। तथाकथित शहरी बुद्धिजीवियों का भी समर्थन है। भूमण्डलीकरण की धौंस भी इसमें शामिल है। सब्जबाग भी दिखाया जा रहा है कि उदारीकरण से हम लोग आगे निकलेंगें। अमेरिका ने लैटिन अमरीका के तमाम देशों और खासतौर से वेनेजुएला को ऐसे सब्जबाग दिखाए थे और अन्त में वहां का अर्थतन्त्र कमजोर हो गया और वेनेजुएला का अर्थतन्त्र ही चरमरा गया। एक कारण यह भी है कि देशी या विदेशी पूंजीपतियों से चुनाव में पार्टी चलाने के लिए राजनैतिक पार्टियों को पैसे मिलते हैं। उड़ीसा में परादीप फास्फेट लि. अर्द्धसरकारी कारखाना लगभग बन्दी के कगार पर है। सरकारी मापदण्ड के अनुसार ऐसे कारखाने कम से कम दो वर्ष से कम समय में नहीं लगने चाहिए, लेकिन ओसवाल ग्रुप ने लगभग एक साल में ही कारखाना चलाना शुरू कर दिया है और इस निजी उद्योग में जो सुरक्षा एवं अन्य एहतियात बरतना चाहिए, भी नहीं बरता गया। नौकरशाहों एवं राजनैतिक लोगों की साजिश से ही ऐसा हुआ है। परादीप फास्फेट लि. के कर्मचारियों ने बताया कि ओसवाल क्षमता से अधिक उत्पादन दिखाकर सरकार से करोड़ों रूपये की सब्सिडी ले रहा है। जनसत्ता के प्रथम पृष्ठ पर एक रिपोर्ट छपी जिसमें यह लिखा था कि लगभग पांच हजार करोड़ का चूना निजी खाद बनाने वाली कम्पनियों ने सरकार को लगा दिया और उसके बाद सरकार ने भी उसका खण्डन नहीं किया।

वर्तमान सरकार आर.एस.एस. एवं विश्व हिन्दू परिषद जैसे संगठनों की समर्थित सरकार है। ये तत्व दलित एवं गरीब विरोधी तो हैं ही। अनुसूचित

जाति/जन जाति संगठनो का अखिल भारतीय परिसंघ एवं लॉर्ड बुद्धा क्लब की ओर से लाखों लोगों को 4 नवम्बर, 2001 को बौद्ध धर्म की दीक्षा का कार्यक्रम जातिविहीन समाज की स्थापना के लिए, जब राम लीला मैदान पर आयोजित किया जा रहा था तो विश्व हिन्दू परिषद ने इसका विरोध करके राम लीला मैदान की अनुमति रद्द करा दी, वही विश्व हिन्दू परिषद केवल धार्मिक उन्माद फैलाने एवं साम्प्रदायवाद पैदा करने के लिए सन्त चेतावनी रैली निकाली, जिसका समापन राम लीला मैदान दिल्ली में हुआ। इतना ही नहीं प्रधानमंत्री एवं गृहमंत्री ने इनका गर्मजोशी से स्वागत किया। निजीकरण करने के पीछे आरक्षण समाप्त करना बहुत बड़ा कारण है। ताकि दलित पुनः पुरानी स्थिति में पहुंच जाएं।

भूमण्डलीकरण से नौकरशाहों, पूंजीपतियों एवं राजनैतिक लोगों को अपना काला धन देश के बाहर ले जाने में आसानी होगी। बड़े–बड़े संयन्त्रों को ये अपने काले धन, जो हवाला के द्वारा बाहर जा चुका है, विदेशी पूंजी विनिवेश के रूप में लगा सकेंगें। भारत में एक ऐसा तबका पैदा हो गया है जो अपने बच्चों को यूरोप एवं अमेरिका में स्थापित करने में सबसे अधिक रुचि रखता है। जाहिर है कि ऐसे लोगों की देशभक्ति की भावना संदेहात्मक ही होगी । हाल में सरकार ने दो देश की नागरिकता पर विचार करके ऐसे लोगों का स्वार्थ और भी सिद्ध कर दिया है। ये लोग इस देश के भी नागरिक होंगें और अमेरिका के भी और जो देश इनके हित में होगा उसी के वफादार हो जाएंगें। हजारों लोगों के पैसे स्विटजरलैंड बैंक से लेकर दुनिया के तमाम बैंकों में जमा है और उस पैसे का यदि विदेशी विनिवेश के रूप में करें भी तो, इस देश में साधन और ऐय्यासी इतनी उपयुक्त नहीं है कि इनके स्तर का जीवन हो पाए। इन लोगों को भारत के शहरों को रहने लायक बनाने के लिए शहरों से झुग्गी–झोपड़ियों को समाप्त करना होगा। सुन्दर सड़कें, मकान एवं होटल इत्यादि होने चाहिए। सरकारी नियंत्रण से अधिक से अधिक चीजें निकलकर इनके नियंत्रण में हो जाएं ताकि मुनाफा होता जाए। जो विदेशों की सैर कर चुके हों, उनके लिए भारत के शहर अभी भी सैर–सपाटे के लिए उपयुक्त नहीं हो पाए हैं।

यदि हम निजीकरण या अधिक से अधिक उद्योगों के निजी क्षेत्रों की तुलना भारत एवं यूरोप से करें, तो समझ पाएंगें कि जिस गति से निजीकरण एवं उदारीकरण भारत में हो रहा है, वह अन्ततः देश के लिए खतरनाक सिद्ध होगा। यूरोप एवं अमेरिका के देशों में लगभग सबकुछ निजी क्षेत्र में होते हुए

भी वहां के लगभग सभी लोगों को रोजगार उपलब्ध है। जिन सरकारी विभागों एवं कारखानों में आज लाखों की संख्या में मजदूर एवं कर्मचारी कार्यरत् हैं, निजीकरण के बाद इनकी संख्या घटकर हजारों में पहुंच जाएगी। स्पष्ट है कि इससे बेरोजगारी बढ़ेगी। भारत के पूंजीपति एवं व्यवसायी अधिक से अधिक कर चोरी करने में विश्वास करते हैं, जबकि यूरोपीय देशों में नहीं के बराबर ऐसे लोग हैं। मान लिया जाए कि सबकुछ निजी क्षेत्र में भारत में भी कर दिया जाए, तो क्या ये लोगों को रोजगार देंगें? क्या ये लोग सरकार को ईमानदारी से कर अदा कर सकेगें? जिससे सरकार विकास एवं बेरोजगारी भत्ता जैसी जिम्मेदारियों का निर्वाह कर सके। क्या अपने देश के प्रति ये वफादारी जता सकेगें? यूरोप एवं अमेरिका की तर्ज पर यदि यहां सबको रोजगार उपलब्ध हो जाए, तब निजीकरण का विरोध शायद ही कोई करेगा। इसलिए भिन्न परिस्थितियों में हमें आंख बन्द करके पाश्चात्य देशों की नकल नहीं करनी चाहिए।

कभी–कभी ताज्जुब भी होता है कि भारत की कम्युनिस्ट एवं समाजवादी पार्टियां इस गरीब विरोधी नीतियों का मुंहतोड़ जवाब देने के लिए सड़क पर आकर कोई आन्दोलन नहीं चलाया। इससे लगता है कि ऐसी शक्तियां कमजोर हुई हैं या इनकी सोच में दिवालियापन आया है। लगभग ऐसी ही स्थिति दलित संगठनों की भी है। अनुसूचित जाति / जन जाति संगठनों का अखिल भारतीय परिसंघ ही एकमात्र दलित संगठन रह गया है, जो आरक्षण एवं संविधान बचाने की लड़ाई लड़ रहा है। निजी क्षेत्र में भी आरक्षण की लड़ाई जारी है। सामाजिक कुरीतियों एवं जातिवाद के विरूद्ध बौद्ध धर्म के द्वारा लड़ाई लड़ी ही जा रही है। वर्तमान शासकों को भी यह चेतावनी दी जा रही है कि यदि उनकी नीतियों में तब्दीली नहीं आई, तो उन्हें इसकी कीमत चुकानी पड़ेगी अतः उदारीकरण या निजीकरण कुछ लोगों को छोड़कर देश और आम जनता के विरूद्ध क्रूर हथियार है।

---

19 अगस्त, 2002 जनसत्ता निजीकरण की क्रूरता

18

कांशी राम जी का धर्म

कांशी राम जी जब पूना में कार्यरत् थे, तो उनकी महाराष्ट्र के कुछ अम्बेडकरवादियों से मुलाकात हुई और शायद वे पहले लोगों में से थे, जिन्होंने डॉ॰ अम्बेडकर के बारे में इन्हें बताया। जिन्होंने डॉ॰ अम्बेडकर के बारे में सिखाया और बताया, वे तो कुछ खास कर नहीं पाए, लेकिन कांशी राम जी अवश्य एक लम्बी यात्रा तय कर गए। चूंकि उनका आन्दोलन महाराष्ट्र से शुरू हुआ, इसलिए बुद्ध धर्म की बात करना उस समय स्वाभाविक था। अपने आन्दोलन की शुरूआत में इन्होंने बुद्धिस्ट रिसर्च सेन्टर की भी स्थापना की। बामसेफ और डी.एस.–4 तो थे ही, लेकिन बुद्धिस्ट रिसर्च सेन्टर के द्वारा अम्बेडकरवादियों का विशेष ध्यान आकर्षित करना चाहा। जैसे–जैसे आन्दोलन बढ़ता गया, बुद्धिस्ट रिसर्च सेन्टर का अस्तित्व समाप्त होता गया और आज उसका कोई नामोनिशान नहीं है।

उनके पूरे आन्दोलन को यदि दूर से देखा जाए, तो लगता है कि सामाजिक एवं सांस्कृतिक क्रांति से ओत–प्रोत है, किन्तु आन्दोलन के परिणाम के नतीजे बताने लगे हैं कि ऐसा खास असर समाज में नहीं है। राजनैतिक क्षेत्र में जरूर उसने एक महत्त्वपूर्ण स्थान बना लिया। शायद आजादी के बाद कांशीराम जी ही हैं, जिन्होंने अपने बलबूते पर राष्ट्रीय पार्टी का निर्माण किया। राजनैतिक रूप से इन्हें सफल योद्धा मानना कोई अतिशयोक्ति नहीं होगी, परन्तु दूसरे क्षेत्रों में इनके योगदान पर प्रश्नचिन्ह

जरूर लग गए हैं। यह पता लगाना अति कठिन काम है कि कांशी राम जी अपना आदर्श और सिद्धान्त किसको मानते हैं। इनके एक पुराने साथी राम समुझ जी का कहना है कि वे हिटलर और मुसोलिनी से भी प्रभावित हैं। हिटलर और मुसोलिनी के बारे में साहित्य पढ़ना यह तो नहीं पुष्टि करता कि वह व्यक्ति इनको अपना आदर्श मानता है। यह भी सच्चाई है कि किसी विशेष सिद्धान्त या व्यक्ति को प्रत्यक्ष रूप से आदर्श मानकर काम करना जरूरी नहीं है। कांशी राम जी के तमाम समर्थकों को पहले भी और अब भी यही जानकारी है कि वे डॉ॰ अम्बेडकर को अपना आदर्श मानते हैं। चण्डीगढ़ में कभी उन्होंने यह भी कहा था, ''दलितों ! जो डॉ॰ अम्बेडकर तुम्हें न दे सके, उसे मैं दिलाऊंगा।'' इस पर तीखी प्रतिक्रिया होना शुरू हुई। इसके बाद इन्होंने ऐसा कहना बन्द कर दिया। इनके संघर्ष के कारण यह तो मानना ही पड़ेगा कि ज्योतिबाफुले, शाहूजी महाराज और डॉ॰ अम्बेडकर का सिद्धान्त उत्तरी भारत में फैला। तीन वर्ष पूर्व एस.के. विश्वास की किताब का लोकार्पण करते समय स्पीकर हॉल, नई दिल्ली में उन्होंने कहा था कि सन् 2002 में आरक्षण की शताब्दी पूरी होगी। उस समय तमाम बुद्धिजीवी बैठे थे, लेकिन कांशी राम जी के मन को पढ़ न सके।

सन् 1902 में शाहूजी महाराज ने पिछड़े और दलितों को अपनी रियासत में आरक्षण दिया था। हमें आरक्षण का मतलब यहां समझ लेना चाहिए कि यह एक ऐसी व्यवस्था है, जिसके द्वारा समय–समय पर कुछ खास सुविधाएं या अधिकार दिए जाते हैं, जिससे उन्हें न्याय मिले या शासन को चलाने में ऐसा करना जरूरी हो। साहूजी महाराज ने मानवीय दृष्टि से दबे–कुचलों को रियासत में सेवा करने का अवसर दिया। वैदिक काल में ब्राह्मणों को उच्च शिक्षा एवं पूजा–पाठ करने का विशेष अधिकार दिया गया और समय–समय पर कुछ न कुछ ऐसी व्यवस्थाओं का जन्म होता रहा है। आजादी के बाद व्यवस्था संविधान के अनुसार चलने लगी, न कि किसी व्यक्ति की मर्जी या परम्परा के अनुसार। डॉ॰ बी.आर. अम्बेडकर ने कड़े संघर्ष के बाद पूना पैक्ट के जरिए आरक्षण दलितों को दिलाया और संविधान निर्माण के समय इसे मौलिक अधिकार का दर्जा मिला। संस्थाएं एवं कानून

का विकास होता है और निश्चित तौर से पूना पैक्ट का विकास वर्तमान में आरक्षण के प्रावधान के रूप में देखा जा सकता है। पिछले महीने सुश्री मायावती एवं कांशी राम जी ने कोल्हापुर जाकर आरक्षण की शताब्दी मनाई और वहां के भी दलित इनके मन को पढ़ नहीं सके। इसके द्वारा दो बातों की पुष्टि होती है, एक तो आरक्षण का जन्मदाता साहूजी महाराज को घोषित करना और दूसरा अपने को स्थापित करना कि इन्होंने दलित महिला को मुख्यमंत्री बनाया, अर्थात् दलितों को हुक्मरान बनाने की परम्परा की शुरूआत की, जो डॉ॰ अम्बेडकर नहीं कर सके। प्रश्न यह उठता है कि साहूजी महाराज के सामाजिक न्याय को नजरन्दाज कोई भी तक्रशील व्यक्ति नहीं कर सकता। यदि डॉ॰ अम्बेडकर ने संघर्ष न किया होता, तो क्या आरक्षण हमें मिल पाता? सभी दृष्टिकोणों से यदि उस समय की परिस्थितियों का आकलन किया जाए, तो ऐसा सम्भव नहीं दिखाई देता। नेपाल एक हिन्दू राष्ट्र है, जहां पर दलितों की हालत आज भी वैसी है, जो सौ–पचास साल पहले भारत के दलितों की होती थी। इस उदाहरण से यह समझा जा सकता हैं कि आरक्षण डॉ॰ अम्बेडकर के कठिन प्रयास से ही सम्भव हुआ, न कि यह मुफ्त में ही मिल गया। कांशी राम जी डॉ॰ अम्बेडकर को छोटा साबित करने का प्रयास करने के लिए स्वतन्त्र हैं, परन्तु इस मायने में धरातल की सच्चाई छुप नहीं सकती।

पंजाब के पूर्व बसपा समर्थक सरपंच रमेश कुमार, गांव चोहक, नधेवली, जलन्धर, ने लेखक को बताया कि 1987 में कुछ सिक्ख लोगों ने बूटा मण्डी की एक बैठक में जब उनसे पूछा कि सिक्ख धर्म के बारे में आप क्या कर रहे हैं? तो उन्होंनें कहा कि हम पूरे भारत को ही सिक्ख बनाना चाहते हैं। सन् 1990 में ऐसा ही प्रश्न कुछ बुद्ध धर्म के मानने वालों ने लुधियाना के सक्रिट हाउस में किया तो, कांशी राम जी ने उनसे कहा कि हम तो पूरे भारत को ही बुद्धमय बनाना चाहते हैं। जुलाई 1998 में गुरु रविदास द्वार का उद्घाटन बनारस में इनके ही प्रयास से श्री के.आर. नारायणन ने किया था। यही नहीं बल्कि श्री के.आर. नारायणन के साथ ही वे दिल्ली से गए और आए भी। 1996 में गुरूद्वारा प्रबन्धक कमेटी के चुनाव में पूरे बसपा को पंजाब में

उतार दिया। चूंकि बसपा गैरअकाली थी, इसलिए इनके सारे ही उम्मीदवार चुनाव हार गए। यहां यह बात समझ में नहीं आती कि कांशी राम जी किस धर्म को मानते हैं और किस धर्म को नहीं।

अनुसूचित जाति/जन जाति संगठनों का अखिल भारतीय परिसंघ एवं लॉर्ड बुद्धा क्लब की ओर से जब 4 नवम्बर, 2001 को राम लीला मैदान में दस लाख लोगों को बौद्ध बनाने की घोषणा की गई, तो माननीय कांशी राम ने माह अप्रैल 2001 में भोपाल में पार्टी के सम्मेलन में पूरा भाषण ही बौद्ध धर्म पर दे मारा। इससे एक सन्देश बसपा के समर्थकों में गया कि परिसंघ के द्वारा कराए जा रहे दीक्षा में जाने की जरूरत क्या है, जब कांशी राम जी खुद ही उससे बड़ी दीक्षा कराने जा रहे हों। भोपाल के अलावा कई अन्य जगहों पर भी इन्होंने कहा कि सत्तर लाख बौद्धों में अगर दस लाख और जुड़ जाएं तो क्या अन्तर पड़ने वाला है? इसलिए एक करोड़ से कम लोगों को दीक्षा देनी ही नहीं चाहिए। अनुसूचित जाति/जन जाति संगठनों का अखिल भारतीय परिसंघ एवं लॉर्ड बुद्धा क्लब के द्वारा जब दस लाख लोगों को बौद्ध बनाने की घोषणा की गई, तो कांशी राम जी ने उन लोगों तक से बात करना उचित समझा, जिनको वे कभी बात करने के लायक नहीं समझते थे। बसपा में इस घोषणा से जबर्दस्त खलबली मची और यही कारण है कि जब सरकार ने कार्यक्रम रद्द कराया तो बसपा दो लाइन का बयान भी नहीं दे सकी, जबकि कांग्रेस, एवं सी.पी.एम. सहित कई पार्टियों ने सरकार के द्वारा दमनचक्र की कड़ी निन्दा की।

कांशी राम जी आजकल कहते फिर रहे हैं कि सन् 2006 में वे करोड़ों लोगों के साथ बौद्ध धर्म की दीक्षा ग्रहण करेंगें। ऐसे में उनका क्या होगा, जिनको इन्होंने सन् 1987 में कहा था कि वे पूरे देश को सिक्ख बनाना चाहते हैं। गुरू रविदास को मानने वालों को भी चोट पहुंचेगी। पता नहीं बुद्ध धर्म के मानने वालों को जो वायदा किया था, उसे पूरा कर पाएंगें या नहीं। उत्तर प्रदेश में बसपा भले ही सत्ता के कारण मजबूत दिखाई दे रही हो, किन्तु अन्य राज्य जैसे आन्ध्र प्रदेश, हरियाणा, पंजाब एवं मध्य प्रदेश आदि में जनाधार घटा है और स्वाभाविक है कि समर्थक भी कम हुए हैं। यदि पांच साल पहले

कांशी राम जी बौद्ध धर्म की दीक्षा लेते तो शायद अधिक लोग शामिल होते। अर्थात् जब बसपा अपनी चरम सीमा पर थी, उस समय यह कार्यक्रम कराया जाता, तो यह कहीं अधिक सफल होता। कांशी राम जी का स्वास्थ्य खराब है, जिसके कारण उनमें घूमने–फिरने की वह शक्ति नहीं रही। पार्टी लगभग मायावती जी के नियन्त्रण में है और हो सकता है कि 2006 तक पूरी पार्टी मायावती जी के ही नियंत्रण में आ जाए और मायावती जी बौद्ध धर्म की दीक्षा लेने के लिए पार्टी के कार्यकर्त्ताओं को रोक दें, तो क्या कांशी राम जी का मंसूबा पूरा हो जाएगा? मान लिया जाए कि मायावती जी साथ देती हैं, फिर भी बहुजन समाज पार्टी का ग्राफ नीचे गिर रहा है, अतः सभी दृष्टिकोणों से देखा जाए, तो वर्तमान में भविष्य से हालात बेहतर हैं। इसलिए इन्हें अभी ही बौद्ध धर्म की दीक्षा का कार्यक्रम कर देना चाहिए। ताकि भारी से भारी संख्या में लोग शामिल हो सकें। जितनी ही देरी करेंगें, उतना ही नुकसान होने वाला है।

ऐसा लग रहा है कि कांशी राम जी जबर्दस्त राजनीति कर रहे हैं। वर्तमान में भारत में दो ही बड़े संगठन हैं, एक बसपा और दूसरा परिसंघ एवं लॉर्ड बुद्धा क्लब। मायावती जी एवं कांशी राम जी का स्वभाव कभी गंवारा नहीं करेगा कि कोई दूसरा संगठन उनके मुकाबले में खड़ा हो। श्री राम विलास पासवान जब संचार मंत्री थे, तो उन्होंने कुछ अपना जनाधार बरकरार रखा था। मायावती जी को बर्दाश्त नहीं हुआ और उन्होंने भाजपा पर दबाव बनाकर मंत्रिमण्डल बदलवा दिया, ताकि जनसम्पक्र कम हो जाए। सूत्र बताते हैं कि उत्तर प्रदेश की सरकार बनने के पहले शर्त रखी कि पासवान जी को मंत्रिमण्डल से निकाला जाए और उन्हें भनक लगते ही अपने आप ही इस्तीफा दे दिया।

"तिलक, तराजू और तलवार–मारो इनको जूते चार" कभी इनका नारा हुआ करता था, लेकिन अब उन्हीं से समझौता कर बैठे हैं। दलित का असली दुख वर्णव्यवस्था से है और उसे समाप्त करने के लिए सांस्कृतिक क्रांति की आवश्यकता है। बसपा के आन्दोलन ने सांस्कृतिक कार्यक्रम का शायद कोई आयाम नहीं स्थापित किया। यह कहना कुछ मुश्किल है कि कांशी राम जी

'राम' को मानते हैं कि नहीं, लेकिन नाम के आगे 'राम' जरूर लगा रखा है। नाम से तो किसी का गुण जानना मुश्किल है, परन्तु जब एक हिन्दू सिक्ख, ईसाई या मुसलमान धर्म को अपनाता है, तो नाम भी बदलता है, कुछ अपवाद को छोड़कर।

अच्छा होता कि कांशी राम जी यह घोषित करते कि वे किस धर्म को मानते हैं? यदि सन् 2006 में करोड़ों लोगों को दीक्षा देने वाला कार्यक्रम अभी कर लेते तो अच्छा होता। इससे बौद्ध धर्म भी बढ़ जाता। हो सकता है कि 2006 तक पार्टी का जनाधार और घट जाए, जिससे अधिक लोग मिल ही न सकें। अभी इनका स्वास्थ्य अच्छा है और हो सकता है आगे चलकर खराब हो जाए जिससे कार्यक्रम को अंजाम देने में मुश्किलें आएं।

---

13 सितम्बर, 2002 राष्ट्रीय सहारा कांशीराम का धर्म क्या है

19

संघ परिवार एवं मोदी चकवाड़ा के दलितों को पहले हिन्दू बनाएं

ऐतिहासिक विडम्बना ही है कि इस देश का दलित अपने को हिन्दू मानता है, परन्तु हिन्दू धर्म उसे हिन्दू की मान्यता नहीं देता है। जब कभी हिन्दू एकदूसरे के बारे में पूछता या जानकारी करता है, तो उसके मन में जाति जानने की इच्छा प्राथमिक होती है, लेकिन मुसलमान और ईसाई के साथ वह ऐसा नहीं करता। तथाकथित सवर्ण हिन्दू की दिलचस्पी इसमें कुछ अधिक ही है। क्या दुनिया में दूसरा ऐसा कोई धर्म है, जो अपने ही धर्म के लोगों से यह पूछे कि वह किस जाति का है, न कि अपने धर्म वाला समझे। आज आर.एस.एस. विहिप एवं बजरंग दल आदि संगठन ईसाई एवं मुसलमान नेताओं से हिन्दू समाज की ओर से वार्तालाप कर रहे हैं, तो प्रश्न उठता है कि किन लोगों का प्रतिनिधित्व ये कर रहे हैं। जब दलित एवं पिछड़े हिन्दू हैं ही नहीं, तो उनकी ओर से बात करना बेईमानी के सिवा क्या है?

दलित–पिछड़े अपने आप को भले हिन्दू कहें, लेकिन तथाकथित हिन्दू धर्म की नजरों में वे कभी हिन्दू नहीं हैं। अगर ये भी हिन्दू होते, तो क्यों नहीं इनके साथ खाना–पीना एवं शादी–विवाह के रिश्ते होते। मरते वक्त भी दलितों के साथ बैठने को तैयार नहीं हैं। इसका ज्वलंत उदाहरण पिछले वर्ष गुजरात में आए भूकम्प के समय देखा गया। तथाकथित सवर्ण भूखे रहने के लिए तैयार थे और दवा–दारू से भी वंचित होना उचित समझा, लेकिन तथाकथित दलित हिन्दुओं को अपना भाई और बहन नहीं माना।

इसी क्रूरता के कारण अतीत में करोड़ों दलित मुसलमान और ईसाई बने और धर्मांतरण की प्रक्रिया आज भी जारी है। जब कभी धर्मांतरण होता है, तो संघ परिवार के लोग धार्मिक उन्माद पर उतर आते हैं और हताशा में कभी मुसलमान नेताओं से बात करते हैं, तो कभी ईसाइयों से। प्रधानमंत्री अटल बिहारी वाजपेयी जी भी कह चुके हैं कि धर्मांतरण पर बहस होनी चाहिए। एक बार तो उन्होंने ईसाइयों को नसीहत देते हुए कहा कि ईसाइयों में सेवा भावना तो अच्छी है, लेकिन धर्मांतरण ठीक नहीं है। वास्तव में धर्मांतरण पर चर्चा करने के बजाय हिन्दू धर्म पर ही चर्चा होनी चाहिए। ईसाई मुसलमान वही लोग हुए, जो हिन्दू धर्म की क्रूरता के शिकार थे।

जयपुर से लगभग 60 किलोमीटर की दूरी पर चकवाड़ा गांव है। वहां एक तालाब है, जिसका पानी वहां के बसे बैरवा समाज के लोगों को इस्तेमाल करने नहीं दिया जा रहा है। कई संस्थाओं ने इनका मनोबल ऊंचा करके चाहा कि इन्हें इन्साफ दिलाया जाए, परन्तु अभी तक सफलता नहीं मिली। वहां की ढुलमुल सरकार ने कोशिश की कि तथाकथित सवर्ण इन्हें तालाब का पानी इस्तेमाल करने दें। 21 सितम्बर, 2002 को कुछ स्वयं सेवी संस्थाओं ने जुलूस निकाल कर शासन–प्रशासन का ध्यान आकर्षित करना चाहा कि दलितों को तालाब का पानी इस्तेमाल करने दिया जाए, लेकिन उसके विरोध में हजारों की संख्या में तथाकथित सवर्ण लामबन्द हो गए और पुलिस पर पथराव किया। ध्यान देने वाली बात यह है कि यहां कांग्रेस की सरकार है, अगर इसका ढुलमुल रवैया न होता, तो ये पुलिस से मार–पीट करते ही नहीं। इन्हें पता है कि प्रशासन कोई कड़ी दण्डात्मक कार्यवाही करने वाला नहीं है।

इसी गांव के हरि शंकर बैरवा का कहना है कि अब हिन्दू धर्म में रहने से क्या फायदा है और वे सोचने लगे हैं कि कौन सा धर्म अपनाएं। इनका कहना है कि वे भी राम मन्दिर के लिए कारसेवा में गए थे। शायद इनका यही गुनाह है कि इन्होंने अपने तथाकथित धर्म से वफादारी कुछ ज्यादा ही दिखाई और उसी के एवज में इनको यह पुरस्कार दिया जा रहा है। हो यह रहा है कि वहां के तथाकथित सवर्ण इनसे बात–चीत नहीं कर रहे हैं और सामाजिक बहिष्कार कर रखा है। दुकान से सामान नहीं मिल रहा है। स्कूल में इनको पीछे बैठाया जाता है। हालत इतनी खराब है कि जत्था बनाकर अपनी सुरक्षा करनी पड़ रही है, लेकिन कब तक कोई सुरक्षा कर सकता है?

यह विवाद लगभग एक साल पहले का है। मन्दिर तो इनके लिए बन्द ही कर दिया गया है।

किसी भी दृष्टि से क्या कोई साबित कर सकता है कि ये एक ही धर्म के लोग हैं। पूरी दुनिया में धर्म की परिभाषा पर अन्त में निष्कर्ष यही निकाला जाता रहा है कि सभी धर्मों का लक्ष्य कमोवेश एक जैसा ही है अर्थात् मानव सेवा, समता, अहिंसा, प्रेम इत्यादि। इस घटना से तो बात समझ में आ जाती है कि हिन्दू धर्म अन्य धर्मों से भिन्न है। मानवता, प्रेम और शान्ति कम से कम दलितों के लिए तो इसमें नहीं है, गैरदलितों के लिए हो तो कहा नहीं जा सकता है। 'प्रत्यक्षं किं प्रमाणम्' को यदि सत्यता का मापदण्ड मानें, तो इस राय में दो राय नहीं हो सकती। कुछ कुतर्की, किताबी कीड़े, हिन्दू धर्म के ठेकेदार अभी भी हिन्दू धर्म को उचित ठहराएंगें, यह कहते हुए कि चकवाड़ा के जाटों ने हिन्दू धर्म को गलत समझा है। तो इन लोगों से प्रश्न यह किया जा सकता है कि आज तक जितने दलितों की हत्या, शोषण और बलात्कार हिन्दू धर्म के कारण हुए हैं, शायद अभी तक जितने भी लोग तमाम युद्धों में मारे गए हैं, उससे कम ही होगें। बार–बार अपने धर्म को सच्चा ठहराना और दलितों के ऊपर अत्याचार कराते रहना कोई नई बात नहीं है। राजस्थान में कुछ महीने पहले एक दलित महिला को मन्दिर में प्रवेश करने के अपराध में मार डाला गया था। नागौर जिले में एक आत्म सम्मानी दलित को पेशाब पिलाया गया। कुम्हेर का काण्ड कौन नहीं जानता है। राजस्थान तथाकथित मूंछ वाले मर्दों के लिए भी जाना जाता है, लेकिन ये मर्द कहां गए थे उस समय जब सभी लड़ाइयां हारते गए और देश गुलाम हो गया। इनकी मूंछ और मर्दानगी विदेशी लुटेरों एवं हमलावरों को तो रोकने में कामयाब नहीं रहीं, लेकिन दलितों के शोषण, मान–सम्मान को नष्ट करने के लिए जरूर काम आती रही। चकवाड़ा में इनकी तथाकथित मर्दानगी हिन्दू धर्म को ही मानने वाले दलितों के विरूद्ध इस्तेमाल हो रही है, न कि देश के निर्माण, शिक्षा एवं विकास इत्यादि में। क्या ये दलित आवारा कुत्ते और पशुओं से भी बदतर है कि इन्हें तालाब में नहाने नहीं दिया जा रहा है, ऐसी स्थिति में इन्हें हिन्दू धर्म में तो एक क्षण भी नहीं रहना चाहिए।

पिछले वर्ष जब 4 नवम्बर को बौद्ध धर्म की दीक्षा का कार्यक्रम राम लीला मैदान पर आयोजित किया जाना था, तो तथाकथित हिन्दू धर्म के संगठनों जैसे विश्व हिन्दू परिषद आदि ने उसे होने नहीं दिया। विश्व हिन्दू

परिषद के नेता श्री गिरिराज किशोर पहले तो बानरघुड़की से कार्यक्रम को रद्द कराना चाहा, लेकिन जब देखा कि जात–पांत से आक्रांत लोग बौद्ध धर्म में जाने के लिए आमादा हैं, तब उन्होंने आर.एस.एस. के माध्यम से प्रधानमंत्री के कार्यालय का दुरूपयोग कराकर पहले तो राम लीला मैदान की अनुमति रद्द करा दी, उसके बाद भी धर्मांतरण का कार्यक्रम जब रद्द होता नहीं दिखा, तो दिल्ली पुलिस का दुरूपयोग करते हुए दिल्ली से लगी सारी सीमाओं को सील कर दिया गया। उससे भी जब सिलसिला नहीं थमते देखा, तो रेलवे स्टेशनों एवं बस अड्डों पर भी पुलिस की तैनाती कर दी गई। एक तरह से अघोषित आपातकाल लगा दिया गया। सरकार या संघ परिवार ने मुड़कर एक बार भी नहीं पूछा कि आखिर धर्मांतरण करने वालों की समस्या क्या है? धर्मांतरण के पीछे तत्कालीन कारण यह था कि आऱक्षण पूरी तरह से लागू नहीं हो पा रहा था। अब निजीकरण के कारण समस्याएं और ही गम्भीर होती जा रही हैं। जब भी ऐसी परिस्थितियों का जन्म होता है, हिन्दू धर्म के नेता ईसाइयों एवं मुसलमान नेताओं से वार्तालाप करना शुरू कर देते हैं, लेकिन इन दलितों से नहीं जो धर्मांतरण कर रहे हैं। इस समय कोई हिन्दू धर्म का संगठन चकवाड़ा के दलितों की रक्षा में नहीं आ रहा है, जबकि वहां के दलितों ने अपनी इच्छा जाहिर कर दी है कि हिन्दू धर्म में रहने से क्या फायदा, अतः वे दूसरे धर्म को अपनाने के लिए तैयार हो गए हैं। मान लीजिए इनका धर्मांतरण हो जाता है, तो उसमें ईसाई या बुद्धिस्ट अथवा मुसलमान धार्मिक नेताओं का क्या दोष? अभी तो संघ परिवार का कोई नेता नहीं पहुंच रहा है, लेकिन जैसे ही धर्मांतरण होने वाला होगा या हो जाएगा, ये धार्मिक उन्माद तथा ईसाई–मुसलमानों से गाली–गलौच, मार–पीट करने पहुंच जाएंगें, लेकिन उन तथाकथित सवर्णों को कुछ नहीं कहेंगें, जिनके अत्याचार से इन्होंने धर्मांतरण किया। हाल में गुड़गांव जिले में चालीस बाल्मीकियों ने मुसलमान धर्म कबूल किया और उसके बाद विश्व हिन्दू परिषद एवं संघ परिवार के नेताओं ने उन्हें वापिस लाने में जितनी अधिक ताकत झोंक दी, यदि उसी ऊर्जा को रचनात्मक कार्य में लगाते तो ये बाल्मीकि मुसलमान न बनते। हुआ यह था कि बाल्मीकियों को तथाकथित सवर्ण कुएं से पानी नहीं भरने देते थे और मुसलमान ऐसा ही यह कहते हुए कर रहे थे कि जाओ अपने धर्म के लोगों से पानी लो। इस घटना ने बाल्मीकियों की आंखें खोल दी और इस्लाम धर्म धारण कर लिया। इसमें किसी मुसलमान नेता का क्या दोष?

यह सामाजिक समस्या आदि काल से चली आ रही है। देश आजाद होने के बाद यहां की जनता ने अपने लिए संविधान का निर्माण किया। जब किसी सरकार या समाज को संविधान के अनुरूप चलना होता है, तो पूर्व की तमाम सड़ी–गली व्यवस्थाएं मृत हो जाती हैं। भले ही भारत में ऐसा नहीं हो सका है, लेकिन दुनिया के अन्य मुल्कों में ऐसा ही हुआ है। यदि संविधान को ईमानदारी से लागू किया गया होता, तो आज देश में चकवाड़ा जैसे काण्ड न होते। बाबा साहेब के विशेष सहयोग से निर्मित संविधान को दोष तो ये ही मनुवादी देते हैं, लेकिन यथार्थता यह है कि ये ही संविधान की धज्जियां उड़ा रहे हैं। चकवाड़ा का काण्ड संविधान की धारा 14 के बिल्कुल विपरीत है और इसमें संविधान को दोष दिया जाना कहां तक उचित है?

गुजरात में नरेन्द्र मोदी जी दलित व पिछड़ों के दम–खम से तथाकथित गौरव रथ यात्रा का संचालन कर रहे हैं, लेकिन काम निकल जाने के बाद वे ही अछूत और शूद्र हो जाएंगें। गुजरात में दंगें के समय भी इन्होंने गरीबों एवं दलितों का जमकर दुरूपयोग किया और कहा कि हिन्दू धर्म खतरे में है, इसलिए उसकी रक्षा करने के लिए गरीब व दलित मुसलमानों से लड़ें। प्रश्न उठता है कि जब मुसलमानों से लड़ने की बात आती है, तो दलितों व पिछड़ों को हिन्दू बना दिया जाता है और उसके बाद इन्हें फिर उसी दशा में छोड़ दिया जाता है। दंगे के समय तो हिन्दू हैं, किन्तु पहले और बाद में नहीं हैं। चकवाड़ा के तथाकथित सवर्ण वहां के दलितों को अगर हिन्दू मानते, तो उनके साथ इस तरह के अमानवीय कुकृत्य न करते। संघ परिवार एवं नरेन्द्र मोदी को चकवाड़ा में जाकर तथाकथित सवर्णों को समझाना चाहिए कि ये बेचारे दलित हिन्दू हैं और इन्हीं के भाई–बहन अयोध्या में कारसेवा एवं गुजरात के साम्प्रदायिक दंगें व अन्य दंगों में काम आए और आते रहेगें। अनुसूचित जाति/जन जाति संगठनों का अखिल भारतीय परिसंघ एवं लॉर्ड बुद्धा क्लब के अलावा यदि अन्य दलित संगठन ईमानदारी से सांस्कृतिक एवं धार्मिक क्रांति के लिए कार्य करते, तो आज पूरे देश के दलित मनुवादियों से एक स्वर में पूछते कि वे दलितों एवं पिछड़ों को हिन्दू मानते हैं या नहीं। यदि हिन्दू हैं ही नहीं, तो उनको हिन्दू धर्म की जेल में रहने से फायदा ही क्या है? चकवाड़ा के दलितों के लिए हिन्दू धर्म ही जेल का काम कर रहा है, न कि मुसलमान या ईसाई धर्म। दलितों के साथ जितने जुल्म और अत्याचार

होते हैं, ईसाई व मुसलमान नहीं करते, बल्कि तथाकथित सवर्ण हिन्दू ही करते हैं।

उपरोक्त तथ्यों से यह सिद्ध होता है कि दलित हिन्दू नहीं हैं, लेकिन इनका इस्तेमाल हिन्दू धर्म की रक्षा के लिए सदा होता रहा है। अब दलित नेताओं का जो सबसे बड़ा कर्तव्य है, वह यह है कि वे दलित समाज को बताएं कि जिस धर्म को वे मानते हैं, उसी धर्म के कारण उनको नीच–अछूत बनाया गया। पढ़े–लिखे तथाकथित कुतर्की दलित बुद्धिजीवी, जो यह कहते हैं कि धर्मांतरण से समस्या का समाधान नहीं होगा, तो चकवाड़ा की घटना के परिप्रेक्ष्य में क्या उनकी बात सत्य है? आखिर अन्य जातियों के गरीबों के साथ ऐसा क्यों नहीं होता और दलित के साथ ही क्यों होता है? तथाकथित सवर्ण अपने बाहुबल का प्रदर्शन दलितों के विरूद्ध कर रहे हैं, यदि यही ताकत भाईचारा, उत्पादन और जम्मू–कश्मीर की सीमा पर लड़कर इस्तेमाल करते, तो शायद हमारा देश खुशहाल हो जाता।

---

17 अक्टूबर, 2002 राष्ट्रीय सहारा दलितों को पहले हिन्दू तो मानें

20

हिन्दू राष्ट्र बनाम दलित राष्ट्र

वर्तमान में हिन्दू राष्ट्र या हिन्दुत्व की चर्चा बुलन्दियों पर है। कुछ हिन्दुओं को यह शब्द अच्छा लगता ही होगा कि संघ परिवार हिन्दू राष्ट्र बनाने की कोशिश कर रहा है। इस शब्द से यथार्थता का बोध बिल्कुल नहीं होता है। दूसरे शब्दों में इनके नारे 'सांस्कृतिक राष्ट्रवाद' का सम्बन्ध यदि किसी से है, तो भोले–भाले लोगों से। भावनाएं हमेशा वास्तविकता को नहीं दर्शाती हैं। ऐसे काल्पनिक राष्ट्र के निर्माण की शुरूआत मात्र हुई हो, यह भी सत्य नहीं है। यह कभी नहीं हो पाएगा क्योंकि उसके लिए हिन्दू धर्म ही सबसे बड़ा बाधक है। इसके कारण ही भारतीय समाज की एकता तार–तार हुई। आज भी मनुवादी अपनी सोच में सुधार करने के लिए तैयार नहीं है। आखिर हमारे ही देश में सिक्ख, मुस्लिम एवं ईसाई कहां से आए? वर्णव्यवस्था की क्रूरता को जो बर्दाश्त न कर सका, वह दूसरे धर्म में चला गया। कुछ लोगों ने धर्म को लोभ–लालच में बदला होगा, लेकिन शत्प्रतिशत् लोगों ने ऐसा सम्मान एवं प्रतिष्ठा पाने के लिए किया। सिकन्दर ने जब भारत पर आक्रमण किया तो उसकी सेना ने आगे बढ़ने से उसे रोका। नदी के इस पार पुरू के नेतृत्व में भारतीय सेना को जब उसने देखा, तो विभिन्न स्थानों से धुएं उठ रहे थे। सिकन्दर ने जिज्ञासावश जानने की कोशिश की कि ऐसा क्यों? उसे पता लगा कि सेना में विभिन्न जातियों के लोग हैं और वे अपना

भोजन अलग–अलग बना रहे हैं। उसे जब यह पता लगा कि जिस देश के लोग एक साथ बैठकर भोजन नहीं बना–खा सकते, वे किसी से लड़ कैसे सकते हैं। उसी रात उसने अपनी सेना का मनोबल ऊंचा किया और अन्त में विजयी हुआ। भारत की गुलामी का कारण ही जाति–पाति रहा है। यह अलग बात है कि बौद्धिक स्तर पर इस देश में ईमानदारी का न होने के कारण आज तक इस तथ्य को स्वीकारा नहीं गया है। जिस दिन इन तथ्यों को स्वीकार लिया जाएगा, उसी दिन से नए भारत का निर्माण आरम्भ होगा।

हिन्दू धर्म को मानने वाले भारत के अलावा कुछ और देशों में भी हैं, लेकिन अभी तक विश्व में नेपाल ही एकमात्र हिन्दू राष्ट्र है। यदि यहां के दलित एवं पिछड़े वर्ग के लोग इस हिन्दू राष्ट्र में अपने भाइयों की दशा देखें, तो रोंगटे खड़े हो जाएंगें। हालत यह है कि आज तक एक भी दलित नेपाल की संसद में चुनकर नहीं पहुंच सका। दलित अपना मकान तथाकथित सवर्णों से ऊंचे स्थान पर नहीं बना सकते, जूता पहनकर नहीं निकल सकते, सार्वजनिक तालाब एवं कुएं का पानी भी वर्जित है। संघ परिवार की हिन्दू राष्ट्र की कल्पना तो ऐसा ही राष्ट्र बनाने की होगी। झज्जर में एक गाय की खातिर पांच दलितों की हत्या करने के बाद विहिप के वरिष्ठ नेता श्री गिरिराज किशोर ने बयान देकर यह स्पष्ट ही कर दिया कि गाय से भी कम कीमत दलित की है।

आइए देखा जाए कि हिन्दू राष्ट्र बनने की कितनी संभावनाएं हैं। ईमानदारी से जांच पड़ताल करने के बाद निष्कर्ष निकला कि भारत में हिन्दू राष्ट्र बन ही नहीं सकता। यहां पर मुसलमानों, ईसाइयों एवं सिक्खों की अच्छी खासी उपस्थिति के कारण यह सम्भव नहीं है। दलितों में चेतना पैदा होने से यह सपना कभी पूरा नहीं हो पाएगा। डॉ॰ अम्बेडकर के संघर्ष के बदौलत आरक्षण मिला और इससे दलित शासन–प्रशासन में अपनी भागीदारी बना सके। शिक्षा का भी स्तर ऊपर उठा। अतः संघ परिवार हिन्दू राष्ट्र बनाने के लिए इनसे समर्थन नहीं जुटा पाएगा। जहां तक पिछड़े वर्ग का सवाल है, वह भी इनका बहुत दूर तक साथ देने वाला नहीं है। चेतन्य पिछड़े वर्ग के लोग क्या यह नहीं जान रहे हैं कि सन् 1990 में जब श्री वी.पी. सिंह की

सरकार ने पिछड़ों के लिए मण्डल कमीशन की सिफारिशें लागू की तो तथाकथित मनुवादी भावना के लोगों ने देश के अन्दर हंगामा खड़ा कर दिया? विश्व विद्यालयों, स्कूलों सहित जगह–जगह पर तोड़–फोड़ और बन्दी कर दी गई। भाजपा ने उस समय इसका सीधे विरोध न करके आडवाणी जी के नेतृत्व में अयोध्या में राम मन्दिर बनाने के लिए रथ निकाला। लगभग सभी को पता है कि कमण्डल की उत्पत्ति मण्डल को विफल करने के लिए ही हुई थी। बाबरी मस्जिद के ध्वंस में एक सामाजिक न्याय की पहल कारण बनी। मण्डल न लागू होता, तो कमण्डल न होता। मण्डल विरोधियों ने अयोध्या में मन्दिर बनाने के लिए जमकर समर्थन किया और अन्त में भाजपा की सरकार उत्तर प्रदेश में बनी। देखा जाए तो मण्डल कमीशन सामाजिक न्याय प्रेमियों के लिए एक उचित कदम था, लेकिन मनुवादी सोच के विरूद्ध था। अतः सामाजिक न्याय ही बाबरी मस्जिद के शहीदी का कारण बना। आज नहीं तो कल जब समूचा पिछड़ा वर्ग इस साजिश को समझ जाएगा, तो वही हिन्दू राष्ट्र बनने में सबसे बड़ा बाधक सिद्ध हो सकता है। लालू प्रसाद यादव, मुलायम सिंह आदि पिछड़ों की ही रहनुमाई करते हैं। इससे अन्दाजा लगाया जा सकता है कि पिछड़ा वर्ग भी हिन्दू राष्ट्र के निर्माण में सहयोगी नहीं हो सकता। विकसित देशों की तरह कुछ तथाकथित सवर्णों में भी प्रगतिशील विचारधारा का अच्छा–खासा संचार हो रहा है, इसलिए वे भी संघ परिवार का साथ नहीं देंगें। गुजरात के दंगे में संघ परिवार एवं मोदी की सरकार के रवैए एवं पिछले वर्ष 4 नवम्बर को जब बौद्ध धर्म की दीक्षा अनुसूचित जाति/जन जाति संगठनों का अखिल भारतीय परिसंघ एवं लॉर्ड बुद्धा क्लब द्वारा होने जा रही थी, तब सरकार द्वारा अड़चने पैदा किए जाने पर इसी वर्ग ने जमकर इनकी आलोचना की। भले ही इस भावनात्मक नारे का कुछ लाभ सत्ता तक पहुंचने में मिला हो, लेकिन हिन्दू राष्ट्र कभी नहीं बन पाएगा, किन्तु भविष्य में देश की एकता, अखण्डता एवं विकास के लिए अड़चने जरूर खड़ी कर देगा।

अब हम देखते हैं क्या–क्या दुष्परिणाम हो सकते हैं। प्रथम यह है कि अल्पसंख्यक बहुत तेजी से भड़क रहे हैं और इससे कहीं न कहीं देश की

एकता, अखण्डता एवं विकास पर असर पड़ेगा। भाषा एवं धर्म के आधार पर क्षेत्रीय नेताओं एवं संगठनों को हवा मिलेगी और वे अपने अलग राष्ट्र की मांग कर सकते हैं। नागालैंड, कश्मीर और पूर्व में पंजाब भी इस प्रवृत्ति के शिकार हो चुके हैं। एक छुपा हुआ लावा, जिसे लोग आज नहीं पहचान पा रहे हैं, कल भड़क सकता है, वह है 'दलित राष्ट्र का निर्माण'। हिन्दू दलितों की संख्या लगभग 25 प्रतिशत है। यदि इस संख्या में मुसलमान दलित, ईसाई दलित, सिक्ख दलित एवं पिछड़े वर्ग के दलित को जोड़ दिया जाए, तो यह संख्या लगभग 50 प्रतिशत तक पहुंचती है। हाल में कुछ ऐसी प्रवृत्तियां पैदा हुई हैं, कि हम पहले दलित हैं, उसके बाद हिन्दू, मुसलमान, सिक्ख और ईसाई। डॉ. एजाज अली के नेतृत्व में ऑल इंडिया यूनाइटेड मुस्लिम मोर्चा को सफलता मिल रही है, जब वे कह रहे हैं कि पहले हम दलित हैं, बाद में मुसलमान। उन्हें आरक्षण और विकास चाहिए। यहां तक कि बाबरी मस्जिद से ज्यादा बराबरी की हिमायत कर रहे हैं। बयानबाजी जो भी की जाए, लेकिन सच्चाई यही है कि इस देश के 85 प्रतिशत् मुसलमान दलितों से हुए हैं। इस सोच का संचार ईसाइयों में पहले से हो चुका है। लगभग 95 प्रतिशत ईसाई इस देश के दलितों से ही बने हैं। दलित सिक्ख हिन्दू दलित से ज्यादा करीब है, बजाय कि तथाकथित सवर्ण सिक्खों से। जट सिक्ख तो कट्टरपंथी ब्राह्मणों से भी अधिक कट्टर हैं। जब से संघ परिवार एवं भाजपा का उन्माद बढ़ा है, सभी दलितों में संवाद शुरू हो गया है और धीरे--धीरे बड़े दलित परिवार की स्थापना होती जा रही है। कहावत है कि आदमी परिस्थितियों का दास है, तो संघ परिवार कहीं क्षणिक लाभ या सत्ता में आने के लिए ऐसी परिस्थिति तो नहीं पैदा कर रहा है, जिससे दूसरे राष्ट्र अर्थात् दलित राष्ट्र की मांग न उठ जाए। देश के दुश्मन भी इसको हवा दे सकते हैं। धरातल की सच्चाई देखें तो अन्त में हिन्दू राष्ट्र की मांग करने वालों की संख्या 10 प्रतिशत से अधिक नहीं हो सकती। यदि दलित राष्ट्र की मांग उठ गई, तो इसको 50 प्रतिशत से अधिक समर्थन मिलने के आसार हैं। हुआ न संघ परिवार एवं भाजपा की अल्पदृष्टि की सोच के कारण देश का बेड़ा गक्र। सन् 1932 में जब पृथक निर्वाचन का अधिकार दलितों को मिला तो

गांधी जी ने विरोध करके इसे नहीं होने दिया, लेकिन उसकी कसक दलितों में आज भी खूब है। इसके द्वारा दलितों को ही दलित प्रतिनिधि चुनने का अधिकार दिया गया था और आए दिन यह चर्चाओं में आ ही जाता है। कई जनसभाओं में भावुक वक्ताओं को बोलते हुए देखा गया है कि यदि हमें अधिकार नहीं मिलेंगें तो हम अपने अलग मुल्क की मांग करेंगें। संघ परिवार की तुच्छ सोच के कारण अलगाववादी प्रवृत्ति का पैदा होना सहज है।

यदि संघ परिवार यह सोचता है कि जो तीन हजार वर्षों से चला आ रहा है, उसे आगे भी दोहराया जा सकता है, तो उन्हें भूल जाना चाहिए। हजारों वर्षों में जो सोच एवं परिस्थितियां उत्पन्न नहीं हो सकीं आधुनिक संसार में कुछ ही वर्षों में वह सबकुछ हो चुका और हो रहा है। ''फूट डालो और राज करो'' की नीति यदि पहले कामयाब हुई है, तो भविष्य में जरूरी नहीं कि वह सफल होगी। चाणक्य की नीति प्रायः आत्मघाती सिद्ध हो रही है और बुद्धिमता से ही विकास, भाईचारा, देश की अखण्डता एवं एकता को स्थापित किया जा सकता है।

---

19 दिसंम्बर, 2002 राष्ट्रीय सहारा भारतीय समाज की एकता का सवाल

21

संघ परिवार के आत्मघाती दस्ते का सपना

बड़ी मुश्किल से मनुवादी या वर्णव्यवस्था के पोषकों को कुछ कहने का मौका मिला है। जब कुछ करने का समय आया, तो लोग आत्मघात में लगे हुए थे। गौतम बुद्ध ने एक समतामूलक समाज बनाने का प्रयास किया, ताकि उस समय या भविष्य में भारत हर दृष्टि से एक मजबूत राष्ट्र बना रहे। जो लोग आज आत्मघाती दस्ता बनाने की बात कर रहे हैं, इसी मानसिकता ने उनका विरोध किया। हर समय और हर काल में सामाजिक एवं धार्मिक एकता के प्रयासों को इसी तरह से नष्ट किया जाता रहा जिस तरह आज पाकिस्तान भारत की उन्नति को हर कीमत पर रोकना चाहता है।

आज भी हिन्दू धर्म को मानने वालों की पहचान हिन्दू धर्म से नहीं होती, बल्कि उसकी जाति से होती है। हाल में चकवाड़ा के तालाब का पानी दलितों को तथाकथित सवर्णों ने इसलिए नहीं इस्तेमाल करने दिया कि वे अछूत थे। झज्जर में पांच दलितों को गाय के लिए मारा जाना और उसके बाद गिरिराज़ किशोर जी के द्वारा यह कहा जाना कि दलितों के जीवन का मूल्य गाय से कम है। आए दिन ऐसी घटनाएं होती ही रहती हैं, जिसके लिए न तो पाकिस्तान जिम्मेदार है और न ही इस देश का मुसलमान और ईसाई। अब इन्हीं दलितों या पिछड़ों से उम्मीद की जाए कि ये संघ परिवार के लिए आत्मघाती दस्ते बनेगें, तो क्या यह सम्भव है? अशिक्षा एवं सही समझ के अभाव में कुछ लोग ऐसा कर भी लें तो वह टिकाऊ नहीं होगा।

भारत का सामाजिक एवं धार्मिक पक्ष इतना मजबूत है कि अन्ततः उसी का फैसला माना जाता है। हमारे देश की विधायिका, कार्यपालिका एवं न्यायपालिका का निर्माण और उसकी दिनचर्या में इसका प्रभाव सबसे अधिक है। चुनाव के समय हम कितना भी कहें कि मंहगाई, बेराजगारी, शिक्षा एवं स्वास्थ्य जैसी रोजमर्रा की समस्याओं के ऊपर जनता प्रतिनिधियों का चुनाव करेगी। चुनाव के शुरू में जरूर ये लक्षण देखे जाते हैं, लेकिन वोट देने का समय आता है, तो लोग धर्म और जाति के आधार पर वोट देते हैं। मुसलमान अपनी रोजी–रोटी और अन्य रोजमर्रा की समस्याओं को भूलकर 'भाजपा हराओ' अर्थात् भाजपा के विरूद्ध जो भी पार्टी या उम्मीदवार मजबूत पड़ता है, उसी को वोट देते हैं। ऐसा ही हिन्दुओं में भी होता है। उदाहरणार्थ चौधरी अजीत सिंह बागपत से चुनकर इसलिए आते हैं, क्योंकि वहां पर जाटों की बाहुल्यता है। श्री लाल कृष्ण आडवाणी गांधीनगर से इसलिए चुनाव लड़ते हैं, क्योंकि वहां सिंधी मजबूत हैं। जो जाति जहां मजबूत या अधिक है, उसी जाति के लोग प्रायः चुनाव जीतते हैं। प्रश्न यह उठता है कि इन प्रतिनिधियों का चुनाव देश की एकता, विकास एवं रोजमर्रा की समस्याओं के लिए होता ही नहीं, तो इसके लिए काम क्यों करेंगें।

हजारों वर्ष की गलती को सुधारने के लिए क्या संघ परिवार अभी भी कुछ कर रहा है। सन् 1990 में जब पिछड़े वर्ग के हिन्दुओं को मण्डल कमीशन के माध्यम से आरक्षण मिला तो संघ परिवार एवं भाजपा ने ही श्री लाल कृष्ण आडवाणी के नेतृत्व में अयोध्या में राम मन्दिर बनाने के लिए रथ निकाला। भाजपा सीधा तो विरोध न कर सकी, लेकिन कमण्डल के द्वारा विरोध किया। कमण्डल के ही कारण भाजपा उत्तर प्रदेश में सत्ता में आयी। पिछड़े वर्ग के लोग आज नहीं, तो कल जब इस बात को समझेंगें, तो क्या मुसलमानों के विरूद्ध आत्मघाती दस्ते बनने को तैयार होंगें? मुसलमान भी पिछड़े वर्ग से यह शिकायत कर सकता है कि इनके कारण उनकी बाबरी मस्जिद टूटी। एक न एक दिन ऐसी स्थिति पैदा जरूर होगी, जब मुसलमान कहेगा कि बहुसंख्यक पिछड़े वर्ग के हिन्दुओं को मण्डल कमीशन द्वारा जब न्याय मिला, तब उसके धर्म पर हमला हुआ। जब इस सच्चाई का बोध होगा तो पिछड़ा वर्ग संघ परिवार के आत्मघाती दस्ते में शामिल नहीं होगा, बल्कि वही इनके लिए आत्मघाती हो सकता है।

दलितों पर जो गुजरी या गुजर रही है, उसके कारण वे आत्मघाती दस्ते में यदि शामिल भी होते हैं, तो उनकी संख्या कम होगी या स्थिति का ज्ञान हो जाने के कारण वे भी श्री बाल ठाकरे के लिए ही आत्मघाती हो जाएंगें।

आर.एस.एस. या संघ परिवार को खाद–पानी देने का काम बनियों और पंजाबियों ने किया। आर.एस.एस. की शाखाएं अभी तक मूलतः शहरों तक ही सीमित हैं और बनिया ही नेकर पहनकर सुबह शाखा में पहुंचता है। दिल खोलकर उसने भाजपा को पैसा भी दिया। यह सेवा भावना इनमें सन् 1925 से चली आ रही है। ब्राह्मण और ठाकुर जब तक कांग्रेस सत्ता में थी, वहीं थे और लम्बे समय तक जनसंघ या भाजपा बनियों और पंजाबियों की पार्टी कही जाती रही। जैसे ही कांग्रेस कमजोर हुई, ब्राह्मण और ठाकुर भाजपा में शामिल हो गए। बनिया आज भी शाखा लगा रहा है और पैसा दे रहा है, लेकिन केन्द्र सरकार में राज ब्राह्मण ही कर रहे हैं। इन बनियों को लगता है कि आत्म सम्मान का बोध ही नहीं है। परमहंस रामचन्द्र दास ने फैजाबाद के कमिश्नर श्री गुप्ता को शिलादान देने से इसलिए मना कर दिया कि वे बनिया थे। बाद में लीपा–पोती यह कहते हुए कर दी गई कि कमिश्नर संघ परिवार के विरूद्ध था, जबकि परमहंस रामचन्द्र दास ने स्पष्ट रूप से कहा था कि शिलादान बनिया जाति को नहीं की जा सकती। आज तक आर.एस. एस. के शीर्ष नेताओं में एक भी बनिया नहीं रहा। जानकारी के अनुसार आर. एस.एस. के प्रधान कार्यालय नागपुर में बनिया कभी नहीं पहुंच पाया।

काम चलाने के लिए किसी को भी ये इस्तेमाल करते रहते हैं। मृत हो रही भाजपा की कमान जब राजनाथ सिंह को उत्तर प्रदेश में सौंपी गई, तो उस व्यक्ति ने अपनी असाधारण सांगठनिक क्षमता के कारण पिछले विधानसभा चुनाव में अच्छी–खासी सीटें जिताई, वरना भाजपा 50 से अधिक सीटों पर जीतने वाली नहीं थी। ब्राह्मण ठाकुर को कभी सत्ता की भागीदारी में बर्दाश्त नहीं करता। मजबूरी वश दलित को भी मुख्यमंत्री बना सकता है वह अलग बात है। राजनाथ सिंह जैसी सांगठनिक क्षमता भाजपा के विरले नेताओं में होगी, लेकिन ठाकुर होना उनकी एक बड़ी अयोग्यता रही है। यहां ब्राह्मण का शाब्दिक अर्थ नहीं निकालना चाहिए, बल्कि उस मानसिकता का जो सभी तरह की सत्ता चाहे, राजनैतिक, आर्थिक या धार्मिक हो, अपने पास ही रखना चाहती है। ऐसी परिस्थिति में बनिया और ठाकुर भी आत्मघाती दस्ते में शामिल नहीं होगा। शिव सेना सुप्रीमो बाल ठाकरे खुद ही कायस्थ हैं, लेकिन शायद ही कोई कायस्थ आत्मघाती दस्ते में शामिल होगा।

इस्लामी आतंकवाद के पीछे धर्म का योगदान कम है, बल्कि व्याप्त परिस्थितियां कहीं ज्यादा जिम्मेदार हैं। अफगानिस्तान एक शान्ति प्रिय एवं पिछड़ा प्रदेश हुआ करता था और सोवियत यूनियन को परास्त करने के लिए अमेरिका ने जिहादी साहित्य, हथियार, अन्धविश्वास एवं तमाम तकनीक भेजकर सीधे–सादे कबीलाई मुसलमानों को आतंकवादी बना दिंया। अशिक्षा एवं गरीबी भी इस्लामी आतंकवाद के लिए जिम्मेदार है। कुछ धार्मिक नेताओं ने धर्म की गलत व्याख्या करते हुए इन्हें आत्मघाती बनने के लिए प्रेरित किया। फिर भी ये मुसलमान आत्मघाती दस्ता या जान पर खेलकर सही या गलत के लिए कुछ करता है, तो उसका सम्बन्ध मजहब से है। इस्लाम ने भेदभाव और ऊंच–नीच नहीं किया, इसलिए इसके मानने वाले सबकुछ न्योछावर करने के लिए तैयार हो जाते हैं। एक ही भगवान और एक ही तरह के संदेश के कारण इनमें एकता पैदा होना स्वाभाविक है। क्या हिन्दू धर्म में ऐसी बात है? यहां तैंतीस करोड़ देवी–देवता हैं, नीच–अछूत, अवर्ण–सवर्ण सभी हैं। सैद्धान्तिक रूप से छुआछूत एवं ऊंच–नीच की मान्यता मिली है। ऐसी परिस्थिति में दलित एवं पिछड़े वर्ग के लोगों में धार्मिक कट्टरता पैदा करना बहुत ही मुश्किल है। आर.एस.एस. और विश्व हिन्दू परिषद चाहे जितना इनका ब्रेन वाश कर लें, लेकिन इस्लाम धर्म के मानने वालों जैसी भक्ति या श्रद्धा नहीं प्राप्त की जा सकती। संघ परिवार का आत्मघाती दस्ते का सपना हर तरह से जांच–पड़ताल करने के बाद भी सम्भव नहीं दिखाई पड़ता। हिन्दू धर्म का शायद ही कोई देवी–देवता सामाजिक, आर्थिक एवं धार्मिक न्याय के लिए लड़ा हो। महाभारत जुए में हारी हुई महिला द्रौपदी के लिए शुरू हुआ, न कि मानवीय मूल्यों की रक्षा के लिए। रामायण भी सीता–हरण को लेकर शुरू हुआ। अधिकांशतः देवी–देवताओं की व्यक्तिगत् आकांक्षा न पूरा होने के कारण या अहंकार को किसी प्रकार से ठेस पहुंचने के कारण या धन–सम्पत्ति, राज–पाट आदि को लेकर ही झगड़े हुए हैं। अतः यहां से भी आत्मघाती दस्ता बनाने के लिए समर्थन नहीं मिलता है। देश और मानवता की रक्षा के लिए जब तथाकथित भगवानों ने ही कुछ नहीं किया, तो उसके मानने वाले जान पर खेलकर ऐसा क्यों करेंगें। इस्लाम में एक संदेश, एक सिद्धान्त और एक खुदा आदि जैसी बातें हैं, जिसके कारण उसके मानने वाले जान तक दे सकते हैं।

संघ परिवार को बिना सोचे समझे भारत को आतंकवाद का केन्द्र नहीं बनने देना चाहिए। दुनिया की कुछ शक्तियां ऐसी हैं, जो यह चाह रही हैं

कि भारत में आतंकवाद बढ़े, ताकि उन्हें इस्लामी आतंकवाद को समाप्त करने में भारत से सहयोग मिले। वे कितने ही शक्तिशाली क्यों न हों, अकेले ही इस्लामी आतंकवाद से लड़ना नहीं चाहेंगें और यह चाहेंगें कि इस्लामी आतंकवाद के विरूद्ध और लोग भी खड़े हों। संघ परिवार ठीक इनके द्वारा बनाए जा रहे गड्ढे में गिरना चाहता है। भारत वैसे ही आर्थिक, सामाजिक समस्याओं से जूझ रहा है, इससे और मुश्किलें खड़ी हो जाएंगीं। संघ परिवार के आत्मघाती दस्ते बनने का सपना तो पूरा नहीं होगा, किन्तु इससे मुसलमानों में प्रतिक्रिया अवश्य होगी। बेरोजगार एवं भटके हुए मुसलमान आत्मघाती दस्ता बनने के लिए प्रोत्साहित जरूर हो जाएंगें। पाकिस्तान को भी आतंकवाद फैलाने का मौका मिल जाएगा। अभी तक आतंकवाद आयात ही किया जा रहा है, लेकिन जब हमारी जमीन पर पैदा होने लगेगा तो पूरा भारत आतंकवाद का युद्धस्थल बन जाएगा। इससे निपटना असम्भव हो जाएगा। कुछ शक्तियां जो भारत को तोड़ना या कमजोर करना चाहती हैं, उनको सुनहरा अवसर मिल जाएगा। संघ परिवार से निवेदन है कि क्षणिक लाभ के लिए ऐसे संवाद बन्द करे, नहीं तो इनके तो आत्मघाती दस्ते नहीं बन पाएंगें, लेकिन प्रतिक्रिया में दूसरे आत्मघाती दस्ते जरूर बन जाएंगें।

---

14 दिसम्बर, 2002 उर्दू सहारा संघपरिवार के खुदकुश दस्ते का ख्वाब

22

मुसलमानों का गुनाह

मुसलमानों के भारत आने के पहले से ही इस देश में बाहरी आक्रमणकारी आसानी से सफल होते रहे हैं। इस्लाम धर्म के मानने वाले पश्चिम एशिया के कुछ कबीलाई लोगों ने मध्यकाल में भारत पर हमला करके लूट–पाट मचाई और कुछ तो इस देश के स्थाई निवासी बन गए। वैसे तो सन् 712 में ही सिन्ध पर मोहम्मद बिन कासिम ने हमला करके वहां के राजा दाहिर को हराया। याद रहे कि मो॰ बिन कासिम को सिन्ध पर आक्रमण करने के लिए एक ब्राह्मण ने ही आमंत्रित किया था। जब दाहिर को हारता हुआ न देखा तो इसी ब्राह्मण ने हराने का रहस्य मोहम्मद बिन कासिम को बताया। भारत यदि जातियों में न बंटा होता, तो कोई भी आसानी से इसे परास्त न कर पाता।

जो मुसलमान यहां रह गए, उन्होंने अपने धर्म का भी प्रचार–प्रसार करना शुरू किया, जैसे अन्य स्वाभाविक रूप से करते हैं। बड़ी संख्या में दलित इस्लाम धर्म ग्रहण कर गए। अन्दाजन 85 प्रतिशत मुसलमान इस देश का दलित समाज से ही हैं। सदियों से जब उसके लिए मन्दिर के दरवाजे बन्द थे, तब वह मस्जिद की ओर गया। ऐसे में भला कौन कहेगा कि इन दलितों ने कोई अपराध किया। जब आज भी इन्हें तालाब का पानी तक इस्तेमाल नहीं करने दिया जाता, गाय की खातिर पांच दलितों को झज्जर में जान से मार दिया जाता है, इनको अपनी जमीनों से बेदखल किया जाता रहता है और न जाने क्या–क्या अत्याचार होते रहते हैं, तो उस समय के

दलितों के साथ क्या होता रहा होगा? इनके सामने इस्लाम धर्म का पैगाम सदियों के बाद मुक्ति का एक अवसर मिला। भारतीय संविधान आज भी किसी भी धर्म के प्रचार–प्रसार की इजाजत देता है और उस समय जब प्रचार–प्रसार हुआ होगा, तो दलितों व जिस–जिस को इसके पैगाम अच्छे लगे उन्होंने इसे अपनाया। इस धर्मांतरण से स्वतन्त्रता और प्रतिष्ठा की चाह को संघ परिवार गुनाह कह सकता है।

भारत की आजादी के समय मोहम्मद अली जिन्ना एवं पंडित जवाहर लाल नेहरू दोनो प्रधानमंत्री पद के दावेदार थे। दोनो में से कोई भी पीछे हटने को तैयार नहीं था अतः देश का विभाजन हुआ। संघ परिवार इसे गुनाह की संज्ञा दे सकता है कि मुसलमानों ने दूसरा देश बनाया। जब पूरे देश में मार–काट हो रही थी, तो पाकिस्तान के हिन्दुओं और भारत के मुसलमानों को यह छूट दी गई कि वे अपने–अपने मुल्कों में पलायन कर सकते हैं। मुसलमानों की भारी संख्या ने भारत में रहना पसन्द किया, चूंकि ये देशभक्त थे। इसी समय यह उल्लेख करना उचित होगा कि बंगाल में हिन्दू बाहुल्य क्षेत्र के प्रतिनिधियों ने देश विभाजन में मत दिया था और इसका विरोध मुस्लिम बाहुल्य क्षेत्रों के प्रतिनिधियों ने किया था। संघ परिवार की नजर में मुसलमानों का यही उनका गुनाह है कि वे भारत की एकता के पक्ष में थे।

आजादी के समय इनकी भागीदारी सरकार में 30 प्रतिशत से भी अधिक थी और वह आज घटकर एक से डेढ़ प्रतिशत हो गई है। मुसलमानों ने इस पर शोर–शराबा नहीं किया। इससे अन्दाजा लगाया जा सकता है कि दलितों को आरक्षण न मिला होता, तो आज इनकी भी भागीदारी नगण्य होती। मुसलमान अच्छे–पढ़े लिखे भी थे, तो ये कैसे सरकारी सेवाओं से बाहर हो गए? माना कि दलित किताबी ज्ञान की आवश्यकता की पूर्ति नहीं करते हैं, तो ऐसा मुसलमानों के साथ नहीं है। वास्तव में कहीं न कहीं भेदभाव के जरिए ही कुछ विशेष वर्ग के ही लोग सरकारी नौकरियों या अन्य महत्त्वपूर्ण क्षेत्रों में अपना वर्चस्व बनाए हुए हैं। यह भी एक बड़ा गुनाह हो सकता है कि मुसलमान सरकार में भागीदारी के लिए लड़े नहीं।

जब हिन्दू और मुसलमान का झगड़ा होता है, तो पी.एस.सी., पुलिस, पैरामलेटरी फोर्सेज आदि प्रायः साम्प्रदायिक भूमिका अदा करती हैं। अभी तक मुसलमानों ने इसमें आरक्षण की मांग नहीं की, शायद यह भी उनका एक गुनाह है। मुसलमानों को इस तरह से धार्मिक मुद्दे में उलझा दिया गया कि

वे अपनी बुनियादी मांगों को भूल गए हैं। यदि वे समझदारी से काम लेते और इस षड्यन्त्र का शिकार न होते तो शायद गुनाह न करते।

मुसलमानों ने न तो अपनी पार्टी बनाई और न ही अपना नेता। ये किसी न किसी पार्टी को समर्थन देते रहे, यह भी संघ परिवार की नजर में उनका गुनाह हो सकता है। कुछ व्यवसाय मुसलमान पुस्तैनी रूप से करते रहे और दूसरों ने उसको अपना लिया। चर्बी और चमड़ा उद्योग में ये आगे थे, लेकिन किसी जैन भाई ने चर्बी ज्यादा ही आयातित करके लोगों को घी के रूप में खिला दिया। अतः आर्थिक क्षेत्र से भी इनको खदेड़ा गया और इन्होंने एतराज नहीं जताया, यह भी संघ परिवार की नजर में इनका गुनाह हो सकता है।

मुसलमानों में शेख, शिया, पठान, अंसारी आदि जातियां हिन्दू धर्म के प्रभाव के कारण बनीं। हालांकि इस्लाम में वर्णव्यवस्था के लिए कोई स्थान नहीं है, अतः इस वर्णव्यवस्था के लिए भी इन्हें दोषी ठहराया जा सकता है। संघ परिवार को शायद यह भी नागवांर गुजर रहा होगा कि इस्लाम में जाति–पाति क्यों नहीं है?

हर समाज या धर्म के मानने वाले लोग कुछ न कुछ गलती जरूर करते हैं और उसी तरह से भारत के मुसलमानों ने भी गलती की है। इन्होंने आधुनिक शिक्षा को अहमियत नहीं दी, जिससे इनका भारी नुकसान हुआ। ये व्यवसायी मानसिकता के भी नहीं हैं, इसलिए इस क्षेत्र में भी पिछड़ गए। इन्होंने धार्मिक मुद्दे को ज्यादा तरजीह दी, जिसके कारण अन्य मौलिक समस्याओं से ध्यान बंटा और धीरे–धीरे शिक्षा एवं आर्थिक जगत में पीछे रह गए। जो समाज आर्थिक, राजनैतिक रूप से मजबूत नहीं होता, वह अपने धर्म एवं प्रतिष्ठा की रक्षा नहीं कर सकता। इजरॉयल छोटा सा देश है, लेकिन तमाम मुस्लिम देशों को तबाह किए हुए है। महिलाओं की स्वतन्त्रता और उनकी भागीदारी को सुनिश्चित करने के मामले में कुछ खास नहीं किया और जहां तक हो सका उन्हें पीछे ही ढकेलने की कोशिश की। इससे पूरे मुस्लिम समाज की भारी क्षति हुई। जिस देश या समाज की महिलाओं को प्रत्येक क्षेत्र में भागीदारी नहीं दी जाती वह समाज पिछड़ता जाता है। यह सच है कि घर की महिला को शिक्षित करने का मतलब पूरे घर को शिक्षित करना और पुरूष को शिक्षित करने का मतलब केवल उसी को ही शिक्षित करना है। मुसलमानों ने किसी भी पार्टी के सामने कोई ठोस मुद्दा नहीं रखा। गत

एक दशक से भाजपा हराओ और लगता है कि अपने लिए कुछ न मांगो का अभियान चला रखा है। कांग्रेस की हुकूमत 14 राज्यों में है, लेकिन गुजरात जैसी भयावह घटना के बावजूद भी इन्होंने पुलिस एवं पी.एस.सी. आरक्षण की मांग नहीं उठाई। मुसलमान भाषण के जरिए जगह–जगह पर मांग तो करते हैं, लेकिन कोई जन–आन्दोलन इस मुद्दे पर अभी तक नहीं छेड़ पाएं हैं।

जब मुसलमान अल्पसंख्यक हैं, तो उन्हें जान लेना चाहिए कि ऐसे दोस्त की तलाश करें, जो दोस्ती सदा के लिए हो। इस्लाम के पैगाम को सही रूप से ये मानते तो सबसे पहले इनको इस देश के दलितों को गले लगाना चाहिए था। इससे दलित–मुस्लिम एकता तो मजबूत होती ही और संघ परिवार को इन दोनों को आपस में लड़ाने का मौका भी न मिलता। दोस्ती समान लोगों से ही होती है, दलित और मुस्लिम की सामाजिक, आर्थिक एवं राजनैतिक स्थिति लगभग एक जैसी है। पिछड़े वर्ग को जब 1990 में मण्डल कमीशन के जरिए आरक्षण मिला, तो इस देश में तथाकथित कुछ सवर्णों ने ऐसा हंगामा खड़ा कर दिया कि जैसे उनका सबकुछ छिन गया हो। हजारों वर्षों से 50 प्रतिशत से अधिक हिन्दू धर्म को मानने वाले लोगों को जब न्याय मिला, तो इसका विरोध मुसलमानों, ईसाइयों एवं दलितों ने नहीं किया और विरोध करने वाले मनुवादी मानसिकता के ही लोग थे। मण्डल विरोधी आन्दोलन का नेतृत्व संघ परिवार ने ही किया और जब यह भांप लिया कि मण्डल के विरूद्ध आन्दोलन पैदा हो गया है, तो उसका रूख श्री लाल कृष्ण आडवानी के नेतृत्व में रथ निकालकर अयोध्या में मंदिर बनाने की ओर कर दिया गया, अर्थात् मण्डल के विरूद्ध कमण्डल। इसी के कारण भाजपा उ॰प्र॰ में सत्ता में आई और बाबरी मस्जिद भी टूटी। मुस्लिम समाज क्यों नहीं पिछड़े वर्ग से पूछता कि जब इन्हें न्याय मिला तो उनकी मस्जिद क्यों टूटी? यदि वे उनसे यह कह सकते कि आज जो पिछड़ा वर्ग संघ परिवार का साथ दे रहा है, उसका असली विरोधी मुसलमान नहीं है, बल्कि जिसका साथ दे रहे हैं, वही है।

मुसलमानों के विरूद्ध अशिक्षितों एवं गांवों में लगातार संघपरिवार का प्रचार चलता रहता है कि ये विदेश से आएं हैं, लेकिन सामूहिक या आन्दोलन के रूप में कभी भी इसका जबाब नहीं दिया गया कि वर्णव्यवस्था के कारण ये मुस्लिम बने और इस्लाम की समानता ही इसका मूल कारण है। पिछले

वर्ष इंडिया टुडे में एक अध्ययन की रिपोर्ट छपी कि इस देश के तथाकथित सवर्णों का ब्लड या जीन्स यूरोप के लोगों से मिलता है। इससे यह सिद्ध होता है कि कुछ को छोड़कर मुसलमान इसी देश के आदि निवासी हैं, लेकिन तथाकथित सवर्ण अवश्य बाहर से आए। इसकी पुष्टि इतिहास ने भी की है।

राजनैतिक क्षेत्र में मुसलमान समाज से जिन लोगों को आगे आना चाहिए, वे आगे नहीं आ पा रहे हैं। कुछ लोग भड़काऊ भाषण देकर आम मुसलमानों को क्षणिक तुष्टि तो कर रहे हैं, लेकिन उसके जबाब में आम हिन्दू गोलबन्द हो रहा है और दूरगामी परिणाम यह हो रहा है कि पूरा मुस्लिम समाज इसका खामियाजा भुगत रहा है। ये बयान देने वाले अपने शोहरत, पसन्द एवं स्वार्थ के कारण कर रहे हैं और कुछ मीडिया भी इन्हीं के बयान को छापता है। इसके कारण ये तो महफूज हैं, लेकिन आम मुसलमान पिटता है। चुनाव के समय ये फतवा जारी करते हैं और उसकी घोर प्रतिक्रिया हिन्दू समाज में होती है। इससे अच्छा सुनहरा मौका संघपरिवार के लिए क्या हो सकता है? जब संघपरिवार के द्वारा धार्मिक उन्माद फैलाया जाता है, तो उसकी निन्दा धर्मनिरपेक्ष ताकतों से अपेक्षित होती है, लेकिन मुसलमान समाज के कुछेक भड़काऊ भाषण देने वाले को क्या कहा जाए? यह भी सच्चाई है कि सामूहिक स्तर पर ऐसे तत्वों की मुसलमान समाज भी निन्दा नहीं करता।

जब दलितों के ऊपर अन्याय होता है, तो मुसलमान समाज उनकी मदद के लिए कुछ नहीं करता, यदि कुछेक कहते भी हैं, तो वह मुस्लिम समाज की आवाज नहीं होती। पिछले वर्ष अनुसूचित जाति/जन जाति संगठनों का अखिल भारतीय परिसंघ एवं लॉर्ड बुद्धा क्लब के द्वारा जब बौद्ध धर्म के कार्यक्रम पर संघपरिवार का हमला हुआ, तो देश के मुसलमान नेता, बुद्धिजीवी, पत्रकार आदि कुछ नहीं बोले, जबकि प्रगतिशील बुद्धिजीवी एवं ईसाई इत्यादि ने पूर्ण भर्त्सना की। ऐसे में कैसे दलित महसूस करें कि मुसलमान उसका साथी है।

संघ परिवार हिन्दू राष्ट्र के निर्माण की बात कर रहा है, लेकिन जब भी यह मांग निर्णायक दौर में होगी, तो मनुवादियों के पक्ष में अधिक से अधिक 10 प्रतिशत तक ही समर्थन मिल सकता है, जबकि 25 प्रतिशत हिन्दू दलित, 85 प्रतिशत मुसलमान दलित, 95 प्रतिशत ईसाई दलित, सिक्ख दलित एवं अतिपिछड़ों व बौद्धों की संख्या मिलाकर 50 प्रतिशत से अधिक होती है और

प्रतिक्रिया में ये दलित राष्ट्र की मांग कर सकते हैं। इसके जवाब में मुसलमानों को चेतावनी देनी चाहिए कि मनुवादियों द्वारा नए राष्ट्र की बकवास से खण्डता पैदा हो सकती है। अक्सर मुसलमान लोग 'हिन्दुस्तान' शब्द का अपने भाषणों में उल्लेख करते हैं, जबकि 'भारत' शब्द का इस्तेमाल होना चाहिए। ये लोग भी संघपरिवार को हिन्दुत्ववादी कहकर सम्बोधित करते हैं और इस तरह से तमाम उन हिन्दू धर्म के मानने वालों को बेवजह उनके पाले में झोंक देतें हैं, जो इनके साथ नहीं हैं। कौन कहता है कि संघ परिवार समूचे हिन्दू धर्म के मानने वालों का नेतृत्व कर रहा है?

वर्तमान परिस्थितियों में भारतीय मुसलमानों को स्वतन्त्रता दिवस, गणतंत्र दिवस जैसे राष्ट्रीय त्योहारों को बढ़–चढ़कर मनाना चाहिए। यह इस तरह से हो कि आम भारतीयों को पता भी लगे, जिससे संघ परिवार का दुष्प्रचार कमजोर पड़े। मुसलमानों को तथाकथित इस्लामी आतंकवाद एवं मुशर्रफ का जमकर विरोध करना चाहिए। बुर्का न पहनने पर गर्दन काट देने और इस प्रकार की अन्य सामाजिक कुरीतियों की जबर्दस्त निन्दा करनी चाहिए। हमें ज्ञात होना चाहिए कि भाजपा राजनैतिक एजेन्डा द्वारा राजनीति नहीं कर रही है, बल्कि सामाजिक–धार्मिक मुद्दों के जरिए। हमारे आन्दोलन के अलावा विपक्ष के पास भी इसका जबाब नहीं है। कुछ जगहों पर दलित–मुस्लिम भोज की शुरुआत हुई है, इससे इन दोनों को आपस में लड़ाना मुश्किल होगा। इसकी शुरुआत फिल्म उद्योग की जानी–मानी हस्ती हसन कमाल ने मुम्बई से शुरू की। इस तरह का भोज पूरे देश में आयोजित करना चाहिए।

---

08 जनवरी, 03 राष्ट्रीय सहारा दलित–मुस्लिम एकता की जरूरत

23

अम्बेडकरवाद बनाम मनुवाद

मनुवाद या वर्णव्यवस्था वह विचारधारा है, जिसमें बेइन्तहा लचीलापन है इसलिए वह जब चाहे, जो रूप धारण कर लेती है। सत्य को असत्य और असत्य को सत्य करने की भी क्षमता है। पराजय के बाद भी विजयी होने का दम भर सकती है। भाजपा के उ॰प्र॰ इकाई के अध्यक्ष श्री विनय कटियार ने अपने तथाकथित सांस्कृतिक राष्ट्रवाद बनारस से शुरू करते हुए कहा कि डॉ॰ अम्बेडकर मुसलमानों के विरूद्ध थे। उन्होंने यह भी कहा कि डॉ. अम्बेडकर, सरदार पटेल एवं डॉ॰ हेडगेवार की विचारधारा एक जैसी है। अभी तक भाजपा ने अपने राजनैतिक जीवन में डॉ॰ अम्बेडकर तक पहुंचने की कोशिश नहीं की थी, लेकिन उ॰प्र॰ भाजपा के अध्यक्ष श्री विनय कटियार ने अपने वाराणसी और लखनऊ के बयानों द्वारा यह कुत्सित प्रयास कर दिया। उन्होंने कहा, ''डॉ॰ अम्बेडकर, सरदार पटेल और डॉ॰ हेडगेवार ने जहां यह यात्रा छोड़ी थी, हम वहीं से शुरू कर रहे हैं।'' यह कहकर उन्होंने झूठ, छल–कपट और बेशर्मी की सीमा तोड़ दी। ज्ञात रहे कि ये तथाकथित सांस्कृतिक राष्ट्रवाद की आड़ में इस यात्रा के माध्यम से उ॰प्र॰ को गुजरात बनाना चाहते हैं। डॉ॰ अम्बेडकर कभी मुस्लिम विरोधी नहीं थे। कटियार जी ने कहा कि डॉ॰ अम्बेडकर भारत का बंटवारा नहीं चाहते थे, यह सत्य है। 1945 में डॉ॰ अम्बेडकर ने 'थाट्स ऑन पाकिस्तान' पुस्तक लिखा, जिसमें

उन्होंने लिखा, ''यदि अपरिहार्य कारणों से भारत का बंटवारा होता है, तो आबादी की अदला–बदली द्वारा सारे हिन्दू और मुसलमानों को अपने–अपने देश में चले जाना चाहिए। यदि मुसलमान भारत में रह जाएंगें, तो मनुवादी उन्हें शूद्रों के बाद पांचवां म्लेच्छ वर्ण बनाकर गुलाम बना लेगें। मुसलमानों का भविष्य भारत में उज्ज्वल नहीं रहेगा।'' यह अब सच हो रहा है। डॉ॰ अम्बेडकर ने मुसलमानों को मताधिकार से वंचित करने, आतंकी और राजनीति में गुण्डागर्दी करने की बातें कभी नहीं कहा और न लिखा है। यह सब बातें कटियार जी की कुत्सित मानसिकता को झलकातीं हैं। कटियार जी ने यह भी कहा कि डॉ॰ अम्बेडकर काशी, मथुरा और अयोध्या मुक्त कराना चाहते थे, जबकि उन्होंने संविधान में लिखा है कि धार्मिक स्थलों की 1947 की स्थिति यथावत रहेगी।

गोवा में आदरणीय अटल बिहारी वाजपेयी जी द्वारा की गई हिन्दुत्व की व्याख्या तो चौंकाने वाली है कि हिन्दुत्व ही भारतीयता है और भारतीयता ही हिन्दुत्व। यह एक सहिष्णु, उदारवादी और अहिंसक विचारधारा है। इसके बारे में सही जानकारी करना हो, तो दलितों के पास जाइए, तभी जान सकते हैं कि यह विचारधारा क्या है? आज भी दलितों को तालाब का पानी नहीं इस्तेमाल करने दिया जाता, गाय की खातिर उन्हें मार दिया जाता है और इसी प्रकार न जाने कितने अत्याचार किए जाते हैं। भाजपा या संघ परिवार को हिन्दुत्ववादी ताकतें नहीं कहना चाहिए, क्योंकि हिन्दू धर्म के मानने वाले बहुत कम लोगों का ये प्रतिनिधित्व करते हैं। कांग्रेस, सपा, आर.जे.डी. आदि सहित बहुत से लोग हिन्दू धर्म को मानते हैं और ये भाजपा एवं संघ परिवार के समर्थक कदापि नहीं हैं, तो किसने इनको सभी हिन्दुओं का नेतृत्व करने का ठेका दे दिया है? वाजपेयी जी जिस हिन्दुत्व की बात कर रहे हैं, वह मनुवाद है, जिसकी नींव ही नफरत, भेदभाव एवं घृणा पर आधारित है। वाजपेयी जी का हिन्दुत्व यदि संघ परिवार के हिन्दुत्व से भिन्न है, तो कुछ हद तक बात समझ में आती है। ऐसे विचार रखने के पहले वाजपेयी जी को सार्वजनिक रूप से कहना पड़ेगा कि वे भाजपा एवं संघ परिवार के विचारों को नहीं मानते। मान लिया जाए कि उन्होंने ऐसा कर भी दिया, तब भी यह

नई परिभाषा अनुचित है। वर्णव्यवस्था उदारवाद एवं अहिंसा का विरोधी है और इनका वही सम्बन्ध है, जो धरती और आकाश का होता है। संघ परिवार की विचारधारा तभी उदार और अहिंसक दिखती है, जब इनके सामने कोई मजबूत ताकत खड़ी हो। कमजोरों के लिए तो उदारवादिता का कोई मतलब ही नहीं है। अगर थोड़ा सा भी होता, तो अब तो उन्हें दलितों को पूरा सम्मान एवं उनका अधिकार देने के लिए कुछ करना चाहिए था। दलितों का एक मात्र सहारा आरक्षण था और अब उसे भी निजीकरण के माध्यम से छीन रहे हैं।

सावरकर जी ने अपनी पुस्तक 'हिन्दुत्व' में लिखा है कि जिसके पितृभू, और पुण्यभू दोनो ही भारत में हों, वह हिन्दू है, यानी जिनके पुरखे भारतीय हों, और जिनके पूजा आस्था स्थल भी भारत में ही हों, वे ही हिन्दू हैं। इस परिभाषा के अनुसार मुसलमान, सिक्ख, इसाई, यहूदी, आदि अहिन्दू सिद्ध हुए। भारत हिन्दू राष्ट्र है, इसलिए जो अहिन्दू हैं, वे अराष्ट्रीय हैं। सारवरकर जी, संघपरिवार एवं भाजपा की हिन्दुत्व की परिभाषा का मतलब वही है, जो हिन्दू धर्म को माने। इस परिभाषा द्वारा वाजपेयी जी ने मुसलमानों, ईसाइयों, बौद्धों, जैनो, सिक्खों, पारसियों आदि को गैर भारतीय घोषित कर दिया, क्योंकि ये हिन्दू धर्म को नहीं मानते हैं। देश के प्रधानमंत्री से यह आशा नहीं की गई थी। देश की जनता कितनी बार संघपरिवार, भाजपा आदि से भ्रमित होती रहती है। कभी तो वाजपेयी जी कहते हैं कि मुसलमान जहां रहते हैं, शांति से नहीं रहते। कभी वे कहते हैं कि सबसे पहले वे स्वयंसेवक हैं। कभी वे कहते हैं कि धर्म के आधार पर राजसत्ता नहीं चलती। गुजरात के मामले में एक तरफ हिंसा की निन्दा भी करते हैं और दूसरी तरफ नरेन्द्र मोदी जी की पीठ भी थपथपाते हैं। इनके बयान पर शिवसेना एवं विहिप भी बिफर गई है कि आखिर क्या पड़ी थी कि वाजपेयी जी देश को हिन्दुत्व की परिभाषा बताने लगे? यह नूराकुस्ती काफी दिनों से चल रही है। कभी विहिप भाजपा की निन्दा करती है और कभी भाजपा विहिप की। यह इनकी पुरानी आदत है और इसी के कारण सत्ता में आए भी हैं। ये सब अन्दर से मिले रहते हैं और एक बोलता है, तो दूसरा खण्डन करता है और इसी से एक तीखा

होता है, तो दूसरा संभाल लेता है। आश्चर्य इस देश की जनता के ऊपर है कि इन्हें अच्छी तरह से पहचान नहीं पा रही है।

इस यात्रा द्वारा कटियार जी मुसलमानों से अपील करेगें कि वे भारत को अपना देश मानें। इन्हें जानना चाहिए कि इस देश के मुसलमान असली मालिक, मूल निवासी–पूर्व बौद्ध और पूर्व शूद्र हैं। ये भारत को अपना देश मानते हैं और स्वतन्त्रता संग्राम में सबसे अधिक कुर्बानी भी इन्होंने दी। भाजपा डॉ॰ अम्बेडकर के उन विचारों को क्यों नहीं उद्धृत करती जिसमें उन्होंने कहा है कि हिन्दू धर्म कोई धर्म नहीं, अपितु मूल निवासियों को गुलाम बनाने की एक साजिश है। मनुस्मृति को जलाकर डॉ॰ अम्बेडकर मनुवाद के कितने विरूद्ध थे, दिखा दिया था।

मुसलमानों ने हमेशा डॉ॰ अम्बेडकर का साथ दिया और मनुवादियों ने ही कजरोलकर को खरीदकर डॉ॰ अम्बेडकर के विरूद्ध चुनाव लड़ाया, ताकि संसद में जाने से इन्हें रोका जाए। मुस्लिम लीग ने अपने नेता जोगेन्दर नाथ मण्डल से त्यागपत्र दिलवाकर इन्हें नोवाखोली से चुनाव लड़ाया और जिताया। विनय कटियार जी को यह भी उद्धृत करना चाहिए था कि डॉ॰ अम्बेडकर का बहुचर्चित मिशन (ध्येय) क्या है, जानें। 1920 में डॉ॰ अम्बेडकर ने कहा था, ''ये सवर्ण (ब्राह्मण, क्षत्रिय और वैश्य) कहे जाने वाले लोग विदेशी हैं। ये शूद्र (धर्म परिवर्तित अल्पसंख्यक सहित) भारत के मूल निवासी और असली मालिक हैं। मैं इस देश को भारत के असली मालिकों के हाथों में सौंपने के लिए संघर्ष करूंगा। यदि यह लड़ाई हार गया, तो आत्महत्या कर लूंगा।'' डॉ॰ अम्बेडकर पूरे जीवन हेडगेवार, भाजपा एवं संघपरिवार के विरूद्ध ही लड़ाई लड़े। अन्त में जब देखा कि मनुवादी अपनी विचारधारा में कोई सुधार लाने वाले नहीं हैं, तब वे संघ की विचारधारा अर्थात् वर्णव्यवस्था का त्याग करके लाखों लोगों के साथ सन् 1956 में बौद्ध बन गए।

भाजपा ने ऐसा साहस इसलिए किया कि जब मायावती जी उन्हें जिताने के लिए गुजरात में चुनाव प्रचार करने जा सकती हैं, तो डॉ॰ अम्बेडकर को हजम करने में क्या आपत्ति है? यदि भाजपा डॉ॰ अम्बेडकर को मायावती जी की कार्य प्रणाली के माध्यम से समझने की कोशिश करती है, तो इसमें

कुछ दम है, क्योंकि बसपा को कुछ दलित डॉ॰ अम्बेडकर का वारिस मानते हैं। देश के प्रगतिशील, धर्मनिरपेक्ष अम्बेडकरवादियों को इसकी निन्दा करते हुए बसपा को इसका मुजरिम घोषित कर देना चाहिए। इसमें तथाकथित भगवान गौतम बुद्ध, डॉ॰ अम्बेडकर, ज्योतिबा फुले, साहू जी महाराज, पेरियार, संत रविदास, संत कबीर, आदि के अनुयायियों का दोष है। इन्होंने भी कभी कांशी राम जी एवं बहिन मायावती जी के धार्मिक एवं सांस्कृतिक पक्ष के बारे में विचार नहीं किया। एक तरफ तो ये अपने को अम्बेडकरवादी कहते थे और दूसरी तरफ बामसेफ जो इनके शुरुआती आन्दोलन का संगठन था, उसके केन्द्र बिन्दु की विचारधारा भी यह थी कि यह संगठन अर्थात् बामसेफ गैर संघर्षशील, गैर धार्मिक और गैर राजनैतिक रहेगा। इसके बावजूद किसी ने इनको रोका–टोका नहीं कि जब डॉ॰ अम्बेडकर ने संघर्ष करने एवं धर्मपरिवर्तन की बात को सबसे अधिक तूल दिया, तो ये कैसे अपने को अम्बेडकरवादी कह सकते हैं? कुछ दिन पहले राष्ट्रीय सहारा में लेखक ने लिखा था कि काशी राम जी का धर्म क्या है, उससे भी समझ में आता है कि सांस्कृतिक क्रांति में इनकी आस्था नहीं है। जब पंजाब में कांशी राम जी से सिक्ख धर्म के अनुयायियों ने पूछा कि सिक्ख धर्म के बारे में आप क्या सोचते हैं? तो उन्होंने कहा कि वे तो पूरे भारत को ही सिक्ख बनाना चाहते हैं। उसके बाद जब बौद्ध धर्म के अनुयायियों ने पूछा तो उन्होंने कहा कि उनका मकसद पूरे देश को बौद्ध बनाना ही है। जब पिछले वर्ष अनुसूचित जाति/जन जाति संगठनों का अखिल भारतीय परिसंघ एवं लॉर्ड बुद्धा क्लब द्वारा दस लाख लोगों को बौद्ध धर्म धारण कराने की मुहिम चली, तो उन्होंने अप्रैल, 2001 को भोपाल एवं अन्य जगहों पर कहा कि दस लाख लोगों को बौद्ध धर्म की दीक्षा देने से क्या फायदा? जब तक कि करोड़ों लोगों को इसमें न शामिल कराया जाए। इस आन्दोलन को कमजोर करने के लिए उन्होंने घोषणा कर दी कि वे 2006 में करोड़ों लोगों को बौद्ध बनाएंगें। किसी भी दृष्टि से देखा जाए, तो यह परिसंघ और लॉर्ड बुद्धा क्लब के आन्दोलन को कमजोर करने की युक्ति ही है। बहुत ही अच्छा होता कि यह संदेह असत्य में बदल जाए और कांशी राम जी 2006 में ऐसा कर डालते। बसपा के सुप्रीमो

का खुद ही मानसिक परिवर्तन अभी नहीं हो पाया है। इसीलिए मनुवाद का साथ देने में इन्हें कोई हिचक नहीं होती। मायावती जी चोरी–छुपे हिन्दू धर्म के कर्मकाण्डों को करती रहती हैं। उदाहरणतः जब नोएडा में गौतम बुद्ध की मूर्ति का अनावरण होना था, तो उन्होंने मूर्ति को गाजियाबाद में ही अनावृत कर दिया, क्योंकि एक धारणा बन गई थी कि जो भी मुख्यमंत्री नोएडा जाता है, वह अपना पद गंवा बैठता है।

अनुसूचित जाति/जन जाति संगठनों का अखिल भारतीय परिसंघ, लॉर्ड बुद्धा क्लब, जमीयत उलमा–ए–हिन्द, ऑल इंडिया यूनाइटेड मुस्लिम मोर्चा एवं अन्य दलित–मुस्लिम संगठनों एवं नेताओं के माध्यम से जो दोनों समुदायों के बीच एकता का प्रयास चल रहा है, उससे घबराकर भाजपा डॉ॰ अम्बेडकर के ऊपर कीचड़ उछाल रही है। मुसलमानों और दलितों को आपस में लड़ाकर पूरे देश को गुजरात बनाना चाहती है। गत् कई वर्षों से संघ परिवार के उकसाने के बावजूद भी उत्तरी भारत में दलित मुसलमानों से नहीं लड़ रहे हैं, इसलिए भी वे ऐसा कर रहे हैं।

भाजपा को अगर डॉ॰ अम्बेडकर के विचारों को उद्धृत ही करना है, तो पूरी तरह से करे। उनके विचारों को तोड़–मरोड़कर पेश करने की कुचेष्टा न करे। यदि सच्चे मायने में उनके विचारों को रखें तो निश्चित रूप से संघ परिवार के विरूद्ध सिद्ध होगें। कटियार जी उ॰प्र॰ को गुजरात समझने की भूल न करो, वरना यह नुकसानदायी भी सिद्ध हो सकता है।

---

13 जनवरी, 03 हिन्दुस्तान अम्बेडकरवाद बनाम मनुवाद

24

दलित-मुस्लिम एकता मजबूत होती देख भाजपा परेशान

भारत या जम्बूद्वीप एक ऐसा देश है, जहां बाहर से लोग आए और बसते गए। ऐतिहासिक साक्ष्य के अनुसार मध्य एशिया से आर्य सबसे पहले आए और यहां के मूलनिवासियों से उनका लम्बा संघर्ष चला। अंततः आर्य शासन–सत्ता पर काबिज हो गए। इन दोनों के संघर्ष के कारण मानवों को भिन्न–भिन्न जातियों में विभाजित कर दिया और धीरे–धीरे यह व्यवस्था जटिल होती गई। जब यहां की सामाजिक एकता तार–तार हो गई, तो अफगानिस्तान के रास्ते से तमाम हमले होते रहे और सभी सफल भी हुए। यह बात नहीं है कि हमलावर बहुत ताकतवर थे या उनकी संख्या बहुत अधिक थी, बल्कि हमारी एकता के अभाव में उनकी जीत सुनिश्चित हुआ करती थी। सन् 712 ई॰ में मो॰ बिन कासिम सिन्ध को जीतने में सफल हुआ और उसके बाद तमाम मुसलमान आक्रमणकारी आते ही रहे। शुरुआत के दौर में इनका मकसद केवल लूट–पाट करके चले जाना हुआ करता था, लेकिन कुछ दिनों बाद ये भारत में बसने भी लगे।

ये लोग देश के शासक होने के कारण जीवन के तमाम क्षेत्रों को प्रभावित किए बिना नहीं रह सके। उस समय दलितों की स्थिति कितनी दर्दनाक एवं भयावह हुआ करती रही होगी। 50 साल पूर्व तक देश में तमाम स्थानों पर दलितों को तालाब का पानी तक पीने नहीं दिया जाता था और

इनकी परछाईं से भी तथाकथित सवर्ण अपवित्र हो जाया करते थे। कहीं–कहीं ऐसी चीजें अभी भी देखने को मिल जाती हैं। शुरू में इस्लाम धर्म एक क्रांतिकारी धर्म था। बाद में जरूर इसमें कट्टरवादिता समाहित हो गई, परन्तु जात–पांत कभी नहीं रही। हिन्दू धर्म के कारण भारत में इस धर्म में भी भेदभाव और जात–पांत प्रवेश कर गया। आज अगर देखा जाए, तो भारत में रह रहे मुसलमानों की संख्या में बाहर से आए मुसलमानों की संख्या लगभग नहीं के बराबर है, अर्थात् यहीं के लोग इस्लाम धर्म को कबूल करके मुसलमान बन गए। यदि सबसे ज्यादा मुसलमान कोई बना तो शूद्र समाज के ही लोग बने, क्योंकि इस्लाम धर्म में आपस में भेदभाव, छुआछूत और घृणा के लिए स्थान नहीं है। तथाकथित सवर्णों ने यदि इस्लाम धर्म को अपनाया तो उसके पीछे धन–सम्पत्ति एवं राजसत्ता प्राप्त करना उद्देश्य रहा है।

मनुवादी लोग भारत के मूलनिवासियों को, जिन्होंने इस्लाम धर्म कबूल कर लिया था, विदेशी कहने लगे। धीरे–धीरे आम जनता के मन और मस्तिष्क में यह बात घर करने लगी कि वास्तव में ये लोग विदेशी हैं। कुछ कठमुल्लावादी मुसलमानों ने भी इस तरह का माहौल तैयार करने की भूल की। संघ परिवार ने ऐसी भूलों का जमकर फायदा उठाया। आज से कुछ वर्ष पहले ही गांव से लेकर शहर तक हिन्दुओं और मुसलमानों में जबर्दस्त भाईचारा हुआ करता था, परन्तु संघ परिवार की नीतियों के कारण अब कटुता पैदा होने लगी है। 27 फरवरी, 2002 को गोधरा में जघन्य काण्ड हुआ, जिसकी जितनी भी निन्दा की जाए कम है। उसके बाद श्री नरेन्द्र मोदी के नेतृत्व में योजनाबद्ध तरीके से मुसलमानों के ऊपर हमला किया गया। गुजरात के प्रथम चरण के दंगे में यह कहा जा सकता है कि हिन्दुओं के समस्त वर्ग ने कम या अधिक भाग लिया, परन्तु 15 मार्च, 2002 के बाद संघ परिवार ने सुनियोजित ढंग से दलितों–आदिवासियों को मुसलमानों से लड़ाने का प्रयास किया और कहीं–कहीं सफल भी रहे। संदेश एवं गुजरात समाचार ने दलितों एवं आदिवासियों की मुसलमानों के खिलाफ बहादुरी से लड़ने की प्रशंसा की, इससे दलितों में उत्साह पैदा हुआ और मुसलमानों का उनके विरुद्ध होना स्वाभाविक था।

अहमदाबाद की कुछ दलित बस्तियां जैसे दानी निमड़ा, गोमतीपुर, शाहपुर, खानपुर आदि में निर्दोष, अशिक्षित एवं बेरोजगार दलितों को जबरन

मुसलमानों के खिलाफ लड़ाया गया। शुरू में इन्होंने लड़ने से मना कर दिया, तब विश्व हिन्दू परिषद एवं बजरंग दल के कार्यकर्त्ता इनके मध्य गए और शराब, पैसा एवं हथियार इत्यादि बांटे और फिर भी लड़ने के लिए तैयार नहीं हुए तो दबिश देकर इनको दंगे में झोंक दिया।

सन् 1984 और 85 में जब एक दलित रेडियोलॉजिस्ट को आरक्षण के तहत नियुक्त किया गया था, गुजरात में दलितों के विरूद्ध दंगे भड़क गए थे, जिनमें इनको मारा–पीटा गया था। सन् 1969 में भी गुजरात में संघ परिवार के इशारे पर दंगे इसलिए भड़काए गए थे, ताकि श्रीमती इन्दिरा गांधी पर मुसलमानों का एकतरफा पक्ष लेने का आरोप मढ़ा जा सके और उनके विरुद्ध मोरार जी देसाई की मदद भी की जा सके।

जहां साम्प्रदायिकता ने जन्म नहीं लिया था, वहां पर विहिप एवं बजरंग दल के कार्यकर्त्ता एवं नेता दलित बस्तियों में गए और उनको उत्तेजित एवं लोभ–लालच देकर इस स्थिति में लाकर खड़ा कर दिया कि वे मुसलमानों से लड़ने के लिए मजबूर हो गए। शुरू में विहिप के लोग भी दलितों के साथ मुस्लिम इलाकों में गए और जब वहां दंगों का माहौल बन गया, तो दलितों को वहीं छोड़कर गायब हो गए और अन्त में दलित और मुसलमान लड़ गए। मुसलमानों के बाद दलितों की सबसे अधिक हत्या हुई है। जब कुछ मुसलमान दलितों के ऊपर हमला कर रहे थे तो पुलिस आराम से देख रही थी और रोकने की कोशिश नहीं की, ताकि ये दोनों अच्छी तरह लड़ जाएं। जहां भी दलित इस दंगे के शिकार हुए, कुछ अखबारों ने बढ़ा–चढ़ाकर छापा कि दलितों पर मुसलमानों ने आक्रमण किया और मारा–पीटा। कुछ अखबारों ने तो दलितों को शाबासी दी कि इन्होंने ही हिन्दू धर्म की शान बचाई। इस तरह से ऐसा माहौल पैदा कर दिया कि दलित और मुसलमान एक दूसरे को दुश्मन समझने लगे।

गुजरात के परिसंघ के नेताओं ने बताया कि दलितों में संघ परिवार के लोगों ने भारी मात्रा में शराब, पैसा और हथियार बाटें, ताकि उन्हें मुसलमानों के खिलाफ लड़ाए जा सकें। यह भी बताया कि दलित कारसेवकों को पैसा देकर अयोध्या ले जाया गया था। इसके पूर्व दलित कारसेवक संघ परिवार के चंगुल में नहीं फंस पाए थे। संघ परिवार को अच्छा समर्थन दलितों से इसलिए मिला कि वे अशिक्षित एवं बेरोजगार हैं।

गुजरात में उस समय ऐसी स्थिति बन गई थी कि बाहर के लोग वहां जाकर तनाव कम करने में बहुत ही असहाय सिद्ध हो रहे थे, क्योंकि दोनो तरफ के लोग इस समय दुःखी, क्रोधित एवं घृणा की भावना से ओत–प्रोत थे। फिर भी अनुसूचित जाति/जन जाति संगठनों के अखिल भारतीय परिसंघ ने अहमदाबाद और आस–पास के इलाके की दलित बस्तियों में जगह–जगह सभाएं की और इन्हें समझाया गया कि वे मुसलमानों के विरूद्ध इस्तेमाल न हों। जब दंगा खत्म होगा तो ये ही लोग अछूत हो जाएगें। दलितों को बताया गया कि तुम्हारा आरक्षण मुसलमान और ईसाई नहीं खत्म कर रहे हैं, बल्कि जिनके उकसाने पर तुम लोग लड़ रहे हो वे ही लोग खत्म कर रहे हैं। डॉ॰ बी॰आर॰ अम्बेडकर द्वारा निर्मित संविधान को ये ही लोग बदलना चाहते हैं। यहां के दलितों को अन्य बुनियादी समस्याओं जैसे शिक्षा, रोजगार, स्वास्थ्य आदि के ऊपर ध्यान आकर्षित कराने की कोशिश की गई। इसका परिणाम यह हुआ कि दलितों का कुछ जोश शान्त हुआ। अशिक्षा, बेरोजगारी, अन्धविश्वास, लालच, दबाव में ये दलित समय–समय पर संघ परिवार के द्वारा कभी कारसेवक के रूप में इस्तेमाल किए जाते हैं, तो कभी मुसलमानों के खिलाफ।

अब अन्य राज्यों में भी गुजरात के नुस्खे आजमाने की कोशिश संघ परिवार द्वारा जोरों पर है। उत्तरी भारत के दलित संघ परिवार के बहकाने में नहीं आ रहे हैं। बाबा साहेब डॉ॰ भीम राव अम्बेडकर के लिए दलितों के दिलों में गहरी पैठ है, इसलिए अब भाजपा डॉ॰ अम्बेडकर के विचारों को गलत ढंग से उद्धृत करते हुए दलितों को मुसलमानों के खिलाफ उकसाने की असफल कोशिश कर रही है। उ॰प्र॰ भाजपा के अध्यक्ष श्री विनय कटियार ने कहा कि डॉ॰ अम्बेडकर और संघ परिवार का नजरिया मुसलमानों के प्रति एक ही है। उन्होंने डॉ॰ केशव बलिराम हेडगेवार की तुलना डॉ॰ अम्बेडकर से करते हुए कहा कि दोनों चाहते थे कि मुसलमान भारत छोड़कर चले जाएं। जबकि वास्तविकता यह है कि डॉ॰ अम्बेडकर ने कहा था, ''मैं भारत का बंटवारा नहीं चाहता हूं, यदि अपरिहार्य कारणों से भारत का बंटवारा होता है, तो आबादी की अदला–बदली द्वारा सारे हिन्दू और मुसलमानों को अपने–अपने देश में चले जाना चाहिए। यदि मुसलमान भारत में रह जाएगें, तो मनुवादी उन्हें दलितों की तरह गुलाम बना लेगें। मुसलमानों का भविष्य

भारत में उज्ज्वल नहीं रहेगा।'' दलितों की पार्टी कही जाने वाली बसपा की यदि शह न होती तो संघ परिवार इस प्रकार के कुकृत्य करने का साहस न करता।

संघ परिवार की इसी साजिश को नाकामयाब करने के लिए अनुसूचित जाति/जन जाति संगठनों का अखिल भारतीय परिसंघ एवं लॉर्ड बुद्धा क्लब ने विभिन्न मुस्लिम संगठनों जैसे जमीयत उलमा–ए–हिन्द, ऑल इंडिया यूनाइटेड मुस्लिम मोर्चा आदि के नेताओं एवं कार्यकर्त्ताओं के साथ मिलकर मुम्बई, पटना एवं दिल्ली में दलित–मुस्लिम भोज सफलतापूर्वक सम्पन्न कराए, जिनमें दलितों और मुसलमानों ने एक ही थाली में खाना खाया। हम पूरे देश में ऐसे भोज आयोजित करने के लिए संकल्पबद्ध हैं। इससे दोनों समुदायों के बीच की दूरी कम होगी, एक–दूसरे को भलीभांति समझ सकेंगें और कभी भी एकदूसरे के विरूद्ध इस्तेमाल नहीं होगें।

---

22 जनवरी, 03 उर्दू सहारा दलित–मुस्लिम एकता मजबूत होती देख भाजपा परेशान

25

भाजपा की हार ही जीत

जो लोग तर्क, मानवता, व्यक्ति की प्रतिष्ठा एवं स्वतंत्रता में विश्वास नहीं करते हैं, उनके लिए कुछ भी कहना या कर देना उनका सिद्धान्त बन जाता है। जर्मनी में हिटलर ने भी अपने शुरुआत के दौर में जो कहा उसके विपरीत सत्ता में आकर किया। ऐसे लोग झूठ, दुष्प्रचार, चरित्र हनन और विश्वासघात करने से चूकते नहीं। अभी तक प्रगतिशील तथाकथित सवर्णों के अलावा किसी ने इस सत्य को नहीं स्वीकारा कि भारत की दुर्दशा इसकी सामाजिक व्यवस्था के कारण ही थी, है और रहेगी भी। संघ परिवार एवं भाजपा ऐसे ही सिद्धान्त को मानते हैं और इसीलिए बड़ी से बड़ी गलती को भी अपनी जीत साबित करने में सफल हो जाते हैं। लोग कहते हैं कि सत्य की विजय होती है, यह कभी–कभी तो होता है, किन्तु भारतीय समाज में सत्य की हार ही होती रही है। कुतर्की लोग इससे सहमत नहीं होगें। गीता हिन्दू धर्म की एक पवित्र पुस्तक है। इसकी शुरुआत पांच पांडव एवं दुर्योधन के बीच जुए से होती है। पांडव जुआ खेलते–खेलते सबकुछ हार गए और अन्त में इन्हें समझाया भी गया कि पांच गांव लेकर खेल को बन्द कर दें, इन्होंने बन्द नहीं किया और अन्त में अपनी पत्नी द्रौपदी को भी दांव पर लगा दिया। प्रश्न उठता है कि क्या औरत मानव नहीं है? आज यदि कोई व्यक्ति अपनी पत्नी को जुए पर लगाए तो उसका सामाजिक बहिष्कार होगा और

जेल की हवा भी खानी पड़ेगी। ऐसा व्यक्ति आज समाज में सम्मान नहीं प्राप्त कर सकता। पांडवों ने ऐसा करके धर्मराज युधिष्ठिर का यश कमाया। आम आदमी इस तथ्य को सुनने की क्षमता भी नहीं रखता है, लेकिन सच्चाई यही है। इससे सिद्ध होता है कि प्राचीन काल से ही सत्य को असत्य और असत्य को सत्य करने की परम्परा रही है। ये मनुवादी देश की आम जनता–खासकर दलितों को शोषित रखने के लिए भी कुछ ऐसे ही महाझूठ के शास्त्र का सहारा लेते हैं।

मनुवादी मानसिकता के लोग कहते नहीं अघाते कि हमारी संस्कृति, परम्परा और रीति–रिवाज महान थे और हैं, हमारे पूर्वजों ने यह कर दिया–वह कर दिया, हिन्दू धर्म महान धर्म है। इनके अनुसार दुनिया के सारे बुद्धिमान, ताकतवर एवं अच्छे इनसान यहीं पाए जा सकते हैं। कभी यह नहीं कहते कि हमारे पूर्वजों की गलती से ही सिकन्दर से लेकर लगभग सभी हमलावर आसानी से जीत हासिल करते रहे। इसी गलती के कारण गत् 3000 वर्षों से दलित अमानवीय सामाजिक व्यवस्था के शिकार रहे हैं। विकसित देशों जैसे अमेरिका की नकल करके इन्होंने देश में ऐसा माहौल बना दिया कि विनिवेश ही विकास का एक मात्र उपाय है। इसी कारण अन्धाधुन्ध निजीकरण भी कर रहे हैं। इन्होंने कभी यह सबक लेने की कोशिश नहीं कि अमेरिका के गोरे लोगों ने अपनी की गई गलतियों का प्रायश्चित करते हुए वहां के काले लोगों को बहुत ही जल्दी राष्ट्र की मुख्य धारा में लाने का प्रयास किया। इन्हें यह भी जानना चाहिए कि काले लोग, जो वहां तरक्की के शिखर पर पहुंचे हैं, उसमें गोरे लोगों की भूमिका अधिक है। पिछले वर्ष डरबन में संयुक्त राष्ट्र संघ की ओर से सम्मेलन हुआ तो अमेरिका के काले लोग डेढ़ सौ वर्ष से अधिक दिनों से गोरे लोगों के शोषण की भरपाई मांग रहे थे। यह कीमत इतनी अधिक थी कि गोरे लोग स्वयं को भी बेचकर इनका ऋण नहीं चुका सकते। बात यह है कि जब गोरे लोग अमेरिका पहुंचे और वहां पर अच्छी स्थिति पैदा होने के बाद नौकरों की जरूरत पड़ी, तो इस आवश्यकता की पूर्ति के लिए काले लोगों का भारी संख्या में अमेरिका में आयात किया गया। हालांकि अमेरिका ने डरबन सम्मेलन में काले लोगों

द्वारा उठाई गई मांग का विरोध किया, लेकिन यह करीब–करीब सभी ने मान लिया है कि उनके पूर्वजों ने काले लोगों के साथ अन्याय किया। क्या मनुवादी अभी भी स्वीकार करने का साहस कर पाए हैं कि इन्होंने महिलाओं एवं दलितों के ऊपर गत् 3000 वर्षों से जो अत्याचार किया, उसकी मिसाल अन्यत्र नहीं मिलती।

अटल बिहारी वाजपेयी जी ने जून 1998 में परमाणु परीक्षण के बाद कहा कि भगवान गौतम बुद्ध मुस्कराए। इनकी बयानबाजी ऐसी थी, जिससे सीधा पाकिस्तान के अहंकार को ठेस पहुंची और पाकिस्तान ने तीन के बजाय छः परमाणु परीक्षण करके जबाब दे दिया। असत्य को सत्य के रूप में प्रमाणित करने वालों ने भगवान गौतम बुद्ध को भी नहीं छोड़ा। भगवान बुद्ध शील और शान्ति के प्रतीक थे। आखिर परमाणु परीक्षण का भगवान गौतम बुद्ध के सिद्धान्त से क्या वास्ता? इन्हें शर्म भी नहीं आई कि छोटा सा देश पाकिस्तान सीना तानकर खड़ा हो गया। इन्होंने इसे विजय करार दी और देश की तमाम महान जनता ने मान भी लिया।

कारगिल का युद्ध भी विजय के रूप में देखा गया। ऐसा लगा कि जैसे भारत की सेना ने पाकिस्तान में घुसकर भारत की जमीन को वापिस ले लिया हो। इनसे पूछा जाना चाहिए कि किसकी गलती से पाकिस्तान और घुसपैठिए कारगिल अर्थात् भारत की सीमा के अन्दर घुसे? सेना क्या कर रही थी? क्या रक्षा विभाग सो रहा था? घुसपैठ के कई महीने बाद पता लगा और उन्हें भगाने के लिए युद्ध किया गया। महीनों युद्ध होता रहा, तब जाकर घुसपैठियों को भगा पाए। यह वही हाल है जैसे कि कोई चोर घर में घुस आए और उसके बाद उसे पहले शयनकक्ष से भगाया जाए और उस पर जमकर जीत का जश्न मनाया जाए। फिर चोर को दूसरे कमरों से भगाने पर साहसी और वीर होने का परिचय दिया जाए। बरामदे से चोर को खदेड़ने के लिए भी उपलब्धि माना जाए और अन्त में घर के बाहर। ठीक ऐसा कारगिल में भी हुआ। भारतीय सेना के मारे गए सिपाहियों व अधिकारियों की लाशों को उनके घरों और कस्बों में इस तरह से लाया गया कि लगा अटल बिहारी वाजपेयी जी की सरकार वास्तव में पाकिस्तान को हराकर

जीत हासिल कर रही है। बेचारे सेना के लोगों ने तो कुर्बानी दी, लेकिन उनकी लाशों का जिस तरह से प्रदर्शन किया गया, उससे लोग भावुक हो उठे। इसका फायदा भाजपा को चुनाव में मिला। अर्थात् मामला हार का और जीत में बदल दिया गया।

पिछले वर्ष अकारण देश की सेना को पाक की सीमा पर इकट्ठा कर दिया। ऐसा माहौल पैदा हो गया कि जैसे भारत–पाक युद्ध हो ही जाएगा। वास्तव में ये जानते थे कि ऐसा कुछ होने वाला नहीं है, लेकिन इसके द्वारा देश की जनता की भावना को भुनाना चाहते थे। इस युद्ध की तैयारी में हजारों करोड़ रूपये खर्च हो गए होगें। देश की जनता को इनसे इस फिजूल खर्ची का का हिसाब मांगना चाहिए। जब यहां दांव नहीं लगा, तो श्री नरेन्द्र मोदी जी ने हिन्दू और मुसलमान का झगड़ा कराकर चुनाव जीतने का इन्तजाम किया। अक्षर धाम पर हमला हुआ, इसका भी फायदा इन्होंने उठा लिया, जबकि इसे सरकार की असफलता ही माना जाना चाहिए था। हाल में श्री लाल कृष्ण आडवाणी ने जोर से हंगामा किया कि बांग्लादेशियों को निकालना है और इस पर गम्भीर विचार विमर्श हो। इन्होंने यह भी कहा कि विदेशियों से प्रभावित क्षेत्रों में परिचय पत्र बनना चाहिए। देश की जनता शाबाशी दे रही होगी कि श्री आडवाणी ने बड़ी वीरता का काम किया। अरे! इसमें शोर मचाने की क्या बात है? इस पर कानून है और आवश्यकता है, इस्तेमाल करने की। आडवाणी जी यदि इस्तेमाल करते हुए विदेशियों को खदेड़कर देश की जनता को सूचित करते, तो कुछ बात समझ में आती।

इनके महाझूठ शास्त्र में इतना दम निकला कि कांग्रेस सहित पूरे देश के बुद्धिजीवी भी इन्हें हिन्दुत्ववादी ताकतें कहकर सम्बोधित करने लगे। बड़े आराम से हिन्दू धर्म के नेता बन गए, जबकि हिन्दू धर्म के लगभग सभी तीर्थस्थल एवं पुजारी इनके साथ नहीं हैं। हिन्दू धर्म को मानने वाले बहुसंख्यक लोग इनके समर्थक भी नहीं हैं, जैसे–कांग्रेस, सपा, राष्ट्रीय जनता दल एवं साम्यवादी पार्टियां आदि। आम आदमी सोचने लगा कि वास्तव में हिन्दू धर्म खतरे में था, जिसे ये पुनर्स्थापित कर रहे हैं। वास्तव में इन्हें हिन्दुत्ववादी ताकत कहकर सम्बोधित नहीं करना चाहिए था, बल्कि

मनुवादी या साम्प्रदायिक या वर्णव्यवस्थावादी कहना ही उपयुक्त है। इस गलती का अब सुधार हो जाना चाहिए।

बजट के पहले ही भारतीय अर्थव्यवस्था की समीक्षा वित्तमंत्री महोदय ने कर डाली और कहा कि विकास की दर बढ़ रही है। इस देश के बजट और आकड़े का सम्बन्ध देश की वास्तविक अर्थव्यवस्था से है ही नहीं। बजट कितना भी अच्छा हो अगर सूखा पड़ जाए, तो देश में त्राहि–त्राहि मच जाती है। वित्तमंत्री फरवरी में बजट पेश करने वाले हैं और वे उन पूंजीपतियों को बार–बार सलाह के लिए निमंत्रण देगें, जिनका उद्देश्य ही मुनाफा कमाना है। उद्योगपतियों के संगठनों के मशविरे के बिना बजट नहीं बन पाता। बजट बनाते वक्त क्या इस देश के किसानों, दलितों और महिलाओं से सम्पक्र किया जाता है? यह चर्चा अपने आप में एक बड़ा विषय है, लेकिन यह कहने का प्रयास किया जा रहा है कि निजीकरण धड़ा–धड़ हो रहा है। उदारीकरण एवं भूमण्डलीकरण की आड़ में बाहर की पूंजी भी आ रही है और विनिवेश भी किया जा रहा है, फिर भी गरीबी और बेरोजगारी तेजी से बढ़ी है। किसानों के ऊपर भूमंडलीकरण का दुष्प्रभाव पड़ रहा है, जिससे किसान आत्म हत्या तक कर रहे हैं। भाजपा के शासनकाल में अच्छी फसल होने के कारण भण्डारों में इतना अनाज है कि सड़ रहा है, किन्तु दूसरी तरफ लोग भूखे मर रहे हैं। ये खाद्य पदार्थ का वितरण तक ढंग से नहीं कर सकते। ये ढोल बजाए जा रहे हैं कि देश की अर्थव्यवस्था सुदृढ़ हो रही है। वास्तव में ऐसा कुछ नहीं हैं, बात है हार को जीत साबित करने की।

हिन्दू धर्म को कोई खतरा नहीं है। असत्य को सत्य साबित करने वाले मापदण्ड को लागू करते हुए बता रहे हैं कि हिन्दू धर्म को मुसलमानों से खतरा है। अब ये अनुसूचित जाति/जन जाति संगठनों का अखिल भारतीय परिसंघ और लॉर्ड बुद्धा क्लब की उचित गतिविधियों को भी देश के लोगों के सामने गलत रूप से प्रस्तुत करके गुमराह करने की कोशिश कर रहे हैं कि ये देश को विभाजित करने में लगे हैं। हाल में 'अम्बेडकरिज्म वर्शस मोदित्व' नाम से हिन्दुस्तान टाइम्स में 5 जनवरी को एक लेख छपा और उसके जबाब में भाजपा के वरिष्ठ बुद्धिजीवी श्री बलबीर पुंज ने लिखा कि

इससे भारतीयों को भारतीयों से लड़ाया जा रहा है। दरअसल इन्हें उल्टा कहने की आदत है, इसलिए सही बात से तिलमिलाकर ऐसा कर रहे हैं।

भाजपा जिस संस्कृति की विरासत है, उसका काम ही है, गलत को सही और तथ्य को तोड़–मरोड़कर पेश करना। हजारों वर्षों से दलितों को भ्रमित करने में सफल रहे कि उनके हालात के लिए जिम्मेदार भाग्य और किस्मत है, इसलिए कुछ नहीं किया जा सकता। तथाकथित शूद्र जितना ही कष्ट सहेंगें उतना ही उनको अगले जीवन में पुण्य की प्राप्ति होगी। कर दिया न सिद्ध महाझूठ को सच। हाल में सांस्कृतिक राष्ट्रवाद के नाम पर उ॰प्र॰ की भाजपा ने अभियान शुरू किया और कहा कि डॉ॰ अम्बेडकर चाहते थे कि मुसलमान इस देश से चले जाएं। वास्तव में डॉ॰ अम्बेडकर ने विचार प्रस्तुत किया था कि वे भारत के बंटवारे के विरूद्ध हैं और यदि विभाजन होता भी है, तो मुसलमान एवं हिन्दू अपने–अपने देशों में चले जाएं, क्योंकि आजाद भारत में मनुवादी मुसलमानों को गुलाम बना लेगें। भाजपा अध्यक्ष श्री विनय कटियार बेशर्मी से इस अभियान को चलाने में हिचक नहीं रहे हैं। अतः झूठ, बेशर्मी और अनैतिकता ही इनका सिद्धान्त है। देश की जनता को इनके बारे में जान लेना चाहिए वरना सभी को भारी कीमत चुकानी पड़ेगी।

---

24 जनवरी, 03 राष्ट्रीय सहारा हार को जीत बताने की जिद

26

गण के तन्त्र की आज इज्जत क्या है?

26 जनवरी, 1950 को भारतीय संविधान भारत की जनता को सुपुर्द करके यह संदेश दिया गया कि भारत का शासन अब संविधान में निहित नियम और कानून के अनुसार चलेगा। दूसरे शब्दों में अब से जनता का शासन होगा। इसे गणतंत्र दिवस के नाम से भी जानते हैं। तभी से प्रत्येक वर्ष 26 जनवरी को गणतंत्र दिवस देश में मनाया जाता है। भारत की राजधानी दिल्ली में इसे मनाने का अन्यत्र कोई सानी नहीं मिलती।

राष्ट्रपति महोदय जो इस देश के प्रथम नागरिक हैं और संविधान के रक्षक भी, उनकी ओर से यह कार्यक्रम आयोजित होता है। राष्ट्रपति महोदय से आशय है भारत सरकार। अब देखना यह है कि जो इस कार्यक्रम को करते हैं, उनकी कितनी आस्था गणतंत्र में है? श्री अटल बिहारी वाजपेयी देश के प्रधानमंत्री हैं। इनकी सरकार संविधान को किस स्तर तक मानती है? जनता के करों से तमाम बड़े उद्योग एवं विभाग सृजित हुए थे और सरकार इनकी स्थापना से लेकर अन्त तक संरक्षक की भूमिका अदा करती है। भारतीय संविधान के अनुसार देश की जनता को रोजी–रोटी, व्यक्तिगत एवं धार्मिक स्वतन्त्रता और अन्य बुनियादी सहूलियतों को मुहैया कराना था। क्या वर्तमान सरकार इस दिशा में तत्पर है? भूमण्डलीकरण, उदारीकरण एवं निजीकरण के नाम पर जनता के खून–पसीने से निर्मित तमाम अर्द्धसरकारी उद्योगों एवं विभागों को औने–पौने दामों में बेचा जा रहा है। यह कहा जा रहा है कि

इससे देश की तरक्की होगी, लेकिन बेरोजगारी बढ़ती ही जा रही है और दलितों के विकास के लिए एक मात्र विकल्प आरक्षण भी समाप्त होता जा रहा है। कहने को तो सरकार जनता की है, जनता के द्वारा है और जनता के लिए है, किन्तु जब बौद्धिक कपट में धुरंधर अरूण शौरी जैसे लोग सरकार में हों, तो सरकार निश्चित रूप से जनता की इच्छा शक्ति के अनुरूप नहीं चल सकती। क्या प्रधानमंत्री और उनके चंद सलाहकार देश की जनता हो गए हैं? जो उसके विश्वास एवं कमाई को बेच रहे हैं। ये जनता की ओर से संरक्षक हैं और जब तक उनकी इजाजत नहीं होती, तब तक ऐसा कार्य ये नहीं कर सकते। विनिवेश के माध्यम से अभी तक केवल तीन हजार करोड़ रूपये ही इकट्ठा हो सके हैं। निश्चित तौर से यह कहा जा सकता है कि एक लाख क़रोड़ की सम्पत्ति बेचकर तीन हजार करोड़ इकट्ठा किया जा सका है। लगभग एक लाख करोड़ रूपये बैंकों के कर्ज देश के पूंजीपतियों से वसूलना बाकी है, लेकिन सरकार इनका कुछ नहीं कर पाती। गांव का गरीब आदमी दो–चार हजार रूपये का सरकारी कर्ज न अदा कर पाने पर जेल भेज दिया जाता है। कुछ सौ रूपये के लिए भी तहसील में बन्द कर दिया जाता है। जो लोग इस जलसे का आयोजन कर रहे हैं, वे कहां तक गणतन्त्र के तत्वों को मान रहे हैं?

गणतंत्र दिवस का प्रत्येक वर्ष मनाना परम्परा एवं मनोरंजन का अवसर अधिक हो गया है, बजाय इसके कि इस दिन देश की प्रगति के लेखे–जोखे को आत्मसात किया जाए। दिल्ली में लाखों लोग देश के कोने–कोने से आते हैं और उनके मन में सुन्दर झांकियां, परेड, सजावट एवं देश के विशिष्ट व्यक्तियों को देखने की चाह अधिक होती है। शायद ही कुछ लोग हैं, जो कि कुछ देश के प्रति गम्भीर और जिम्मेदार होने की भावना से भरे हों। अतः यह कहा जाए कि यह मनोरंजन का साधन बन गया है, तो कोई अतिश्योक्ति नहीं होगी। यदि इसे एक संकल्प दिवस के रूप में मनाया जाए, तो ऐसी परम्परा का स्वागत है। यह कहना भी सच नहीं है कि पूरी तरह से यह निरर्थक है, क्योंकि कुछ लोग जरूर प्रभावित होते हैं। अगर हो सके तो इसका स्वरूप इस तरह से बदलना चाहिए कि वास्तव में देश की जनता को जनतंत्र क़ा सही अनुभव हो और उन्हें इस दिशा में प्रेरित किया जाए।

आम व्यक्ति या जो गरीबी रेखा के नीचे जीवन–यापन कर रहे हैं (दलित सहित) उनके लिए इसका महत्त्व खास नहीं है और है भी तो मनोरंजन के रूप में। जातियों में विभाजित देश गणतन्त्र के बजाय जाति के लिए कहीं अधिक समर्पित है। इंडिया गेट महीने भर पहले से ही सजने लगता है और दिल्ली वासियों के लिए घोर परेशानी बना रहता है। यह बहुत महंगा आयोजन होता है। सुरक्षा की चिन्ता अलग से होती है। मैं नहीं समझता कि इसे इतना खर्चीला और तड़क–भड़क वाला बनाने की जरूरत है। भारत गणतंत्र है और इसकी समृद्धि और उन्नति के लिए बिना अधिक ताम–झाम के भी बेहतर और प्रभावशाली संदेश दिया जा सकता है।

गणतंत्र के मूल्यों को ताक पर रखने का यदि किसी को श्रेय जाता है, तो वह है संघ परिवार। संघ परिवार और भाजपा ने ऐसा माहौल पैदा कर दिया है कि जैसे इस देश में पानी, बिजली, रोजगार, शिक्षा, स्वास्थ्य, राजमार्ग आदि की समस्या का समाधान हो गया हो और अगर कोई समस्या है, तो वह हिन्दू धर्म पर खतरे की है। संयोगवश अपने इस अभियान में काफी लोगों का समर्थन प्राप्त कर लिया है। अयोध्या में मंदिर बनाना ही गणतंत्र का काम रह गया है। कभी ये सुप्रीम कोर्ट के फैसले को मानने से इनकार कर देते हैं, तो कभी सरकार को भी नसीहत देते रहते हैं। ऐसे में गणतंत्र का क्या मायने रह जाता है, यह निश्चित ही विचारणीय प्रश्न बन गया है। जहां तक मेरी जानकारी है, अभी तक गणतंत्र दिवस के उपलक्ष्य पर कोई ऐसा बड़ा संकल्प नहीं लिया गया, जिससे देश का विकास या आम जनता के जीवन का बड़ा सम्बन्ध हो। दलित ही नहीं, बल्कि तमाम गरीब एवं अशिक्षित लोगों के गणतंत्र से सरोकार नहीं के बराबर है। जिस तरह से परेड एवं फौजों की सलामी की परम्परा है, वह संदेहास्पद होती जा रही है।

---

26 जनवरी, 03 नवभारत टाइम्स गण के तंत्र की आज इज्जत क्या है

27

कैसी धार्मिक आजादी?

संविधान की धारा 25 के अनुसार केवल भारतीय नागरिक को ही नहीं, प्रत्येक व्यक्ति को पूरा अधिकार है कि वह किसी धर्म का प्रचार करे अथवा माने। यह धार्मिक स्वतन्त्रता मौलिक अधिकार के रूप में दी गई है। देश के उप प्रधानमंत्री श्री लाल कृष्ण आडवानी क़तर देश की अपनी यात्रा के दौरान संविधान की धारा 25 तो उन्हें समझा आए, लेकिन खुद और उनका संगठन अभी तक इसे समझते हुए भी मानने से इनकार कर रहा है। आडवाणी जी ने उनसे कहा कि वे धार्मिक आजादी दें।

हाल में आर.एस.एस. ने अमेरिका के ईसाई मिशनरी जोसेफ कूपर के ऊपर तिरूअनन्तपुरम में जानलेवा हमला इसलिए किया कि वे ईसाई धर्म का प्रचार कर रहे थे। हालांकि इनका कहना है कि वे धर्मांतरण करा रहे थे, लेकिन ऐसा कुछ नहीं था। घायल स्थिति में इस विदेशी सज्जन को देश से बाहर भी निकालकर मानवता के मापदण्डों की धज्जियां भी उड़ाई। जोसेफ कूपर को इसलिए भी निकाल दिया गया कि उनके रहते आर.एस.एस. की छीछालेदर और हो सकती थी। संघ परिवार तथा हिन्दू धर्म के तमाम प्रचारक अमेरिका तथा यूरोप में पूरी स्वतन्त्रता के साथ अपने धर्म का प्रचार करते हैं, लेकिन आज तक वहां की पुलिस एवं गृहविभाग ने कभी किसी तरीके की अड़चन नहीं खड़ी की। तमाम विदेशी भारत में आकर हिन्दू धर्म का प्रचार–प्रसार करते हैं, लेकिन उनको कहीं भी रोका–टोका नहीं जाता है।

भारत के तमाम हिन्दू धर्म के मानने वाले साधू–सन्त भारी संख्या में जाकर हिन्दू धर्म का प्रचार–प्रसार बिना किसी गतिरोध के करते हैं। भारत के बाहर शायद हिन्दू धर्म का सबसे बड़ा मन्दिर अमेरिका में ही है। यूरोप में तो गिरिजाघरों में भी ये साधू–सन्त जाकर प्रचार करते हैं, परन्तु ईसाई धर्म के मानने वाले कभी भी इन्हें परेशान नहीं करते। कारण यह है कि वहां के लोग आम आदमी के बेहतर जीवन को सुधारने में विश्वास करते हैं, न कि ऐसी बातों का जिसका विकास, विज्ञान, शिक्षा, रोजगार आदि से लेना–देना ही न हो। ये देश ऐसे लोगों को ही वीसा देने से इनकार करते हैं, जो या तो अपराधी हों या उनके यहां जाकर रोजगार लेने के बाद पुनः भारत में लौटने का इरादा न रखते हों। हमारा महान भारत ईसाई धर्म के मानने वालों को वीसा नहीं देता है और बाकी सबके लिए कोई परेशानी नहीं है। सन् 1995 में सरकार ने यह आदेश जारी किया कि कोई विदेशी व्यक्ति भारत में धर्म प्रचार नहीं कर सकता। अतः यह पूरी तरह से असंवैधानिक आदेश है। सन् 1956 के विदेशी अधिनियम ने इस देश में ईसाई मिशनरियों को वीसा देना बन्द कर दिया है। अतः ये पर्यटक वीसा पर ही देश में आ सकते हैं।

भारत सरकार को उन लोगों के वीसा रोकने की चिन्ता नहीं है, जो इस देश में लाखों लोगों को बेरोजगार बना रहे हैं, बल्कि इसके उलट इन बहुराष्ट्रीय उद्योगपतियों को दावत देने के लिए हमारे नेता विदेश तक चले जाते हैं। संघ परिवार जो राष्ट्रीय स्वयं सेवा की डुगडुगी पीटते नहीं अघाता, आज वही सबसे ज्यादा देश को आर्थिक खतरे में डालने के लिए अग्रसर है। हाल में बी.पी.सी.एल. एवं आई.पी.सी.एल. के विनिवेश का खुल्लम–खुल्ला समर्थन करते हुए उसने शर्मोहया की सारी दीवारें तोड़ दी। इन्हें आई.एम.एफ., विश्व बैंक, विश्व व्यापार संगठन और विकसित देशों के द्वारा अनुचित रूप से निर्यात पर तमाम शर्तें लगाने का कोई परहेज नहीं है। अगर सबसे बड़ी चिन्ता इनकी है, तो वह है धर्मांतरण की। कोई कारण जरूर है, जिसकी वजह से गौण मुद्दे को सबसे मुख्य मुद्दा बना रखा है।

पहला, हिन्दू धर्म दूसरे बड़े धर्म जैसे–इस्लाम, बौद्ध एवं ईसाई धर्म के साथ स्पर्धा नहीं कर सकता। यह वही हाल है, जैसे कि एक कमजोर बच्चे

का बाप बलवान के साथ लड़ने के विरूद्ध हो। दुनिया का कोई भी धर्म कम से कम सैद्धान्तिक रूप से भेदभाव की इजाजत नहीं देता, लेकिन हमारे देश के महान धर्म का आधार ही वर्णव्यवस्था है। इस देश में करीब 25 प्रतिशत दलित हैं। भारतीय समाज को मुख्य रूप से चार भागों में विभाजित किया गया–ब्राह्मण, क्षत्रिय, वैश्य और शूद्र। शूद्र की छाया से भी तथाकथित सवर्ण अपवित्र हो जाते हैं। मनुस्मृति, जो तमाम पराम्पराओं एवं रीति–रिवाजों को आज भी प्रभावित करती है, में कहा गया है कि यदि शूद्र वेद का उच्चारण करता है, तो उसकी जीभ काट लेनी चाहिए। सुनता है, तो कान में पिघला हुआ शीशा डाल देना चाहिए और पढ़ता है तो आखें फोड़ देनी चाहिए। ऐसी परिस्थति में हिन्दू धर्म के तत्व कैसे दूसरे धर्मों का मुकाबला कर सकते हैं। इसलिए भी ये दूसरे धर्म के प्रचार करने वालों से डरते हैं और स्वस्थ प्रतिस्पर्धा में विश्वास नहीं करते।

दूसरा कारण यह भी है कि यदि अन्य धर्म के लोग आजादी से अपने धर्म के बारे में बताएंगें, तो उससे भारत की हिन्दू धर्म मानने वाली आम जनता में चेतना पैदा होगी। एक दिन यह एक क्रांति का रूप भी ले सकती है। हिन्दू धर्म के प्रचारक इसी में अपना भला समझते हैं कि दूसरे धर्म के लोगों को बदनाम करो और प्रचार न करने दो, ताकि उन्हें मौका ही न मिले कि वे बता सकें कि धर्म भेदभाव नहीं करता, बल्कि प्रेम और सद्भावना को सिखाता है। यह व्यवस्था चलती रहे, तो हर क्षेत्र का लाभ इन्हें मिलता रहेगा और कोई विद्रोह भी नहीं होगा।

यदि हिन्दू धर्म के मानने वाले, विशेष रूप से दलित, जो धार्मिक आजादी से वंचित हैं दूसरे धर्म के नजदीक आए, तो वे भी मांग करने लगेगें कि मन्दिरों और पूजा के स्थलों में उनका प्रतिनिधित्व होना चाहिए। यदि भारतीय संविधान को सही रूप से लागू कर दिया जाए, तो इस देश के तमाम हिन्दू धर्म के बड़े पण्डे एवं पुजारी आसानी से जेल पहुंच सकते हैं। अभी तक अस्पृश्यता पर पाबन्दी लगाने वाले कानून का इस्तेमाल मन्दिरों की चारदीवारियों के अन्दर नहीं हुआ है। क्या ये भारतीय संविधान से ऊपर हैं? चार शंकराचार्य पीठों में से क्या अभी तक ठाकुर, बनिए या शूद्र वर्ण से कोई हो पाया है?

बनिया भले संघ परिवार की सेवा करता रहे, लेकिन धार्मिक एवं सामाजिक सम्मान नहीं ले सकेगा। पिछले वर्ष अयोध्या में जब शिलादान देने की बात आई, तो श्री परमहंस राम चन्द्र दास ने वहां के आयुक्त, जो जाति के बनिया थे, को देने से यह कहते हुए इनकार कर दिया कि एक बनिया को कैसे शिलादान किया जा सकता है। हालांकि इन बातों को ये हठधर्मी नहीं मानेगें। इनका जवाब वही रहेगा कि जाति–पांति तो इस्लाम और ईसाइयत में भी है। जहां हिन्दू धर्म की छाप इन धर्मों पर पड़ी है, वहां इसके कारण कुछ जाति–पांति तो है जहां पर ईसाइयत एवं इस्लाम का सम्पक्र हिन्दू धर्म के साथ नहीं हुआ है, क्या वहां भी ये उन धर्मों में जाति–पांति के कोई लक्षण दिखा सकते हैं?

अमेरिका और पश्चिमी देश इस समय इस्लामिक आतंकवाद से भिड़े पड़े हैं और यही कारण है कि भारत में लगातार ईसाइयों–ग्राहम स्टुअर्ट स्टेन्श और जोसेफ कूपर जैसी घटनाओं पर गौर नहीं कर रहे हैं। यह उनकी एक नीति रही है। जब तक इनकी लड़ाई साम्यवाद से चलती रही, तब तक इन्होंने मुस्लिम देशों के विरूद्ध मोर्चेबन्दी नहीं की। जैसे ही सोवियत यूनियन टूटा और पूरी दुनिया में साम्यवाद गिरावट पर आया, इनका ध्यान इस्लामिक देशों की ओर गया। जो सोवियत यूनियन इनका सबसे बड़ा दुश्मन होता था, वह शीघ्र ही इनके करीब भी आ गया। संघ परिवार यदि विदेशी मिशनरियों को इस तरह से मारता रहा और भारत सरकार ने अपनी वीसा नीति में बदलाव नहीं किया तो प्रबल सम्भावना है कि भविष्य में अमेरिका या यूरोप के देशों के लिए भारत के खिलाफ यह मुख्य मुद्दा बने। ऐसे हालात में विश्व बैंक एवं आई.एम.एफ. आदि से सहायता भी बन्द कर सकते हैं। पूरी दुनिया का बाजार, आर्थिक व्यवस्था एवं कानून लगभग इन्हीं के नियंत्रण में है उसका पूरी तरह से दुरूपयोग करते हुए वे भारत को बहुत कमजोर बना सकते हैं। भारत से तमाम प्रवासी इन देशों में रह रहे हैं। उनको भगाया जाएगा। जो लोग स्थायी रूप से वहां रहने लगे हैं, उनको भी भेदभाव का सामना करना पड़ेगा। आज विश्व हिन्दू परिषद जिस चन्दे पर फल–फूल रहा है, वह भी वे बन्द कर देगें। वैसे ही गुजरात के मामले में इनको चन्दा इकट्ठा करने में मुश्किलें आने लगी हैं। दुनिया में मनुवादी सोच के लोग ऐसे अक्लमंद

हैं, जो अन्यत्र नहीं मिलते। मनुवादी का मतलब यहां किसी विशेष जाति से नहीं है, बल्कि उनसे है, जो भेदभाव में यकीन करते हों और जिनके लिए जनतांत्रिक मूल्यों का कोई सम्मान न हो। बुद्धिमता से परे और अत्यधिक चालाक होने से कभी सफलता नहीं मिल सकती। पक्षियों में कौआ सबसे ज्यादा चतुर होता है, लेकिन वह सम्मान के योग्य नहीं होता। ऐसी ही हालत इन मनुवादियों की भी है। अगर ऐसा न होता, तो सैकड़ो वर्ष देश जातियों के कारण गुलाम रहा, उसके लिए कुछ तो जरूर महसूस करते। कुछ क्या बल्कि इनको सबसे पहले भेदभाव पर आधारित समाज को एक जुट करने का आवाहन करना चाहिए था, ताकि देश का चहुंमुखी विकास होता। विदेशों में तमाम ऐसे अनुसंधान हो रहे हैं, जिसका लाभ लिए बिना आगे की तरक्की के लिए सोचा भी नहीं जा सकता। खासतौर से आज के जमाने में कम्यूटर एवं खगोल विज्ञान के बिना विकास सम्भव नहीं है। इस सम्बन्ध में ये मनुवादी जैसे मुरली मनोहर जोशी आदि तुरन्त कहेंगें कि यह सब तो पहले से ही वेद में था। यदि यह सबकुछ पहले से ही वेद में था, तो क्यों नहीं पहले कर लिया गया और आज क्यों नहीं कर लिया जा रहा है? भारत की दुर्दशा के लिए यही मानसिकता जिम्मेदार है। जहां तर्कसंगत समाज न हो, वहां न्याय और विकास की बात कैसे सोची जा सकती है? हमारा देश धनी तो है, लेकिन इसके नागरिकों को निर्धन बना दिया गया है।

हिन्दू धर्म के प्रचारकों के सामने मात्र दो ही विकल्प हैं, या तो वे अपने धर्म में सुधार लाएं, अन्यथा यह धर्म आज नहीं तो कल जरूर डूब जाएगा। अब वह समय आ गया है कि जो हजारों वर्षों में नहीं हो सका वह कुछ वर्षों में ही हो सकता है। इन्हें एहसास भी हो जाना चाहिए कि दलित और महिलाएं तथा समाज के तमाम पिछड़े लोग इस सामाजिक अन्याय के विरूद्ध अपनी लड़ाई तेज करते जा रहे हैं। ईसाइयों और मुसलमानों के ऊपर हमले के कारण इस लड़ाई में तेजी आएगी, क्योंकि वे भी साथ देगें। जब गाय का महत्त्व दलित की जान से अधिक कीमती है, तो ऐसी व्यवस्था में मनुवादी और गाय ही रहेगें और एक दिन आएगा, जब दूसरे दूर चले जाएंगे। ईसाई मिशनरियों का स्वागत करना चाहिए, क्योंकि इन्हीं के कारण मूलरूप से अंग्रेजी शिक्षा और स्वास्थ्य का लाभ हमें मिला। जहां गरीबी और बीमारी

है, वहीं जाने में ये ईसाई खुद को किस्मत वाले समझते हैं। गरीब, कोढ़ी एवं कमजोर को हिन्दू धर्म के प्रचारक दुतकारते हुए कहते हैं, कि ये अपने कर्मों की सजा भुगत रहे हैं।

लगता है कि अघोषित रूप से संघ परिवार भारतीय संविधान में दी हुई व्यक्ति की सामाजिक आजादी को खत्म करके ही दम लेगा। पाश्चात्य देशों की उदारीकरण की नकल आर्थिक क्षेत्र में तो कर रहे हैं, लेकिन उनकी तरह सभी क्षेत्रों में करने से क्यों कतराते हैं?

---

11 फरवरी, 03 दैनिक हिन्दुस्तान धार्मिक आजादी का मतलब क्या?

28

कृपया हिन्दुत्व शब्द का इस्तेमाल न करें

सन्त कबीर ने कहा था, ''शब्द बराबर धन नहीं।'' यह कथन कुछ स्थानों पर बिल्कुल सही बैठता है। मन्शा कुछ भी हो, लेकिन कभी–कभी शब्द के प्रयोग से बड़ा फक्र पड़ जाता है। 'हिन्दू' शब्द 'हिन्दू धर्म' की किसी भी धार्मिक पुस्तक रामायण, महाभारत, वेद, पुराण, मनुस्मृति आदि में नहीं पाया जाता है। 'हिन्दू' फारसी भाषा का शब्द है, इसका शाब्दिक अर्थ काला चोर है। कहावतों के अनुसार जब फारस से लोग दक्षिण भारत में व्यवसाय करने आते थे, तो यहां के लोग उनका सामान चोरी कर लिया करते थे। जो लोग चोरी करते थे, उन्हें ये 'हिन्डा' कहते थे। बाद में 'हिन्डा' से 'हिन्दू' हो गया। व्यापक मान्यता के अनुसार जो लोग सिन्ध नदी के इस तरफ रहते थे, उन्हें सिन्धु कहकर पुकारा जाता था और बाद में सिन्धु का अपभ्रंश हिन्दू हो गया। प्रायः चीजों की पैदाइश या उत्पत्ति के बारे में सही समय, कारण एवं परिस्थिति आदि को जानना मुश्किल होता है, लेकिन इस सन्दर्भ में यह बात तो दावे से कही जा सकती है कि यह शब्द हिन्दू शास्त्रों एवं धार्मिक पुस्तकों से उद्धृत नहीं हुआ है। आश्चर्य होता है कि वैदिक या ब्राह्मण धर्म के लिए इस शब्द को कैसे स्वीकार किया गया? धर्म के ठेकेदारों ने क्या कभी सोचा

कि वे ऐसे शब्द से सम्बोधित किए जा रहे हैं, जिसका उनसे कोई ताल्लुक नहीं है? फिलहाल यह जिम्मेदारी हिन्दू धर्म के नेताओं की होती है कि इससे वे कैसे निबटें।

डॉ० केशव हेडगेवार ने 'हिन्दुत्व' नामक एक पुस्तक लिखी। ध्यान देने योग्य बात यह है कि डॉ० हेडगेवार संघ परिवार की मुख्य धारा के नेताओं में से थे। ऐसे नेता ने कैसे 'हिन्दू' शब्द से वैदिक धर्म बताने की कोशिश की? लगता है कि इसके अनुयायी भी पूरे ही अन्धभक्त हैं, जिन्होंने कभी भी इस पर विचार नहीं किया। इससे प्रतीत होता है कि इसके ठेकेदार इस सन्दर्भ में बुद्धि का इस्तेमाल नहीं करते। एक गैर हिन्दू या हिन्दू से जानने की कोशिश की जाए कि हिन्दू धर्म क्या है? तो उसके लिए यह बहुत मुश्किल का काम होगा कि इसे परिभाषित कर सके। ऐसा इस्लाम, ईसाई और बौद्ध धर्म में नहीं है, क्योंकि वहां निश्चित आचारसंहिता है। बचपन में मैं लोगों से जानने की कोशिश करता था कि हिन्दूवाद क्या है? लेकिन किसी से संतोषजनक उत्तर नहीं मिला। आज भी जानना कठिन है। आखिर विभिन्न धार्मिक ग्रन्थों में से किसको माना जाए? एक मानेगें, तो दूसरे धार्मिक ग्रन्थ का निषेध होता है। संघ परिवार के लिए सत्ता के लिए दंगा करने से अच्छा होगा कि इस धर्म के लिए एक आचारसंहिता तैयार करे, ताकि यह धर्म बन सके। आखिर में भारत की अधिकांश जनसंख्या को इस धर्म को स्पष्ट और सरल रूप से जानने के लिए, उसे निश्चित नियम और कानून की जानकारी तो होनी ही चाहिए। जब ऐसे निश्चित नियम और कानून हैं ही नहीं, तो इसके अनुयायी परेशानियों का सामना तो करेगें ही। इस धर्म के नेताओं को हमेशा दिल में कसक रहती है कि इसके प्रचारक कट्टर क्यों नहीं होते? बार–बार कहते रहते हैं कि गर्व से कहो, "हम हिन्दू हैं।" अरे! जो हिन्दू हैं, उन्हें कहने की क्या आवश्यकता है कि वे हिन्दू हैं। इस मन्जिल तक पहुंचने के लिए इस धर्म के विद्वानों को नए नियम–कानून एवं व्याकरण को लिपिबद्ध करना होगा। इसके बाद हो सकता कि इन्हें कुछ कट्टर हिन्दू मिल जाएं। बाल ठाकरे ने कई बार कहा कि मुस्लिम आतंकवाद के विरूद्ध हिन्दू धर्म के भी आत्मघाती दस्ते होने चाहिए। इस कार्य के बाद हो सकता है कि शिवसेना

की भी मुराद पूरी हो जाए। किसलिए गर्व करना चाहिए? सिर पर मैला ढोने के लिए? गाय की खातिर दलितों की हत्या के लिए? छुआछूत के लिए? इस धर्म के विद्वान स्पष्ट करें कि हिन्दू धर्म के ही मानने वाले ये लोग इस पर किस तरह गर्व करें? इस्लाम एवं ईसाई धर्म के मानने वाले लोग चमार, चूड़ा, भंगी, धानुक, खटीक आदि तो होते ही नहीं और इन धर्मों के मानने वालों के लिए कोई लिखित या धार्मिक संहिता नहीं है कि वे गन्दा काम करें। हिन्दू धर्म के ही मानने वाले लोग तथाकथित हिन्दू धर्म के सवर्णों द्वारा ही अछूत बनाए गए हैं, न कि दूसरे धर्मों के द्वारा। आज के माहौल में संघ परिवार को हिन्दू धर्म का ठेकेदार बना दिया गया है। हिन्दू धर्म के पूर्व स्थापित एवं मान्यता प्राप्त पुजारी–पण्डे संघ परिवार को मान्यता देने के लिए तैयार नहीं हैं, फिर भी यदि संघ परिवार धर्म की ठेकेदारी का दावा करता है, तो वह सत्य नहीं है।

श्री अटल बिहारी वाजपेयी जी ने हिन्दुत्व की परिभाषा बताकर एक नई बहस छेड़ दी है। उन्होंने बताया कि भारतीयता ही हिन्दुत्व है और हिन्दुत्व ही भारतीयता। वाजपेयी जी ने आगे नहीं बताया कि मुस्लिम, ईसाई, जैन, बौद्ध और सिक्ख को इस परिभाषा के अनुसार भारतीय कहा जाए या नहीं। क्योंकि ये लोग हिन्दू धर्म में विश्वास नहीं करते हैं। क्या वाजपेयी जी यह कहना चाहते हैं कि ये लोग इस देश के नागरिक नहीं हैं? इसका मतलब यह भी हो सकता है कि गैर हिन्दू भारत में रहते तो जरूर है, लेकिन वे दूसरे दर्जे के नागरिक हैं। वाजपेयी जी को अपनी इस परिभाषा पर पुनर्विचार करना चाहिए।

कभी–कभी तो बड़ा ही आश्चर्य होता है, कि कैसे तर्क्रशील, बुद्धिजीवी और राजनैतिक लोग भी संघ परिवार द्वारा बिछाए गए जाल में फंस गए। संघ परिवार हमेशा कोई न कोई ऐसा विवाद पैदा करता रहता है, जिससे लोग प्रतिक्रिया करते रहें। कई बार तो विरोधियों ने इनको बड़ा लाभ पहुंचाया, क्योंकि वे समझ ही नहीं पाए कि संघ परिवार के नेताओं ने भड़काऊ भाषण या वक्तव्य किन कारणों से दिए? वास्तव में इनका मकसद अब यह हो गया है कि कोई न कोई ऐसी बात कहें, जिससे उसकी आलोचना

हो और ये प्रसिद्धि प्राप्त करते रहें। हमारे समाज का एक तबका किसी भी राजनैतिक पार्टी का कार्यकर्त्ता नहीं है। गुजरात के दंगे के बाद हिन्दुत्व शब्द का इस्तेमाल बार–बार किया गया। हिन्दुत्व शब्द या शक्ति का जब भी कहीं उल्लेख हो, तो समझ जाना चाहिए कि संघ परिवार के लिए ही कुछ कहा जा रहा है। हालात ऐसे हो गए हैं कि गैर राजनैतिक व्यक्ति भी भाजपा और संघ परिवार को हिन्दुत्ववादी ताकतें मानते हैं। एक तो भूल होती है और दूसरी महाभूल। इसी तरीके से विपक्ष की राजनैतिक पार्टियां जैसे कांग्रेस, समाजवादी और साम्यवादी पार्टियां भी इन्हें हिन्दुत्व या हिन्दूवादी शक्तियां कहकर सम्बोधित करते रहे। कितना सुकून और लाभ संघ परिवार और भाजपा को मिला होगा कि अपने ही विपक्षियों से इन्हें हिन्दू धर्म की ठेकेदारी का प्रमाण पत्र मिला। कभी इन पार्टियों ने यह भी नहीं सोचा कि इनके बहुसंख्यक समर्थक हिन्दू धर्म को ही मानते हैं। खैर, विपक्ष अपनी भूमिका निभाने में नाकाम तो हो ही गया है।

भारतीय संविधान में हिन्दू शब्द का उल्लेख कहीं भी नहीं आता और देश के लिए हिन्दी में 'भारत' और अंग्रेजी में 'इंडिया' इस्तेमाल किया गया है। इसके उलट भारत के राष्ट्रपति से लेकर पुलिस में सिपाही तक 'जय भारत' कहने की बजाय 'जय हिन्द' कहते हैं। अतः इससे संविधान की मर्यादा भंग हो रही है और ऐसे सम्बोधन पर प्रतिबन्ध लगना चाहिए। ऐसी परिस्थिति में उन भारतीयों पर क्या गुजरती होगी, जो हिन्दू नहीं हैं? सिक्खों, ईसाइयों, मुसलमानों, जैनों के लिए जय नहीं होती। इससे वे अपने आप को अलग–थलग पाते होगें।

दलित, महिलाएं, अल्पसंख्यक एवं साम्यवादियों को इन्हें मनुवादी कहकर सम्बोधित करना चाहिए। दलितों के लिए तो मनुवादी शब्द बहुत ही उचित है। जहां तक दूसरों की बात है, वे या तो इन्हें वर्णव्यवस्थावादी कह सकते हैं, या जातिवादी अथवा फासीवादी इत्यादि। अब यह इनकी मर्जी पर निर्भर है कि संघ परिवार एवं भाजपा के लिए किस शब्द का इस्तेमाल करते हैं। महिलाएं इस व्यवस्था में सबसे ज्यादा शोषित हैं, हो सकता है कुछ महिलाओं का रहन–सहन एवं खान–पान अच्छा हो, लेकिन हिन्दू धर्म में

इनका स्थान दलितों से भी निम्न है। इनका अधिकार घर के किसी भी अहम् नीति निर्धारण में नहीं है। हाल के आकड़े चौंकाने वाले हैं कि हरियाणा और हिमाचल प्रदेश में लगातार महिलाओं की संख्या घट रही है। प्रकृति ने महिलाओं को पुरुषों की अपेक्षा मजबूत बनाया है। किसी प्राकृतिक आपदा क़े कारण इनकी संख्या नहीं घटी है, बल्कि यह घटी है सदियों से चली आ रही परम्परा के कारण। इस परंपरा के चलते पैदा होते ही बच्ची को जान से मार दिया जाता था। वर्तमान में विज्ञान की तरक्की के कारण गर्भाशय में ही लड़का–लड़की का पता लग जाता है, इसीलिए भ्रूण हत्या कर दी जाती है। कभी–कभी बहुत ही पीड़ाजनक संवेदना का संचार होता है कि कैसे अपने ही खून को लोग मार देते हैं? महिलाओं की ओर से भी कोई प्रभावशाली आन्दोलन इस देश में नहीं किया गया। निष्कर्ष यही निकलता है कि दलित, अल्पसंख्यक एवं महिलाओं को मनुवादी शब्द का इस्तेमाल करना चाहिए, क्योंकि ये मनु के नियम–कानून का कहीं न कहीं शिकार हो रहे हैं। सरकारी नियम और कानून की सीमाओं को भी हमें जानना चाहिए। जीवन की तमाम कार्यवाहियां एवं सम्बन्ध पारम्परिक नियमों एवं कानूनों से संचालित होते हैं और कई बार तो राज्य के कानून से कहीं अधिक ये प्रभावशाली हो जाते हैं।

विपक्ष की राजनैतिक पार्टियां जैसे–कांग्रेस, समाजवादी पार्टी, राष्ट्रीय जनता दल आदि को ऐसे शब्द की खोज करनी चाहिए, जो भाजपा एवं संघ परिवार को समझने और जानने के लिए उपयुक्त हो। ये विपक्षी पार्टियां कितना बचकानापन कर रही हैं कि अपने ही समर्थक या उदासीन लोगों को संघ परिवार के पाले में ढकेल रही हैं। धर्मनिरपेक्ष ताकतों को इस शब्द का उपयोग नहीं करना चाहिए। यही सीख देश के तमाम लोगों के लिए होनी चाहिए कि यह शब्द अनुपयुक्त है, इसलिए इसका इस्तेमाल न करें। सतही समझ रखने वाले लोगों को लग रहा होगा कि शब्द से क्या होता है? उनकी जानकारी के लिए बताना जरूरी है कि गुजरात के हाल के विधानसभा चुनावों के दौरान कुछ ऐसे लोगों से मुलाकात हुई, जिनका कोई भी राजनैतिक झुकाव नहीं था। ये प्रायः मजदूर, गरीब और फुटकर व्यवसायी

थे। ये अपनी रोजी–रोटी में इतने व्यस्त रहते हैं कि राजनैतिक समझ नहीं के बराबर है। चुनाव के दिन फैसला करने का जब समय आया तो इन लोगों ने भाजपा को हिन्दुओं की पार्टी मानकर वोट देने का काम किया, यदि इस शब्द का प्रयोग बन्द हो जाए, तो आम आदमी को इस भ्रम से बचाया जा सकता है। इसका मनोवैज्ञानिक असर अवश्य पड़ता है। विद्वानों एवं भाषाविदों को बैठकर किसी वैकल्पिक शब्द का आविष्कार संघ परिवार एवं भाजपा के लिए करना चाहिए, ताकि उस शब्द के इस्तेमाल से ही इन्हें तथा इनके चरित्र को जाना जा सके।

---

12 मार्च, 03 राष्ट्रीय सहारा एक नए सम्बोधन की तलाश

29

मायावती का दलित विरोधी भ्रष्टाचार

अगर यह बात सही है कि हमारे रीति–रिवाज सनातनी हैं और हजारों वर्षों से चले आ रहे हैं, तो उसमें भ्रष्टाचार भी शामिल है। इतिहास भ्रष्टाचार से भरा पड़ा है। तुलसीदास जी की 'रामचरित्मानस' में जगह–जगह छल–कपट एवं भ्रष्टाचार का उल्लेख है। बालि को छुपकर मारना गलत नहीं माना गया है। प्रिय राम भक्त विभीषण का नाम लोग गर्व से लेते हैं, लेकिन किसी को अपना या अपनी औलादों का नाम आज तक विभीषण रखते नहीं देखा गया है। महाभारत में निहत्थे कर्ण को मारना भी अनुचित नहीं बताया गया। द्रोणाचार्य द्वारा अंगूठा काटने को भी गुरूदक्षिणा कहा गया। भारत में हमलावर बार–बार सफल होते रहे। कई बार धन–दौलत की लालच में मुखबिरी के कारण बुरी तरह पराजित हुए। सन् 712 ई. में सिन्ध के राजा दाहिर को मो॰ बिन कासिम इसलिए हरा पाया कि पुजारी धन के लालच में शत्रु से जा मिला। पृथ्वीराज चौहान को जयचन्द मिला। कहने का मतलब यह है कि आदि काल से ही भ्रष्टाचार इस तरह से छाया रहा कि इसके बिना इतिहास को जानना असम्भव है। दुनिया के दूसरे समाजों में भी ऐसा हुआ है, लेकिन इस तरह व्याप्त भ्रष्टाचार देखने को नहीं मिलता। भ्रष्टाचार कौन कर रहा है, यह भी बहुत कुछ निर्भर करता है। गरीब आदमी जेब काटे या चोरी करे तो पकड़ा जाता है और इस देश की जेलें उन्हीं से भरी हैं। अमीर शायद ही जेल में देखने को मिलते हैं।

लगभग एक हजार वर्ष पहले जब भारत में मुस्लिम शासक आए, तो इस्लाम के साथ–साथ वे 'ईमानदार' शब्द अपने साथ लाए। इसके बाद लगभग तीन सौ वर्ष पूर्व जब अंग्रेज भारत में आए तो 'ओनेस्ट' (Honest) शब्द अपने साथ लाए, परन्तु मुस्लिम शासकों से पहले हिन्दू शासकों के समय ईमानदार या ओनेस्ट शब्द का समकक्ष या पर्यायवाची शब्द कहीं हिन्दी शब्दकोष में देखने को नहीं मिला। क्या इसका यह अर्थ नहीं निकलता कि उस जमाने में ईमानदारी नाम की कोई चीज प्रचलन में थी ही नहीं? यदि होती तो कहीं न कहीं ऐसा शब्द शब्दकोश में जरूर मिलता। खोज जारी है और अच्छा होगा कि ऐसा शब्द मिले। आजादी में भाग लेने वाले अधिकतर वरिष्ठ नेता यूरोप में या तो पढ़े थे या विचारधारा से प्रभावित हुए थे, इसलिए इनके लिए ओनेस्टी मतलब रखती थी। यही कारण है कि ये लोग प्राण की आहुति देकर भी देश को आजाद कराने के लिए लड़ते रहे। आजादी के बाद के राजनैतिक लोगों में भी कम से कम दो–तीन दशक तक ईमानदारी का मतलब बना रहा। लगता है कि अंग्रेजी हुकूमत का असर कम हुआ है, इसलिए ईमानदारी का मतलब भी लोग भूल रहे हैं, जैसा पहले हुआ करता था।

दलितों की तथाकथित रहनुमा सुश्री मायावती जी ने अपने विधायकों एवं सांसदों को 11 फरवरी 2001 को सम्बोधित करते हुए कहा कि भाई विकास की निधि से ईमानदार भी एक लाख रूपये कमा ही लेता है, इसलिए सब मत खाओ, कुछ तो पार्टी को दो। उन्होंने कहा कि भ्रष्टाचार करने वाला कम से कम पांच लाख रूपये तो कमा ही लेता है। बसपा के आम समर्थक इसको बुरा नहीं मानें होंगें, क्योंकि बहिन जी को पार्टी चलाने के लिए धन चाहिए। बसपा के नेता भी असमर्थकों को बता ही चुके होगें कि धन के बिना पार्टी कैसे चलेगी? आगे यह भी कह रहे होंगें कि क्या सपा, कांग्रेस के लोग पैसा नहीं लेते? अतः इस भ्रष्टाचार के उजागर होने पर बसपा के वोट पर असर तब तक नहीं पड़ेगा, जब तक कि यह बताया न जाए कि यह भ्रष्टाचार उसके विकास की कीमत पर हो रहा है, क्योंकि जिस पैसे को खाने की बात मायावती जी करती हैं, उसी पैसे से गरीब दलितों के विकास की अनेक

योजनाएं पूरी होनी थीं। जब राजा भइया के कृत्यों को ठाकुर बुरा नहीं मानते और भारी संख्या में एक हो जाते हैं, तो वैसे ही मायावती जी के कृत्यों को दलित क्यों बुरा मानेगें, बात तो सच है। आर्थिक भ्रष्टाचार को एक तरफ बुरा कहें और दूसरी तरफ अपराध को जातिवाद के कारण समर्थन मिले तो कहां तक ताक्रिक है? यहां पर यह ध्यान देने वाली बात है कि मायावती जी का भ्रष्टाचार आम भ्रष्टाचार नहीं है, बल्कि इसका सम्बन्ध दलित के भविष्य से है। सांसदों एवं विधायकों को मिलने वाला पैसा छोटी–छोटी परियोजनाओं के लिए होता है, जिससे दलितों के कल्याण के कार्य भी सम्पन्न होते हैं। यदि इसमें भी दीमक लग जाए, तो समझो दलितों का भविष्य चौपट। दूसरी बात यह है कि जब सांसद और विधायक को भ्रष्टाचार करने के लिए प्रेरित किया जाएगा तो व्यवस्था से कैसे लड़ सकते हैं। पुलिस और प्रशासन पर कैसे दबिश पैदा कर पाएंगें। क्यों अधिकारी इनकी बात मानेगें? पैसा मांगने से कहीं अधिक इससे दलितों की हानि होगी। तमाम लोगों को यह लग रहा होगा कि मायावती जी बुरी तरह से फंसी हैं, लेकिन ऐसा नहीं है, क्योंकि उनके समर्थकों को अशिक्षा, जाति एवं परिवेश की वजह से लग रहा है कि यह भ्रष्टाचार उनकी तरक्की के लिए ही किया है। कुछ साल पहले पश्चिमी उ॰प्र॰ के एक बदमाश को मुलायम सिंह जी की सरकार में मारा गया था, उससे उसकी जाति के लोगों ने नाराज होकर उन्हें वोट नहीं दिए। कांग्रेस के शासनकाल में अहमदाबाद में बड़े एंक बदमाश को मारा गया। इससे नाराज होकर उसके समुदाय के लागों ने कम वोट कांग्रेस को दिए। निष्कर्ष यह निकलता है कि भ्रष्टाचार कौन कर रहा है?

कहा जाए कि भ्रष्टाचार का भी जातीयकरण है, तो बहुत अधिक अतिश्योक्ति नहीं होगी। प्रायः अपराधियों को समर्थन उसकी जाति या समुदाय से ही मिलता है। इसलिए लाख आलोचना करने पर भी पार्टी या संगठन की छवि में खास असर नहीं पड़ता। शहरी लोगों को जरूर अटपटा महसूस होता है। जब पी. वी. नरसिंहराव प्रधानमंत्री थे, तो कुछ सांसदों का समर्थन जुटाने के लिए पैसे का लेन–देन हुआ था। इन सांसदों ने नई अर्थव्यवस्था के तौर तरीके से अनभिज्ञ होने के कारण पैसा मिलते ही उसको

बैंक में नकदी जमा करा दिया। परिणाम यह हुआ कि वह इनके विरूद्ध साक्ष्य के रूप में काम आया। जबकि यह बहुत बड़ी धनराशि नहीं थी। व्यवस्था से परिचित सांसद इससे दस गुना भी अधिक पैसे लेकर इस तरह से हजम कर जाते कि मानो कुछ हुआ ही नहीं। वर्तमान में हवाला एवं इलेक्ट्रानिक मोड से बड़े–बड़े लेन–देन हो जाते हैं और लोगों को पता भी नहीं लगता।

साम्यवादी और कुछ छोटी पार्टियों के अलावा सभी पार्टियों को भारी धन की जरूरत पड़ती है। भले ही ये पार्टियां अपने सांसदों या विधायकों से सीधा न मांगती हों, किन्तु अधिकारियों, उद्यमियों से अकूत धन मिलता है। आखिर कोई व्यवसायी किसी को अपना पैसा क्यों देगा, जब तक कि उसे फायदा न हो। सुना जाता है कि एक महाशय ने उ॰प्र॰ से राज्यसभा में चुनकर आने के लिए किसी बड़े उद्योगपति की सहायता ली, जिसमें करोड़ों रूपये का लेन–देन हुआ। ये महाशय बहुत ही छने–घुटे हैं, इसलिए इनके लिए अरबों पचा जाना कोई बड़ी बात नहीं है। माडर्न बैकरी को जब बेचा गया था, तो इस पर विवाद खड़ा हुआ और तब सरकार ने भूल सुधार करते हुए कहा कि जमीन की कीमत लगाना भूल गई थी। विनिवेश के मामले में भ्रष्टाचार करोड़ों में नहीं, बल्कि अरबों में हो रहा है, लेकिन इसे पकड़ पाना बहुत मुश्किल है। अगर ऐसा न हो तो मुनाफा कमाने वाली कम्पनियों जैसे–बीएसएनएल, आईपीसीएल, बीपीसीएल आदि को औने–पौने दामों में क्यों बेचा जा रहा है?

आमतौर पर बिना कालाधन इस्तेमाल किए चुनाव लड़ना असम्भव हो गया है। इस देश की जनता भी उन्हीं को समर्थन देती है, जो बाहुबली, तड़क–भड़क वाले होते हैं। कितना भी सैद्धान्तिक और ईमानदार व्यक्ति क्यों न हो, यदि वह साधन हीन और बिना आधार वाली पार्टी से है, तो चुनाव जीतना मुश्किल है। चुनाव उसी का रंग लाता है, जिसके पास साधन हों, क्योंकि गरीब और भूखे कार्यकर्त्ता बिना खाए–पिए और जेबखर्च के प्रचार के लिए तैयार नहीं होते। कई सामाजिक एवं राजनैतिक कार्यकर्त्ताओं को यही तो अवसर मिलता है, जब वे नए कपड़े सिलवाते हैं, टूटी साइकिल या

स्कूटर बनवा लेते हैं या कुछ नकदी भी झटक लेते हैं। भला जो चुनाव नहीं लड़ता या जिसे भारतीय समाज की वास्तविकता का पूर्ण बोध न हो, वह नेताओं की मजबूरी को कैसे समझेगा? चोरी–डकैती में फंसे लोग प्रचार के लिए इस शर्त पर तैयार होते हैं कि उनको अभयदान मिले। नेताओं के घर पर सैकड़ों मिलने वाले आते हैं, दिन भर चाय चलती रहती है, कार्यकर्त्ताओं के लिए टेलीफोन पर बात करना पड़ता है और कइयों को तो खाना और किराया भी देना पड़ता है। आखिर ये पैसा कहां से आता है? यदि नेता ऐसा न करें तो चुनाव हार जाएं। राज्य सभा में कभी स्वतन्त्रता आन्दोलन में भाग लेने वाले या ऐसे नागरिकों को भेजा जाता था, जिनका समाज में योगदान हुआ करता था। आज पैसे वालों की अच्छी–खासी भरमार हो गई है। जब ये व्यवसायी या अपराधी राज्यसभा में पहुंच रहे हैं, तो इससे अन्दाजा तो लग ही जाता है कि यह सबकुछ क्या है? जैन हवाला काण्ड में तमाम नेताओं के नाम डायरी में लिखे हुए थे, जिन्हें जैन बन्धुओं ने पैसा दिया और उसका अन्त कैसा हुआ, सभी जानते हैं। भ्रष्टाचार का यदि तरीका पता हो, तो पकड़े जाने की सम्भावना ही समाप्त हो जाती है। जो पकड़ा गया वह भ्रष्ट और जो नहीं वह ईमानदार।

भ्रष्ट से भ्रष्ट व्यवसायी, अधिकारी, नेता भी चाहते हैं कि उनके स्टाफ में ईमानदार लोग हों अर्थात् एक भ्रष्ट व्यक्ति भी उम्मीद करता है कि दूसरा ईमानदार रहे। यह कैसी विडम्बना है?

बसपा के कुछ समर्थक तो यह भी कह रहे होगें कि बहिन जी ने जब पैसा मांगा तो लोग उसे गलत बता रहे हैं और जब मनुवादी ऐसा करते हैं, तब कोई गलत नहीं बताता। तात्कालिक रूप से बसपा के इस भ्रष्टाचार से उसके दलित वोट पर तो खास असर पड़ने वाला नहीं है, क्योंकि दूसरी जाति के नेता भी भ्रष्टाचार करते हैं। दूसरी जाति के लोग भी अपराधी एवं चरित्रहीन हैं, लेकिन इस बात को यदि उन्हें बताया जाए कि यह भ्रष्टाचार दलितों को विशेष रूप से प्रभावित कर रहा है, तो बात आगे बढ़ सकती है। हालांकि इसे 'जस्टिस पार्टी' एवं 'लॉर्ड बुद्धा क्लब' ने दलितों को समझाना शुरू कर दिया है कि इससे उन्हीं की हानि हो रही है, लेकिन मुहिम और तेज

करने की आवश्यकता है। विनिवेश के माध्यम से भाजपा केन्द्र में भारी भ्रष्टाचार कर रही है, तो प्रान्त में उसके सहयोग से मायावती जी क्यों न करें? इससे दलितों में वह भ्रम टूट जाना चाहिए कि मायावती जी के शासनकाल में अम्बेडकर आवास योजना के तहत आदर्श गांव विकसित किए जा रहे हैं, दरअसल वहां भी भारी भ्रष्टाचार है। दलित इस समय भावना एवं जातिवाद की लहर की चपेट में तथ्यों को समझ नहीं पा रहे हैं कि इसका दुष्परिणाम क्या होगा? इन्हें समझाने के लिए दूसरे पक्ष को भी देखना चाहिए, क्योंकि बसपा ने दलितों के किसी भी अधिकार जैसे शिक्षा, जमीन सुधार, रोजगार आदि की कभी भी बात नहीं उठाई। एक बार तो कांशी राम जी साक्षात्कार में बोल भी पड़े कि पता नहीं दलित उन्हें वोट क्यों देते हैं, जबकि बदले में कभी उन्होंने दलितों को कुछ देने का वायदा नहीं किया? बसपा यही कहती रहती है कि जब सत्ता में आएंगें, तो देखेगें, लेकिन आने के बाद क्या करते हैं, बहन मायावती जी के कृत्यों से पता लग जाता है। जैसे राजपूतों को यह बोध होता रहा कि वे राजा हैं, लेकिन आज के दिन में न ही उनकी आर्थिक स्थिति बहुत मजबूत है और न ही राजनैतिक। उसी तरह से दलित की भावनाओं पर मरहम लगता रहता है, जब दलित मुख्यमंत्री हो, भले ही उसे कुछ न मिले। इसका समाधान शिक्षा के द्वारा सम्भव है और दूसरी तरफ जातिविहीन समाज के द्वारा। जब तक इस परिस्थिति को हम पा नहीं जाते हैं, इस तरह की घटनाओं को रोका नहीं जा सकता।

---

10 अप्रैल, 03 राष्ट्रीय सहारा मायावती का दलित विरोधी भ्रष्टाचार

30

मायावती का बौद्ध धम्म-प्रेम

14 अप्रैल, 2003 को लखनऊ में सुश्री मायावती ने धमकी देते हुए कहा कि यदि सामाजिक व्यवस्था नहीं सुधरती तो वे बौद्ध हो जाएंगी। वास्तव में उनकी शिकायत उसी हिन्दू समाज से है, जिसका प्रतिनिधित्व भाजपा और संघ परिवार करते हैं और उन्हीं से इनका राजनैतिक गठबन्धन भी है। इससे खुद ही उनका चेहरा बेनकाब हुआ है। उन्होंने रैली में राम विलास पासवान जी की खिलाफत इसलिए की कि उनकी जाति के लोग उ.प्र. में नगण्य हैं। जब बंगारू लक्ष्मण जी भाजपा के अध्यक्ष चुने गए थे, तो इन्होंने कहा था कि वे सफाई करने वाली जाति से हैं। जब इसका विरोध बाल्मीकि समाज ने किया, तो मायावती जी ने फिर प्रेस से कहा कि उन्होंने यही तो कहा था कि बंगारू लक्ष्मण जी की क्या जाति है? ताकि लोग अच्छी तरह से जान जाएं कि बंगारू लक्ष्मण जी की जाति क्या है? कोई भी प्रगतिशील और अम्बेडकरवादी व्यक्ति यह काम नहीं कर सकता। क्या ये तथाकथित सवर्णों द्वारा जात–पांत करने की आलोचना कर सकते हैं? इससे उनका जातिवादी व प्रतिक्रियावादी चेहरा उजागर होता है। जरूरी नहीं है कि सवर्ण जाति में पैदा हुए सभी लोग जातिवादी हैं और सभी दलित नेता जाति से ऊपर उठ गए हैं, जैसे मायावती जी।

उन्होंने अपने भाषण के दौरान विस्तार से मेरी आलोचना करते हुए कहा कि मैं कांग्रेस द्वारा स्थापित किया गया हूं। उन्होंने आगे कहा कि मेरी जस्टिस पार्टी कांग्रेस ने बनवाई है। नैतिकता की सारी हदें पार करते हुए

मायावती जी बोलीं, जबकि वे खुद ही भाजपा और संघ परिवार के साथ मिलकर सरकार में हैं। हालांकि हमारा कांग्रेस से कोई सम्बन्ध नहीं है, लेकिन होता भी तो कम से कम मायावती जी का नैतिक अधिकार नहीं बनता कि वे हमारे ऊपर उंगली उठा सकें।

मैं उनको याद दिलाना चाहता हूं कि 16 मार्च, 1999 को लखनऊ में उन्होंने मेरे द्वारा बौद्ध धर्म की दीक्षा लेने की घोषणा की आलोचना करते हुए कहा था कि यदि दलित बौद्ध धर्म अपनाते हैं, तो उन्हें भी ईसाइयों की तरह मारा जाएगा। इसकी खबर करीब–करीब सभी अखबारों में है, लेकिन कोई चाहे तो 17 मार्च, 1999 का दैनिक जागरण एवं पॉयनियर अखबार पढ़कर देख सकता है। उस समय उन्होंने कहा था कि कर्मचारियों की रैली से आरक्षण नहीं बचने वाला है। इनके अनुसार बहुजन समाज पार्टी के सत्ता में आने पर ही आरक्षण बचेगा। मायावती जी उ॰प्र॰ में तीन बार मुख्यमंत्री बन चुकी हैं, इन्होंने न तो खाली पदों को भरा और न ही कोई विशेष भर्ती अभियान चलाया। हमने तो बिना सत्ता में आए ही पूरे देश में आन्दोलन करके तीन आरक्षण विरोधी आदेश वापिस कराए। कहा जा सकता है कि हमारा ही आन्दोलन है, जिसके कारण कुछ हद तक आरक्षण बचा।

अब उन्हें एकाएक बौद्ध धर्म के प्रति कहां से प्यार उमड़ पड़ा है? बौद्ध धर्म हमारा मुद्दा है, जिसे वे छीनना चाहती हैं। नवम्बर 2001 में जब दस लाख लोग अनुसूचित जाति/जन जाति संगठनों के अखिल भारतीय परिसंघ एवं लॉर्ड बुद्धा क्लब के बैनर के नीचे बौद्ध धर्म ग्रहण करने जा रहे थे, तो संघ परिवार एवं वाजपेयी जी की सरकार ने इस पर प्रतिबन्ध लगा दिया, फिर भी लाखों लोगों ने उस दिन बौद्ध धर्म की दीक्षा ले ही ली। सरकार के इस कृत्य की निन्दा कांग्रेस सहित सी.पी.एम. आदि ने की लेकिन बसपा मूकदर्शक बनी रही। जानकारियों के आधार पर मायावती जी ने संघ परिवार के साथ समझौता करके हमारे बौद्ध आन्दोलन को रोकने का भी काम किया है। यही नहीं, बल्कि इन्होंने सख्त आदेश दिए थे कि उक्त कार्यक्रम में कोई भाग न ले। बसपा के कार्यकर्त्ताओं ने पूरे देश से लोगों को आने से रोका। मान्यवर कांशीराम ने बामसेफ एवं डी.एस.–4 बनाई, लेकिन इन सामाजिक संगठनों का भी कोई एजेण्डा बौद्ध धर्म से सम्बंधित नहीं था। कहा जाए तो कांशीराम जी की शुरुआत से लेकर अप्रैल 2001 तक बौद्ध धर्म के प्रति कोई

ऐसा ठोस झुकाव नहीं रहा। आश्चर्यजनक बात थी कि इन्होंने माह अप्रैल 2001 में भोपाल में पहली बार बौद्ध धर्म पर भाषण देते हुए कहा कि वे करोड़ो लोगों के साथ इसे अपनाएंगें। ऐसा इन्होंने इसलिए किया, ताकि माह नवम्बर, 2001 में हमारा दीक्षा का कार्यक्रम कमजोर हो जाए। इनके कार्यकर्त्ता कहने लगे थे कि अब तो मान्यवर जी भी दीक्षा ले रहे हैं, तो हमारे कार्यक्रम में शामिल होने की क्या जरूरत? हालांकि शुरूआत में बौद्ध रिसर्च सेंटर बनाया था ताकि विशेष रूप से महाराष्ट्र के दलित आन्दोलन से प्रभावित होकर चन्दा इत्यादि दें। इससे महाराष्ट्र के दलितो में विश्वास जगा कि कांशीराम जी डॉ॰ अम्बेडकर के पदचिन्हों पर चलेगें। जैसे ही इनके संगठन ने गति पकड़ी, बौद्ध धर्म को भूल गए। मैंने पहले भी कांशीराम जी से सवाल पूछा था कि उनका धर्म क्या है? पंजाब के पूर्व बसपा समर्थक सरपंच रमेश कुमार, गांव चोहक, नधेवली, जलन्धर, ने लेखक को बताया कि 1987 में कुछ सिक्ख लोगों ने बूटा मण्डी की एक बैठक में जब उनसे पूछा कि सिक्ख धर्म के बारे में आप क्या कर रहे हैं? तो उन्होंनें कहा कि हम पूरे भारत को ही सिक्ख बनाना चाहते हैं। सन् 1990 में ऐसा ही प्रश्न कुछ बौद्ध धर्म के मानने वालों ने लुधियाना के सक्रिट हाउस में किया तो, कांशी राम जी ने उनसे कहा कि हम तो पूरे भारत को ही बौद्धमय बनाना चाहते हैं। 1996 में गुरूद्वारा प्रबन्धक कमेटी के चुनाव में पूरे बसपा को पंजाब में उतार दिया। चूंकि बसपा गैरअकाली थी, इसलिए इनके सारे ही उम्मीदवार चुनाव हार गए। यहां यह बात समझ में नहीं आती कि कांशी राम जी किस धर्म को मानते हैं और किस धर्म को नहीं। यह जरूर कहा जा सकता है कि इनकी आस्था वर्णव्यवस्था में बहुत गहरी है। लखनऊ की रैली में उन्होंने कहा कि मैं चमार हूं और डॉ॰ अम्बेडकर महार थे, लेकिन उन्होंने कुछ नहीं किया। इससे इनकी मनुवादी मानसिकता झलकती है।

मायावती जी ने कई अवसरों पर मेरे व्यक्तिगत जीवन में हस्तक्षेप करने की कोशिश की। उन्होंने मेरी आलोचना करते हुए कहा कि मैंने ब्राह्मण महिला से शादी की है। मैं बता देना चाहता हूं कि वे ब्राह्मण नहीं थीं और नवम्बर, 2001 में बौद्ध धर्म की दीक्षा लेने के उपरान्त वे भी जाति व्यवस्था से निकल गईं। इससे भी सिद्ध होता है कि मायावती जी बहुत ही जातिवादी हैं। यदि वे बौद्ध धर्म को अपनाती हैं, तो बौद्ध धर्म में वर्णव्यवस्था के दोष भी

आ जाएंगें। कोई भी व्यक्ति बौद्ध और जातिवादी दोनों एक साथ नहीं हो सकता। मायावती जी दूसरे के व्यक्तिगत जीवन में हस्तक्षेप करती रहती हैं, यदि वे बाज नहीं आती तो मैं भी उनके रंगीन जीवन को उजागर करने के लिए बाध्य हो जाऊंगा। सैद्धांतिक एवं वैचारिक मतभेद के कारण उन्हें स्वस्थ आलोचना करने का अधिकार है, लेकिन अनर्गल बात उचित नहीं है।

मायावती जी एक फर्जी अम्बेडकरवादी हैं, क्योंकि वे जातिवादी हैं। बौद्ध धर्म के मामले में उनका दोहरा चरित्र है। अनुसूचित जाति/जन जाति अत्याचार निवारण अधिनियम 1989 को इन्होंने ही समाप्त किया। इनकी सरकार ने एक आदेश जारी करते हुए कहा कि यह कानून हत्या और बलात्कार के मामले में लागू होगा। याद रहे कि जब कल्याण सिंह जी मुख्यमंत्री थे, तब उन्होंने इस कानून के तहत मुकदमा तब तक न दर्ज करने के लिए कहा था, जब तक कि मामले की जांच नहीं हो जाती। इस पर बसपा ने बड़ा शोर मचाया। ज्ञात होना चाहिए कि हत्या और बलात्कार के मामले में भारतीय दण्ड संहिता की धाराएं ही इतनी सख्त हैं कि इस कानून की जरूरत ही नहीं है। इस तरह से इन्होंने इस कानून की हत्या कर दी। गैर दलित मुख्यमंत्री तो इस कानून को खत्म करने के लिए मायावती जी की आड़ आसानी से ले लेगें। मायावती जी का यह कैसा दलित प्रेम?

जिस नरेन्द्र मोदी जी का इन्होंने समर्थन किया था, वे कितने मुस्लिम विरोधी हैं, सभी जानते हैं। मुसलमानों का समर्थन बसपा के निर्माण से लेकर सत्ता तक आने में बहुत अधिक रहा है। राजग की सहयोगी पार्टियों ने भी गुजरात काण्ड की निन्दा की, परन्तु बसपा ने इतना भी नहीं किया। गुजरात विधान सभा ने धर्मांतरण पर रोक लगाने वाला कानून बना दिया है। इससे बौद्ध धर्म के आन्दोलन पर प्रतिकूल असर पड़ेगा। मायावती जी ने इस कानून का विरोध नहीं किया। वास्तव में धर्मांतरण दलित लोग बाबा साहेब की प्रेरणा से कर रहे हैं। जब इस पर प्रतिबन्ध लग जाएगा, तो मायावती जी का एकाएक बौद्ध धर्म के प्रति उमड़ा प्रेम धरा का धरा रह जाएगा, साथ ही पूरे आन्दोलन को धक्का लगेगा। बहिन जी क्यों नहीं अपने सहयोगी भाजपा नेता मोदी जी को सलाह देती कि वे धर्मांतरण पर प्रतिबन्ध न लगाएं।

डॉ॰ अम्बेडकर द्वारा निर्मित संविधान की समीक्षा का कभी भी इन्होंने विरोध नहीं किया। कांग्रेस सहित तमाम पार्टियों ने इस पर आन्दोलन तक चलाए, लेकिन बसपा चुप रही। इनका यह डॉ॰ अम्बेडकर से कैसा प्रेम?

भाजपा द्वारा निजीकरण खत्म करके आरक्षण समाप्त करने पर भी बसपा मौन है। राजग की सहयोगी पार्टियां जैसे समता पार्टी आदि ने निजीकरण का विरोध किया। अनुसूचित जाति/जन जाति संगठनों का अखिल भारतीय परिसंघ एवं लॉर्ड बुद्धा क्लब पूरे देश में विनिवेश के खिलाफ आन्दोलन चला रहे हैं। लगभग सभी मजदूर संगठनों ने भी इसका विरोध किया।

बसपा ने कभी भी दलितों के लिए कोई मुद्दा नहीं लिया। क्या ये बता सकते हैं कि इनका मुद्दा क्या है? यदि इनका कोई मुद्दा है तो वह है भावनात्मक अपील, दूसरों पर आरोप लगाना और सिद्धान्तविहीन समझौता। इनके ऊपर तरस आता है, जब ये कहते हैं कि मैं कांग्रेस की मदद से आन्दोलन चला रहा हूं। मैं जल्दी ही मायावती जी को बौद्ध धर्म ग्रहण करने का न्योता दे रहा हूं और देखना है कि वास्तव में वे साफ मन से बौद्ध धर्म ग्रहण करके पूरी अनुयायी बन पाती हैं या नहीं।

---

21 अप्रैल, 03 राष्ट्रीय सहारा मायावती का असली चेहरा

31

इराक-युद्ध और जनतंत्र

जब भी कभी गृहयुद्ध या युद्ध अथवा अपराध या शोषण–अन्याय बढ़ता है, तो मान लेना चाहिए कि जनतन्त्र या तो है नहीं या बहुत कमजोर पड़ गया है। इतिहास तमाम ऐसी घटनाओं से भरा पड़ा है और आज भी यह हो रहा है। द्वितीय विश्व युद्ध के बाद व्यापक तौर पर यूरोपीय देशों ने जनतन्त्र प्रणाली को अपनाया, जिसके कारण शान्ति और विकास की स्थापना हुई। डॉ॰ राम मनोहर लोहिया ने कहा था, ''मैं भारतीय इतिहास का एक भी ऐसा काल नहीं जानता जिसमें कट्टरपंथी हिन्दू धर्म भारत में एकता या खुशहाली ला सका हो। जब भी भारत में एकता या खुशहाली आई तो हमेशा वर्ण, स्त्री, सम्पत्ति आदि के सम्बन्ध में हिन्दू धर्म में उदारवादियों का प्रभाव अधिक था। हिन्दू धर्म में कट्टरपंथी जोश बढ़ने पर हमेशा देश सामाजिक, और राजनैतिक दृष्टियों से टूटा है और भारतीय राष्ट्र में राज्य और समुदाय के रूप में विखराव आया है। मैं नहीं कहता कि ऐसे सभी काल जिनमें देश टूट–टूटकर छोटे–छोटे राज्यों में बंट गया कट्टरपंथी प्रभुता के काल थे, लेकिन इसमें कोई शक नहीं कि देश में एकता तभी आई जब हिन्दू दिमाग पर उदार विचारों का प्रभाव था।''

डॉ॰ राम मनोहर लोहिया के अनुभव को यदि केन्द्र बिन्दु मानकर देखा जाए, तो आज यही अरब देशों में हो रहा है। कुछ–कुछ भारत भी भाजपा के कारण इस दिशा में अग्रसर हो रही है। यदि आज अमेरिका ने ईराक पर

आक्रमण किया है, तो कुछ न कुछ अरब में खामी जरूर है। परिस्थितियां ही ऐसी हैं कि अमेरिका को आसानी से ईराक पर आक्रमण करने के लिए प्रोत्साहित किया। यदि अमेरिका हमला न भी करे, तो इस्लामिक देश क्या आपस में नहीं लड़ रहे हैं? आतंकवाद एवं गृहयुद्ध के शिकार कई देश हैं।

अमेरिका ने आसानी से ईराक पर हमला कर दिया, क्योंकि वह जानता है कि ईराक के पड़ोसी देश उसकी मदद कर रहे हैं। इन देशों में शायद ही किसी में जनतन्त्र हो। यदि अमेरिका को यह आभास होता कि उसका विरोध इस्लामिक संसार के सभी देश करेगें, तो शायद वह हमला न कर पाता। युद्ध के लिए वह लगभग दो लाख, पचास हजार सैनिक इस्लामिक देशों में ही जमाए हुए है। ज्यादातर देश सामंतवादी और राजतन्त्रीय हैं। इसलिए अमेरिका यहां के राजाओं या तानाशाहों को पकड़ ले तो सारा देश उसकी मुट्ठी में आ जाता है। जनतांत्रिक देश में यह सम्भव नहीं है, क्योंकि वहां पर जनता की भावनाओं को नजरन्दाज करके कोई सरकार उनके विरूद्ध फैसला नहीं कर सकती। भले ही भाजपा सरकार अमेरिका के प्रति सहानुभूति रखती है, लेकिन जनता के दबाव के सामने उसे इस युद्ध का विरोध करना ही पड़ रहा है। हमारा देश भी कुछ ऐसी ही दिशा की ओर अग्रसर हो रहा है। वर्तमान में ऐसा लग रहा है कि भारत में कोई समस्या है ही नहीं, अगर है भी तो हिन्दू धर्म को बचाने की, ऐसा माहौल संघ परिवार ने खड़ा कर रखा है। ऐसा लगता है कि जैसे स्वास्थ्य, शिक्षा, विद्युत, बेरोजगारी आदि की समस्याओं का समाधान कर लिया गया हो और यदि कोई समस्या है तो राम का मंदिर बनाने की। यदि यही रफ्तार चलती रही, तो जनतन्त्र अवश्य कमजोर पड़ेगा। इस्लामिक देशों ने आज भी जनतन्त्र के महत्त्व को समझा नहीं है और इसीलिए ये देश तमाम तरह के झंझावातों से गुजर रहे हैं। यही कारण है कि ये लोग व्यापार, उद्योग, विज्ञान, शिक्षा एवं अन्य क्षेत्रों में पिछड़ गए हैं। दूसरा बड़ा कारण यह भी है कि व्यक्ति की स्वतंत्रता एवं अभिव्यक्ति के भयंकर रूप से ये विरोधी हैं।

अमेरिका ईराक को तहस–नहस करना चाहता है, क्योंकि यह एक धर्मनिरपेक्ष एवं सैन्य रूप से मजबूत देश है। धर्मनिरपेक्षता जनतन्त्र का शुभ संकेत है और ऐसा अमेरिका नहीं चाहता है। खुद अमेरिकी जनतांत्रिक हैं और

व्यक्ति की आजादी के भारी पक्षधर हैं। लेकिन जब दूसरे देशों का मामला आता है, जैसे ईराक का है, तो वहां पर इसके मापदण्ड बदल जाते हैं। वास्तव में प्रत्येक अमेरिकी का जीवन इतना महंगा है कि बिना दुनिया की लूट–खसोट किए यह उन्हें वांछित सुविधाएं मुहैया नहीं करा सकता। तेल और हथियार इसकी आय के मुख्य स्रोत हैं। रूस के खिलाफ अफगानिस्तान को इसने हथियार एवं जिहादी साहित्य उपलब्ध कराकर वहां के सीधे–सादे कबीलाई मुसलमानों को आतंकवादी बनाया। जब रूस के विरूद्ध इनका इस्तेमाल समाप्त हो गया, तो यही आतंकवादी अमेरिका के दुश्मन हो गए। असल में अमेरिका के लिए जो सुविधाजनक होता है, वही करता है। हालांकि दुनिया के स्तर पर वह व्यक्ति की आजादी, अभिव्यक्ति एवं प्रतिष्ठा का नेता बनने का दिखावा करता है, लेकिन यह सबकुछ अपने हित में ही करता है। अफगानिस्तान में पहले तो जनतंत्र के विरूद्ध आतंकवाद को प्रोत्साहित किया और जब उसका मतलब सिद्ध हो गया, तो अब वहां जनतंत्र की वकालत कर रहा है।

इस्लाम एक क्रांतिकारी धर्म था और समयान्तराल के साथ इसमें सुधार नहीं आया। ईसाई धर्म भी मध्य युग में कठमुल्लावाद का शिकार हुआ, जिसे काले युग के नाम से जाना जाता है। उसके बाद इसमें व्यापक स्तर पर सुधार लाए गए। धर्म और राजनैतिक सत्ता चर्च में निहित हो गई थी। इसके विरूद्ध लोग खड़े हुए तभी जाकर विज्ञान, शिक्षा, स्वतन्त्रता, प्रतिष्ठा आदि क्षेत्रों में तरक्की हुई। धर्म और राजनीति को अलग किए बिना न तो शोषण से मुक्त हुआ जा सकता है और न ही विकास सम्भव है। मक्का में तो सारी दुनिया के मुसलमान एक हो जाते हैं, किन्तु ईराक की मदद तो दूर, अधिकतर इस्लामी देश अमेरिका का साथ दे रहे हैं। हालांकि धर्म के आधार पर मानवाधिकार के उल्लंघन के मामले तय नहीं होते हैं, फिर भी सोचने वाली बात है कि अधिकतर मुस्लिम देश क्यों अमेरिका का साथ दे रहे हैं? जितना अमेरिका की खिलाफत उसके देश या ब्रिटेन में हो रही है, उसकी तुलना में कुछ मुस्लिम देशों में नहीं के बराबर है। यदि यही मापदण्ड रहा, तब तो वर्तमान जनतन्त्र इस्लामिक देशों में नहीं आने वाला। इसका फैसला अब

उन्हीं को करना है। बौद्ध धर्म में भी आधुनिक जनतन्त्र से कोई शिकायत नहीं है। फिर भी धर्म को राजनीति से किसी भी परिस्थिति में अलग करना होगा। यह तक्र हिन्दू धर्म के लिए नहीं लागू होता, क्योंकि यहां कोई निश्चित धार्मिक पद्धति और नियम नहीं है। तमाम धार्मिक ग्रन्थों, देवी–देवताओं के कारण यह मुश्किल है कि किसे आदर्श या मापदण्ड माना जाए?

हाल के कुछ वर्षों में हिन्दू धर्म के मानने वाले लोग कुछ ज्यादा ही कर्मकाण्डी और अन्धविश्वासी होने लगे हैं। लोग अपने घरों के दरवाजे एवं दीवारें तोड़ रहे हैं, क्योंकि वास्तु शास्त्र के अनुसार वह शुभ नहीं है। यह अन्धविश्वासी शास्त्र इतना फल–फूल रहा है कि अधिक से अधिक लोग इसके जाल में फंस गए हैं। वास्तु शास्त्र के अनुसार ही खाट और घर के दरवाजों की दिशा निर्धारित हो रही है। इस्लाम धर्म का कहीं न कहीं इसमें योगदान है, चाहे वह भाजपा और संघ परिवार के माध्यम से ही क्यों न हो? संघ परिवार के उन्मादी बर्ताव के पहले हिन्दू धर्म के मानने वाले इतने कर्मकाण्डी नहीं थे। हिन्दू धर्म के इस्लामीकरण के लिए कौन जिम्मेदार है? आश्चर्य भी होता है कि संघ परिवार का इस्लामी विरोध का प्रतिफल उदारता, खुलापन, तक्र, विज्ञान होना चाहिए। वास्तव में इसके लिए इस्लाम को दोष नहीं दिया जा सकता। जब खुद ही ज्यादातर मुस्लिम देश जनतांत्रिक नहीं है, तो हमें ऐसे मूल्यों को अपनाना ही नहीं चाहिए। हालांकि भाजपा को गुजरात में बहुमत मिला, लेकिन इसका अर्थ यह नहीं है कि सबकुछ ठीक है। हिटलर भी जनतांत्रिक तरीकों से सत्ता में आया था।

गुजरात में जब मुसलमानों की हत्या हो रही थी, तो इस्लामिक देशों की तरफ से विरोध नहीं हुआ। यूरोप के देशों ने सबसे ज्यादा विरोध किया, जिसका दबाव भाजपा सरकार पर पड़ा। भारत की राष्ट्रीय मीडिया ने भी बहुत ही अच्छी भूमिका निभाई। यदि ऐसा न हुआ होता तो शायद नरेन्द्र मोदी जी लाखों मुसलमानों का कत्ल करा देते। इंग्लैंड में अमेरिका और अपनी सरकार के विरूद्ध लंदन में दस लाख लोगों की रैली हुई। एक छोटे से देश में आज तक इतनी बड़ी रैली कभी नहीं हो पाई थी। अमेरिका में भी भयंकर रूप से जार्ज बुश का विरोध हो रहा है। सबसे ज्यादा विरोध इस युद्ध का

जनतांत्रिक देशों में ही हो रहा है। क्या इससे यह निष्कर्ष नहीं निकलता कि जनतंत्र के आने से इस्लामिक देशों को लाभ होगा, चाहे वह आन्तरिक समस्या के समाधान का मामला हो या बाह्य। आटोमोबाइल्स (कारें इत्यादि) की क्रांति के कारण अरब देशों की आर्थिक स्थिति ही बदल गई। इसी के कारण विकसित देशों जैसे अमेरिका और खाड़ी के लोगों का भी लाभ हुआ। जिस दिन विकसित देशों को यह लगेगा कि तेल के व्यवसाय से उसका फायदा नहीं होने वाला है या वे तेल का विकल्प खोज लेगें, खाड़ी के देशों का क्या होगा? आर्थिक रूप से ये देश निर्धन हो जाएंगें, जैसे पहले हुआ करते थे। ज्यादातर खाड़ी देश अपने खुद के उद्योग, स्कूल, कृषि एवं व्यापार इत्यादि नहीं चलाते हैं। इनकी पूरी की पूरी अर्थव्यवस्था विदेशी निवेश पर निर्भर है। जब कम्प्यूटर के क्षेत्र में कल्पना से परे चीजें दिन–प्रतिदिन होती जा रही हैं, तो विकसित देशों के लिए कार इत्यादि के लिए वैकल्पिक ऊर्जा की खोज करना कौन सी मुश्किल की बात है। ऐसी परिस्थिति में बहुराष्ट्रीय कम्पनियां अपने निवेश को वापिस कर लेगीं। जब ऐसा हो जाएगा, तो खाड़ी के देश जीवन के लिए आवश्यक वस्तुएं कहां से जुटाएंगें? इनके पास पारम्परिक व्यवसाय के अलावा क्या चारा रह जाएगा। इससे इनका जीवन बहुत ही मुश्किल में आ जाएगा।

सामन्तवाद आधुनिकता, व्यक्ति की प्रतिष्ठा एवं स्वतंत्रता, आर्थिक विकास, महिलाओं की स्वतंत्रता, एवं ज्ञान का विरोधी है। खाड़ी के तमाम देश इसी की वजह से सैनिक शक्ति से कमजोर हैं और अमेरिका के ऊपर निर्भर हैं। आधुनिक तकनीक, शिक्षा एवं लोकसत्ता ही इसका जवाब हो सकती है। यह ऐसा समय है, जब मुस्लिम बुद्धिजीवी, धार्मिक नेता एवं अन्य लोगों को बैठकर विचार करना चाहिए कि बदलते हालात में वह समाज को कैसे दिशानिर्देशित कर सकते हैं? द्वितीय विश्व युद्ध में अमेरिका ने नागासाकी और हीरोशिमा को ध्वस्त कर दिया था और जापानी लोग इतना क्रोधित हुए कि अमेरिका से बदला लेने के लिए वे कुछ भी करेगें, लेकिन वहां के बुद्धिजीवियों ने सोचा कि अमेरिका का जो होगा सो होगा, लेकिन उनका देश पीछे रह जाएगा। इसलिए इस निष्कर्ष पर जापान की जनता को मनाने में

सफल हुए कि इसमें देश का हित नहीं है और कहा कि जापान ने भी प्रथम विश्व युद्ध में अमेरिका के पर्लहार्बर पर बम्ब गिराया था। इस उदाहरण से सबक सीखना चाहिए, तभी कल्याण हो सकता है। खाड़ी के देश आतंकवाद एवं तानाशाही के झंझावात से गुजर रहे हैं और जब तक वहां के लोग जनतन्त्र की स्थापना नहीं करते हैं, तब तक अमेरिका जैसे देशों के शोषण को रोकना असम्भव होगा। अमेरिका द्वारा किए जा रहे अन्याय से ईराक की जनता को भयंकर रूप से परेशानियों का सामना करना पड़ रहा है, जिस पर सहानुभूति और अमेरिका की निन्दा के अलावा खास कुछ नहीं किया जा सकता। ऐसी घटना से इस्लामिक देशों को जबर्दस्त सबक लेना चाहिए कि यदि अमेरिकी अन्याय को रोकना है, तो यह जनतन्त्र की स्थापना के बिना सम्भव नहीं है।

---

21 अप्रैल, 03 दैनिक हिन्दुस्तान लोकतंत्र, धर्मतंत्र और ईराक की पराजय

32

त्रिशूल और लाठी के बीच घुटती समस्याएं

बिहार की राजनीति चर्चा में बनी ही रहती है। इस समय लाठी रैली की चर्चा ने राष्ट्रीय स्तर की राजनीति में भी स्थान प्राप्त कर लिया है। तमाम बुद्धिजीवी और लालू जी के विरोधी पूरी नफरत के साथ इसकी आलोचना कर रहे हैं। आर्थिक, शैक्षिक एवं पिछड़ेपन के बावजूद भी दलित, मुस्लिम एवं पिछड़े वर्ग के लोग इस सत्ता को समर्थन देते चले आ रहे हैं। इसका कारण सामाजिक व्यवस्था एवं मनोवैज्ञानिक सोच है। समर्थक वर्ग को भय यह है कि लालूजी का शासन समाप्त होने पर उनकी वही दुर्दशा होगी, जो पहले होती आ रही थी। पिपरा, बेलछी एवं शंकरबीघा आदि काण्ड अभी भी याद दिलाते हैं कि सैकड़ों दलितों को मौत के घाट उतार दिया जाता था। बिहार एक ऐसा प्रान्त हुआ करता था, जहां दलित उत्पीड़न चरम सीमा पर था, लेकिन राजद की हुकूमत के कारण भारी परिवर्तन आया है। ये समर्थक भी कहीं न कहीं बेचैन और निराश तो हैं, परन्तु बीते दिनों की अत्याचार की बात जैसे ही दिमाग में आती है, तो इनमें बदले की भावना पैदा हो जाती है। राजद के सत्ता में रहने के बावजूद भी रणवीर सेना जैसे संगठन सक्रिय होकर पुराने अत्याचारों की याद ताजा करते रहते हैं और यह भी एक बहुत बड़ा कारण है, जिससे लालू जी का समर्थन बरकरार है।

देश के कुछ बुद्धिजीवी एवं तथाकथित सवर्ण विकास न होने पर लालू जी को बार–बार कटघरे में खड़ा करते रहते हैं। कभी कहते हैं कि बिहार

में जंगल राज है और कभी कहते हैं यहां गरीबी बढ़ रही है। हाल में सहरसा की एक सभा में राजद के पूर्व वित्तमंत्री श्री शंकर प्रसाद टेकरीवाल ने कहा कि 1996 में इन्दिरा आवास योजना के लिए 12000 रूपये मिलते थे। लोगों ने पक्के मकान की लालच में झोपड़ियां तोड़ दी। तमाम मकान टूट तो गए, लेकिन बन नहीं पाए हैं। अब इस योजना के लिए 20,000 रूपये स्वीकृत है, लेकिन यह धनराशि पक्के मकान के लिए कत्तई पर्याप्त नहीं है। नलकूप हेतु 2400 रूपये स्वीकृत है, लेकिन दलाली व रिश्वत के कारण यह 1300 से 1400 तक ही पहुंच पाता है। अतः इस अल्प पैसे से जो भी काम होता है, वह कुछ ही दिनों में सड़ और गल जाता है। ऐसे हालात में कैसे विकास और आर्थिक उन्नति हो सकती है?

बिहार सबसे ज्यादा कानून व्यवस्था खराब होने के लिए जाना जाता है। इस समस्या को वास्तविक रूप से समझना है, तो बहुत पीछे जाने की जरूरत है। मुजफ्फर पुर से जॉर्ज फर्नांडीज ने आन्दोलन शुरू किया और लोगों ने जमकर समर्थन किया। जार्ज जी के आन्दोलन में रेल की पटरियों को डाइनामाइट से उड़ाने से लेकर बिना टिकट यात्रा करने तक की बातें आम रही हैं। राजद के शासन के पहले दलितों का नरसंहार आम बात थी। अब भी कानून व्यवस्था अच्छी नहीं है। महेश खूंट और सहरसा की दूरी लगभग 45 किलोमीटर है और यात्री ट्रेन कभी–कभी 8 घण्टे में यह दूरी तय करती है। 3 या 4 घण्टे की बात तो आम है। घास, दूध, साइकिल, कभी–कभी पशु भी ढोने के काम में ये ट्रेनें प्रयोग की जाती हैं। बक्सर, सहरसा, गया आदि स्थानों से यात्री ट्रेन बिना झिझक पटना तक इस कार्य में इस्तेमाल होती हैं।

बिहार प्रदेश ही केवल ऐसा नहीं है, जहां सामंती व्यवस्था है। अन्य प्रदेशों में भी सामंतवाद होने के कारण आर्थिक एवं कानूनी जगत में इतनी हालत भयावह नहीं है। क्या सामंतवाद के अलावा कुछ और सामाजिक समीकरण काम कर रहे हैं, जो अभी तक खास पकड़ में न आए हों? अनूसूचित जन जाति संगठनों का अखिल भारतीय परिसंघ के प्रदेश अध्यक्ष श्री नरेन्द्र कुमार ने बताया कि तमाम लोग यहां पर बिना मतलब सड़क के आस–पास खड़े नजर आएगें। ऐसा नहीं है कि इन लोगों के पास काम बिल्कुल नहीं है, लेकिन वहां की कुछ सांस्कृतिक विरासत ऐसी है, जो इन्हें काम करने के लिए प्रेरित नहीं करती। वैसे तो पूरे भारतीय समाज में काम

करने वालों को कभी भी आदर और सम्मान से देखा ही नहीं गया। धार्मिक व्यवस्था भी ऐसी है कि जो काम करे वह नीच है। एक समय ऐसा था कि चर्मकला, हल जोतना आदि कार्यों के बिना जीवन की कल्पना नहीं की जा सकती थी और जिन लोगों ने इस कार्य को किया, उन्हें नीच और अछूत कहा जाता रहा। आज भी आम व्यक्ति अपना काम स्वयं करने से कतराता है। यह हमारी सांस्कृतिक धरोहर रही है कि काम करना नीच लोगों का काम है। बिहार की सड़कों पर मक्के को सुखाया जाता है, जिससे यातायात में बाधा आती है। लोगों के घरों के सामने जमीन पर्याप्त है, फिर भी उसे समतल करके वहां मक्का नहीं सुखाया जाता है। इस काम को करने के लिए उन्हें मेहनत करनी पड़ेगी और सरकार द्वारा बनाई गई सड़क पर कोई झंझट नहीं है। यह अलग बात है कि वही मजदूर या आम आदमी जब हरियाणा, पंजाब आदि राज्यों में मजदूरी करने जाता है, तो जमकर काम करता है। इसके पीछे डण्डे का भय है, या फिर अच्छी मजदूरी। यहां तक कि लोग सड़कों पर ताश खेलते हैं, क्योंकि वहां साफ–सुथरी जगह मिल जाती है।

बिहार में लालू जी को हटाने के लिए बड़े प्रयास किए गए, लेकिन सफल नहीं हो पाए। जिस दृष्टिकोण से विपक्ष के लोग उन्हें हटाना चाहते है, वह राजद के समर्थकों को कमजोर नहीं कर सकता। बिहार से भारी संख्या में भूमिहारों, राजपूतों, कायस्थों आदि ने दिल्ली या अन्य जगहों पर शिक्षा प्राप्त कर नौकरशाही एवं अन्य क्षेत्रों में तरक्की कर ली है। यह भी तबका लालू जी के खिलाफ राष्ट्रीय स्तर पर प्रचार करता है। सूत्र बताते हैं कि दिल्ली से इस वर्ग के तमाम लोग रणवीर सेना के लिए पैसा भेजते हैं। गुरू तेगबहादुर हास्पिटल एवं हिन्दू कॉलेज के होस्टल में इन्हीं वर्गों के छात्रों ने अपने ही दलित साथियों के साथ वह व्यवहार किया कि सुनने वाला अचम्भित हो जाएगा। गुरू तेगबहादुर हास्पिटल में दलित विद्यार्थी जो एम.बी.बी.एस. कर रहे हैं, उनके लिए होस्टल में अलग कमरे एवं खाना खाने की टेबलें हैं और उन्हें सेड्डू (अनुसूचित जाति) कहकर पुकारते हैं। पढ़े–लिखे लोगों में भी ऐसी भौड़ी एवं घटिया सोच है, तो इसी से अन्दाजा लगाया जा सकता है कि लालू जी की बेसुरी लाठी भी दलितों एवं गरीबों को क्यों अच्छी लगती है? ऐसा कृत्य जब पढ़े–लिखे लोग कर रहे हैं, तो उनके घरवाले बिहार में दलितों, पिछड़ों एवं मुसलमानों के साथ कैसा बर्ताव कर रहे होगें? इस मानसिकता के लोग यदि लालू यादव को हटाना चाहते हैं, तो दलित एवं

पिछड़े उनके आवाहन पर क्यों साथ देगें? जाहिर है कि दलित, पिछड़े एवं मुस्लिम संख्या में बहुत अधिक हैं। अतः मीडिया के शोर–शराबे से लेकर समता पार्टी के विरोध तक लालू अभी तक हिलते नहीं नजर आते। भूमिहार, राजपूत, कायस्थ एवं अन्य तथाकथित अगड़ों को अपनी ही मानसिकता में परिवर्तन करना पड़ेगा, तभी वे दलितों, पिछड़ों एवं गरीबों को अपने पक्ष में कर पाएंगें। केवल लालूजी के विरोध से खास फायदा होने वाला नहीं है।

इतिहास की विडम्बना ही है कि इस देश में जन्म के आधार पर व्यक्ति की आर्थिक, सामाजिक, धार्मिक एवं राजनैतिक दशा तय होती है। लालू जी के लगातार सत्ता में बने रहने के पीछे भी इसी विडम्बना की भूमिका है। लालू जी के राज में शिक्षा तहस–नहस हो गई है। यह निश्चित तौर पर पूरे बिहार के साथ इनके खुद के ही समर्थकों का भविष्य अन्धकार में है। पिछले दशक तक सरकारी स्कूलों से पढ़कर लोग मुख्य धारा में आए, लेकिन शैक्षिक व्यवस्था पर ध्यान न देने के कारण अब यहां से पढ़कर दलित एवं पिछड़ा वर्ग कुछ खास नहीं कर सकता। जहां तक भूमिहार, राजपूत एवं कायस्थ की बात है, उन पर इस व्यवस्था का अधिक प्रभाव इसलिए नहीं हैं, क्योंकि ये निजी स्कूलों की ओर चल पड़े हैं। बहुत अच्छी संख्या में पत्रकारिता एवं नौकरशाही में इनकी भागीदारी हो चुकी हैं। हाल में अमेरिका ईराक पर ज्ञान एवं तकनीक की ताकत को प्रदर्शित कर चुका है। वर्तमान में ज्ञान ही ताकत है और आने वाले दिनों में कम्प्यूटरीकरण, निजीकरण, मशीनीकरण का दौर होगा। लालू जी यदि इन वर्गों को शिक्षा से वंचित करते हैं, तो ये खुद ही इन वर्गों के दुश्मन सिद्ध होगें। आज सत्ता इनके पास होने के कारण भले ही न आभास रहा हो। अपने समर्थकों का मानसिक एवं भावुक रूप से तुष्टिकरण तो किया, लेकिन शिक्षा, रोजगार, विकास, मकान तो नहीं दे सके। सड़कों की हालत बहुत खराब है। बिजली और पानी की व्यवस्था भी गड़बड़ाई रहती है। रोजगार बढ़ने के बजाय घट रहा है। अपराध के कारण लोग पूंजी लगाने से कतरा गए हैं। जो कुछ उद्योग धन्धे हुआ भी करते थे, बन्द होते जा रहे हैं। कानून–व्यवस्था की हालत का अन्दाजा इसी से लग जाता है कि रैली के तीन दिन पहले से ही बसें एवं व्यक्तिगत वाहनों को छुपा लिया गया था, ताकि राजग के समर्थकों की नजर न पड़े नहीं तो उसे लाठी रैली मे घसीटकर लाएंगे। लालू जी ने बड़े ही माकूल समय पर लाठी रैली का आयोजन किया, ताकि त्रिशूल और तलवार वितरण करने वालों को संदेश

मिले कि संघ परिवार इस लड़ाई में घाटे में रहेगा। पूरे देश के बुद्धिजीवी, अल्पसंख्यक आदि त्रिशूल वितरण का विरोध कर रहे हैं, फिर भी संघ परिवार को होश नहीं आ रहा है। यदि इनका वितरण जारी रहा, तो आने वाले दिनों में धर्मनिरपेक्ष ताकतें, दलित, पिछड़े एवं मुस्लिम आदि सभी हथियारों का वितरण शुरू कर देगें, तब संघ परिवार को समझ में आएगा कि इन्होंने कितनी बड़ी गलती की। खैर इनकी समझ में आए तो बात अच्छी है, लेकिन इससे देश का नुकसान बहुत हो रहा हैं। आम जनता का ध्यान बुनियादी समस्याओं पर आकर्षित करने की बजाय ऐसे मुद्दों पर उन्हें भावुक और उत्तेजित किया जा रहा है, जिससे देश के विकास का सत्यानाश होना निश्चित है। वाजपेयी जी भले कहते रहें कि हमारा देश विकास कर रहा है, लेकिन सच्चाई यही है कि जबर्दस्त गिरावट आई है। कभी पूर्व की शासक पार्टियां भी यही नारा दिया करती थी कि दस या पांच साल में भारत आत्म निर्भर हो जाएगा या यह विज्ञान और विकास में विकसित देशों की बराबरी कर लेगा, लेकिन पिछले 55 वर्षों में हमारा देश पहले की तुलना में गरीब हुआ है। लालू जी की लाठी रैली त्रिशूल वितरण का माकूल जबाब तो हो सकती है, लेकिन बिहार के लोगों की समस्याओं का उससे सरोकार नहीं है। लाठी नहीं, बल्कि लोगों को काम चाहिए। लाठी के स्थान पर यदि लालूजी कलम पकड़वाएं तो पूरे बिहार के लोगों का उद्धार होगा।

---

05 मई, 03 दैनिक हिन्दुस्तान त्रिशूल का जबाब लाठी समस्याओं का नहीं

33

सामाजिक बदलाव ज्यादा जरूरी

अभी देश के कई राज्यों में धर्मांतरण पर रोक लगाने की कोशिशें चल रही हैं, तमिलनाडु सरकार ने इस पर रोक लगाने वाला विधेयक पास किया, उसकी देखा–देखी गुजरात सरकार ने भी इस तरह का एक प्रस्ताव पारित किया है। आगे और कई राज्यों में इस तरह के विधेयकों का मकसद हिंदू धर्म को छोड़कर बौद्ध धर्म अपनाने वालों को रोकना है। अभी भारत में काफी तेजी से लोग बौद्ध धर्म ग्रहण कर रहे हैं। हमारा अपना आंदोलन भी बौद्ध धर्म का विस्तार करने वाला है, लेकिन धर्मांतरण पर रोक लगाने वाले विधेयकों से इस आन्दोलन पर बुरा असर पड़ेगा और डॉ॰ अम्बेडकर का आन्दोलन भी प्रभावित होगा।

भारत में अभी धर्मांतरण का जो पैटर्न है, वह हिन्दू से बौद्ध बनने का है, यही आन्दोलन तेजी से चल रहा है। हालांकि संघ परिवार के लोग इस बात को ज्यादा हवा देते हैं कि ईसाई मिशनरियां धर्मांतरण को बढ़ावा दे रही हैं, परन्तु हकीकत यही है कि भारत के उत्तर–पूर्व के इलाके में और कुछ दूसरे पिछड़े इलाकों में ईसाई मिशनरी काम जरूर कर रहे हैं, लेकिन उन इलाकों में ज्यादा बड़ी संख्या में धर्मांतरण नहीं हो रहा है। ईसाई समुदाय में इक्का–दुक्का धर्मांतरण ही हो रहा है। इसमें भी उनके यहां स्थिति दूसरी है। वहां आर्थिक लाभ का मुद्दा भी लोगों के सामने होता है, लेकिन हमारे आन्दोलन में या कहीं भी, जहां बौद्ध धर्म में लोग दीक्षित हो रहे हैं, वहां इस

तरह का कोई लालच नहीं होता है, एक सहज रुझान के तहत लोग बौद्ध धर्म अपना रहे हैं, हिन्दू धर्म की कुरीतियों और जातिभेद की वजह से लोगों का मोह भंग हो रहा है और वे बड़ी संख्या में बौद्ध धर्म को स्वीकार कर रहे हैं, इसलिए अब संघ सम्प्रदाय और भाजपा का निशाना यही धर्मांतरण है।

बौद्ध धर्म में लोगों का जो धर्मांतरण हो रहा है, वह ईसाई समुदाय में हो रहे धर्मांतरण से इस मायने में भी भिन्न है कि यह रचनात्मक रुझान के साथ हो रहा है। सिर्फ इसलिए नहीं हो रहा है कि धन मिल जाएगा, या सामाजिक स्थिति सुधर जाएगी या किसी तरह के भेदभाव से मुक्ति मिल जाएगी, बल्कि इसलिए हो रहा है कि बौद्ध धर्म में जाकर एक नया समाज बनाने की संभावना के द्वार खुल रहे हैं, इसलिए यह धर्मांतरण सृजनात्मक है, इसके लिए न तो किसी पर दबाव डाला जाता है और न किसी को कोई लालच दिया जाता है। लोग सहज ढंग से बौद्ध धर्मांतरण आन्दोलन से जुड़ रहे हैं।

हमारा मानना है कि भारतीय समाज में हजारों साल से जड़ जमाए बैठी कुरीतियों को दूर करने के लिए आवश्यक है कि बौद्ध आन्दोलन को बढ़ावा दिया जाए, जब तक भारतीय समाज में जातिभेद, छुआछूत, रूढ़ियां, अन्धविश्वास और हजारों किस्म के कर्मकांड हैं, तब तक इस समाज को एकजुट नहीं किया जा सकता है। जिन लोगों का हित इन बातों से सधता है, वे चाहते भी नहीं हैं कि समाज एकजुट हो। इसलिए कि बंटा हुआ समाज उनके हितों के लिए ठीक है। लेकिन इस बात से कौन इनकार कर सकता है कि किसी भी विभाजित समाज के विकसित होने की कल्पना भी नहीं की जा सकती। जब तक अपने समाज की कुरीतियां नहीं दूर होती हैं और भेदभाव को नही मिटाया जाता है। तब तक विकास की किसी योजना को आगे नहीं बढ़ाया जा सकता है। गैर बराबरी पर आधारित इस वर्णव्यवस्था को कमजोर करके ही एक उन्नत समाज की नींव रखी जा सकती है।

लोग कहते हैं कि भारतीय राजनीति में जात–पांत बहुत बढ़ गया है, इसे खत्म किया जाना चाहिए। सवाल है कि इसे खत्म किया कैसे जाएगा? जब यह भेदभाव समाज में ही मौजूद है, तो इसे खत्म कैसे किया जा सकता

है। इसके लिए हमें सबसे पहले जाति–पांति की व्यवस्था को समाज से दूर करना होगा, जब यह समाज से दूर हो जाएगी, तब अपने आप ही राजनीति से भी दूर हो जाएगी, लेकिन यह तय है कि किसी राजनीतिक एजेण्डे के जरिए कोई राजनीतिक दल इसे दूर नहीं कर सकता है। जात–पांत या वर्णभेद को खत्म करने की बात को राजनीतिक एजेण्डा नहीं बनाया जा सकता है। समाजिक सुधार के आन्दोलनों के जरिए ही इसे दूर किया जा सकता है। देश के विभिन्न हिस्सों में समय–समय पर अनेक सामाजिक आन्दोलन चले और उनसे सामाजिक बदलाव की प्रक्रिया शुरू हुई, लेकिन अब सामाजिक चेतना के सबसे विकसित दौर में इस तरह का कोई आन्दोलन नहीं चल रहा है। तमाम आन्दोलन किसी न किसी राजनीतिक दल के साथ जुड़ गए और राजनीतिक एजेण्डे को लेकर काम कर रहे हैं। धर्मांतरण को इस तरह के सकारात्मक आन्दोलन का रूप दिया जा सकता है। राजनीति से अलग रहकर अगर बौद्ध धर्म के आन्दोलन को आगे बढ़ाया जाए तो समाज सुधार में काफी हद तक सफलता हासिल की जा सकती है। यह बात सिर्फ इसलिए कह रहा हूं, क्योंकि हमारा मानना है कि किसी भी हालत में धर्म का इस्तेमाल राजनीति के लिए नहीं किया जाना चाहिए।

लेकिन दुर्भाग्य की बात है कि जो लोग राजनीति में धर्म का खुलकर इस्तेमाल करते हैं और जो लोग धर्म को गाली देते हैं, वे ही लोग यानी किसी न किसी तरह धर्म का राजनीतिक इस्तेमाल करने वाले लोग ही सत्ता में हैं। उत्तर प्रदेश की मायावती सरकार इसका बेहतरीन उदाहरण है। एक तरफ मुख्यमंत्री मायावती मनुवादियों को गाली देती हैं (उनका टेप भी जारी हुआ है, जिसमें उन्होंने हिन्दू देवी–देवताओं को बुरा–भला कहा है), इसी तरह उन्होंने भारतीय संसद को भी मनुवादियों की जमात कह दिया था। लेकिन दूसरी ओर उन्हीं मनुवादियों के साथ मिलकर सरकार चला रही हैं। पहले वे भाजपा से संबन्ध तोड़ें, उसके बाद मनुवादियों को गाली दें, तब जाकर कोई उनकी बात पर भरोसा करेगा। उन्होंने गुजरात के चुनाव में जाकर नरेन्द्र मोदी के पक्ष में प्रचार किया। मोदी ने राज्य के अल्पसंख्यकों के साथ क्या बर्ताव किया था, यह किसी से छिपी हुई बात नहीं थी, लेकिन मनुवादियों

को गाली देने वाली मायावती उनके लिए प्रचार करने चली गयीं। आज उन्हीं नरेन्द्र मोदी ने धर्मांतरण पर रोक़ लगाने वाला विधेयक पास कर दिया है।

दरअसल मायावती जी के कई चेहरे हैं और कई मुख हैं, जिनसे वे अलग–अलग समय में अलग–अलग बातें करती हैं, अब अचानक उनके मन में बौद्ध धर्म के लिए आस्था पैदा हो गई है, जब हमने आन्दोलन शुरू किया और काफी संख्या में लोग इससे जुड़ने लगे, तो उन्हें लगा कि अब यह मुद्दा हथिया लिया जाए, इसलिए उन्होंने जगह–जगह बयान देने शुरू कर दिए, सबने देखा है और मीडिया में भी यह बात आई थी कि किस तरह से मायावती ने धर्मांतरण, वह भी बौद्ध धर्म में हो रहे धर्मांतरण को बकवास करार दिया था, उन्होंने आमसभा में कहा था कि धर्मांतरण बकवास चीज है और इससे कुछ भी नहीं होने वाला है, लेकिन अब वे इसके पक्ष में आ गई हैं। हकीकत यह है कि उन्होंने जो कुछ भी कहा है, हमेशा उसके खिलाफ ही काम किया है। वे कभी भी अपनी बात पर और अपने एजेण्डे पर अडिग नहीं रही हैं, वे अक्सर समय के साथ और नए सहयोगी की जरूरत के साथ अपना एजेण्डा बदलती रहती हैं, क्योंकि उनके लिए सामाजिक बदलाव ज्यादा महत्त्वपूर्ण नहीं है, बल्कि राजनैतिक समीकरण ज्यादा महत्त्व रखता है, जिसके दम पर सत्ता हासिल की जा सकती है। इसलिए वे कभी मेरा विरोध करती हैं, कभी पासवान का करती हैं, कभी मनुवादियों को गाली देती हैं, कभी उन्हें गले लगाती हैं, कभी कांग्रेस के साथ जाती हैं और कभी भाजपा से हाथ मिलाती हैं।

उन्होंने धर्मांतरण पर जो स्टैंड लिया है, वह भी खुले तौर पर उनके राजनीतिक एजेण्डे का हिस्सा है, अभी उ॰प्र॰ में जो गतिविधियां चल रही हैं, उनके मद्देनजर मुख्यमंत्री मायावती ने यह पैंतरा बदला है। उनका मकसद है भारतीय जनता पार्टी को डराना, मेरा मुद्दा छीनना और मुलायम सिंह यादव को अपमानित करना। अपने सारे साधनों का वे इन्हीं कामों के लिए इस्तेमाल कर रही हैं, कभी भी मायावती जी मेरे पक्ष में नहीं बोलीं और जब हमारे ऊपर पाबन्दी लगाई गई, तब भी उन्होंने इसके बारे में कुछ नहीं किया। इसी तरह कहा जाता है कि केन्द्रीय मंत्रिमंडल से राम विलास पासवान को बाहर कराने

का काम भी उन्होंने किया है। पासवान ने खुद इस्तीफा दिया, लेकिन उन्हें मालूम हो चुका था कि अगर वे ऐसा नहीं करेगें, तो उन्हें हटा दिया जाएगा, इसलिए मुझे लगता है कि दलितों की नेता होने के नाम पर मायावती लोगों को ठग रही हैं। वास्तविक अर्थों में दलितों का उद्धार करना या उनकी जीवन–स्थिति में सुधार करना इनका मुद्दा नहीं है, बल्कि सिर्फ सत्ता में बने रहना ही उनकी प्राथमिकता हैं, जो मनुवादियों के प्रतीक हैं। उनके साथ सरकार वे चलाती हैं, दुनिया भर के अन्धविश्वासों को वे मानती हैं, धर्मांतरण का वे विरोध करती हैं और वे ही दलितों की रहनुमा बन रही हैं, यह अद्‌भुत विडम्बना है।

21 मई, 03 प्रभात खबर सामाजिक बदलाव ज्यादा जरूरी

34

सवर्ण-पिछड़े गरीबों के आरक्षण का औचित्य

संवैधानिक आरक्षण का इतिहास भारत की आजादी के बाद से शुरू होता है। शाहूजी महाराज और अंग्रेजों ने भी इसी सदी में आरक्षण दिया, अतः कुल मिलाकर सामाजिक एवं शैक्षिक रूप से पिछड़े लोगों को आरक्षण इसी सदी से मिलना शुरू हुआ। प्रभावी आरक्षण ऋग्वेद के पुरूष सूक्त से ही शुरू हो जाता है, जहां यह कहा गया कि शूद्र वेदों को पढ़, लिख एवं सुन नहीं सकते। हिन्दू धर्म के अनुसार ब्राह्मण का कार्य है शिक्षित करना, क्षत्रिय का देश की रक्षा करना, वैश्य का व्यवसाय करना एवं दलित का तीनो वर्णों की सेवा करना। हो सकता है ऋग्वेद काल में इसे प्रभावी ढंग से लागू न किया गया हो, लेकिन बाद की कृतियों जैसे मनुस्मृति, भगवद्गीता एवं तमाम हिन्दू धर्म के ग्रन्थों में यह स्पष्ट रूप से पाया गया। यह आरक्षण समाज, धर्म, राजनीति एवं धन–सम्पत्ति सभी क्षेत्रों में दिया गया। वर्तमान आरक्षण और इसमें फक्र यही है कि एक को संविधान के माध्यम से दिया गया और दूसरे को प्राचीन काल से चले आ रहे वर्ण व्यवस्था के आधार पर। ब्राह्मणों को कहा गया कि भारत को शिक्षित करें, लेकिन भारत घोर अशिक्षा का शिकार प्राचीन काल से लेकर अब तक रहा है। क्षत्रियों को देश की रक्षा की जिम्मेदारी दी गई, लेकिन भारत आजादी के पहले एक भी युद्ध नहीं जीत सका। जो आया वह आसानी से जीत दर्ज कर गया। यूरोप का औद्योगीकरण

18वीं और 19वीं शताब्दी में हो गया, लेकिन जिस वर्ग ने भारत में व्यवसाय व उद्योग की जिम्मेदारी ली, इस दिशा में खास कुछ नहीं कर सका। मनुवादी व्यवस्था के अनुसार दलितों को सेवा करने का कार्य सौंपा गया और वे करते रहे।

गुलाम भारत सैकड़ों टुकड़ों में विभाजित था और अंग्रेजों के राज्य में भी लगभग ऐसा रहा। अंग्रेजी हुकूमत के समय रेल, मुद्रा एवं एकाकी शासन आदि के कारण भारत का एक हिस्सा दूसरे हिस्से से सम्बद्ध हुआ। आजादी की लड़ाई से उपजी भावना ने भी विशाल भारत निर्मित करने में सहयोग दिया। द्वितीय विश्व युद्ध के बाद जनतन्त्र की लहर भी भारत के एकीकरण के लिए मददगार हुई। हजार वर्ष के बाद यह देश आत्म निर्भर हुआ। संविधान के प्रावधान के कारण दलितों को आरक्षण मिला। आजादी के वर्षों बाद भी दलित अपनी उपलब्धि मीडिया, उद्योग, व्यवसाय, उच्च शिक्षा आदि क्षेत्रों में नहीं कर सकें हैं। जो भी आर्थिक एवं सामाजिक सम्पन्नता प्राप्त हुई उसका कारण है–सरकारी नौकरियों एवं राजनीति में आरक्षण। आजाद भारत में क्यों नहीं ये लोग आरक्षित क्षेत्रों के अलावा तरक्की कर सके?

जनता पार्टी के शासन काल में पिछड़े वर्गों को आरक्षण देने की सोच बनी और उसके लिए मण्डल कमीशन बनाया गया। मण्डल कमीशन की सिफारिशें सन् 1990 में वी.पी. सिंह जी की सरकार ने लागू की। आजाद भारत का यह दूसरा बड़ा अध्याय आरक्षण में जुड़ा। इस आरक्षण का भयंकर रूप से तथाकथित सवर्णों ने विरोध किया। भाजपा और संघ परिवार तो इतने खिलाफ थे कि इसका विरोध करने के लिए अयोध्या में मंदिर बनाने के लिए कमण्डल की रथ यात्रा निकाली। पिछड़ों को आरक्षण मिलने के बाद अगड़ों में गुस्सा पैदा हुआ, जिसे आसानी से अन्यत्र मोड़ा जा सकता था और भाजपा ने वास्तव में ऐसा ही किया। भाजपा सोच के लोग पिछड़ों को मिले आरक्षण का विरोध सीधे रूप से इसलिए नहीं कर सकते थे, क्योंकि पिछड़ों की आबादी इस देश में 50 प्रतिशत से अधिक है और उनकी मुखालफत मंहगी पड़ सकती थी। उस समय जोरदार वकालत की गई कि आरक्षण का आधार आर्थिक होना चाहिए। आज से लगभग 25 साल पहले जनसंघ ने आरक्षण को आर्थिक आधार पर लागू करने की मांग की थी और उनका मूल तात्पर्य यही था कि दलितों के आरक्षण का विरोध किया जाए। भाजपा के सत्ता में आने के बहुत सारे कारण हो सकते हैं, लेकिन एक बहुत बड़ा कारण

पिछड़ों का आरक्षण ही था। पिछड़ों को आरक्षण न मिलता, तो अगड़ों में गुस्सा न आता और इसे भाजपा और संघ परिवार रथ निकालकर भुनाते नहीं। उसी रथ का परिणाम रहा है कि उ॰प्र॰ में इनकी सरकार बनी और उसके बाद केन्द्रीय सत्ता पाना आसान हो गया। यह कहा जा सकता है कि पिछड़ों को हजारों वर्षों के बाद जब थोड़ा सा अधिकार मिला, तो उसका विरोध करने वालों को भारत की सत्ता मिली।

प्रश्न यह उठता है कि क्या आरक्षण आजादी के बाद का इतिहास है? ऐसा कत्तई नहीं। इस देश में हजारों वर्षों से अघोषित आरक्षण रहा है। आज भी मंदिर, सामाजिक सम्मान, धन–सम्पत्ति में अगड़ों का आरक्षण बरकरार है। दुनिया के सबसे विकसित देश अमेरिका में काले नागरिकों को प्रभावी रूप से आरक्षण (Afffirmative Action) दिया जा रहा है। आरक्षण तो मलेशिया, आयरलैंड एवं जापान सहित अन्य देशों में भी है। अमेरिका में कुछ संस्थाओं ने सुप्रीम कोर्ट में याचिका दायर की है कि वहां पर निजी क्षेत्र में आरक्षण समाप्त किया जाए। आश्चर्य की बात है कि यह विरोध वहां की निजी कम्पनियों एवं आरक्षण देने वालों ने नहीं किया, बल्कि वे कह रहे हैं कि भले ही सुप्रीम कोर्ट आरक्षण देने के लिए मना करे, फिर भी वे पिछड़े एवं काले लोगों को आरक्षण देते रहेगें। जिस देश के लोगों का चरित्र ऐसा हो, भले पूरी दुनिया उसका दुश्मन हो जाए, अमेरिका के विकास को रोका नहीं जा सकता।

अब तीसरा अध्याय आरक्षण में जुड़ने जा रहा है कि अगड़ों के गरीबों को भी आरक्षण दिया जाए। इसकी शुरूआत भाजपा राजस्थान में जाटों को आरक्षण देकर पहले ही कर चुकी है और अब कांग्रेसी मुख्यमंत्री अशोक गहलोत ने केन्द्र को प्रस्ताव भेजा है कि तथाकथित सवर्ण वर्गों के गरीबों को भी आरक्षण दिया जाए। भाजपा भी पीछे रहने वाली नहीं है और उन्होंने तुरन्त ही आर्थिक पिछड़ा आयोग बनाने का आश्वासन दे डाला, जो यह पहचान करेगा कि आरक्षण किसे दिया जाए। कांग्रेस कह रही है कि भाजपा इस तरह से समय नष्ट कर रही है, ताकि मामला ठण्डा हो जाए। गहलोत जी मांग कर रहे हैं कि आयोग बनाने की क्या जरूरत है, आगामी सत्र में संविधान संशोधन के द्वारा इसे दे दिया जाना चाहिए। भाजपा यह भी कह रही है कि कांग्रेस राजनीति कर रही है। फिलहाल कांग्रेस बाजी मार गई है और इससे भाजपा की चुनावी गणित लड़खड़ा सकती है।

मण्डल के बाद ही मनुवादी मानसिकता के लोगों ने यह मन बना लिया था कि आरक्षण खत्म करना है। भूमण्डलीकरण एवं उदारीकरण की वकालत जोरों से शुरू हो गई थी। कांग्रेसी प्रधानमंत्री नरसिंहराव के समय में शुरूआत तो हुई, लेकिन जोर नहीं पकड़ सकी। मीडिया का भी समर्थन नहीं मिला। भाजपा ने इसे मीडिया में भी स्वीकृत करा लिया कि उदारीकरण ही मानो देश की समस्या का समाधान है। विनिवेश मंत्री अरूण शौरी जी को इसका वकील बना दिया। उन्हें जरा सा भी अन्तर नहीं दिखा कि वे सरकारी कम्पनियों का विनिवेश कर रहे हैं या देश का। कौड़ियों के दाम सरकारी कम्पनियों को बेचा गया और जबर्दस्त मुनाफा कमाने वाली कम्पनियों को भी बेचने से पीछे नहीं रहे और यह सिलसिला अब भी जारी है। सरकारी नौकरियों में लगातार कटौती की बात तो लागू हो ही गई है, ऐसे में नौकरियां ही नहीं हैं, तो आरक्षण का लाभ कितना मिलने वाला है, इसी से अन्दाजा लगाया जा सकता है। भाजपा जो आज आरक्षण की वकालत कर रही है, वह कितनी आरक्षण विरोधी है, इसी से अन्दाजा लगाया जा सकता है। देश भले ही खतरे में पड़ जाए, किन्तु आरक्षण खत्म करने के लिए आर्थिक गुलामी स्वीकार्य है। वे भला क्या गरीब अगड़ों को आरक्षण देगें? लेकिन यह राजनैतिक मजबूरी हो गई है, इसलिए ऐसा तो करना ही है।

मण्डल जब लागू हुआ, तो निजीकरण शुरू किया गया, ताकि दलितों व पिछड़ों के लिए आरक्षण ही न रह जाए। एक बड़ा तक्र देश स्तर पर यह दिया गया कि सभी जाति के गरीबों को आरक्षण दिया जाए। इससे जो सबसे ज्यादा गम्भीर प्रश्न उठ खड़ा होता है, वह यह है कि क्या सवर्ण गरीब व दलित गरीब की सामाजिक, आर्थिक, धार्मिक व राजनैतिक दशा एक जैसी है? क्या गरीब ब्राह्मण को मंदिर प्रवेश वर्जित है? क्या गरीब बनिया या क्षत्रिय की बारात को गांव के रास्ते से निकलने पर प्रतिबन्ध लगाते सुना गया है? क्या गरीब सवर्ण सफाई और मैला ढोने का काम कर रहे हैं? क्या कभी गरीब सवर्णों के घर जलाए गए कि वे सवर्ण हैं? क्या गरीब सवर्ण गरीब दलित के साथ बेटी का रिश्ता करने को तैयार है? कहने का मतलब यह है कि सवर्ण गरीब एवं पिछड़े दलित गरीब में यदि थोड़ी–बहुत समानता है, तो इससे कहीं अधिक असमानता है, इसलिए वकालत की जाए कि इन्हें आर्थिक आधार पर आरक्षण दिया जाए। चूंकि दलितों–पिछड़ों की तरह ये भी गरीब हैं, यह बात सर्वथा गलत है। भारतीय संविधान में इस सुविधा को मूलतः

सामाजिक तौर पर पिछड़ेपन के कारण दिया गया, न कि आर्थिक आधार पर। जिस तरह से मण्डल लागू होने के बाद दलितों का आरक्षण कमजोर हुआ। उसी तरह से इस आरक्षण को लागू होने से दलितों और पिछड़ों को मिल रहे आरक्षण पर गम्भीर असर पड़ेगा। यह भी कहा जा सकता है कि यह एक साजिश है, ताकि पिछड़ों और दलितों के आरक्षण को समाप्त किया जा सके।

भूमण्डलीकरण एवं उदारीकरण के युग में मजदूरों की छंटनी में तेजी आई है। सरकारी नौकरियों में लगातार गिरावट और कटौती के कारण क्या सवर्ण गरीबों के लिए नौकरियां रह जाएंगीं, जिससे उनका भला हो पाएगा। यदि सबको प्रतिनिधित्व और न्याय देना है, तो सभी क्षेत्रों में जिस जाति की जितनी संख्या है, उसके अनुसार 100 फीसदी आरक्षण दे दिया जाना चाहिए। सभी सवर्ण गरीबों को ऊंट के मुंह में जीरा जैसा इससे फायदा मिलेगा, लेकिन उन्हें मानसिक संतुष्टि देकर कांग्रेस एवं भाजपा राजनैतिक लाभ जरूर ले लेंगें। आरक्षण से न तो देश की गरीबी मिटने वाली है और न इसका विकास होने वाला है। समान एवं अनिवार्य शिक्षा लागू होनी चाहिए, जो ऐसी व्यवस्था दे कि गरीब का भी बेटा वहीं पढ़े, जहां अमीर का। इसके अलावा जात–पांत की समाप्ति के लिए तुरन्त प्रभावी कदम उठने चाहिए। इन प्रमुख सुझावों के अलावा कुछ और सुझाव भी देश की गरीबी और विकास के लिए हो सकते हैं, न कि सिर्फ आरक्षण।

---

29 मई, 03 दैनिक भास्कर सवर्ण–पिछड़े गरीबों के आरक्षण का औचित्य

35

गरीब अगड़ों को आरक्षण और नौकरियों का अकाल

कांग्रेसी मुख्यमंत्री श्री अशोक गहलोत ने राजस्थान में अगड़ों के गरीबों को आरक्षण देने के लिए केन्द्र सरकार से मांग की है। भाजपा ने इसे सुनहरा अवसर मानकर अगड़े गरीबों की पहचान करने वाले आयोग के गठन की घोषणा की है। भाजपा नेतृत्व की सोच है कि जैसे मण्डल कमीशन लागू करने की घोषणा एक सुनहरा अवसर मिला था—सत्ता में आने का, उसी तरह से यह भी वरदान साबित हो सकता है। इससे पूरे देश के सवर्ण भाजपा के समर्थक हो सकते हैं। फक्र यही है कि इस बार भाजपा आरक्षण लागू करने के पक्ष में मुहिम छेड़ेगी और उस समय इसका परोक्ष रूप से विरोध करके किया था।

भारतीय संविधान के आरक्षण पर तमाम चर्चाएं होती ही रहती हैं। हिन्दू धर्म द्वारा अगड़ों को प्रत्येक क्षेत्र में मिले आरक्षण की बात शायद ही विवाद का विषय हो। ऋग्वेद, गीता, मनुस्मृति, रामायण आदि धार्मिक ग्रन्थों में आरक्षण की जबर्दस्त व्यवस्था है, जैसे—ब्राह्मण को शिक्षण करना, क्षत्रिय के लिए देश की रक्षा, बनिया व्यवसाय और शूद्र सबकी सेवा। प्राचीन काल से ही शिक्षा का कभी स्तर नहीं उठ पाया, विदेशी आराम से देश पर जीत हासिल करते गए, 18वीं व 19वीं शताब्दी में जो औद्योगिक एवं व्यावसायिक

क्रांति यूरोप ने की, आज भी हम न कर सके। क्या इस आरक्षण ने कुछ किया?

भारत छोटे–छोटे राज्यों में विभाजित था, अंग्रेजी प्रशासन, यातायात की व्यवस्था, समान मुद्रा आदि के कारण देश के एक कोने से दूसरे कोने के लोग समीप आए। स्वतन्त्रता आन्दोलन के कारण भी राष्ट्रीयता की भावना पैदा हुई। द्वितीय विश्व युद्ध के बाद दुनिया के स्तर पर जनतन्त्र की बह रही हवा भी भारत को प्रभावित किए बिना न रह सकी। इन सारे कारणों की वजह से विशाल भारत हम बना सके। भारतीय संविधान में निहित आरक्षण के कारण तीन हजार वषों से न बदली दलितों की दशा में परिवर्तन आया। जहां पर आरक्षण नहीं है, वहां आज भी इनकी स्थिति खराब है, जैसे–मीडिया, उद्योग, व्यवसाय, कला एवं संस्कृति, उच्च शिक्षा आदि। सरकारी नौकरियों एवं राजनीति में आरक्षण की वजह से इनकी स्थिति में परितर्वन आया। इसी लाभ से कुछ दलित उन सुविधाओं को प्राप्त कर सके, जो देश में मध्यम वर्ग के पास है। इसने पूरे भारतीय समाज को अच्छी तरह से प्रभावित किया, जो दलित आरक्षण का लाभ न पा सका, उसके प्रति भी मनुवादी लोगों के दृष्टिकोण बदले। दलित समाज के कलेक्टर, डॉक्टर एवं कर्मचारी–अधिकारी से किस समाज के लोगों का काम नहीं पड़ता? अतः दूसरे भी मजबूर हुए अपनी सोच में परिवर्तन लाने के लिए।

विश्वनाथ प्रताप सिंह जी की सरकार ने 1990 में मण्डल कमीशन की सिफारिश लागू करने की घोषणा की, जिससे इस देश में तमाम सवर्णों ने हंगामा खड़ा कर दिया। शायद ऐसे गुस्से या ताकत का प्रदर्शन इन्होंने विदेशी हमलावरों के खिलाफ भी न किया होगा। इस मौके का भाजपा ने बहुत ही चतुराई से इस्तेमाल करते हुए अयोध्या में मंदिर बनाने के लिए रथ यात्रा निकाली, जिसके कारण वह उ॰प्र॰ की सत्ता में आई। जनसंघ ने भी कभी आर्थिक आधार पर आरक्षण की मांग की थी और मण्डल कमीशन लागू करने की घोषणा के समय भी अगल–बगल से इन्होंने आर्थिक आधार पर आरक्षण देने की मांग उठवाई। कांग्रेस के मुख्यमंत्री अशोक गहलोत ने गरीब राजपूत, बनिया एवं ब्राह्मणों को आरक्षण देने के लिए भाजपा सरकार से कहा है कि वह संविधान में संशोधन करके ऐसा करे। भाजपा ने संशोधन करने की

बजाय 'आर्थिक पिछड़ा आयोग' गठित करने की घोषणा की, इस पर गहलोत जी कहते हैं कि यह भाजपा द्वारा ठण्डे बस्ते में डालने का प्रयास है। क्या गहलोत जी को यह नहीं पता कि यदि भाजपा लागू भी करती है, तो उस स्थिति में करेगी, जब पूरी चर्चा उसके आस–पास केन्द्रित हो ताकि श्रेय उसको मिले। कांशीराम जी ने वास्तविक रूप से मण्डल कमीशन लागू करने की लड़ाई लड़ी, लेकिन जनता दल के सत्ता में रहने के कारण श्रेय उसे मिला। इस पर कांशीराम जी इतना तिलमिलाए कि आज तक वी.पी. सिंह जी को माफ नहीं कर पाए। खैर, यह भाजपा और कांग्रेस का मामला है कि कौन ज्यादा चालाकी से लाभ उठा पाता है?

मण्डल कमीशन लागू होने के बाद एक षड्यन्त्र चलाया गया कि आरक्षण के स्रोतों को ही समाप्त कर दिया जाए। इसके लिए उन्होंने भूमण्डलीकरण एवं निजीकरण का तमाशा खड़ा किया। इससे निश्चित तौर से आरक्षण प्रभावित हुआ। वास्तव में इसकी शुरुआत श्री नरसिंहराव के प्रधानमंत्रित्व काल से ही हुई, लेकिन भाजपा ने इसको सख्ती से लागू करने का काम किया। भाजपा ने तो मीडिया से भी समर्थन प्राप्त कर लिया और मुनाफा कमाने वाली कम्पनियों को भी औने–पौने दामों में बेचना शुरू कर दिया। प्रत्येक वर्ष दस प्रतिशत सरकारी नौकरियों में कटौती तो चल ही रही है। पहले संघ लोक सेवा आयोग के द्वारा लगभग 900 सिविल सर्विस आफीसर्स लिए जाते थे, यह संख्या अब घटकर तीन सौ से भी कम हो चुकी है। ऐसे में गरीब बनिया, ब्राह्मण, राजपूत क्या नौकरियां पा सकेगें? गरीब सवर्णों को भाजपा के मंत्री जैसे अरूण शौरी आदि से भी शक्ति से निबटना होगा, जो देशी उद्योगों को विदेशी लोगों के हाथ बेचने में ही देश का कल्याण समझते हैं। विनिवेश और निजीकरण की रफ्तार कम नहीं हुई, तो कोई आरक्षण का लाभ मिलने वाला नहीं है। वाजपेयी जी भी कहते हैं कि अब वह दौर आ गया है, जब किसी को बैशाखी का सहारा नहीं लेना चाहिए अर्थात् आरक्षण जैसी चीजें अनावश्यक हो चुकी हैं।

सबसे ज्यादा अगर कोई सामयिक एवं संदर्भित प्रश्न इस मुद्दे पर खड़ा होता है तो वह इस बात का कि 'अगड़े गरीब' और 'दलित गरीब' क्या एक समान हैं? क्या 'गरीब ब्राह्मण' 'गरीब दलित' के यहां शादी करने को तैयार

है? क्या राजपूतों एवं बनियों की बारात गांव से निकलने पर प्रतिबंधित की जाती है? क्या अगड़ी जाति के गरीबों को मंदिरों, कुओं व तालाबों के इस्तेमाल से वर्जित किया जाता है? क्या इनके भी मकान जलाए जाते हैं? यहीं पर 'गरीब दलित' और 'गरीब सवर्ण' में फक्र स्पष्ट होता है।

आरक्षण देश की समस्याओं का समाधान नहीं है। यदि अगड़े गरीबों को आरक्षण दिया भी गया, तो इसका दुरूपयोग मजबूत लोग कम आय दिखाकर करेगें। ऐसा लगता है कि कांग्रेस और भाजपा दोनो मिलकर दलित एवं पिछड़ों के आरक्षण को कमजोर करना चाहते हैं, जैसे–मण्डल के द्वारा दलितों का आरक्षण कमजोर किया गया। तमाम दलित नेताओं की चुप्पी भी हैरानी की बात है। अच्छा तो यह होता कि त्रिशूल बांटने की बजाय नौकरियां बांटी जाती। वास्तव में देश की समस्या का समाधान समान एवं अनिवार्य शिक्षा और वर्णव्यवस्था की समाप्ति आदि से ही सम्भव है। जिस दिन इस पर सार्थक प्रयास होगा, उस दिन दलित आरक्षण का त्याग करने के लिए पहले आगे आएंगें। वर्तमान परिस्थिति में बेहतर विकल्प यह है कि जिस जाति की जितनी संख्या है, उसके अनुपात में शत्–प्रतिशत् आरक्षण कर दिया जाए।

---

01 जून, 03 नवभारत टाइम्स मौजूदा आरक्षण को कमजोर करने की कोशिश है यह

36

क्यों नहीं संघ परिवार गोरक्षा करता

हिन्दू धर्म की तमाम कृतियों एवं ग्रन्थों में यह साफ–साफ लिखा है कि प्राचीन काल में ब्राह्मण लोग भी गाय का मांस खाते थे। इतिहासकार प्रो॰ डी॰ एन॰ झा ने निर्विवाद रूप से सिद्ध कर डाला है। प्रश्न यह नहीं उठता कि गोमांस ब्राह्मण लोग ही खाते थे, बल्कि उस समय कृषि उत्पादन नाम मात्र का था और अन्य प्रकार की खाद्य सामग्री पर्याप्त न होने कारण दूसरे लोग भी इस पर निर्भर थे। दुनिया के तमाम देशों के लोगों का आज भी यह खाने का मुख्य पदार्थ है। बौद्ध और जैन धर्म के उद्‌भव के कारण अहिंसा की बात फैलने लगी और इसी कारण जानवरों की भी रक्षा की बात आई। चूंकि उस समय पशु एक कीमती सम्पत्ति थी, इसलिए ब्राह्मण एवं पुजारी गाय को भिक्षा के रूप में लेने लगे। धीरे–धीरे इसका महत्त्व बढ़ता गया और इतिहास में कोई ऐसा निश्चित समय नहीं है, जब इसे पवित्र घोषित किया गया हो। 9वीं और 10वीं शताब्दी में संस्कृत भाषा में व्यास स्मृति ने अपनी कृति में गाय की महत्ता का वर्णन किया है। 'मनुस्मृति' ने केवल ऊंट को मारने पर प्रतिबन्ध लगाया, इससे स्पष्ट हो जाता है कि गाय को उस समय न तो पवित्र माना ज़ाता था और न ही इसे काटने से वर्जित किया गया। संसद सत्र की समाप्ति पर यह बिल पेश किया गया है कि एक ऐसा कानून बने, जिसमें किसी तरीके से गाय का वध वर्जित हो। वास्तव में कानून भैंस की

रक्षा में बनाना कहीं ज्यादा उचित है, क्योंकि करोड़ों लोगों के भरण–पोषण का यह साधन बन चुकी है। इसमें बोझ ढोने की भी ताक़त अधिक है। गत् 14 अप्रैल को चण्डीगढ़ में अनुसूचित जाति/जन जाति संगठनों का अखिल भारतीय परिसंघ एवं लॉर्ड बुद्धा क्लब के कार्यकर्त्ताओं ने भैंस को सम्मान दिया, लेकिन इसे अपनी मां नहीं कहा। यदि भैंस को माँ कहते तो भैंसे को बाप भी कहना पड़ेगा। उन्होंने यह भी कहा कि इनसानों के माँ–बाप इंसान ही हो सकते हैं। आज तमाम ऐसे जानवर हैं, जिनकी नस्ल समाप्ति के कगार पर है, उनकी रक्षा के लिए कानून बनना चाहिए।

यह तो पूरी तरह से खारिज नहीं किया जा सकता है कि गाय का धार्मिक महत्त्व अब से पहले नहीं रहा है, लेकिन आज इसे संघ परिवार बियरर चेक की तरह भुनाना चाह रहा है। वास्तव में स्वामी दयानन्द सरस्वती के द्वारा चलाए गए आर्य समाज के आन्दोलन के कारण गाय को पवित्र स्थान दिया गया और उसके बाद इसमें तेजी आई। उन्होंने 1882 में गोरक्षिणी सभा बनाई। उस समय मकसद यह था कि मुसलमानों के खिलाफ हिन्दुओं को इकट्ठा किया जाए, यह कहते हुए कि मुसलमान इसे काटते हैं। इसी के कारण 1880 और 1890 के दशक में साम्प्रदायिक दंगे भी हुए। गोमांस के इस्तेमाल का प्रमाण ऋग्वेद के काल से ही मिलता है। वैदिक देवी–देवताओं का कोई निश्चित व्यंजन नहीं था–जैसे दूध, अनाज, बैल, बकरी, भेड़ इत्यादि। भगवान इन्द्र को बैल पसन्द था। बौद्ध एवं जैन धर्म के लोगों द्वारा भी गोमांस के सेवन का प्रमाण मिलता है। मनु ने तो यहां तक कहा है कि यज्ञ के समय इस भोजन को करना ईश्वरीय नियम के तहत आता है। याज्ञवल्क्य ने कहा कि ब्राह्मण का बैल और बकरे के मांस जैसे स्वादिष्ट भोजन से स्वागत किया जाना चाहिए। बाल्मीकि रामायण में भी जगह–जगह पर जानवरों की हत्या, यज्ञ और मांस खाने का जिक्र मिलता है और उसमें गाय भी शामिल है। राम को पैदा करने के लिए जो यज्ञ दशरथ ने कराया था, उसमें तमाम जानवरों की बलि दी गई और इसे धर्म शास्त्रों ने खाने योग्य भी बताया। सीता ने यमुना नदी पार करते समय यह संकल्प किया था कि यमुना की पूजा हजारों गायों एवं शराब के सैकड़ों घड़ों के साथ करेगीं, यदि

उनके पति राम को अपने अभियान में सफलता मिलती है। सीता को हिरण का मांस ज्यादा ही पसन्द था, तभी उनके पति राम उसको मारने के लिए जंगल में गए। मनु, विष्णु, याज्ञवल्क्य सभी ने गाय के मुँह को अपवित्र बताया है और बकरे एवं घोड़े को सेवन योग्य। यदि गाय को पवित्र स्थान मिला है तो 19वीं और 20वीं शताब्दी में। आर्य समाज के आन्दोलन ने पश्चिमी उ॰प्र॰ के जाटों को गोरक्षा में इस्तेमाल किया। गोरक्षा अभियान ने दलितों और मुसलमानों के विरूद्ध हिंसा को भी उचित करार दिया। परम्पराओं एवं कहावतों ने भी क्षत्रियों को गोरक्षा करना उनका धर्म बताया, ताकि ये मुसलमानों और दलितों के विरूद्ध संघर्ष करें। गोरक्षा का महत्त्व बढ़ रहा था, लेकिन अंग्रेजों के समय इसे आन्दोलनात्मक गति मिल गई। पिछले वर्ष पलवल (हरियाणा) में मांस की दुकानों को बन्द करना पड़ा, क्योंकि संघ परिवार ने अफवाह फैलाई कि दलित और मुस्लिम पवित्र गाय की हत्या कर रहे हैं। गुजरात के साम्प्रदायिक दंगे के कारण लोहारू नवाब में भी दंगा भड़का, इस अफवाह पर कि मुसलमान गोहत्या कर रहे हैं। यह कहा जा सकता है कि मन्दिर के बाद गोरक्षा एक अच्छा राजनैतिक मुद्दा बन रहा है।

आश्चर्य होता है कि तमाम राजनैतिक पार्टियों ने भी संसद में इस बिल का समर्थन देने की बात दोहराई है। क्या इन्हें पता नहीं है कि हिन्दू धर्म में आस्था रखने वाला एक भाग गोमांस खाता है। केवल केरल प्रदेश में ही 72 समुदाय के लोग गोमांस का सेवन करते हैं। नायर (केरल के ब्राह्मण) भी इसका सेवन करते हैं। ईसाई और मुसलमान तो इसे खाते ही हैं। यहां समझ में नहीं आता है कि संघ परिवार एवं भाजपा गाय और बैल का मांस खाने वाले हिन्दुओं को अपने से अलग क्यों कर रहा है? क्या इससे हिन्दुओं की संख्या कम नहीं हो जाएगी? इनके संस्थापक जैसे सावरकर एवं डॉ॰ हेडगेवार ने यह सिखाया है कि एक हिन्दू का कम हो जाना भी चिन्ता का विषय है। इससे तो गाय–बैल का मांस खाने वाले हिन्दू और न खाने वालों के बीच एक गहरी दीवार बन सकती है।

गाय–बैल के मांस के बड़े व्यापारी हिन्दू ही है। सबसे बड़ा कसाईघर हैदराबाद में जैन बन्धुओं का है। तमाम चमड़े के उद्योग के ऊपर नियंत्रण

इन्हीं तथाकथित द्विज जातियों का ही है। जूते की भी तमाम दुकाने इन्हीं की हैं। गाय और बैल के मांस का इस्तेमाल दवाओं सहित तमाम प्रसाधन सामाग्रियों में होता है। आपातकाल के दौरान किसी जैन बन्धु ने घी कहकर गाय की चर्बी को बाहर से आयात किया था।

वातावरण एवं प्रकृति की रक्षा के लिए केवल गाय को ही नहीं, बल्कि अन्य जानवरों की भी रक्षा की जानी चाहिए। उड़ीसा प्रदेश पहले ही गोहत्या पर कानून बना चुका है, लेकिन वहां पर शेर मर रहे हैं, क्योंकि मांस उन्हें खाने के लिए नहीं मिल रहा है। यदि अहिंसा के मूल्यों को सही रूप में पनपाना ही है तो सतीप्रथा, दलितों पर अत्याचार एवं साम्प्रदायिक दंगों में लोगों का मारा जाना आदि बेहतर क्षेत्र हैं, जहां इस उद्देश्य की पूर्ति की जा सकती है। गाय की खाल के लिए झज्जर में पाँच दलित मारे गए और उस पर विश्व हिन्दू परिषद के वरिष्ठ नेता आचार्य गिरिराज किशोर ने कहा कि गाय का महत्त्व दलितों से अधिक है। संसद में यह भी चर्चा की जानी चाहिए कि संघ परिवार पहले स्पष्ट करे कि गाय की रक्षा अधिक महत्त्वपूर्ण है या दलित की रक्षा।

हमारा देश इस बात के लिए जाना जाता है कि इस देश में नियम–कानून अधिक हैं, लेकिन उनकी पालना नहीं के बराबर है। यदि गोहत्या बन्द भी कर दी जाय तो इस बात की क्या गारण्टी है कि हत्या नहीं होगी। एक तरीका जरूर है, जिससे गोहत्या बन्द हो सकती है और वह संघ परिवार के पास ही है। यदि संघ परिवार एवं भाजपा के प्रत्येक कार्यकर्त्ता और नेता यह निश्चित कर लें कि सभी एक–एक गाय की रक्षा इसके मरने और अन्तिम संस्कार तक लें तो शायद एक भी गऊ माता तथाकथित कसाइयों को मारने के लिए नहीं मिल पाएगी। शिव के नन्दी बैल के लिए तो मन्दिर है, लेकिन गाय के लिए अभी तक नहीं बन पाया है। इसलिए संघ परिवार को गाय के लिए भी कोई पवित्र स्थान बनाना चाहिए। जमीनी सच्चाई यही है कि गाय जब दूध देना बन्द कर देती है तो संघ परिवार एवं भाजपा के लोग भी इसे कौड़ियों के दाम में कसाइयों के हाथ बेंच देते हैं। कानून तो बनता रहेगा, लेकिन इन्हें तो दूध निकालने के बाद बेचना नहीं चाहिए, बल्कि मरने के बाद

दाह संस्कार करने के लिए रखना चाहिए। ये यह भी देखें कि दाह संस्कार के लिए इनकी पवित्र मां दलितों के हाथ में न लगे, बल्कि खुद ही इसका दाह संस्कार करें। दुनिया का कोई भी मानव समूह नहीं है, जिसे वह अपनी माँ कहता हो, उसे सड़क पर प्लास्टिक सहित अन्य चीजें खाने के लिए बाध्य करे। यह पवित्र गऊ माता उन लोगों के पास पहुंचे ही न जो इसे मानते ही न हों। इससे जो गाएं सड़कों पर घूमती रहती हैं और लोग मारते भी हैं, वह भी न हो सकेगा। रास्ते जाम भी नहीं होगें। एक–एक गाय की रक्षा करने का यदि संकल्प ये ले लें, तो इस तथाकथित पवित्र मां का अपमान रूक जाएगा। यदि कानून बन भी जाता है, तो भी इसकी रक्षा की कोई गारण्टी नहीं है, क्योंकि हमारे देश में कानून का उल्लंघन सर्वविदित है। यह जिम्मेदारी संघ परिवार और भाजपा को ले ही लेनी चाहिए और आज जो त्रिशूल का वितरण कर रहे हैं, उसके एवज में तमाम बेसहारा एवं वेबस गायों का वितरण करें, ताकि लोग इसे सेवा–संस्कार के लिए ले जाएं। गोरक्षा का तरीका इससे बेहतर दूसरा कोई हो ही नहीं सकता।

---

2 जून, 03 हिन्दुस्तान संघ परिवार क्यों नहीं गोरक्षा करता

37

अगड़ों को 14 तो पिछड़ों को 27 क्यों?

राजस्थान के मुख्यमंत्री श्री अशोक गहलोत ने सवर्ण गरीबों को 14 प्रतिशत आरक्षण देने की सिफारिश केन्द्र से की है। इतनी ही इनकी देश में आबादी होगी। पिछड़ा वर्ग की आबादी इस देश में 54 प्रतिशत से अधिक है, फिर भी उन्हें 27 प्रतिशत ही आरक्षण दिया गया।

संवैधानिक आरक्षण का इतिहास भारत की आजादी के बाद से शुरू होता है। शाहूजी महाराज और अंग्रेजों ने भी इसी सदी में आरक्षण दिया, अतः कुल मिलाकर सामाजिक एवं शैक्षिक रूप से पिछड़े लोगों को आरक्षण इसी सदी से मिलना शुरू हुआ। हिन्दू धर्म के अनुसार ब्राह्मण का कार्य शिक्षित करना, क्षत्रिय कर देश की रक्षा करना, वैश्य का व्यवसाय करना एवं दलित का तीनो वर्णों की सेवा करना है। हो सकता है ऋग्वेद काल में इसे प्रभावी ढंग से लागू न किया गया हो, लेकिन बाद की कृतियों जैसे मनुस्मृति, भगवद्गीता एवं तमाम हिन्दू धर्म के ग्रन्थों में यह स्पष्ट रूप से पाया गया। यह आरक्षण समाज, धर्म, राजनीति एवं धन–सम्पत्ति सभी क्षेत्रों में दिया गया। वर्तमान आरक्षण और इसमें फक्र यही है कि एक को संविधान के माध्यम से सीमित क्षेत्र में दिया गया और दूसरे को प्राचीन काल से चले आ रहे वर्ण व्यवस्था के आधार पर। ब्राह्मणों को कहा गया कि भारत को शिक्षित करें, लेकिन भारत घोर अशिक्षा का शिकार प्राचीन काल से लेकर अब तक

रहा है। क्षत्रियों को देश की रक्षा की जिम्मेदारी दी गई, लेकिन भारत आजादी के पहले एक भी युद्ध नहीं जीत सका। जो आया वह आसानी से जीत गया। यूरोप का औद्योगीकरण 18वीं और 19वीं शताब्दी में हो गया, लेकिन जिस वर्ग ने भारत में व्यवसाय व उद्योग की जिम्मेदारी ली, इस दिशा में खास कुछ नहीं कर सका। मनुवादी व्यवस्था के अनुसार दलितों को सेवा करने का कार्य सौंपा गया और वे करते रहे।

संविधान के प्रावधान के कारण दलितों को आरक्षण मिला। आजादी के वर्षों बाद भी दलित अपनी उपलब्धि मीडिया, उद्योग, व्यवसाय, उच्च शिक्षा आदि क्षेत्रों में नहीं कर सकें हैं। जो भी आर्थिक एवं सामाजिक सम्पन्नता प्राप्त हुई उसका कारण है–सरकारी नौकरियों एवं राजनीति में आरक्षण। आजाद भारत में क्यों नहीं ये लोग आरक्षित क्षेत्रों के अलावा तरक्की कर सके?

जनता पार्टी के शासन काल में पिछड़े वर्गों को आरक्षण देने की सोच बनी और उसके लिए मण्डल कमीशन बनाया गया। मण्डल कमीशन की सिफारिशें सन् 1990 में वी.पी. सिंह जी की सरकार ने लागू की। आजाद भारत का यह दूसरा बड़ा अध्याय आरक्षण में जुड़ा। इस आरक्षण का भयंकर रूप से तथाकथित सवर्णों ने विरोध किया। भाजपा और संघ परिवार तो इतने खिलाफ थे कि इसका विरोध करने के लिए उन्होंने अयोध्या में मंदिर बनाने के लिए कमण्डल की रथ यात्रा निकाली। पिछड़ों को आरक्षण मिलने के बाद अगड़ों में गुस्सा पैदा हुआ, जिसे आसानी से अन्यत्र मोड़ा जा सकता था और भाजपा ने वास्तव में ऐसा ही किया। भाजपा सोच के लोग पिछड़ों को मिले आरक्षण का विरोध सीधे रूप से इसलिए नहीं कर सकते थे, क्योंकि पिछड़ों की आबादी इस देश में 50 प्रतिशत से अधिक है और उनका सीधा विरोध महंगा पड़ सकता था। उस समय जोरदार वकालत की गई कि आरक्षण का आधार आर्थिक होना चाहिए। आज से लगभग 25 साल पहले जनसंघ ने आरक्षण को आर्थिक आधार पर लागू करने की मांग की थी और उनका मूल तात्पर्य यही था कि दलितों के आरक्षण का विरोध किया जाए। भाजपा को सत्ता में आने के बहुत सारे कारण हो सकते हैं, लेकिन एक बहुत बड़ा कारण पिछड़ों का आरक्षण ही था। पिछड़ों को आरक्षण न मिलता, तो अगड़ों में गुस्सा न आता और इसे भाजपा और संघ परिवार रथ निकालकर

भुनाते नहीं। उसी रथ का परिणाम रहा है कि उ॰प्र॰ में इनकी सरकार बनी और उसके बाद केन्द्रीय सत्ता पाना आसान हो गया। यह कहा जा सकता है कि पिछड़ों को हजारों वर्षों के बाद जब थोड़ा सा अधिकार मिला, तो उसका विरोध करने वालों को भारत की सत्ता मिली।

प्रश्न यह उठता है कि क्या आरक्षण आजादी के बाद का इतिहास है? ऐसा कत्तई नहीं। इस देश में हजारों वर्षों से अघोषित आरक्षण रहा है। आज भी मंदिर, सामाजिक सम्मान, धन–सम्पत्ति में अगड़ों का आरक्षण बरकरार है। दुनिया के सबसे विकसित देश अमेरिका में काले नागरिकों को प्रभावी रूप से आरक्षण (Afffirmative Action) दिया जा रहा है।

अब तीसरा अध्याय आरक्षण में जुड़ने जा रहा है कि अगड़ों के गरीबों को भी आरक्षण दिया जाए। इसकी शुरूआत भाजपा राजस्थान में जाटों को आरक्षण देकर पहले ही कर चुकी है और अब कांग्रेसी मुख्यमंत्री अशोक गहलोत ने केन्द्र को प्रस्ताव भेजा है कि तथाकथित सवर्ण वर्गों के गरीबों को भी आरक्षण दिया जाए। भारत के अटार्नी जनरल सोली सोराबजी ने अपनी राय व्यक्त करते हुए कहा है कि संविधान की धारा 15 (4) एवं 16 (4) में संशोधन करके गरीब सवर्णों को आर्थिक आधार पर आरक्षण दिया जा सकता है। हालांकि अटार्नी जनरल की राय से भारत के संविधान की मंशा बदलने की बात हास्यास्पद है।

मण्डल के बाद ही मनुवादी मानसिकता के लोगों ने यह मन बना लिया था कि आरक्षण खत्म करना है। इसीलिए भूमण्डलीकरण एवं उदारीकरण की वकालत जोरों से शुरू हो गई थी। हालांकि कांग्रेसी प्रधानमंत्री नरसिंहराव के समय में शुरूआत तो हुई, लेकिन जोर नहीं पकड़ सकी। मीडिया का भी समर्थन नहीं मिला। भाजपा ने इसे मीडिया में भी स्वीकृत करा लिया कि उदारीकरण ही मानो देश की समस्या का समाधान है। विनिवेश मंत्री अरूण शौरी जी को इसका वकील बना दिया। उन्हें जरा सा भी अन्तर नहीं दिखा कि वे सरकारी कम्पनियों का विनिवेश कर रहे हैं या देश का। कौड़ियों के दाम सरकारी कम्पनियों को बेचा गया और जबर्दस्त मुनाफा कमाने वाली कम्पनियों को भी बेचने से पीछे नहीं रहे। यह सिलसिला अब भी जारी है। सरकारी नौकरियों में लगातार कटौती की बात तो लागू हो ही गई है, ऐसे में नौकरियां ही नहीं हैं, तो आरक्षण का लाभ कितना मिलने वाला है, इसी

से अन्दाजा लगाया जा सकता है। भाजपा जो आज आरक्षण की वकालत कर रही है, वह कितना आरक्षण विरोधी है, इसी से अन्दाजा लगाया जा सकता है। देश भले ही खतरे में पड़ जाए, किन्तु आरक्षण खत्म करने के लिए आर्थिक गुलामी स्वीकार्य है। वे भला क्या गरीब अगड़ों को आरक्षण देगें? लेकिन अब यह राजनैतिक मजबूरी हो गई है, इसलिए ऐसा तो करना ही है।

मण्डल जब लागू हुआ, तो निजीकरण शुरू किया गया, ताकि दलितों व पिछड़ों के लिए आरक्षण ही न रह जाए। एक बड़ा तर्क देश स्तर पर यह दिया गया कि सभी जाति के गरीबों को आरक्षण दिया जाए। इससे जो सबसे ज्यादा गम्भीर प्रश्न उठ खड़ा होता है, वह यह है कि क्या सवर्ण गरीब व दलित गरीब की सामाजिक, आर्थिक, धार्मिक व राजनैतिक दशा एक जैसी है? क्या गरीब ब्राह्मण को मंदिर प्रवेश वर्जित है? क्या गरीब बनिये या क्षत्रिय की बरात को गांव के रास्ते से निकलने पर प्रतिबन्ध लगाते सुना गया है? क्या गरीब सवर्ण सफाई और मैला ढोने का काम कर रहे हैं? क्या कभी गरीब सवर्णों के घर जलाए गए कि वे सवर्ण हैं? क्या गरीब सवर्ण गरीब दलित के साथ बेटी का रिश्ता करने को तैयार है? भारतीय संविधान में आरक्षण मूलतः सामाजिक तौर पर पिछड़ेपन के कारण लागू किया गया, न कि आर्थिक आधार पर। जिस तरह से मण्डल लागू होने के बाद दलितों का आरक्षण कमजोर हुआ, उसी तरह से इस आरक्षण के लागू होने से दलितों और पिछड़ों को मिल रहे आरक्षण पर गम्भीर असर पड़ेगा। यह भी कहा जा सकता है कि यह एक साजिश है, ताकि पिछड़ों और दलितों के आरक्षण को समाप्त किया जा सके।

भूमण्डलीकरण एवं उदारीकरण के युग में मजदूरों की छंटनी में तेजी आई है। सरकारी नौकरियों में लगातार गिरावट और कटौती के कारण क्या सवर्ण गरीबों के लिए नौकरियां रह जाएंगीं, जिससे उनका भला हो पाएगा। यदि सबको प्रतिनिधित्व और न्याय देना है, तो सभी क्षेत्रों में जिस जाति की जितनी संख्या है, उसके अनुसार 100 फीसदी आरक्षण दे दिया जाना चाहिए। आरक्षण से न तो देश की गरीबी मिटेगी और न इसका विकास ही होगा। समान एवं अनिवार्य शिक्षा लागू होनी चाहिए, जो ऐसी व्यवस्था दे कि गरीब की भी संतान वहीं पढ़े, जहां अमीर की। इसके अलावा जात–पांत की समाप्ति के लिए तुरन्त प्रभावी कदम उठाने चाहिए। इन प्रमुख सुझावों के

अलावा कुछ और सुझाव भी देश की गरीबी और विकास के लिए हो सकते हैं।

यदि सवर्णों में गरीबी आयी है, तो सामाजिक भेदभाव के कारण नहीं, बल्कि कुटीर उद्योग, औद्योगीकरण, तकनीकी कृषि प्रणाली आदि के अभाव में। जिन कारणों से ये गरीब हुए हैं, उन्हीं के निराकरण से इनकी गरीबी दूर हो सकती है, न कि आरक्षण से। जो मर्ज हो उसी के लिए दवा देनी चाहिए। आर्थिक आधार पर आरक्षण देने के लिए संविधान के मूल ढांचे को बदलना पड़ेगा, क्योंकि संविधान निर्माताओं ने इसका आधार मूलतः सामाजिक एवं शैक्षणिक पिछड़ापन बनाया था। यह काम सरकार भी नहीं कर सकती, क्योंकि यह संविधान की मंशा के विरूद्ध है। अगड़ों की आबादी ही 14 प्रतिशत है और उसके अनुपात में आरक्षण दे दिया गया, तो पिछड़े 54 प्रतिशत आरक्षण मांगेगें और ऐसी परिस्थिति में शत् प्रतिशत आरक्षण लागू करना पड़ेगा। जिस जाति एवं समुदाय की जितनी जनसंख्या हो उसी के अनुपात में आरक्षण देना पड़ेगा। कांग्रेस मुसलमानों की हिमायती बनती है, तो क्या अशोक गहलोत जी को मुसलमानों में गरीबी नजर नहीं आयी। इस तरह से मुस्लिम, जैन, सिक्ख, ईसाई और बौद्ध गरीबों को भी आरक्षण देना चाहिए।

---

2 जुलाई, 03 हिन्दुस्तान अगड़ों को 14 तो पिछड़ों को 27 क्यों

38

विवाद सुलझना तो था ही नहीं

जिस शंकराचार्य ने बाबरी मस्जिद के तोड़ने का स्वागत किया हो, क्या उस व्यक्ति से यह उम्मीद की जा सकती है कि वह निष्पक्ष रूप से हिन्दुओं और मुसलमानों के बीच मध्यस्थता कर सकता है? 16 जून, 2003 को जो प्रस्ताव भेजा गया, उसमें मुस्लिम पर्सनल लॉ बोर्ड को यह कहा गया था कि अविवादित स्थल पर मुसलमान मन्दिर को बनने दें। ऑल इंडिया पर्सनल मुस्लिम लॉ बोर्ड ने इस मसौदे के खुलासे पर अन्तिम विचार के लिए जब 6 जुलाई को बैठक की, तो शंकराचार्य का खुलासा बिल्कुल उल्टा मिला। खुलासे में यह कहा कि मन्दिर विवादित स्थल पर बने और मुसलमान काशी और मथुरा को छोड़ने का विचार करें। क्या ऐसे शंकराचार्य या व्यक्ति को किसी दृष्टिकोण से मध्यस्थ रखा जा सकता है?

जब अयोध्या का पूरा विवाद ही न्यायपालिका में अन्तिम निस्तारण के लिए लम्बित हो, तो ऐसे में भाजपा को फिर से शंकराचार्य को मध्यस्थता के लिए लाकर नए विवाद की शरारत नहीं करनी चाहिए थी। जनतांत्रिक प्रणाली में न्यायपालिका हर विवाद को हल करने के लिए संवैधानिक संस्था है। यह इंगित करता है कि देश को धार्मिक तन्त्र में बदलने की कुचेष्टा है। संघ परिवार को किसने चुना है जो पूरे हिन्दू समुदाय के ठेकेदार बन गए हैं?

पूरा अयोध्या विवाद ही असंवैधानिक है। भारतीय संविधान लागू होने के बाद धार्मिक स्थानों की जो भी स्थिति रही है, उसमें कोई परिवर्तन नहीं किया जा सकता। 22–23 दिसम्बर 1949 को पीछे के दरवाजे से राम लला की मूर्ति बाबरी मस्जिद में रखी गई, यहीं से विवाद पैदा होना शुरू हुआ।

हम लोग नियम तोड़ने में माहिर हैं और इसी आदत के कारण कोई उचित कार्यवाही उस समय नहीं हो सकी, वरना इसे तुरन्त फेंक देना चाहिए था। उस समय जब विवाद पैदा हुआ, तो मुसलमानों को खुश करने के लिए ताला तो लगा दिया गया, लेकिन इन्हें 1935 से ही मिल रही आरक्षण की सुविधा से वंचित कर दिया गया। डॉ॰ भीम राव अम्बेडकर ने एक प्रस्ताव के जरिए फरवरी 1949 में धर्म के आधार पर मुसलमानों के आरक्षण की समाप्ति करने वाली दलील को खारिज कर दिया था। अतः संविधान मसौदा तैयार करते समय यह नहीं था, लेकिन 26 जनवरी, 1950 को देश के नाम समर्पित करते वक्त यह प्रतिबन्ध लगा दिया गया। इससे स्पष्ट होता है कि साम्प्रदायिक हिन्दुओं को खुश करने का यह एक अघोषित समझौता था।

हमारे देश के लोगों की या तो याददाश्त कमजोर है या ये भोले–भाले हैं। सबकुछ देखने और अनुभव करने के बावजूद भी ये बार–बार धोखा खाते हैं, तो क्या जनता का गुनाह नहीं है? कई बार मामला सुलझते हुए भी रुक गया। सन् 1987 में 'बाबरी मस्जिद–रामजन्म भूमि समस्या समाधान समिति' जनमोर्चा के सम्पादक शीतला सिंह के संयोजन में गठित हुई थी, जिसमें न्यायाधीश देवकी नन्दन अग्रवाल, अवैद्यनाथ, परमहंस दास, नित्या गोपालदास, दाऊ दयाल खन्ना, मुस्ताक हाजी, अब्दुल हफ़ीज एवं यूनुस इत्यादि शामिल थे। उस समय संघ परिवार का मुख्य अखबार 'पांचजन्य' एवं 'आर्गनाइजर' ने इस समिति का स्वागत किया था। ध्यान देने वाली बात यह है कि श्री अशोक सिंघल ने भी इसका गर्मजोशी से स्वागत किया था। जनवरी 1988 में जब आर.एस.एस. के कार्यालय दिल्ली में बैठक हुई, तो श्री अशोक सिंघल को डाटा गया कि हमें कब मन्दिर चाहिए था? मन्दिर नहीं, हमें तो इसके माध्यम से सत्ता चाहिए। उस समय के गृहमंत्री श्री बूटा सिंह ने भी संसद में आश्वासन दिया कि उक्त समिति द्वारा मामले का निस्तारण किया जा रहा है। सैयद शहाबुद्दीन जी भी इस प्रस्ताव से सहमत थे। सोच यह चल रही थी कि मस्जिद के क्षेत्र को घेर दिया जाए और शेष भाग में मन्दिर बने। संघ परिवार ने अनर्गल बातें करके बनती बात को बिगाड़ दिया। इनके दुष्प्रचार में एक बात यह भी थी कि शीतला सिंह जी वामपंथी विचारधारा के हैं।

ऐसा समाधान सन् 1990 में भी खोजने का प्रयास किया गया, जिसमें चिन्मयानन्द, भाऊराव देवरस, अलीमिया नदवी, कल्वे साजिद, कृष्णकांत एवं

यूनुस मलिक आदि ने पहलकदमी की। उसी समय श्री लाल कृष्ण आडवाणी के नेतृत्व में रथयात्रा निकली और फिर सारे मन्सूबे पर पानी फिर गया। उस समय समस्या का समाधान यह खोजा जा रहा था कि मस्जिद से 192 फीट की दूरी पर मन्दिर बना दिया जाए, जबकि लाल कृष्ण आडवाणी जी ने कहा कि यह गर्भगृह पर बनना चाहिए, अर्थात् मस्जिद पर। ज्ञात रहे कि अशोक सिंघल ने उस समय भी लिखित रूप में सरकार को आश्वासन दिया था कि वे इस फैसले को मानेगें।

जनवरी 1993 में अध्यादेश जारी करके 67 एकड़ जमीन का अधिकरण कर लिया गया। अध्यादेश का उद्देश्य यह था कि यहां पर मन्दिर, मस्जिद, लाइब्रेरी, संग्रहालय एवं जनसुविधाएं बननी चाहिए। जो वार्ता शंकराचार्य एवं ऑल इंडिया पर्सनल लॉ बोर्ड से हुई, क्या अध्यादेश को मद्देनजर रखा गया?

अटल बिहारी वाजपेयी जी ने अपने हिमाचल प्रदेश के चुनावी दौरे में कहा कि विवादित स्थल को खोदकर देख लिया जाए कि वह किसका है? संयोगवश कहा जाय या न्यायपालिका की मिली भगत कि ऐसा ही आदेश इलाहाबाद हाई कोर्ट ने 5 मार्च को दिया और तभी से खुदाई चल रही है। खुदाई में अभी तक कोई भी अवशेष नहीं मिले जिसके आधार पर यह कहा जा सके कि यहां कभी मन्दिर था।

क्या भारत को भोले–भाले लोगों का देश नहीं कहा जा सकता? कभी–कभी भाजपा और संघ परिवार में घोर संघर्ष दिखता है, जिसका मकसद ही होता है–जनता को भ्रमित करना। कुछ दिन के बाद फिर से एक सुर में बोलने लगते हैं। एक कहता है 'हां' तो दूसरा कहता है 'न' और हमारी महान जनता विश्वास भी करती है। वर्तमान को देखकर ऐसा प्रतीत हो रहा होगा कि भाजपा एवं विहिप में घनघोर युद्ध चल रहा है, लेकिन कल फिर एक हो जाएंगें। क्या जनता को समझने के लिए यह पर्याप्त नहीं है, कि यह सब नूराकुश्ती है। संघ परिवार ही दोषी नहीं है, बल्कि इस देश की महान जनता भी बराबर की दोषी है। अभी वाजपेयी जी से इस्तीफे की मांग विहिप कर रही है और कल कह देगी कि ऐसा उन्होंने किसी विशेष परिस्थिति में किया था। वैसे भी इस देश के लोग कहां इनसे सवाल–जबाब करने वाले हैं कि आपने उस समय ऐसा क्यों कहा था?

मान लीजिए कि समस्या का समाधान निकल आता है, तो क्या गारण्टी है कि मुस्लिम या हिन्दू पक्ष से कोई इसे चुनौती दुबारा न दे दे? सिविल

प्रोसीजर कोड के तहत यह मामला विवादित है। विवाद किन्हीं दो संगठनों में नहीं है, बल्कि दो समुदायों में है। आर.एस.एस. एवं मुस्लिम पर्सनल लॉ बोर्ड के बीच कोई समझौता भी हो जाए, तो कल कोई दूसरा संगठन या व्यक्ति इसे कानूनन चुनौती दे सकता है। जब ऐसी सम्भावना है, तो क्यों व्यर्थ में देश की जनता का ध्यान बुनियादी मुद्दे जैसे रोजगार, शिक्षा, स्वास्थ्य आदि से हटाया जा रहा है? क्या देश के पढ़े–लिखे लोगों को और कोई काम नहीं है? क्या मीडिया को और बातें लिखने के लिए नहीं हैं? जब देखो वर्षों से यही चर्चा है, जबकि इस पर कुछ होने–हवाने वाला नहीं है।

मामला न्यायपालिका में लम्बित है। कभी भाजपा कहती है कि न्यायपालिका जो कहेगी, वह मान्य होगा, तो कभी शंकराचार्य को पकड़कर मामले को सुलझाने के नाम पर और तूल दिलवा दिया जाता है। भाजपा और संघ परिवार की सोच इसके पीछे यही थी कि शंकराचार्य से ऐसा प्रस्ताव मुसलमानों को भिजवा दिया जाए, जिसको मानने से मुसलमान मना कर दें और फिर इन्हें चुनाव में प्रचार करने का मौका मिल जाए। ये बार–बार कहें कि देखो, मुसलमान जहां रहते हैं, शांति भंग करते रहते हैं, जैसा कि गोवा में वाजपेयी जी कह चुके हैं कि मुसलमान जहां रहते हैं, झगड़ा करते रहते हैं। जब संघ परिवार की आस्था संविधान और न्यायपालिका में नहीं है, तो इनकी नागालैण्ड, खालिस्तान, एवं कश्मीर के आतंकवादियों से तुलना करने में क्या दिक्कत है? वे भी न्यायपालिका और संविधान को नहीं मानते और ये भी नहीं मान रहे हैं। संघ परिवार के न मानने पर पुरस्कार यह मिलता है कि ये देश के हीरो हो जाते हैं। मीडिया में स्थान इनसे बचने पर ही दूसरों को नसीब होता है। कश्मीरी आतंकवादियों को देश का दुश्मन माना जाता है, तो इन्हें एक तरह से देश का हीरो, जबकि दोनों के कृत्य लगभग एक जैसे ही हैं।

लगता है विपक्षी पार्टियां भी भ्रमित हो गई हैं। अगर ऐसा नहीं होता, तो वर्तमान मुहिम का जोरदार खण्डन करते हुए कहना चाहिए था कि जब न्यायपालिका मामले को निबटा रही है, तो मध्य में वार्तालाप करके विवाद को और उलझाया जा रहा है। वास्तव में भाजपा और संघ परिवार अपने मुद्दे और अपने को देश की राजनीति के माहौल में केन्द्र में बनाए रखना चाहते हैं, कुछ नहीं तो प्रचार तो हो ही रहा है। अखबार और इलैक्ट्रानिक चैनल में तो छाए ही हैं।

लग रहा है कि भाजपा कुछ–कुछ धर्मनिरपेक्ष काम कर रही है, लेकिन ऐसा कुछ नहीं है। केन्द्र सरकार ने ही सुप्रीम कोर्ट से अनुमति मांगी थी कि वहां धार्मिक कार्यक्रम कराने की अनुमति दी जाए। जिस शंकराचार्य को भाजपा मध्यस्थता के रूप में लाई, उन्होंने 8 जून को पूर्व प्रधानमंत्री नरसिंह राव की सराहना इसलिए की कि उन्हीं के समय में मस्जिद गिराई गई और अस्थाई राम मंदिर का निर्माण हुआ। अच्छा होता कि मुस्लिम समुदाय के लोग भी भाजपा की इस चाल में न फंसते, क्योंकि मामला न्यायपालिका के सामने लम्बित है। भले ही इस समय विहिप कट्टरवादी लगे लेकिन वह संघ परिवार की ही परम्परा निभा रही है, क्योंकि कभी कोई नरम हो जाता है, तो कभी कोई गरम। वाजपेयी जी तो नरम विचारधारा के माने जाते हैं, फिर भी उन्होंने जो गोवा में मुसलमानों के विरूद्ध बयान दिया, क्या वह किसी कट्टरवादी बयान से कम था? वास्तव में ये अपनी परम्परा एवं संस्कृति का ही निर्वाह कर रहे हैं। विहिप कागजी संगठन है और जिस दिन भाजपा सत्ता में नहीं रहेगी, उस दिन इनकी औकात अपने आप मालूम हो जाएगी। अनुसूचित जाति/जन जाति संगठनों का अखिल भारतीय परिसंघ एवं लॉर्ड बुद्धा क्लब के नेतृत्व में जब 4 नवम्बर, 2001 को दस लाख लोग बौद्ध धर्म की दीक्षा लेने जा रहे थे, उसमें भी विश्व हिन्दू परिषद ने पूरी टांग अड़ाई। दिल्ली पुलिस ने कार्यक्रम रद्द करने का जब दबाव बनाया कि विहिप और आर.एस.एस. उक्त अवसर पर फसाद कर सकते हैं, तो यह चुनौती हमने सहर्ष स्वीकार की। संघ परिवार ने जब देखा कि दीक्षा होने जा रही है, तो उनकी हवा निकल गई और अन्त में सरकारी तन्त्र का दुरूपयोग करके राम लीला मैदान की अनुमति रद्द करा दी। इसके बावजूद भी दीक्षा का कार्यक्रम हुआ। देशवासियों को सजग हो जाना चाहिए कि ये सब एक ही हैं और इनका मकसद है–किसी तरह से सत्ता में बने रहना।

---

11 जुलाई, 03 राष्ट्रीय सहारा भाजपा ही विवाद के लिए जिम्मेदार

39

मायावती की अधिकारी विरोधी मुहिम जनता की पसन्द

चीन में सबसे पहले नौकरशाही की स्थापना हुई। ऐसा नहीं है कि सम्राट की पसन्द से कोई नौकरशाह बन जाता था, बल्कि योग्यता का खास ध्यान दिया जाता था। इसके लिए परीक्षाएं होती थी। भारत में नौकरशाही की शुरुआत अंग्रेजी हुकूमत ने की, क्योंकि उन्हें ऐसी जरूरत महसूस हुई। इसका यह आलम रहा कि लाल टोपी पहनकर गांव में पहुंचने वाले कर्मचारी का भय इतना था कि लोग घरों में घुस जाते थे। भारत एक विशाल देश होने के साथ–साथ, लोगों की सामन्ती विचारधारा आदि कारणों से बिना नौकरशाही के शासित नहीं किया जा सकता था। यहां पर लोग व्यवस्था को कम मानते हैं और कोशिश करते हैं कि स्वयं की मर्जी से सब काम करें। इंग्लैंड में सन् 1215 में 'मैग्नाकार्टा' एवं 17वीं शताब्दी में 'बिल ऑफ राइट्स' के आधार पर आज भी वहां की व्यवस्था चल रही है, लेकिन हमारे यहां कोई भी कानून बने उसको तोड़ने के लिए पहले से ही लोगों की मंशा बन जाती है। शायद इसीलिए आजादी के बाद भी नौकरशाही को बनाए रखना देश की मजबूरी रही।

सबसे आराम और इज्जत से रहने के लिए नौकरशाही से बेहतर कोई जगह नहीं है। एक बार प्रतिस्पर्धा में आ जाने के बाद पूरे जीवन के लिए व्यक्ति सुरक्षित हो जाता है। उसकी सुरक्षा के लिए जरूरी नहीं है कि वह अपने कर्तव्यों का निर्वाह करे। चमचागिरी एवं भ्रष्टाचार के माध्यम से भी

अच्छी तैनाती एवं प्रोन्नति ले सकता है। राजनैतिक लोगों को भी इच्छाओं के विरूद्ध काम करना पड़ता है और बार–बार चुनावों के समय परीक्षा देनी पड़ती है। एक अधिकारी को, कुछ एक को छोड़कर जैसे उसका बॉस या मंत्री के अलावा शायद किसी और का दबाव नहीं के बराबर होता है। जिले के अधिकारी जैसे जिलाधीश, मुख्य अभियन्ता, पुलिस अधीक्षक आदि से जब गांव या शहर के गरीब आदमी अपनी समस्याओं को लेकर मिलने आते हैं, तो जरूरी नहीं कि इनके दर्शन हो ही जाएं। इनकी जान–पहचान वाला आ गया या कार्यालय के मामूली काम की व्यस्तता हो, तो भी चपरासी गांव वालों को कह देता है कि साहब मीटिंग में हैं, बाद में आना। सुबह–शाम घर पर सम्पक्र करो तो जबाब मिलता है कि साहब बाथरूम में हैं या पूजा कर रहे हैं। नौकरशाही इस तरह से संवेदनहीन हो गई है कि उ॰प्र॰ की मुख्यमंत्री सुश्री मायावती द्वारा अधिकारियों को बिना वजह निलम्बित कर देने से जनता खुश है। दलित ज्यादा ही खुश हैं, क्योंकि उन्हें लग रहा है कि मायावती जी उनके लिए अधिकारियों को सबक सिखा रही हैं। वास्तव में यह प्रयोग मायावती जी का पहले भी सफल रहा कि अधिकारियों को हड़काओ और इससे इनके मतदाता भावुक होकर और जुड़ जाएंगें। हाल में मेरा दौरा इलाहाबाद जनपद का था और मैंने वरिष्ठ पुलिस अधीक्षक से सुरक्षा की बात कही तो उन्होंने कोई ध्यान नहीं दिया। वायदा करके भी सुरक्षा गार्ड नहीं दिया, इससे लगता है कि सरकार की नौकरी न करके मायावती जी की ज्यादा कर रहे हैं। हालांकि नौकरशाही का राजनीतिकरण करने के लिए बसपा ही जिम्मेदार नहीं है, लेकिन जिस तरह से बहन मायावती जी कर रही है, उससे तो कर्मचारी–अधिकारी नेता बन जाएंगें और जो पार्टी सत्ता में होगी उसी में शामिल हो जाएंगें। इस कार्यशैली की इज़ाद या तो कांशीराम जी की सलाह से हुई होगी अथवा अनजाने में, क्योंकि मायावती जी की समझ इतनी तेज नहीं है। गाज़ियाबाद के जिलाधीश की कमी मायावती जी खोज रही थी, लेकिन कुछ न मिलने पर भी उन्हें निलम्बित कर दिया, निलम्बन के बाद कुछ अधिकारी मुस्कराए भी। वास्तव में मायावती जी पहले से ही मन बना लेती हैं कि किस अधिकारी के ऊपर गाज गिरानी है, न कि कार्यवाही वास्तव में सघन जांच के बाद करती हैं। गहन छानबीन के बाद यदि कर्मचारी–अधिकारी दोषी पाए जाते हैं, तो उनके खिलाफ विभागीय कार्यवाही करते हुए कुछ किया जाना चाहिए। निलम्बन बिना औपचारिकताएं पूरी किए कोई दण्ड नहीं है, क्योंकि कुछ ही दिनों में अधिकारी वापिस विभाग में आ

जाते हैं। मथुरा के जिलाधीश के निलम्बन का आदेश उनके द्वारा पैर पकड़ने मात्र से तुरन्त माफ कर दिया गया। ऐसा ही उ॰प्र॰ में हो रहा है। इस बात की भी चर्चा है कि उ॰प्र॰ में जिले एवं पद बिकते हैं और जो इस काम को पूरा करता है, उससे बहनजी खुश रहती हैं। अतः इससे धन और वोट दोनों बटोरा जा रहा है।

इस बात के लिए मायावती जी का लोहा माना जा रहा है। जहां इन्हें लोहा मनवाना चाहिए वहां अभी तक क्या काम किया? खाली पदों पर भर्ती, गिरती शिक्षा का स्तर, बिजली–पानी की कमी, उद्योगों का बन्द होना, अपराधीकरण, भ्रष्टाचार एवं दलित उत्पीड़न आदि के क्षेत्र में कुछ भी उपलब्धि हो, तो लोहा मानने की बात पर विचार भी किया जा सकता है। जिस तरह की नौकरशाही आज है, उनके साथ ऐसा व्यवहार करना कोई लोहा लेने जैसा नहीं है, क्योंकि इन अधिकारियों–कर्मचारियों के विरूद्ध आम जनता का रोष एक तरफ है, तो दूसरी तरफ ये खुद ही इतने भ्रष्ट हो गए हैं कि लाखों और करोड़ों रूपया देकर पोस्टिंग लेते हैं। नोएडा का सेक्टर 14 ए, एवं 15 ए, 43, 44 एवं गाज़ियाबाद में कौशाम्बी के प्लाटों एवं कोठियों का विवरण जुटाया जाए, तो औसतन उ॰प्र॰ के अधिकारियों के सामने राजनैतिक तो क्या व्यावसायिक भी फेल हो जाएंगें। उच्च न्यायपालिका के जजों का हाल भी कुछ ऐसा ही है। आम जनता की धारणा है कि नेता ही भ्रष्ट हैं, ऐसा इसलिए है कि नेता जनता या अधिकारी से पैसा लेते हैं, जबकि कर्मचारियों एवं अधिकारियों को भ्रष्टाचार सरकारी खजाने से करना होता है या लोगों को कुछ फायदा दिलाने के एवज में। यही कारण है कि नेता अधिक बदनाम हैं और अधिकारी कम।

मायावती जी द्वारा जिलों का तूफानी निरीक्षण करने से कुछ लाभ भी है। कुछ भय तो कर्मचारियों–अधिकारियों में बना ही है कि यदि विकास का काम नहीं किया गया तो दण्ड मिल सकता है। दूसरी राजनीतिक पार्टियां जब सत्ता में आईं, तो उन्हें भी विकास का निरीक्षण इत्यादि इस तरह से करना चाहिए था। दूसरे मुख्यमंत्रियों को भी विकास का निरीक्षण करना चाहिए था, लेकिन उद्देश्य यह नहीं होना चाहिए कि विकास के काम के निरीक्षण के नाम पर वोट और नोट बटोरो। आम जनता की धारणा यह है कि राजनीति में वे ही लोग आए हैं, जिन्हें कहीं अन्यत्र क्षेत्र में जमने का मौका नहीं मिला, हो सकता है ऐसा हो भी। अधिकारी–कर्मचारी प्रायः मंत्रियों को भी कानून पढ़ाते हैं। राजनैतिक व्यक्ति को पढ़ा–लिखा तो होना ही चाहिए,

लेकिन उससे अधिक कहीं जरूरी है उसकी प्रतिबद्धता एवं इच्छाशक्ति। यदि यह है, तो कानून पढ़ाना मुश्किल है। विधायकों एवं सांसदों का गहन प्रशिक्षण किया जाना चाहिए कि जब वे चुनकर आएं, तो उन्हें बताया जाए कि सरकार की क्या–क्या योजनाएं हैं, उनका क्या कर्तव्य है, योजनाएं कैसे लागू की जाएं आदि–आदि। ऐसा जब तक नहीं किया जाता, तब तक काम लेना मुश्किल है।

यह बहुत ही खतरनाक काम हो रहा है, क्योंकि सरकारी तंत्र किसी राजनैतिक व्यक्ति या पार्टी का नहीं होता, बल्कि सभी का होता है। भ्रष्ट एवं निष्क्रिय अधिकारियों के विरूद्ध कार्यवाही तो होनी चाहिए, ताकि जिस काम के लिए इन्हें भेजा गया है, उसे पूरा करें। साथ ही इन्हें इतना दृढ़ होना चाहिए कि कोई भी हो, उसके लिए न्याय सुनिश्चित करें। विपक्ष को भी आवाज उठानी चाहिए कि सरकारी अधिकारियों एवं कर्मचारियों के विरूद्ध बिना कारण कार्यवाही न हो। दलितों को भावुक होने की बात नहीं है, क्योंकि मायावती जी तब तक प्रभावशाली ढंग से काम नहीं कर सकती, जब तक कि उनके स्वयं का दामन साफ न हो। हंगामे से नहीं रचनात्मक काम से अर्थात् योजनाओं को सुनियोजित ढंग से लागू करने से भला होगा। जिसके कारण दलितों ने विकास किया, उसके लिए अभी तक इन्होंने उन क्षेत्रों में कुछ भी नहीं किया है, जैसे खाली पदों पर भर्ती, नए पदों का सृजन, शिक्षा, स्वास्थ्य एवं वर्णव्यवस्था की समाप्ति आदि।

---

01 अगस्त, 03 अमर उजाला नौकरशाह विरोधी मुहिम और जनता की खुशी

40

दलित हित के लिए दृष्टि जरूरी

आजादी के बाद से दलित चेतना का काफी विकास हुआ है, आज दलितों के लिए स्थिति पहले जैसी नहीं रह गई है। गौर से देखा जाए तो जो हालात हैं, दलितों के लिए उसे अच्छा भी कहा जा सकता है और बुरा भी। जो माहौल है, उसमें आज दलितों की मजदूरी, शिक्षा, स्वास्थ्य और ऐसे कई क्षेत्रों में बेहतर विकास हुआ है, लेकिन इसके साथ ही यह भी देखा जा सकता है कि राजनीतिक रूप से दलितों की कथित समर्थक पार्टियों ने उनका इस्तेमाल ही ज्यादा किया है। इन पार्टियों ने दलितों से वायदे तो लुभावने किए हैं, लेकिन उनको निभाने में कोई खास दिलचस्पी नहीं दिखायी है।

बसपा दलितों की अपनी पार्टी मानी जाती है, लेकिन इस पार्टी ने भी दलितों का ठोस विकास करने में कोई रूचि नहीं दिखाई है। अधिकार देने के नाम पर बसपा और भाजपा में ज्यादा अन्तर नहीं है। भाजपा जहां धर्म को आधार बनाकर राज करना चाहती है, वहीं बसपा विशेष जाति को आधार बनाकर राज करना चाहती है, न कि समूचे दलित समाज की ओर से। इस तरह से दोनो पार्टियों में कोई खास फक्र नहीं रह जाता है। कहने को कहा जा सकता है कि इस पार्टी में मायावती व कांशीराम जैसे दलितों के बड़े नेता का चोंगा पहने हुए विभूतियां हैं, लेकिन इन बड़े नेताओं से दलितों को क्या मिला? दलितों की स्थिति तो उ॰प्र॰ में भी कमोबेश वैसी ही है, जैसे पहले थी, जबकि वहां मायावती का शासन है। दरअसल समझने वाली बात यह है कि व्यक्ति के विकास से किसी समाज का विकास नहीं होता है। किसी समाज में व्यक्ति का विकास होने से उस समाज में वर्ग का भाव तो आता है, लेकिन

उससे समाज के विकास में कोई खास मदद नहीं मिलती, सर्वहारा वर्ग की स्थिति वैसी ही नहीं बनी रहती है। बसपा में बड़ी खामी यही है कि वह कोई साफ नजरिया या पक्ष नहीं लेती है। एक तरफ मायावती मनुवादियों को कोसती हैं। भारतीय संसद को भी वे मनुवादियों की जमात बताती हैं, दूसरी तरफ उन्हीं मनुवादियों की पार्टी भाजपा के साथ उ॰प्र॰ में सरकार चला रही हैं। बसपा भी भाजपा की तरह ही तुष्टिकरण करने वाली पार्टी है। फ़्क्र सिर्फ इतना है कि वह हिन्दुओं या किसी धर्म के लोगों की बजाय दलितों का तुष्टिकरण कर रही है।

गौर करने वाली बात यह है कि दलितों की चेतना के विकास में किसी भी आन्दोलन की बजाय आरक्षण के अधिकार का ज्यादा हाथ है। अभी तक दलितों से जुड़े बहुत सारे सुधार आन्दोलन हुए हैं। सूफी आन्दोलन, कम्युनिस्ट आन्दोलन और ऐसे ही कई दूसरे आन्दोलन हैं। जिनसे दलित समाज ने अपने आप को जोड़ा है। इन आन्दोलनों ने एक वक्त के लिए दलित समाज में हस्तक्षेप किया, लेकिन उनकी शैक्षिक, सामाजिक स्थिति में सुधार के मामले में ये ज्यादा योगदान नहीं दे सके। इसके बजाय आरक्षण की बदौलत आज दलित कलेक्टर, सी.एम.ओ. और बड़े सरकारी पदों पर पहुंच रहे हैं। इससे समाज में उनका रुतबा और सम्मान बढ़ता है। यह ठीक है कि अगड़ी जाति के लोग चाहे दिल से न चाहें, लेकिन ऊपर से जब वे एक कलेक्टर के सामने जाते हैं, तो नमस्कार करते हैं, इससे दलितों में एक आत्म सम्मान का भाव जगा है। आज वे समझ चुके हैं कि उनकी सामाजिक, आर्थिक और शैक्षिक विकास की पूंजी कहां पर है। हालांकि यह कहा जा सकता है कि जो भी आरक्षण के सहारे हैसियत और पद में ऊंचे स्थान पर पहुंच गए, उनमें से ज्यादातर लोगों ने खुद को दलित समाज से काट लिया। उन्होंने एक तरह से दलितों में दलित ब्राह्मण जैसे वर्ग की स्थापना कर ली है। वह वर्ग स्वभाव से भीरू और स्वार्थी है। जल्दी किसी बात पर अपनी खोल से बाहर नहीं आता है, लेकिन जब कोई बहुत गम्भीर मुद्दा होता है, तो वह वर्ग अपना पक्ष सामने रखता है। इस तरह से दलितों के विकास में किसी आन्दोलन से ज्यादा आरक्षण का हाथ है। देखा जा सकता है कि जिन क्षेत्रों में दलितों को आरक्षण का लाभ नहीं मिला, उन क्षेत्रों में उनकी उपस्थिति न के बराबर है। मीडिया, कला एवं संस्कृति, आयात–निर्यात, निजीक्षेत्रों में दलितों की उपस्थिति बहुत कम है। यहां बैठे अगड़ी जाति के लोग भी इन क्षेत्रों में दलितों को घुसने के रास्ते रोक देते हैं। अभी ही देखा जा सकता है कि सरकारी नौकरियों में

अगड़ी जातियों के बाद दलितों की संख्या ज्यादा है। पिछड़ी जातियां मुसलमान और दूसरी जातियों की हिस्सेदारी दलितों के मुकाबले कम है, यह आरक्षण की ही देन है। क्लास वन, टू और थ्री की नौकरियों में दलितों के लिए साढ़े बाईस फीसदी आरक्षण की बात है, लेकिन वस्तुस्थिति यह है कि क्लास वन नौकरियों में दलितों की हिस्सेदारी करीब साढ़े बारह फीसदी है, क्लास टू नौकरियों में यह 14 फीसदी और क्लास थ्री में दलितों की तकरीबन 16 फीसदी हिस्सेदारी है। यू.पी.एस.सी. में अक्सर देखा गया है कि दलितों को साक्षात्कार परीक्षा में औरों के मुकाबले कम अंक मिलते हैं। इस तरह पक्षपात बेहद आम है और मानसिकता में बदलाव लाना काफी जरूरी है। लोग अपनी मानसिकता में बदलाव लाएं इससे ज्यादा जरूरत इस बात की है कि दलित खुद में बदलाव लाएं। हाल के दिनों में दलितों के खिलाफ कई तरह के अत्याचार के मामले सामने आए हैं। हरियाणा के हरसौला कांड और झज्जर कांड सबके सामने हैं। इसी तरह से राजस्थान में चकवाड़ा कांड है। दलितों को आज भी इस तरह की अपमानजनक बातें झेलनी पड़ती हैं। समाज के बड़े हिस्से में उनके प्रति सोच में कोई खास बदलाव नहीं आया है। वे आज भी दलितों को सताने का कोई मौका नहीं छोड़ते हैं, लेकिन इसके लिए दलित अगर इन्हीं लोगों के पास फरियाद लेकर जाएगें, तो कुछ खास नहीं होगा। उसे बदलाव की शुरुआत अपने घर से करनी है।

इसके लिए धर्मांतरण एक बेहतरीन औजार हो सकता है। इससे उनकी स्थिति में कुछ बदलाव आया है। यह संक्रमण काल है। इसमें बदलाव हो रहा है, लेकिन बदलाव धीरे–धीरे आता है। अतीत में जब दलित मुसलमान बना तो उसने सिर उठाकर बात करना शुरू कर दिया। आज अगड़ी जातियां उससे डरती भी हैं, दलितों की तरह उसे हेय दृष्टि से नहीं देखतीं। 90 फीसदी मुसलमान दलित हैं। ईसाइयों की 95 फीसदी आबादी भी दरअसल दलित है। लेकिन देखा गया है कि यहां भी दलित ईसाई और दलित मुस्लिम जैसे वर्ग बन गए हैं। यह स्थिति गलत है, लेकिन हजारों साल से वही बातें ढोते हुए मानसिकता बदलने में कुछ वक्त तो लगेगा ही। अब दलित बौद्ध धर्म को अपना रहे हैं। नवम्बर 2001 में करीब दस लाख दलितों ने बौद्ध धर्म स्वीकार किया था। चाहे इसकी आलोचना की जाए लेकिन धर्मांतरण दलितों के उत्थान में अहम भूमिका रखता है। इस दृष्टि से कांशीराम का दलितों के उत्थान में इतना योगदान तो है ही कि उन्होंने राजनैतिक सत्ता हासिल करने का पाठ पढ़ाया।

मायावती ने लखनऊ में 14 अप्रैल की रैली में कहा कि राम विलास पासवान फलां जाति के हैं, डॉ॰ अम्बेडकर फलां जाति के थे। आखिर जब वे खुद ही ऐसा करती हैं, तो मनुवाद की जकड़न से दलितों को कैसे निकाल सकती हैं। इसी तरह आजादी के बाद बाबू जगजीवन राम को दलित नेता कहकर प्रचारित किया गया। वे तो कांग्रेस के ढांचे के अन्दर रहकर काम कर रहे थे। यह जरूर है कि उन्होंने जहां तक संभव हुआ आरक्षण को लागू कराने का प्रयास किया था। राम विलास पासवान का भी मामला ऐसा ही है। वे जय प्रकाश नारायण के आन्दोलन के समय जन भावनाओं के सैलाब पर चढ़कर नेता बने, लेकिन उन्होंने दलितों के लिए क्या किया? 1997 में गुजराल सरकार ने 5 आरक्षण विरोधी आदेश जारी कर दिए थे। लेकिन उन्होंने इसका विरोध नहीं किया। दिलचस्प है कि सामाजिक न्याय की सरकार के इस फैसले का विरोध तब भाजपा ने किया था। बाद में वे भाजपा के गठबन्धन में शामिल हो गए, यहां पर वे गुजरात का मुद्दा बनाकर निकल आए। लेकिन असल बात यह थी कि उन्हें पता चल गया था कि वे ज्यादा दिन तक मंत्री पद पर बने नहीं रह सकते थे। रामविलास पासवान मौकापरस्त राजनीति के खेल में माहिर हैं, उनसे दलितों के हितों की उम्मीद व्यर्थ है। दलितों के हित के लिए बाबा साहेब अम्बेडकर जैसी दृष्टि चाहिए। हमारा आन्दोलन यही करने की कोशिश कर रहा है। हमने नवम्बर 2001 में बड़ी संख्या में दलितों का धर्मांतरण करवाया। हमने आन्दोलन चलाकर आरक्षण विरोधी विरोधी आदेशों में सुधार करने के लिए 81वां, 82वां और 85वां संशोधन करवाया है। इनसे खाली पदों पर भर्ती के लिए आरक्षण विभागीय परीक्षा में छूट और वरिष्ठता में आरक्षण कोटा की बहाली हो सकी। जब तक दृष्टि नहीं होगी, तो केवल व्यक्तिवादी राजनीति करने से दलितों का भला नहीं होने वाला। तथाकथित दलित चिन्तक पार्टियों को इस मामले में डॉ॰ अम्बेडकर से सबक लेना चाहिए।

---

30 जुलाई, 03 प्रभात खबर दलित हित के लिए दृष्टि जरूरी

41

कांग्रेस हिम्मत दिखाए

लगभग 10 वर्ष से कांग्रेस दलितों को रिझाने और बहलाने में लगी है, किन्तु असफल रही। हाल में शिमला में हुए चिन्तन में निजी क्षेत्र में आरक्षण देने के वायदे से उसने पुनः इन्हें अपना समर्थक बनाने का प्रयास किया है। यह भी एक सच्चाई है कि जो भी आरक्षण लागू हुआ या नहीं लागू हुआ, वह कांग्रेस के ही शासनकाल में हुआ। आरक्षण को श्री एच.डी. देवगौड़ा एवं श्री इन्द्र कुमार गुजराल के शासनकाल में जबर्दस्त धक्का तब लगा, जब कार्मिक एवं प्रशिक्षण विभाग ने 5 आरक्षण विरोधी आदेश जारी किए। हालांकि इन लोगों का कहना है कि ऐसा नौकरशाही के कारण हुआ। अनुसूचित जाति/जन जाति संगठनों का अखिल भारतीय परिसंघ का अस्तित्व में आने का मूल कारण ये आरक्षण विरोधी आदेश ही थे। परिसंघ के संघर्ष के कारण ही वाजपेयी जी की सरकार ने संविधान में तीन संशोधन 81वां, 82वां और 85वां किया।

जो भी प्रगति और खुशहाली दलितों में अब तक आयी है, वह मूलतः आरक्षण के द्वारा ही सम्भव हुई। जिन क्षेत्रों में आरक्षण नहीं है जैसे–उद्योग, व्यापार, उच्चशिक्षा, मीडिया इत्यादि में अभी तक दलित प्रवेश भी नहीं कर सके हैं।

भाजपा के नेतृत्व में बनी राजग सरकार ने तो निजीकरण, उदारीकरण एवं भूमण्डलीकरण के नाम पर आरक्षण को खत्म करने का पूरा इन्तजाम ही कर लिया है। आज कोई भी पार्टी दलितों के कल्याणार्थ चिन्तित नहीं है, इसका मुख्य कारण बहुजन समाज पार्टी है। बसपा एजेण्डा एवं कार्यक्रमों

पर आधारित राजनीति में विश्वास नहीं करती और सिर्फ नोट और वोट चाहती है और दुर्भाग्यवश दलित अन्ध समर्थन किए जा रहे हैं, जिसके कारण दूसरी पार्टियां या तो विरोध करती हैं अथवा दलितों के मामलों पर चुप रहती हैं। उनका मानना है कि जब दलित वोट बसपा को देते हैं, तो इनके बारे में कुछ कहने से फायदा क्या?

दुर्भाग्यवश कांग्रेस ने भी केन्द्र सरकार को सवर्णों को आरक्षण देने का प्रस्ताव भेजकर राजस्थान में आरक्षण की राजनीति का खेल खेला। भारतीय संविधान की मनसा सामाजिक भेदभाव के कारण आर्थिक रूप से पिछड़ों को आरक्षण देनी थी। जहां तक सवर्णों की भागीदारी का सवाल है, लगभग 80 प्रतिशत उच्च पदों पर इन्हीं की नियुक्तियां हैं, उनके मामले में भागीदारी न होने जैसी कोई बात नहीं है, किन्तु जहां तक गरीबी का सवाल है, तो उनकी गरीबी प्रभावी ढंग से उन कारणों को दूर करने से हल होगी, जिनके कारण वे गरीब हुए हैं। तथाकथित सवर्ण सामाजिक भेदभाव एवं सामाजिक पिछड़ेपन के कारण गरीब नहीं हुए हैं, बल्कि उसका कारण रोजगार, कम्प्यूटर व तकनीकी शिक्षा, स्वरोजगार, बाजार अर्थव्यवस्था, औद्योगीकरण, व्यापार आदि का अभाव हैं। इन कारणों के निवारण से ही उनकी गरीबी दूर हो सकती है, न कि सरकारी नौकरियों में आरक्षण से, जो न के बराबर हैं।

दलितों की दशा पर विचार करते हैं, तो पाते हैं कि यह बहुत ही चिन्ताजनक है, यदि इन्हें निजीक्षेत्र में अमेरिका की तरह आरक्षण नहीं दिया गया, तो इनकी तरक्की के बहुत ही कम अवसर हैं। 1978 में अमेरिकी उच्चतम न्यायालय के न्यायधीश लेविस पावेल द्वारा बेक के मामले में अफर्मेटिव ऐक्शन के पक्ष में निर्णय दिया गया था। 24 जून, 2003 को अमेरिकी उच्चतम न्यायालय ने अपने आदेश में इसे लागू रहने के लिए कहा है। 4 जजों के विरोध में पांच ने मिशीगन विश्वविद्यालय के लॉ स्कूल के प्रवेश में अफ्रो अमेरिकन (काले लोगों) को आरक्षण देने की सिफारिश की है। सुप्रीम कोर्ट को दुबारा इस निर्णय को इसलिए देना पड़ा कि कुछ लोगों द्वारा इस आरक्षण के विरूद्ध याचिका दायर की दी गई थी। जिन चार जजों ने इसका समर्थन नहीं किया, उन्होंने विरोध भी नहीं किया, बल्कि तटस्थ रहे। अफर्मेटिव ऐक्शन के पक्ष में अमेरिका के बड़े–बड़े उद्योगपतियों ने सुप्रीम कोर्ट में अपने वकील खड़े किए और वहां के नामी–गिरामी विश्व विद्यालयों ने भी इसी के पक्ष में याचिका दायर की। सैकड़ों श्वेत लोगों के संगठनों ने सुप्रीम कोर्ट के बाहर जलूस निकाला कि किसी भी हालत में काले, हिसपेनिक्स एवं रेड इंडियन को आरक्षण दिया जाता रहना चाहिए।

अफर्मेटिव ऐक्शन के तहत अल्पसंख्यकों एवं महिलाओं को रोजगार, शिक्षा एवं ठेकेदारी इत्यादि में कुछ विशेष अधिकार दिए गए हैं। अफर्मेटिव ऐक्शन के कारण काले लोगों की भागीदारी निजी विश्वविद्यालयों, कॉलेजों एवं व्यावसायिक स्कूलों में 1–2 प्रतिशत से बढ़कर 6–7 प्रतिशत हो गई है। भारतीयों के लिए यह जानकर आश्चर्य होगा कि वहां काले एवं हिसपेनिक्स लोगों को थलसेना, जलसेना एवं वायुसेना में आरक्षण की व्यवस्था है। वहां पर आरक्षण मुख्यतः रंगभेद एवं पिछड़ेपन पर आधारित है, जबकि हमारे देश में सामाजिक पिछड़ेपन पर। कुछ न कुछ तो ऐसी विशेष बात है, जिसकी वजह से अमेरिका विश्व स्तर पर तानाशाह बना हुआ है। वास्तव में यह शक्ति उसके नागरिकों की देशभक्ति एवं अपने देश के अन्य नागरिकों के प्रेम एवं बंधुता में ही निहित है। जब याचिका अमेरिकी सुप्रीम कोर्ट में अन्तिम निर्णय के लिए लम्बित थी कि अफर्मेटिव ऐक्शन लागू रहना चाहिए या नहीं, तब निजी संस्थाओं एवं कम्पनियों ने पहले ही अपना निर्णय सुना दिया कि यदि सुप्रीम कोर्ट इसके विरूद्ध निर्णय देता है, तो भी वे इन्हें आरक्षण देते रहेगें। ऐसा भाईचारा जिस देश में हो, उसका मुकाबला भला कौन कर सकता है? इसीलिए अमेरिका के लोग पिछड़े लोगों को भागीदारी देकर मानवता की सेवा तो कर ही रहे हैं, साथ–साथ अमेरिका को भी महाशक्ति के रूप में विकसित किया। ऐसे में अमेरिका का मुकाबला कौन कर सकता है? यहां यह बता देना आवश्यक है कि अमेरिका के गोरे एवं समृद्ध लोगों ने काले लोगों के लिए इतना अधिक किया है, जितना वे स्वयं भी अपने लिए नहीं कर सकते। किन्तु हमारे देश में दलितों को किसी भी वस्तु के लिए, यहां तक कि अपने वैध अधिकार (न्याय संगत अधिकार) के लिए संघर्ष करना पड़ता है और यहां का तथाकथित अभिजात्य वर्ग इसका विरोध ही करता रहता है। देशभक्ति एवं नैतिकता किसी भी देश की वास्तविक शक्ति होती हैं और यह अमेरिका के पास है। भारत को मजबूती देने के लिए तथाकथित सवर्णों एवं समृद्ध लोगों को इस प्रकार के व्यवहार का नजरिया अमल में लाना होगा।

अमेरिका में मीडिया में भी आरक्षण लागू होता है। 1975 में जब डाइवर्सिटी का सिद्धान्त लागू हुआ, तब काले एवं अल्पसंख्यकों की संख्या मीडिया में 4 प्रतिशत से भी कम थी, लेकिन अफर्मेटिव ऐक्शन के माध्यम से पत्रकारों की भागीदारी 11 प्रतिशत से भी अधिक हो गई है। 'अमेरिकन सोसाइटी फॉर न्यूजपेपर्स, एडीटर्स' प्रति वर्ष सर्वेक्षण कराती है कि रंगभेद के शिकार लोगों की भागीदारी कहां तक पहुंच चुकी है। क्या भारत में मीडिया के क्षेत्र में दलितों को भागीदारी देने की बात सोची जा रही है।

अमेरिका ने बहुत पहले ही महसूस कर लिया था कि यदि देश का सर्वांगीण विकास करना है, तो देश के सभी नागरिकों की भागीदारी आवश्यक है। यदि काले लोगों की भागीदारी सुनिश्चित किए बिना विकास कर भी लिया जाता है, तो भी देश में शान्ति और खुशहाली सामाजिक भेदभाव के कारण नहीं लाई जा सकती है। हमारे देश के पूंजीपति वर्ग को तो सिर्फ अपना विकास देखना है, देश से तो कुछ लेना–देना ही नहीं है। रही बात शासक वर्ग की तो वे या तो इस बात से बेखबर है, या फिर चन्द साम्प्रदायिक संगठनों एवं व्यक्तियों का इतना दबाव है, जिससे इस मुद्दे को अनदेखा किया जाता रहता है।

अनुसूचित जाति एवं जनजातियों को 15 प्रतिशत और 7.5 प्रतिशत आरक्षण देने का प्रावधान है। 1 जनवरी, 1999 के आकड़े के अनुसार उनकी भागीदारी केन्द्र सरकार के वर्ग 'क' और 'ख' में क्रमशः 11 और 12.5 प्रतिशत थी। अनुसूचित जन जाति के मामले में 3.4 एवं 3.35 है। आई.ए.एस., आई. पी.एस. और आई.एफ.एस. में अनुसूचित जातियों की भागीदारी क्रमशः 10. 6, 12.4 और 11.4 ही थी, जो 15 प्रतिशत से कम है। इस भयावह स्थिति के लिए क्या कांग्रेस जिम्मेदार नहीं है, जो बहुत सालों तक दलितों के सहयोग से केन्द्रीय सत्ता में थी?

दलितों को गम्भीरता से सोचना ही होगा कि सिर्फ किसी जागृति और सुधारवादी आन्दोलन से उनका उद्धार होने वाला नहीं है, जब तक कि उनके लिए आरक्षण की तरह का कोई अधिकार नहीं सुनिश्चित किया जाता। जागृतियों की श्रंखलाएं आईं और चली गईं। इस देश में सूफी, समाजवादी, मार्क्सवादी एवं अन्य आन्दोलन आते और जाते रहे किन्तु दलितों के जीवन में परिवर्तन अधिकार मिलने से ही हुआ। आरक्षण के कारण ही सरकारी नौकरियों एवं राजनीति सहित अन्य क्षेत्रों में इनकी भागीदारी सुनिश्चित हुई। इसका यह गलत अर्थ नहीं निकालना चाहिए कि जागरूकता की कोई आवश्यकता नहीं है, बल्कि इसके लिए और अधिक प्रयास करना चाहिए।

जब तक कांग्रेस सत्ता में थी मुसलमान एवं दलित इसे सहयोग देते रहे। नए नेतृत्व ने उनका विश्वास खो दिया है। गुजरात कांड से स्पष्ट हो गया है कि सुरक्षा बलों जैसे पुलिस एवं पैरामिलिटरी फोर्सेज में मुसलमानों की भागीदारी अति आवश्यक है। जब पुलिस साम्प्रदायिक हो गई है तो ऐसे में कांग्रेस को बिना डर या बहुसंख्यकों के वोट की लालच किए बिना मुसलमानों के प्रतिनिधित्व की सिफारिश करनी चाहिए, तभी पुनः उन्हें

विश्वास में ले सकती है। श्रीमती सोनिया गांधी की उपस्थिति में पार्टी ने निजी क्षेत्र में दलितों को आरक्षण देने की सिफारिश की है, जो अनुसूचित जाति जन जाति संगठनों का अखिल भारतीय परिसंघ का मूल मुद्दा है। सोच तो अच्छी है, किन्तु यह लागू होना भी अति आवश्यक है। कांग्रेस द्वारा शासित राज्य सरकारें अन्यों की तुलना में कहीं भी अच्छी नहीं हैं, राजस्थान और महाराष्ट्र इसके अच्छे उदाहरण हैं। देश में राजस्थान ही एक मात्र ऐसा प्रदेश है, जहां पर आई.पी.एस. अधिकारियों को पदावनत कर दिया गया। 85वां संवैधानिक संशोधन, जो वरिष्ठता से सम्बंधित है, पंजाब सहित अन्य राज्यों में लागू नहीं किया गया। यदि कांग्रेस ने निजीक्षेत्र में आरक्षण लागू कराने का वीणा उठाया है, तो इसे पूरी ईमानदारी के साथ पूरा करना होगा। जब तक श्रीमती सोनिया गांधी सलाहकारों पर निर्भर हैं, तब तक यह संभावना है कि शायद ही इस मुद्दे पर कांग्रेस कुछ करे। सोनिया गांधी जी को सहायतार्थ अमेरिका के पूर्व राष्ट्रपति श्री बिल क्लिंटन की वह नीति भी काम आएगी, जहां उन्होंने हमेशा अफर्मेटिव ऐक्शन का समर्थन किया। बसपा द्वारा दलितों को भावुक बनाए रखने और किसी निश्चित अधिकार की वकालत न करने से भी कांग्रेस को मदद मिलेगी।

---

21 अगस्त, 03 हिन्दुस्तान कांग्रेस हिम्मत दिखाए

42

मुस्लिम समाज की चुनौतियां

भारत की सामाजिक संरचना ऐसी रही है कि कोई भी आसानी से आक्रमण कर सकता था और इस पर जीत तो इतनी आसान थी, जितनी किसी छोटे आदिवासी कबीलाई पर भी नहीं। सिकन्दर के सामने भी हमने घुटने टेके। पहला मुस्लिम आक्रमण सन् 712 में उस समय हुआ, जब सिन्ध के राजा दाहिर पर मोहम्मद बिन कासिम ने किया। सिन्ध पर आक्रमण करने की दावत हिन्दू ने ही दी थी और आक्रमण में जब देखा कि मोहम्मद बिन कासिम पराजित होने वाला है, तो मन्दिर के पुजारी ने मोहम्मद बिन कासिम को युक्ति बताई कि यदि झण्डा गिरा दिया जाए तो राजा दाहिर की सेना को यह संदेश चला जाएगा कि युद्ध हारा जा चुका है। थोड़ी सी लालच के कारण देखते ही देखते विजय हार में बदल गई। क्या कभी संघ परिवार ने सोचा कि सोमनाथ मंदिर पर जब मोहम्मद गजनवी ने आक्रमण किया, तो उसकी सेना का सेनापति और सिपाहियों का बहुमत किस धर्म के मानने वालों का था। सेनापति सहित अधिकतर लड़ाके हिन्दू ही थे। बार–बार यह कहना कि मुसलमानों ने हिन्दू मन्दिर पर आक्रमण किया, इस पर भी सच्चाई को जान लेना चाहिए। जब कोई समाज कमजोर होता है, तो उस पर हमला स्वाभाविक है। जब मोहम्मद गजनवी ने सोमनाथ मन्दिर पर हमला किया, तो वहां के दलित आदिवासियों ने मुकाबला किया, लेकिन ब्राह्मणों ने उनको नीच व अछूत कहकर भगा दिया। बेचारे दलित आए तो इस अरमान के साथ थे कि हिन्दू मन्दिर को बचाएं, लेकिन उल्टे पांव अपमानित होकर लौट गए।

मन्दिर के पुजारियों ने कहा कि किसी को कुछ करने की जरूरत नहीं है, भगवान आक्रमणकारियों को खुद ही सबक सिखा देगें। मोहम्मद गजनवी के आक्रमण का मुख्य उद्देश्य वहां की अकूत धन–सम्पत्ति को लूटना था। कहते हैं कि अब तक की यह सबसे बड़ी लूट है, जिसमें पांच सौ मन सोना तथा हीरे–जवाहरात लूटे गए थे। लगभग एक हजार महिलाएं भी लूट ली गईं थीं। प्रश्न यह उठता है कि मन्दिर सोने और जवाहरात रखने का स्थान है? औरतें मन्दिर में क्या कर रही थीं? ये भोग–विलास की साधन थीं। उक्त धन से तालाब, नहर, सड़क या धर्मशालाएं बनाईं जा सकती थीं न कि पवित्र मन्दिर में संचित करना। इस घटना में धार्मिक मामला गौण और लूट मुख्य कारण थी। इस तरह से इसे धार्मिक मुद्दा नहीं बनाना चाहिए। अगर असली मुद्दा है, तो गरीबों एवं भक्तों से एकत्रित धन की लूट और मोहम्मद गजनवी द्वारा खजाने को पाने की। इसी तरह से तमाम ऐसी घटनाएं हैं, जिन्हें ढाल बनाकर साम्प्रदायिकता को बढ़ावा दिया जा रहा है।

8 जुलाई को सेन्टर फॉर पीस एंड प्रोग्रेस की ओर से एक चर्चा इंडिया इन्टरनेशनल सेन्टर में आयोजित की गई, जिसमें विहिप के विष्णु हरि डालमिया, बी.पी॰ सिंघल, सैयद शहाबुद्दीन, बसन्त साठे, प्रफुल्ल गोराडिया आदि वक्ताओं ने भाग लिया। यह चर्चा कॉमन सिविल कोर्ट पर थी। मैं थोड़ा देर से पहुंचा, तो देखा कि वी.पी. सिंघल बड़ी तैयारी के साथ अंग्रेजी में बोल रहे थे और उनकी बात का निष्कर्ष यही था कि मुसलमान शासकों ने मन्दिर तोड़े। इन्होंने तो चुनौती दे डाली कि कोई भी मथुरा और काशी में जाकर देखे तो पाएगा कि मन्दिर को तोड़कर उस पर मस्जिद रख दी गई है। इसके बाद विष्णु हरि डालमिया ने भी बोलते हुए समर्थन दिया। तीसरे वक्ता के रूप में मुस्लिम प्रतिनिधि ने अपनी बात रखी और इन्होंने प्रेम–मोहब्बत के अलावा वी.पी. सिंघल और विष्णु हरि डालमिया द्वारा उठाए गए प्रश्नों पर कुछ कहा ही नहीं। मुझे बहुत ही असन्तोष इस बात का हुआ कि मामला एकतरफा हो रहा है। जब मेरी बारी आई, तो मैंने कहा कि वी.पी. सिंघल ने जो बोला वह सच हो सकता है, लेकिन सच्चाइयां और भी हैं, उस पर भी चर्चा हो जानी चाहिए। संघ परिवार स्वामी विवेकानन्द को अपने मार्गदर्शकों में से एक मानता है। उनके अंग्रेजी के खण्ड तीन में पृष्ठ 264 पर लिखा है कि जगन्नाथ पुरी का मन्दिर पहले बौद्ध हुआ करता था और उसके बाद इसे हिन्दू मन्दिर में परिवर्तित किया गया। स्वामी विवेकानन्द ने यह भी लिखा कि

इस तरह का काम हिन्दुओं को आगे जारी रखना चाहिए। 'कुंमायूं का इतिहास' डॉ॰ बद्रीदत्त पाण्डे ने लिखा है, जिसमें पृष्ठ नं. 649 पर साफ–साफ लिखा है कि शंकराचार्य की देख–रेख में बद्रीनाथ में स्थित बौद्ध मन्दिर के स्थान पर जोशी मठ अर्थात् हिन्दू मन्दिर की स्थापना की गई। हालांकि न मेरी चर्चा का कोई मतलब है और न ही बी.पी. सिंघल की, क्योंकि गड़े मुर्दे उखाड़ने से देश का नुकसान ही होगा। सिंघल जी ने कहा कि खुदाई करके देख लिया जाए कि काशी और मथुरा किसका है, तो इस तरह से मुझे भी कहना पड़ा कि तिरूपति, जगन्नाथ पुरी, बद्रीनाथ, केदारनाथ आदि की भी खुदाई करके देखा जाए, तो ये सब बौद्धों के स्थल हुआ करते थे। इस तरह से देश में खुदाई ही होने लगेगी। मेरी बात का समर्थन करते हुए जस्टिस सच्चर ने कहा कि भारत में ठेकेदारों की कमी हो जाएगी और खुदाई के लिए बाहर से भी ठेकेदारों को बुलाना पड़ेगा।

यह सर्वविदित है कि जो भी शासक जिस धर्म और संस्कृति को मानता है, उसके लिए प्रचार–प्रसार करता है। जब हिन्दू शासक मजबूत हुए तो बौद्ध धर्म को नष्ट किया और यही बात मुसलमान शासकों के ऊपर लागू होती है। इस सच्चाई को हिन्दुओं और मुसलमानों को स्वीकारने में हिचक क्यों? यदि ऐसा इस देश में व्यापक तौर पर हुआ है, तो दुनिया के अन्य स्थानों पर भी ऐसा हुआ। भारत में ईसाइयत पहले आई और यूरोप में बाद में, फिर भी भारत ईसाई देश न हो सका। मुसलमान समाज को न तो इसे स्वीकार करने में दिक्कत आनी चाहिए और न ही गलती का बोध, क्योंकि परिस्थितिजन्य ऐसा हुआ था, जिसके लिए आज का समाज जवाबदेह नहीं है। यह इसलिए भी जरूरी है, ताकि हम वर्तमान और भविष्य को बेहतर बनाने की बात करें, बजाय गड़े हुए मुर्दों को उखाड़ने के। इन बातों से शिक्षा, स्वास्थ्य, रोजगार, विकास, मकान की समस्या इत्यादि का कोई सरोकार नहीं है।

संघ परिवार हिन्दू धर्म का जो झण्डाबरदार बना हुआ है, उसको हिन्दुओं ने चुनकर नहीं भेजा है। हिन्दू धर्म के मान्यताप्राप्त ज्यादातर पण्डे और पुजारियों का भी इन्हें समर्थन हासिल नहीं है। पुरातत्व विभाग ने जो हाल में रिपोर्ट हाईकोर्ट के समक्ष दी है, उससे संघ परिवार में उत्साह पैदा हो गया है। इतिहासकार और पुरातत्वविद्‌ों ने इस रिपोर्ट को एक साजिश बताया है। जिन खम्भों को आधार बनाया जा रहा है, उनका सरोकार हिन्दू मंदिरों से तो है ही नहीं। जिस तरह से खम्भों पर कमल के फूल और

नक्काशी की गई है, इनका सरोकार बौद्ध धर्म से है। अतः यह कहना कि ये खम्भे हिन्दू मन्दिर के हैं, पूर्णतया गलत है। ऑल इंडिया पर्सनल लॉ बोर्ड ने कहा कि खुदाई के दौरान मस्जिद के नीचे मंदिर के मिलने की खबर तो नहीं मिली, लेकिन जब रिपोर्ट सौंपी गई, तो ऐसा कैसे हो गया? जो भी हो इस रिपोर्ट के आधार पर यह नहीं कहा जा सकता कि यहां मन्दिर था।

तमाम बुद्धिजीवी एवं धर्मनिरपेक्ष लोग इस प्रयास में लगे हुए हैं कि किसी तरीके से मामला सुलझे, लेकिन उलझता ज्यादा नजर आ रहा है, क्योंकि नीयत ही सुलझाने की नहीं है। जब एक ही मन्दिर के सवाल से केन्द्र की सत्ता ली जा सकती है, तो मन्दिर और हैं, फिर इन्हें क्यों नहीं भविष्य में भुनाने की कोशिश की जाएगी? इस समस्या का कुछ हल मुस्लिम समाज के पास भी है। मुस्लिम पर्सनल लॉ बोर्ड की तरफ से इंडिया इन्टरनेशनल सेन्टर में 1 सितम्बर, 2003 को एक बैठक आयोजित की गई थी, जिसमें मैं भी उपस्थित था। इस मौके पर मैंने मुस्लिम पर्सनल लॉ बोर्ड के नेताओं से प्रश्न किया कि आप अपने दर्द की दास्तान सुनाते फिर रहे हैं, जो मुश्किल से 50 वर्ष का भी नहीं है, लेकिन दलित, गरीब तथा महिलाओं का दर्द तो तीन हजार वर्ष पुराना है। पुराने पड़ने के कारण दलित तो दर्द का एहसास भी नहीं कर रहा है। जब संघ परिवार को दलितों व महिलाओं एवं तमाम अन्य वर्ग के लोगों ने चुना नहीं है, तो मुस्लिम पर्सनल लॉ बोर्ड इन्हीं लोगों से क्यों बात करता है? मैं भी तो एक बड़े आन्दोलन का नेतृत्व करता हूं, लेकिन मुझसे तो कभी मुसलमान इस मुद्दे पर बात नहीं करते हैं। यदि दलितों से बात नहीं की जाएगी, तो वे संघ परिवार के पीछे तो हो ही जाएंगें। मुस्लिम समाज को समझना चाहिए कि ये लोग हिन्दू समाज के ठेकेदार नहीं हैं। दलितों को संघ परिवार न कभी माना था और न मान ही रहा है। मजबूरी एवं अचेतन अवस्था में जरूर ये समर्थक बन गए हैं। दुख तो इस बात का है कि मुसलमान भी इनसे बात नहीं करता और जब तक यह सिलसिला शुरू नहीं होगा, तब तक आगे चलकर इस मसले पर दलित अपना पक्ष रखने में सक्षम नहीं हो पाएगा।

इन चुनौतियों से निबटने के लिए मुसलमानों को भी संघ परिवार का चिट्ठा खोलना होगा, तभी इस देश की जनता को सच्चाई का बोध हो सकेगा। आम जनता का स्तर इतना नहीं होता कि वह स्वयं गहन ऐतिहासिक जानकारी करे, इसलिए उसे यह जानकारी देनी ही पड़ेगी। जो–जो लोग

संघ परिवार के दर्शन एवं जातिव्यवस्था से सदियों से शोषित और पीड़ित हैं, उनसे भी बात करनी पड़ेगी। इससे भी मुस्लिम समाज चुनौती का मुकाबला कर सकेगा। संघ परिवार तो चाहता ही है कि मुस्लिम समाज फसादों एवं धार्मिक मुद्दों में फंसा रहे, ताकि शिक्षा, रोजगार एवं अन्य बुनियादी बातों पर न सोच सके और न संघर्ष करे। मुसलमान समाज का नारा ही यह होकर रह जाए कि 'भाजपा हराओ' और 'भाजपा हराओ' और एवज में कुछ समाज के लिए न कहो और न मांगों। इससे एक तरफ तो भाजपा का फायदा होगा ही, दूसरी तरफ तथाकथित धर्मनिरपेक्ष पार्टियों को भी क्योंकि मुस्लिम वोट तो अपने आप ही मिल जाता है और उसके बदले में कुछ देना नहीं पड़ता। भाजपा हराओ का नारा ठीक है, लेकिन अपने लिए भी कुछ मांगों या प्राप्त करो, का भी तो नारा देना पड़ेगा। जब तक यह रवैया रहेगा, तथाकथित भाजपा विरोधी पार्टियां भी ऐसे माहौल को बनवाने में मदद करेंगीं या इन्तजार, ताकि मुफ्त में मुसलमानों का वोट उन्हें मिल जाए। इन गम्भीर चुनौतियों को मुसलमान समाज नजरन्दाज नहीं कर सकता। अगर वह सोचेगा, तो इसका हल निकल जाएगा। मुसलमानों को यह भी समझना चाहिए कि वह उस समाज से लड़ रहा है, जो खुद ही हजारों जातियों में बंटा हुआ है। जो समाज इतने टुकड़ों में बंटा हुआ है, उससे असुरक्षित महसूस करने की बात ही नहीं है बल्कि सभी धर्मों एंव समाजों के शोषितों एवं अच्छी सोच वालों को लामबन्द करके अपने देश का विकास किया जाए। विकास तभी होगा, जब बुनियादी समस्याएं राजनीति और सामाजिक गतिविधियों की केन्द्र बिन्दु होगीं।

---

10 सितम्बर, 03 राष्ट्रीय सहारा मुस्लिम समाज की चुनौतियां

43

बसपा जातीय या दलित आन्दोलन

माननीय कांशीराम ने अपनी सामाजिक और राजनैतिक शुरुआत पूना और महाराष्ट्र से की। महाराष्ट्र में ज्योतिबाफुले, शाहूजी महाराज और डॉ० अम्बेडकर का आन्दोलन का प्रभाव रहा है। कांशीराम के शुरूआती दौर में अम्बेडकरवादी ही साथ आए। महाराष्ट्र में थोड़ा–बहुत आधार बनने के बाद उत्तरी भारत में उन्होंने अम्बेडकरवादी झण्डे को गाड़ना शुरू किया। अम्बेडकरवाद वर्णव्यवस्था या जातीय उन्मूलन का पर्याय है। स्वाभाविक है कि यह आन्दोलन वर्णव्यवस्था की समाप्ति के लिए शुरू हुआ। धीरे–धीरे कांशीराम ने जाति को इस्तेमाल करने में महारत हासिल कर ली। तात्कालिक रूप से जबर्दस्त फायदा हुआ और अभी कुछ समय तक और हो भी सकता है।

अन्य पार्टियों की तुलना में बसपा इसलिए अलग है, क्योंकि यह राजनैतिक कम सामाजिक अधिक है। यह कहा जाए कि यह राजनैतिक पार्टी एवं सामाजिक संगठन का मिश्रण है, तो सटीक होगा। यही कारण है कि जब इसके नेता चाहते हैं, तो कहीं भी वोट स्थानान्तरित कर देते हैं। दलित यदि इनके साथ राजनैतिक रूप से जुड़े होते तो गैर सैद्धान्तिक समझौते का विरोध जरूर करते।

बसपा ने हमेशा उल्टा प्रचार का फायदा लिया है। शुरूआत में जब मीडिया ने इनका समाचार नहीं छापा, तो इन्होंने पत्रकारों को गाली देना शुरू किया। यह जानबूझकर कहना शुरू कर दिया कि यदि मनुवादी पत्रकार

उनकी सभा में हों तो चले जाएं, इससे पत्रकार खिसियाकर बसपा के खिलाफ लिखने लगे और यह प्रचार का एक अच्छा तरीका सिद्ध हुआ। दलितों के दिल पर मरहम लगाने के लिए उन्होंने सभाओं में जोर–जोर से कहना शुरू कर दिया कि यदि सवर्ण हों तो बाहर चले जाएं। इससे दलित संगठित होने लगे। ''तिलक, तराजू और तलवार, इनको मारो जूते चार'' के नारे ने भी दलितों को मनोवैज्ञानिक रूप से आकर्षित किया।

यह प्रयोग इन्होंने मीडिया पर ही नहीं, बल्कि अन्य क्षेत्रों में भी किया। 1989 के चुनाव के दौरान लखनऊ में कांशीराम जी ने प्रेस को सूचित किया कि बहुजन समाज पार्टी उ॰प्र॰ के सभी सीटों पर चुनाव लड़ेगी। पत्रकार चौंक गए और पूछा कि इनको सभी सीटों पर लड़ाने के लिए पैसा कहां से आएगा तो कांशीराम ने कहा कि दलित समाज के वरिष्ठ अधिकारियों से उन्होंने बात कर ली है। इन अधिकारियों ने चुनाव के खर्च का बोझ संभालने की जिम्मेदारी ले ली है। इसके बाद जब एक वरिष्ठ साथी ने पूछा कि जब यह सच नहीं है, तो उन्होंने ऐसा प्रेस को क्यों सूचित किया? कांशीराम ने कहा कि तुम समझते नहीं हो, जब सरकार को पता लगेगा तब इनके खिलाफ कार्यवाहियां शुरू होंगीं। अभी जो अधिकारी खाकर मोटे हो गए हैं और सहयोग मांगने जाओ तो कुतर्क करते हैं और शिक्षा देते हैं, सरकार की मार से बसपा की ओर भागेगें। वास्तव में हुआ यही कि तमाम अधिकारियों के विरूद्ध कार्यवाहियां शुरू हुई और धीरे–धीरे वे बसपाई हो गए। जब कल्याण सिंह मुख्यमंत्री बने तो उन्होंने चुन–चुनकर दलित अधिकारियों को प्रताड़ित किया और महत्त्वहीन पदों पर तैनाती की। इससे बसपा बहुत ही मजबूत हो गई। जो भी अधिकारी कर्मचारी पहले आधे मन से या नहीं भी बसपा से जुड़े थे, वे सभी कट्टर बसपाई हो गए।

राजा भइया के विरूद्ध मायावती ने जो कार्यवाही की उससे पार्टी को दोहरा लाभ मिलेगा। हालांकि इतने बड़े प्रदेश में सैकड़ों राजा भइया हैं, तो एक के विरूद्ध कार्यवाही करने से दलित उत्पीड़न पर असर पड़ने वाला नहीं है, लेकिन इस कदम से दलितों में यह संदेश गया कि यह उनकी सरकार है, तभी जाकर ऐसा हो सका। यह सांकेतिक और मनोवैज्ञानिक अधिक था। ग़ाजियाबाद, गोरखपुर या बलिया आदि सुदूर स्थानों के दलितों को इससे क्या मिलने वाला था, लेकिन सब खुश हो गए थे कि दलित मुख्यमंत्री ने एक

ठाकुर को सीधा कर दिया। अब दूसरी तरफ इसका फायदा बसपा को होने वाला है क्योंकि जिन लोगों के विरूद्ध मायावती ने बदले की कार्यवाही की है, वे सभी बसपा के कार्यकर्त्ताओं को मारेगें–पीटेंगें और इससे पार्टी का जनाधार सुरक्षित रहेगा। वास्तव में इस पार्टी की नीति एवं नीयत ही यही रही है कि जब तक इसके समर्थक पिटेगें नहीं, तब तक एक जुट नहीं होगें।?

शुरूआत के दौर में बसपा को दलितों–मुसलमानों एवं पिछड़ों सभी का सहयोग मिला। धीरे–धीरे इनके नेताओं ने इस आधार को एक विशेष जाति पर टिका दिया। जब बार–बार रैली और बैठकों में कहते रहेगें कि मैं इस जाति का हूं, तो जाति प्रधान देश में दूसरी जातियों के ऊपर क्या गुजरेगी। इसका दुष्परिणाम यह हुआ कि दूसरी दलित जातियां कम जुड़ी। गत् 14 अप्रैल को अम्बेडकर पाक्र लखनऊ में पर्दाफाश रैली में कांशीराम एवं मायावती दोनो ने अपनी जाति बताई। कांशीराम ने डॉ. अम्बेडकर को महार जाति का बताया, जबकि इसका कोई औचित्य ही नहीं था। महाराष्ट्र में कांशीराम की कई सभाओं में जबर्दस्त विरोध भी हो चुका है, जब उन्होंने महारों की आलोचना की। ऐसा कांशीराम इसलिए कहते हैं कि महार के विरूद्ध महाराष्ट्र के कुछ चमारों और मातंगों में मतभेद हैं। मायावती ने बार–बार बंगारू लक्ष्मण की जाति लोगों को बतायी, ताकि सभी दलित उनसे न जुड़ सकें। इन्होंने राम विलास पासवान सहित मेरे साथ भी ऐसा किया। इस तरह से उ॰प्र॰ में जिस विशेष जाति के ऊपर इनका आधार टिका हुआ है, उसको बार–बार निशाने पर फिट करते रहते हैं, ताकि वे किसी और पार्टी से न जुड़ सकें। यही कारण है कि जब सत्ता में भी आते हैं तो इस विशेष जाति के लोगों की खास मदद भी नहीं करते। इनकी समझ यह है कि यदि ये मजबूत हो गए, तो मायावती और कांशीराम के नेतृत्व को भी चुनौती दे सकते हैं।

राजनैतिक विश्लेषक इस बात को कम समझ पाते हैं कि आखिर जिसको ये चाहते हैं कैसे उसे अपनी पार्टी का वोट स्थानान्तरित करा देते हैं? जब राजनैतिक दृष्टि से लोग जुड़े ही न हों, तो राजनैतिक समर्थक क्यों राजनैतिक फैसला लेगें? यही बहुजन समाज पार्टी की सबसे बड़ी मजबूती है कि जो उनके नेता कह देते हैं, समर्थक वही करते हैं।

बसपा की सरकार बनने से मनोवैज्ञानिक संतुष्टि कहीं अधिक थी। सवा साल सरकार चली, कौन सा ऐसा काम हुआ जिससे कहा जा सकता

है कि यह सरकार दूसरी सरकारों से भिन्न है? अम्बेडकर गांव की योजना जरूर दूसरी सरकारों से भिन्न हो सकती है। इस योजना के तहत गांव तक सड़क की सुविधा, विद्युतीकरण एवं साफ–सफाई का काम होना था। इससे कोई रोजगार तो मिलने वाला नहीं था। आज जो भी दलित प्रगति कर पाए हैं, वह नौकरियों के माध्यम से ही सम्भव हुआ। व्यवसाय, उद्योग, जमीन, मीडिया, उच्चशिक्षा एवं कला इत्यादि में आज भी दलित कोई प्रगति नहीं कर पाए हैं। बजाय कि अम्बेडकर गांव का इतना हंगामा खड़ा करने के, व्यापक रूप से दलितों को कम्प्यूटर शिक्षा दी गई होती तो आगे चलकर औरों के साथ बराबरी कर सकते थे। छात्रवृत्ति इतनी कम है कि इससे खर्च नहीं पूरा हो सकता, उसमें बढ़ोत्तरी करके शिक्षा के प्रति दलितों में आकर्षण पैदा किया जा सकता था। पुराने छात्रावास रहने लायक नहीं हैं, कम से कम उनकी मरम्मत तो करा दी गई होती। हालांकि भारी मात्रा में छात्रावासों का निर्माण कराना चाहिए था। मेडिकल एवं इंजीनियरिंग कॉलेजों को स्थापित करके दलितोद्धार अधिक किया जा सकता था। इस सरकार से अधिक तो पूर्व की कुछ सरकारों ने दलितों को अधिक जमीनें वितरित की हैं। कल्याण सिंह ने लगभग दो लाख खाली पदों को खत्म कर दिया था और इस सरकार को इन पदों की बहाली करते हुए दलितों की भर्ती करनी चाहिए थी। पहले के खाली पद ही जब नहीं भरे जा सके, तो नई भर्तियों का प्रश्न ही कहां उठता है। विश्व विद्यालयों में जितने कुलपति पहले हुआ करते थे, उससे कम ही हुए होगें। उ०प्र० ही एक ऐसा राज्य है, जहां विश्व विद्यालय अनुदान आयोग द्वारा नेट पास किए छात्रों को प्राध्यापक का अवसर नहीं उपलब्ध है, जिन्होंने स्नातक में 50 प्रतिशत अंक नहीं प्राप्त किए भले ही वे स्नातकोत्तर एवं पी.एच.डी. में बेहतर कर गए हों। इसकी वजह से इन पदों पर भी भर्ती नहीं हो पाई। मायावती ने अनुसूचित जाति/जन जाति अत्याचार निवारण अधिनियम को निष्प्रभावी इस तरह से बना दिया कि जितना औरों ने नहीं। सरकारी आदेश के अनुसार हत्या और बलात्कार के अलावा इस अधिनियम का इस्तेमाल नहीं किया जा सकता, जबकि इन अपराधों पर भारतीय दंड संहिता के प्रावधान लागू होते हैं। जब कल्याण सिंह की सरकार ने आदेश किया कि इस अधिनियम के तहत एफ.आई.आर. दर्ज करने से पहले जांच होनी चाहिए, तब मायावती ने हंगामा खड़ा कर दिया। खुद ने तो एक तरह से इस अधिनियम को समाप्त ही कर दिया।

जब–जब मायावती मुख्यमंत्री बनीं अम्बेडकर उद्यान बनाने पर जोर रहा। निश्चित तौर से यह सराहनीय कार्य है। प्रधानमंत्री के बाद उ॰प्र॰ के मुख्यमंत्री का अधिकार क्षेत्र आता है और ऐसी जगह पर दलित मुख्यमंत्री बनकर एक या दो काम करके दलितों की भावनाओं को तुष्ट करने की कोशिश करें, तो इससे बड़ा दुर्भाग्य क्या हो सकता है? ऐसे काम तो तमाम समाज सेवी संस्थाएं भी करती हैं, मेहरौली में छत्तरपुर का मंदिर, गुजरात में अक्षरधाम आदि ऐसे ही काम हैं। यदि दलित इसी से खुश हों, तो उन्हें एक मुख्यमंत्री की ताक़त एवं अधिकार क्षेत्र का बोध नहीं है। तीन बार मुख्यमंत्री बनने पर भी यही गिने–चुने काम हों, तो ऐसे दलित हुक्मरान से कौन सा कायाकल्प होने वाला है।

सीधे तौर पर यह नहीं कहा जा सकता कि और सरकारें दलितों के मामले में इनसे बेहतर हो सकती हैं। सबसे अधिक नुकसान देश स्तर पर दलितों को हुआ, इस बात पर कि दूसरी पार्टियों और संगठनों ने यह मान लिया कि दलित जब बसपा को ही वोट देते हैं, तो इनकी बात को उठाने का फायदा ही क्या है? बसपा के आन्दोलन से सरकारी कर्मचारियों–अधिकारियों एवं न्यायपालिका आदि क्षेत्रों में दलितों का अहित करने की भावना पैदा हुई, जो कि पहले नहीं हुआ करती थी। मण्डल निर्णय की भी गाज दलितों पर ही गिरी। उसको जब तक दलित सह पाए कि बसपा से उपजे सवर्णों में बदले की भावना ने और भी दलितों का नुकसान कर डाला। प्रश्न यह उठता है कि क्या दलित आन्दोलन इस डर से न पैदा किया जाए कि दूसरे बदले की भावना रखेंगें। ऐसा नहीं है, बल्कि जिस बसपा के कारण तथाकथित सवर्णों ने दलितों को दबाने की कोशिश की उस पार्टी को दलितों के बुनियादी मुद्दे को उठाना चाहिए था, जैसे आरक्षण को लागू करवाना, जमीन सुधार, शिक्षा एवं रोजगार आदि की मांग। आज तक बहुजन समाज पार्टी की एक भी मांग दलितोद्धार के लिए नहीं उठी जबकि समय–समय पर विभिन्न अधिकारों को लेकर संघर्ष चलते रहने चाहिए थे। बसपा के नेताओं का कहना है कि हमारी सरकार बनेगी तो सब ठीक हो जाएगा। उ॰प्र॰ में तीन बार सरकार बनी कितना ठीक हो गया? यह सबके सामने है। कम्युनिस्ट पार्टी ऑफ इंडिया की स्थापना 1925 में हुई, लेकिन आज तक वह केन्द्र की सत्ता में नहीं आई, फिर भी उनके आन्दोलनों से गरीबों, महिलाओं और

उपेक्षित वर्ग के लोगों को बड़े अधिकार मिले जैसे—न्यूनतम मजदूरी, कर्मचारियों एवं किसानों के लिए तमाम सहूलियतें इत्यादि।

यदि यह सही दलित आन्दोलन होता, तो पार्टी के कार्यकर्त्ताओं एवं नेताओं में राजनैतिक समझ होती। वे बुनियादी समस्याओं के प्रति संघर्ष करते। भाजपा जैसी मनुवादी पार्टी से समझौता करने का प्रश्न ही नहीं उठता, पैर छूने की प्रथा भी न होती, कार्यकर्त्ताओं को सम्मान मिलता। आर्थिक नीति सहित विदेशनीति होती, घोषणापत्र होता, लोगों के हाथों में संविधान एवं कार्यक्रम की पुस्तकें होतीं, कांशीराम व मायावती के अलावा कोई दूसरा भी प्रेस वार्ता इत्यादि करता या पार्टी की तरफ से विभिन्न प्लेटफार्मों पर चर्चा में भाग लेते, महिला, सेवानिवृत्त, नवजवान, छात्र आदि मोर्चे होते। राजनैतिक पार्टी तो दूर की बात यह तो दलित आन्दोलन भी नहीं है, बल्कि इन लोगों ने इसे असुरक्षा के भय से जातीय आन्दोलन बना रखा है। जिस जाति पर दारोमदार टिका है, आज वह सबकी दुश्मन बन गई है। उस जाति को यदि गलतफ़हमी हो कि ये उसके शुभचिन्तक हैं, तो उन्हें समझ लेना चाहिए कि आज चारों तरफ उनके दुश्मन हैं, तो इन्हीं के कारण। अपने स्वार्थ में ये नेता इन्हें पिटवाने में ही लाभ समझते हैं।

18 सितम्बर, 03 हिन्दुस्तान बसपा जातीय या दलित आंदोलन

44

मुसलमान समाज परिवर्तन से सुरक्षित होगें

साम्प्रदायिक ताक़तों के लगातार दुष्प्रचार से ऐसा लगने लगा है कि मानो भारत में विशाल और ताक़तवर मुस्लिम समाज सुरक्षित नहीं है। तथाकथित हिन्दुओं की उच्च जाति की संख्या मुसलमानों से अधिक नहीं है। इनमें से अधिकांश संघ परिवार की विचारधारा से भी सहमत नहीं हैं, अर्थात् इनमें प्रगतिशील एवं उदासीन विचारधारा के सवर्णों की संख्या बहुमत में है। साम्प्रदायिक सवर्णों की संख्या मुसलमानों से कम है, फिर भी असुरक्षा की भावना क्यों और कैसे? इतिहास गवाह है कि इन मनुवादियों ने दलितों को गुलाम और नीच बनाकर हजारों वर्षों तक रखा। आज भी दलितों के प्रति इनके दृष्टिकोण में बहुत परिवर्तन नहीं है, यह अलग बात है कि प्रजातान्त्रिक प्रणाली में मनमाने ढंग से शोषण और व्यवहार नहीं कर सकते।

गुलाम के प्रति नीयत हमेशा वैसी रहती है। धर्म के सहारे सत्ता पाने के लिए मुसलमानों के प्रति घृणा और नफरत पैदा करना मजबूरी है। इन्हीं तथाकथित सवर्णों ने मुसलमानों से हर तरह के रिश्ते कायम किए। जहां तक खाने–पीने और साथ–साथ रहने के सामाजिक निर्वाह की बात है, वहां एक लम्बे अर्से तक और आज भी मुसलमानों से उतना भेदभाव नहीं है। सत्ता लेने के लिए इनके प्रति नफरत भी पैदा कर दी गई है, तो दुश्मन तो बराबरी की श्रेणी में आ ही जाते हैं। यदि दुश्मन दोस्त न बन सके, तो कम से कम बराबरी

के दर्जे का है ही। यदि मुसलमान भी आचरण और विचारों में गैरमनुवादी हिन्दू और दलितों के प्रति दोस्ताना और मुहब्बती हाथ बढ़ाएं, तो उनका पलड़ा भारी हो सकता है। अनुसूचित जाति/जन जाति संगठनों का अखिल भारतीय परिसंघ एवं इंडियन जस्टिस पार्टी द्वारा यह काम दलित–मुस्लिम भोज सहित अन्य कार्यक्रमों के माध्यम से किया जा रहा है।

साम्प्रदायिक ताकतें मुसलमानों को मक्का और मदीना का होने का बताती रहती हैं, जबकि मुसलमानों के पास इसका जवाब है, लेकिन देते नहीं। वैज्ञानिक अनुसंधान ने यह सिद्ध कर दिया है कि इस देश के ब्राह्मणों एवं यूरोप के लोगों के जीन (खून) में समानता है। आज तक कोई सिद्ध नहीं कर सका कि आम मुसलमान ईरान और ईराक के लोगों से मिलता–जुलता है। जब कभी ऐसे मौके आएं, तो मुसलमानों को यह सच्चाई रख देनी चाहिए। यह काम धर्मनिरपेक्ष एवं मुसलमानों के सहानुभूति कर्त्ताओं का बाद में बनता है, पहले तो यह जिम्मेदारी खुद मुसलमानों की है। इसकी चर्चा यदि जलसों में न हो सके, तो कम से कम लगातार बहस के जरिए यह सिद्ध किया जा सकता है कि मुसलमान विदेश से तो नहीं आए, लेकिन तथाकथित कुछ सवर्ण जरूर आए। संघ परिवार बार–बार प्रचार करता है कि मुसलमानों से हिन्दुओं को खतरा है, तो क्या मुसलमान जवाब दे पाए कि भारत की आजादी के वक्त उनकी भागीदारी सरकार, जमीन, सत्ता में जितनी थी, वह घटकर 10 फीसदी से भी कम हो गई। मुसलमानों के पुश्तैनी उद्योगों पर भी बनियों और सवर्णों ने कब्जा कर लिया। न्यायपालिका एवं मीडिया इत्यादि में वर्चस्व सवर्णों का ही है। जनसंख्या सर्वेक्षणों ने भी ऐसी पुष्टि नहीं की कि मुसलमानों की आबादी में कोई परिवर्तन आया हो। क्या मुसलमान आम हिन्दुओं को यह समझा पाए कि खतरा मुसलमानों से हिन्दुओं को नहीं है, बल्कि उनके ही भागीदारी और तरक्की में फक्र पड़ा है?

साम्प्रदायिक ताक़तें कहती हैं कि मुसलमानों ने तलवार की नोक पर धर्म बदलवाया। यह गलत प्रचार है क्योंकि केरल और अन्य स्थानों पर जहां मुसलमानों की संख्या बढ़ी है, वह 20वीं सदी में ही हुई है। जब दलितों को मन्दिर, कुएं, तालाब आदि स्थान वर्जित थे, तो इस्लाम ने उनको मुहब्बत बख्शते हुए पनाह दी। इसमें मुसलमानों का क्या दोष? अशोक सिंहल ने कहा कि मुसलमान शासकों ने दलित और अछूत बनाए। थोड़ी देर के लिए मान

लिया जाए कि यह सच है, तो क्यों नहीं संघ परिवार दलितों के साथ रोटी और बेटी का सम्बन्ध करके मुसलमान शासकों का कलंक मिटा देता? यदि धर्मांतरण की चिन्ता है, तो पहले हिन्दू धर्म की आत्मा–जात–पांत को मिटा दें, तब अपने आप धर्मांतरण रुक जाएगा। मुसलमान इस सच्चाई को भी बताने से चूक गए कि दलितों की अस्मत की लूट, आरक्षण की समाप्ति, जमीनों पर कब्जा, घर जलाना, छुआछूत आदि साम्प्रदायिक ताक़तों के अलावा कौन कर रहा है? जिन्हें ये हिन्दू कहते हैं, उनके साथ कैसा व्यवहार?

पैगम्बर साहेब ने कहा था कि इल्म के लिए चीन जाना पड़े तो जाना चाहिए, लेकिन बगल के स्कूल में भी अपने बच्चों को पढ़ाने की प्रवृत्ति मुसलमानों में नहीं के बराबर है। शिक्षा के बिना आज की दुनिया में कोई भी कौम तरक्की नहीं कर सकती। एक समय दलित इनसे कितना पीछे थे, लेकिन शिक्षित–संगठित होकर बेहतर हो गए हैं। क्या मुसलमान आज तक अपने अधिकारों को बचा सके। इन्होंने शिक्षा पर ध्यान नहीं दिया, पुश्तैनी व्यवसाय भी हाथ से जाता रहा, आरक्षण की भी मांग ये नहीं कर सके। 27 प्रतिशत आरक्षण मण्डल के तहत पिछड़े वर्ग के हिन्दुओं और मुसलमानों दोनो को दिया गया, लेकिन इसका फायदा मुसलमानों को नहीं मिल पा रहा है। क्या वे इसकी आवाज उठाएंगें, जो इसको हड़प रहे हैं या संघ परिवार के लोग चिन्तित होगें कि मुसलमानों का हक छीना जा रहा है। अभी तक कहीं से भी मुसलमानों की ओर से कोई आवाज नहीं उठी कि इस 27 प्रतिशत में से उनका साढ़े आठ प्रतिशत अलग कर दिया जाए। संविधान की धारा 341 दलित मुसलमानों को आरक्षण से वंचित करती है, लेकिन दलित बौद्धों और सिक्खों को नहीं, जबकि 1935 से 1950 तक यह सुविधा मिलती रही। क्या मुसलमानों ने कभी आन्दोलन चलाया कि यह प्रतिबन्ध हटना चाहिए। दिल्ली के आगामी विधान सभा चुनाव में इंडियन जस्टिस पार्टी इन मुद्दों के अलावा मुसलमानों की पुलिस, पैरामिलिट्री फोर्सेस आदि में आरक्षण की मांग उठाने जा रही है। देखना है कि इस मांग के प्रति मुस्लिम समाज कितना सहयोग देता है। इसके लिए औरों को दोष क्यों दें? दर्द जिसका है, दवा भी उसे ही करना है। क्या मुसलमान संघ परिवार से उम्मीद करते हैं कि वे इस मांग को उठाएंगें? ईराक पर अमरीकी हमले के बाद तो बात समझ में आ जानी चहिए कि शिक्षा की ताक़त क्या है। जिहादी और आत्मघाती दस्ते शिक्षा,

विज्ञान एवं तकनीक के सामने काम न आ पाए। विज्ञान की दुनिया में शिक्षा की ही जीत है, न कि आबादी और तलवार की। गुजरात की समस्या पर मुस्लिम देश चुप रहे, जबकि शिक्षा एवं ज्ञान की वजह से यूरोपीय देशों ने भारत पर आर्थिक पाबन्दी की धमकी देकर दबाव बनाया और इसका भारी असर पड़ा। हमारे राष्ट्रीय अखबारों में मीडिया ने जबर्दस्त भूमिका निभाई, शिक्षा के कारण ही। ध्यान रहे कि यह भूमिका उस वर्ग के पत्रकारों ने निभाई, जो तथाकथित सवर्ण समाज से हैं और इसके लिए उनकी भूरि–भूरि प्रशंसा की जानी चाहिए। मुसलमान समाज में कुछ ऐसे हैं, जो इस्लामी शिक्षा को ही सबकुछ समझते हैं और इससे आधुनिक शिक्षा से यह समाज वंचित हो रहा है। इस्लामी शिक्षा के अलावा आधुनिक शिक्षा को ही प्राप्त करना जरूरी है। क्या इसमें भी साम्प्रदायिक ताक़तो का दोष है?

साम्प्रदायिक ताक़तें जान–बूझकर कभी अयोध्या का मुद्दा खड़ा कर देती हैं, तो कभी गुजरात का, ताकि मुसलमान भावुक बना रहे। उसे अपनी बुनियादी समस्याओं का होश ही न रहे। जब चुनाव आएं, तो ''भाजपा हराओ–भाजपा हराओ'' ही इनकी मांग हो, न कि बुनियादी मुद्दे जैसे–रोजगार, आरक्षण, शिक्षा, जमीन आदि। इससे अच्छा संघ परिवार के लिए क्या हो सकता कि मुसलमान सामाजिक, शैक्षणिक एवं आर्थिक रूप से अपनी सोच की वजह से ही कमजोर हो रहे हैं। कांग्रेस की हुकूमत में ही उ॰प्र॰ के जिलों जैसे–मुरादाबाद, मेरठ, अलीगढ़, इलाहाबाद, कानपुर आदि में हिन्दू–मुसलमान झगड़े हुए। कांग्रेस के ही शासनकाल में प्रत्येक क्षेत्र में मुसलमान पिछड़े हैं। आखिर आजादी से लेकर भाजपा के राज के पहले इन्हीं का शासन रहा है। 1980 के बाद जब से दलित आन्दोलन उत्तरी भारत में मजबूत हुआ, धीरे–धीरे हिन्दू–मुसलमान दंगे नहीं के बराबर हो गए। लम्बे अर्से तक उ॰प्र॰ में भाजपा की सरकार रही तो भी मुसलमानों का कुछ नहीं बिगाड़ सके। मनुवादी खुद तो लड़ते नहीं और इस काम के लिए दलित और पिछड़ों को वे इस्तेमाल करते हैं। पिछले वर्ष फसाद के लिए जब जमीन उत्तरी भारत में नहीं मिली, तो संघपरिवार को गुजरात में कराना पड़ा। मुसलमानों के दोस्त दलित बन जाएं, जैसा काफी हद तक उत्तरी भारत में हुआ है, तो सत्ता भाजपा की आए या किसी अन्य की, मुसलमानों को कोई खतरा नहीं है। सबक लेने के लिए इससे अच्छा कोई उदाहरण हो ही नहीं सकता, इसलिए केवल मुसलमानों

को 'भाजपा हराओ' में वक्त न बर्बाद करके, दलित और पिछड़ों का दोस्त बनना चाहिए, सुरक्षा की समस्या इन्हें नहीं साम्प्रदायिक ताक़तों के लिए पैदा हो जाएगी। सामाजिक परिवर्तन से मुसलमान की असली सुरक्षा सम्भव है। यदि कोई मुसलमान भाजपा या राजग में है, तो इसका मतलब यह नहीं कि सभी मुसलमान धोखेबाज हैं। बसपा के कारण सभी दलितों को दोष नहीं दिया जा सकता। किसी व्यक्ति या नेता के कारण उसका पूरा समाज का स्वरूप एवं चरित्र नहीं बदल जाता, इसलिए दलित और मुस्लिम की एकता स्वाभाविक है, क्योंकि दोनो की सामाजिक, आर्थिक एवं राजनैतिक समस्या लगभग एक जैसी है।

मुसलमान समाज कभी बहुजन समाज पार्टी को दोषी कहता है, कभी कांग्रेस को तो कभी समाजवादी पार्टी को और अब हमसे भी ऐसे प्रश्न करने लगे हैं। इंडियन जस्टिस पार्टी की ओर से 6 सितम्बर को प्यारे लाल भवन, नई दिल्ली में एक सम्मेलन आयोजित किया गया, जिसमें मुसलमान समाज के तमाम नेताओं ने यही प्रश्न किया कि क्या गारण्टी है कि हम ऐसा नहीं करेगें? इस प्रश्न के उत्तर में मैंने कहा गारण्टी जुबान से नहीं कार्यों से ही सम्भव है। हमने आगे कहा कि गारण्टी इस समाज को अधिकार एवं सुरक्षा दिलाने के लिए संघर्ष की देते हैं। जो भी पार्टी इन मुद्दों पर चुनाव लड़े, मुस्लिम समाज को उसे सहयोग देना चाहिए। इस तरह से कोई चाहकर भी धोखा नही दे सकता, क्योंकि जब तक अधिकार एवं हक की बात उठाए तब तक समर्थन ले, नहीं तो जाए। यह प्रश्न ही बहुत भोलेपन का है। जांच–पड़ताल एवं सावधानी से ही समर्थन देना चाहिए, लेकिन उससे भी बड़ी बात है कि जब मुसलमान अपने लिए कुछ मांगते ही नहीं, तो कौन इनको कुछ देगा? 'भाजपा हराओ' की मांग रखते हैं, सो कभी कांग्रेस, तो कभी और पार्टियां पूरा करती रहती हैं। इसमें किसका दोष? भाजपा हराओ के चक्कर में मुफ्त में जब मुसलमानों का वोट पड़ता है, तब कोई भी मजे से इसका लाभ लेना पसन्द करेगा। अभी तक धारा 341 में परिवर्तन, मण्डल के कोटे से साढ़े आठ प्रतिशत का आरक्षण मुसलमानों के लिए अलग से निकालने की बात, पुलिस एवं पैरामिलिट्री फोर्सेस में आरक्षण की बात किसी भी स्थापित पार्टी ने नहीं की है। इंडियन जस्टिस पार्टी आगामी चुनावों में इस मुद्दे को उठाएगी। जुबान या कसम की गारण्टी राजनीति के क्षेत्र में लेना समझदार का काम

नहीं है, क्योंकि राजनीतिक पार्टियां अपनी सुविधानुसार एजेण्डे को तय करती हैं। भाजपा और बसपा का जब गठजोड़ टूटा तो भाजपा को मुलायम सिंह ने याद दिलाया कि उन्हीं के कारण सोनिया गांधी प्रधानमंत्री बनने से वंचित हुई, यदि वे ऐसा न किए होते तो आज राजग की सरकार केन्द्र में न होती। मुसलमानों को अपने अधिकार और भागीदारी की गारण्टी के साथ–साथ भाजपा हराओ मुहिम चलाना चाहिए, तभी जाकर इस समाज का उद्धार हो सकता है। धार्मिक मसलों पर लाखों की संख्या में मुसलमान इकट्ठा हो जाते हैं, वह अच्छी बात है, लेकिन बुनियादी समस्याओं जैसे आरक्षण, उत्पीड़न और अधिकार आदि पर इन्हें इकट्ठा होना चाहिए। कई बार मां भी बच्चे को दूध तभी पिलाती है, जब वह रोता है, इसलिए अधिकार की मांग उसी को करनी है, जिसे चाहिए। दलितों पर जब अत्याचार हो तो मुसलमानों को भी आगे आना चाहिए, जैसा कि वे मुसलमानों के साथ करते हैं। दलितों और मुसलमानों दोनों को एक होने की जरूरत है। दलितों एवं मुसलमानों दोनों की सुरक्षा इसी से सम्भव है और इसके अलावा कोई अन्य तरीका नहीं है। जिसे आज मानना हो, मान जाए अन्यथा आने वाले समय में इस सच्चाई को मानना ही होगा।

---

27 सितम्बर, 03 राष्ट्रीय सहारा मुसलमान समाज का सच

45

मुसलमानों को आरक्षण क्यों नहीं?

आजादी के समय मुसलमानों की भागीदारी लगभग सभी क्षेत्रों में उचित थी। सरकारी सेवाओं में तो 30 प्रतिशत से अधिक की भागीदारी थी। जमीन का मालिकाना हक भी पुश्तैनी रूप से इनके पास रहा। कुछ उद्योग धन्धों पर इनका आधिपत्य था। कांग्रेस का चेहरा शुरू में धर्मनिरपेक्षवादी होने के कारण मुसलमानों ने समर्थन दिया और व्यापक स्तर पर आज भी मिल रहा है। कांग्रेस की हुकूमत जब केन्द्र और उत्तरी भारत के सभी राज्यों में थी, तब उ०प्र० में सबसे ज्यादा दंगे हुए। दंगों के कारण कांग्रेस को लाभ इसलिए मिला कि संघ परिवार का खतरा इन्हें दिखाया जाता रहा। ऐसे में अगर कांग्रेस किसी अधिकार को देने की स्थिति में होती है या मांग करती है, तो उसे मुसलमानों के सहयोग को भुला नहीं देना चाहिए, जैसा कि कांग्रेस नेता अशोक गहलोत ने किया।

देखते ही देखते मुसलमानों की माली हालत खराब होती गयी और आज यह दशा हो गयी है कि इनकी भागीदारी सरकारी नौकरियों में घटकर 2 प्रतिशत से भी कम हो गयी। भाजपा की सरकार 5–6 साल से ही केन्द्र में है और मुसलमानों की दुर्दशा उसके पहले ही हो चुकी थी, तो यह बात स्पष्ट हो जाती है कि इसके लिए कांग्रेस ही जिम्मेदार है। कांग्रेस के मुख्यमंत्री अशोक गहलोत ने गरीब सवर्णों को आरक्षण की सिफारिश तो कर डाली, लेकिन अपने स्थाई जनाधार–मुसलमानों को भूल गए। कांग्रेस को मुसलमानों को आरक्षण देने की सिफारिश इसलिए नहीं करनी चाहिए कि

मुस्लिम वोट इसका आधार है, बल्कि इस आधार पर मांग करनी चाहिए कि इस समाज को आरक्षण की निहायत जरूरत है।

संवैधानिक स्थिति के अनुसार गरीब सवर्णों को आरक्षण नहीं दिया जा सकता, क्योंकि संविधान निर्माताओं ने यह व्यवस्था शैक्षिक और सामाजिक भेदभाव और पिछड़ेपन के कारण की थी। दूसरे समाज के लोगों की अपेक्षा गरीब सवर्ण न तो शैक्षिक रूप से पीछे हैं और न ही सामाजिक भेदभाव के शिकार हैं। प्रश्न यह उठता है कि कांग्रेस द्वारा निजीकरण और उदारीकरण की नीति को जब वर्तमान भाजपा सरकार और तेज कर चुकी हो तो ऐसी परिस्थिति में नौकरियों के साधन अब सीमित हो गए हैं। केन्द्रीय बजट में प्रावधान है कि प्रत्येक वर्ष 10 प्रतिशत सरकारी नौकरियों में कटौती की जाए और तमाम क्षेत्रों में स्वैच्छिक सेवानिवृत्ति के द्वारा भी सरकारी कर्मचारियों की संख्या कम करने की मुहिम चल रही है तो ऐसे में आरक्षण मिल भी जाए तो गरीब सवर्णों को कितना भला होने वाला है? वास्तव में इसके पीछे केवल राजनैतिक लाभ उठाना ही मकसद है, न कि सवर्णों का भला करना। इससे मानसिक रूप से सवर्ण अपने विकास के लिए आश्वस्त हो जाएंगें, चाहे वास्तविक रूप में कुछ न मिले। गरीब सवर्णों को लाभ मिलेगा, इसको सुनिश्चित करना बेहद टेढ़ी खीर है। प्रशासनिक भ्रष्टाचार को मिटाना लगभग असम्भव है, इसलिए गरीबों की बजाय मध्यम एवं उच्च आय वर्ग के सवर्णों को पहले ही गरीबी का प्रमाण–पत्र मिल जाएगा और इसका लाभ वे उठा लेगें, जबकि गरीब सवर्ण चक्कर ही लगाते रह जाएंगें। कांग्रेस ने किस मापदण्ड से गरीब सवर्णों के आरक्षण की मांग की है? वर्तमान में 3600 आई.ए.एस. पदों में लगभग 2600 ब्राह्मण हैं। क्या कांग्रेस व भाजपा सवर्णों की भागीदारी सुनिश्चित करने जा रहीं हैं या आर्थिक उत्थान करने? भागीदारी सुनिश्चित करने का प्रश्न इसलिए नहीं उठता क्योंकि उपरोक्त आकड़े बताते हैं कि दूसरों की भागीदारी होना जरूरी है, न कि इनकी। जहां तक गरीबी दूर करने का सवाल है, वह तो आरक्षण से असंभव है। पहला, नौकरियां बड़ी सीमित हैं, इससे आर्थिक उत्थान होने का प्रश्न ही नहीं उठता। दूसरा यह कि इसके द्वारा उन कारणों को निबटाने के लिए कोई उपाय नहीं सुझाए गए हैं, जिनके कारण सवर्णों में गरीबी आयी।

गरीबी दूर करने के लिए औद्योगीकरण, मशीनीकरण, कुटीर उद्योगों को बढ़ावा, कृषि क्षेत्र को विकसित करना आदि उपायों से ही बहुमत को रोजगार मिल सकता है। यदि कृषि क्षेत्र का विकास हुआ होता, रोजगार के अन्य साधन ठीक ढंग से विकसित किए गए होते, तो रोजगार के साधनों में कमी न आती। भले ही सवर्णों को मानसिक सांत्वना मिले, लेकिन उनका भला इन कारणों को दूर करने से ही हो पाएगा। सवर्णों को ही नहीं, बल्कि सभी देशवासियों को इन अवरोधों को मिटाने की कोशिश करनी चाहिए।

आश्चर्य की बात है कि मुस्लिम समाज से कोई आवाज नहीं निकली कि आखिर आरक्षण उन्हें देने की बात कांग्रेस ने क्यों नहीं की? यह समाज ऐसा है, कि ऐसे मुद्दों के ऊपर खुद संघर्ष करने की बजाय शायद दूसरों से उम्मीद करता है कि वे उसके लिए लड़ें या अपने आप अधिकार मिल जाए। अनुसूचित जाति/जन जाति संगठनों का अखिल भारतीय परिसंघ एवं इंडियन जस्टिस पार्टी की ओर से एक नया आन्दोलन छेड़ा जा चुका है कि मुसलमानों को कम से कम संवैधानिक अधिकार तो दिए जाएं। मण्डल कमीशन के तहत 27 प्रतिशत का आरक्षण मिला, उसमें 8.5 प्रतिशत आरक्षण मुसलमानों का था, लेकिन इसका फायदा मुसलमानों के स्थान पर दूसरे उठा रहे हैं। इसमें संघ परिवार का तो दोष नहीं है और न ही लाभार्थियों का कि वे इस मुद्दे को क्यों नहीं उठा रहे हैं? इस लाभ को लेने के लिए मुसलमानों को बहुत ज्यादा संघर्ष करने की भी जरूरत नहीं है, क्योंकि संवैधानिक औपचारिकताएं वी.पी. सिंह की सरकार द्वारा पूरी की जा चुकी हैं। केवल इन्हें यही कहना है कि इनका 8.5 प्रतिशत हिस्सा अलग कर दिया जाए, तो अपने आप इनको लाभ मिलने लगेगा। गत् तीन वर्षों के सिविल सर्विसेज के आकड़े देखे जाएं तो उसके अनुसार मुसलमानों को 30 पद मिलते हैं, लेकिन खबरों के अनुसार मात्र 2 ही पद इनके हिस्से में गए। भारत अभावों और गरीबों का देश है, इसलिए कोई वर्ग स्वतः तो दूसरों का हक लौटाएगा नहीं। दलित बौद्धों एवं सिक्खों को आरक्षण का लाभ मिल रहा है, लेकिन दलित मुसलमानों को क्यों नहीं? सन् 1935 से लेकर 1950 तक यह सुविधा दलित मुसलमानों को मिलती रही, लेकिन उसके बाद बन्द हो गयी। मुस्लिम समाज

ने कभी गम्भीरता से इस पर कोई जोरदार आवाज नहीं उठायी। तमाम क्षेत्रों में भागीदारी घटी है, उसके लिए ये संघर्ष नहीं कर रहे हैं। शैक्षिक रूप से भी ये पिछड़ गए हैं और उसके लिए भी कोई संघर्ष दिख नहीं रहा है।

प्रश्न यह उठता है कि इतनी बड़ी संख्या के लोगों को देश के तमाम क्षेत्रों से दूर रखकर कैसे सामाजिक संतुलन बनाया जा सकता है? देश, परिवार का एक बड़ा रूप होता है और जिस तरह परिवार का एक भी सदस्य सकुशल न हो तो उससे परिवार में दुख का वातावरण रहता है। यही सच्चाई देश के लिए लागू होती है। अतः मुसलमानों को विभिन्न क्षेत्रों में भागीदारी देते हुए इस असंतुलन को समय रहते सही कर लेना चाहिए। भारत पहले से ही इसी सामाजिक असंतुलन के कारण भारी कीमत अदा कर चुका है, लेकिन यदि यही स्थिति आगे बनी रही, तो देश की सकुशलता को बनाए रखना मुश्किल होगा। मुसलमानों को उन तमाम लोगों से बात करनी चाहिए, जो प्रगतिशील और राष्ट्रप्रेमी हैं कि उन्हें जो अधिकार मिलने चाहिए थे, क्यों नहीं दिये जा रहे हैं? वे खुद ही इतनी अच्छी संख्या में हैं कि अपनी आवाज बुलन्द करने के लिए दूसरों के सहयोग की जरूरत नहीं चाहेंगें। हालांकि सहयोग मांगना चाहिए और ऐसा नहीं है कि नहीं मिलेगा, क्योंकि गुजरात के दंगे में देश के सभी वर्गों ने ईमानदारी से साथ दिया था। जैसे सवर्णों ने चुनाव के अवसर पर अपनी मांग को उठाकर अच्छा दबाव बना दिया है, उसी तरह से इन्हें भी शीघ्र संघर्ष छेड़ देना चाहिए।

---

07 नवम्बर, 03 दैनिक भास्कर क्या मुसलमानों को आरक्षण दिया जाए

एवं

10 नवम्बर, 03 नवभारत टाइम्स मुसलमानों को आरक्षण क्यों नहीं

46

जोगी-बंगारू बनाम जूदेव-जॉर्ज

सदियों की हमारी परंपरा रही है कि कानून एवं नियम गरीब पर ही लागू होते रहे हैं। अंग्रेजी हुकूमत के समय पाश्चात्य देशों का कानून एवं न्याय व्यवस्था हमने ली, परन्तु सरकारी क्षेत्र में, न कि सामाजिक। अंग्रेजी हुकूमत ने तमाम उन सामाजिक कानूनों को भी तोड़ा, जिसमें ब्राह्मण द्वारा दलितों की हत्या का दंड था ही नहीं या था तो बहुत ही मामूली। इन्होंने कई सामाजिक नियम जैसे—सती प्रथा एवं बाल विवाह की समाप्ति आदि को यूरोप के लाए गए न्याय संहिता के मापदण्ड के अन्दर कस दिया। कोई भी सरकार सभी धार्मिक एवं सामाजिक नियमों एवं परंपराओं को सरकारी कानून का रूप नहीं दे सकती। अतः तमाम नियम और कानून सामाजिक एवं धार्मिक व्यवस्था के पास ही होते हैं।

प्राचीन काल में शम्बूक ने शूद्र होकर पूजा की, तो उसकी गर्दन काट दी गयी। शायद उस समय के राज्य के कानून ने भी इसका समर्थन किया हो। यदि राज्य के कानून का आशीर्वाद न होता तो कम से कम सामाजिक एवं धार्मिक परंपरा का निर्वाह तो हुआ ही था। समाज ने उस समय इसे गलत नहीं माना। एकलव्य शूद्र होते हुए प्रकाण्ड धनुर्धर क्यों हुआ, यह उसकी सबसे बड़ी गलती थी। भले ही राज्य के कानून ने उसको ऐसा करने से मना न किया हो, लेकिन सामाजिक व धार्मिक नियमों व कानूनों के अनुसार यह एक महा अपराध था, जिसकी भरपाई उसने अपना अंगूठा

कटवा कर की। ऐसे लोग भी महान हुए हैं, जिन्होंने अपनी औरत को भी जुआ में खेला। अतः यह भी सामाजिक और धार्मिक परंपराओं के प्रतिकूल नहीं था, अगर होता तो ऐसा करने वालों को पुरस्कृत न किया जाता।

दुनिया के लगभग सभी मुल्क में गरीबों एवं अमीरों के लिए अलग–अलग कानून रहे हैं और इससे पाश्चात्य देश भी अछूते नहीं रहे। जब जनतंत्र आया तब इस असमानता को समाप्त कर दिया गया। हमारे देश ने जब जनतंत्र प्रणाली स्वीकार की, तब कानून की नज़रों में सब समान हो गए। भले ही व्यवहारिक रूप से भिन्नता रही हो, लेकिन सैद्धान्तिक रूप से ऐसा कुछ नहीं।

तहलका काण्ड में तमाम लोग कथित रूप से भ्रष्टाचार में लिप्त दिखाए गए। जॉर्ज फर्नांडीज, जया जेटली एवं बंगारू लक्ष्मण आदि इसमें शामिल थे। जॉर्ज फर्नांडीज उस समय रक्षामंत्री थे, लेकिन राजग ने इस्तीफा देने के लिए उन पर दबाव नहीं बनाया। जब विपक्ष बहुत ही आक्रामक होने लगा, तभी उन्हें रक्षा मंत्रालय से इस्तीफा देना पड़ा। ज्ञात रहे कि जॉर्ज फर्नांडीज एक सरकारी पद पर थे और इस काण्ड का संबंध उनके मंत्रालय से ही था। सबसे पहले इस्तीफा देने के लिए भाजपा सहित तमाम सहयोगियों को उन्हीं पर दबाव बनाना चाहिए था। बंगारू लक्ष्मण भाजपा के अध्यक्ष थे और वे कभी–कभी दलितों के बारे में भी बोल जाते थे। इस गलती का खामियाजा तो उन्हें भुगतना ही था, इंतजार था तो समय का। भाजपा जैसी पार्टी का अध्यक्ष यदि चंदा लेते हुए दिखाया भी जाए, तो बहुत अप्रत्याशित बात नहीं है। पार्टी के अध्यक्ष का पद सरकारी है भी नहीं। अतः ये उस नियम और कानून के तहत नहीं आते, जिसमें मंत्री या सरकारी पद पर कोई होते हुए करे। समय नहीं लगा बंगारू लक्ष्मण को इस्तीफा देना पड़ा। मान लिया जाए कि जन आक्रोश को देखते हुए इस्तीफा ले लिया गया, लेकिन उसके बाद जॉर्ज फर्नांडीज एवं जया जेटली को उतना ही महत्त्वपूर्ण स्थान मिला, लेकिन बंगारू सदा के लिए शूद्र होकर रह गए। हालांकि यहां पर राज्य का कानून लागू होता है, लेकिन परोक्ष रूप से हिन्दू समाज के ही नियम और परंपरा की विजय हुई।

जूदेव मंत्री होते हुए स्पष्ट रूप से रूपया लेते हुए कैमरे में दिखाए गए। उन्होंने स्वीकार भी किया। राजनैतिक दृष्टि से उन्होंने पद से इस्तीफा तो दे

दिया, लेकिन भाजपा के नेता और देश के उप प्रधानमंत्री श्री लाल कृष्ण आडवाणी ने पुरस्कृत करते हुए कहा कि जूदेव अब पार्टी के स्टार प्रचारक होगें। आर.एस.एस. ने कोई ऐसा बयान नहीं दिया कि उनका छात्र फेल हो गया, जैसा कि बंगारू लक्ष्मण के मामले में कहा। समय का दुरूपयोग न करते हुए घटना के तुरन्त बाद ही बंगारू लक्ष्मण को आर.एस.एस. ने कहा कि उनका छात्र फेल हो गया। इस भेदभाव को चुनौती अदालत में भी नहीं दी जा सकती, क्योंकि इसका आधार सामाजिक है। जब जूदेव मामले में फंसे तो आर.एस.एस. को मजबूर तो किया नहीं जा सकता कि जैसा रूख बंगारू के मामले में लिया वैसा ही इस समय भी होना चाहिए।

भाजपा के लिए तो खुले रूप से दलित मानते हैं कि यह यथास्थितिवादी पार्टी है अर्थात् पुरानी परंपराओं को और मजबूत करना चाहती है। आश्चर्य तो तब हुआ, जब कांग्रेस ने अजीत जोगी को मिनटों में निकाल कर बाहर फेंक दिया। आरोप यह लगाया गया कि इन्होंने भाजपा के विधायकों को तोड़ने के लिए रूपये की पेशकश की। शीघ्र ही जोगी ने स्पष्टीकरण किया कि टेप में उनकी आवाज नहीं है, लेकिन कांग्रेस ने इतना भी इंतजार नहीं किया कि उनसे बात कर ले। ऐसे संकट में जब विपक्ष की सरकार बनने जा रही हो और अपने एक बहुत पुराने नेता को पार्टी से निलंबित करते हुए उनके हवाले छोड़ दे, ताकि वे किसी भी हद तक जोगी के साथ बर्ताव कर सकें। भाजपा से भी कहीं आगे कांग्रेस निकल गयी, क्योंकि जोगी से सोनिया गांधी मिलीं तक नहीं। लम्हों में वर्षों के नेता का लगाव और पार्टी के संबंध को बिल्कुल नकार दिया गया। ऐसा अर्थ नहीं लगाया जाना चाहिए कि किसी तरीके से जोगी का पक्ष लिया जा रहा है, बल्कि जूदेव टेप के प्रथम दृश्य में ही आम आदमी क्या राय बनाएगा, शायद सभी जान सकते हैं। जोगी के मामले में ऐसा था भी नहीं। कांग्रेस जरूर उदारवादी चेहरा लिए हुए है, लेकिन उपरोक्त तथ्य से चीजें स्पष्ट हो जाती हैं। आजादी के बाद से जब तक कांग्रेस देश की केन्द्रीय हुकूमत में रही, शायद ही बाबू जगजीवन राम के अलावा एक या दो मंत्री दलित समाज से रहे हों। भाजपा ने भले ही महत्त्वपूर्ण विभाग दलित मंत्रियों को न दिया हो, लेकिन इसके मंत्रिमंण्डल में लगभग एक दर्जन दलित मंत्री हैं। कांग्रेस के पास ऐसा कोई दलित नेता भी नहीं है, जो बिना परिचय कराए पूरे देश में उसके प्रचारक के रूप में कार्य

करे। पार्टी के दस स्थायी कार्यकारिणी समिति के सदस्य हैं और दस अस्थायी। इन बीस में से मात्र एक ही दलित है। दलितों की जनसंख्या के अनुपात में कितना प्रतिशत यह होगा, इसको जानना बिल्कुल कठिन नहीं है।

अनुसूचित जाति/जन जाति संगठनों का अखिल भारतीय परिसंघ आन्दोलनरत् है कि अमेरिका की तर्ज पर इस देश में भी निजीक्षेत्र में दलितों को आरक्षण दिया जाए। इसका असर कांग्रेस पर पड़ा और शिमला के चिन्तन शिविर के दौरान समर्थन भी किया। जब इस देश के उद्योगपतियों ने आंखें दिखाई, तो पार्टी चुप हो गई। यहां इंदिरा गांधी को याद करना चाहिए कि जब दलितों में न तो चेतना थी और न ही उनकी मांग, फिर भी उन्होंने एक झटके में 16 बैंकों का राष्ट्रीयकरण कर दिया। इससे केवल दलितों का ही नहीं, बल्कि आम जनता का लाभ हुआ। छोटी कमाई वालों के लिए बैंक के दरवाजे खुले। छोटे व्यापारियों को कर्ज मिलने लगा। बैंक केवल मुनाफा कमाने के लिए ही नहीं रहे, बल्कि कस्बों एवं बड़ों गांवों में भी शाखाएं खोली गईं। दलितों का सबसे बड़ा फायदा यह हुआ कि लाखों कर्मचारी आरक्षण के कारण बन सके। एक तरह से बहुत ही उद्धारक कार्य हुआ।

राजनीति ही एक ऐसा क्षेत्र है, जहां पर किसी के साथ अंधेरगर्दी करना आसानी से मुमकिन नहीं है। नौकरशाही, न्यायपालिका, मीडिया, व्यवसाय आदि क्षेत्रों में अन्याय करना सहज है और आवाज भी बाहर नहीं आती। आए दिन दिल्ली में जिले स्तर के जजों को भ्रष्टाचार के कारण नौकरी से निकाल दिया जाता है, जिसमें दलित ही सबसे ज्यादा होते हैं। क्या दलित जज ही ज्यादा भ्रष्ट होते हैं। ऐसा इसलिए हो रहा है कि न्यायपालिका में अन्याय के खिलाफ चीखने और चिल्लाने की व्यवस्था नहीं है। भारत के प्रधानमंत्री अमेरिका में जाए, तो वहां के अखबारों में दो लाइन भी खबर न छपे, किन्तु वहां के पूर्व राष्ट्रपति बिलक्लिंटन आएं, तो अखबार रंग जाता है। 14 दिसम्बर को राम लीला मैदान (दिल्ली) में परिसंघ की ओर से भूमण्डलीकरण के विरूद्ध एवं निजी क्षेत्र में आरक्षण के लिए विशाल रैली की गई, कई अखबारों एवं इलेक्ट्रानिक चैनलों ने इस खबर को छुआ तक नहीं। ब्रिटेन की महारानी के कुत्ते के मरने की खबर, जैसी एक साधारण बात छप सकती है, लेकिन इस रैली के माध्यम से लाखों व करोड़ों की भावनाओं के साथ मीडिया

ने कैसा बर्ताव किया। सरकारी क्षेत्र में सबसे ज्यादा प्रमोशन के समय दलित कर्मचारियों–अधिकारियों को ही रोका जाता है। उम्मीदवार उपलब्ध होने के बावजूद भी दिखाया जाता है कि योग्य अभ्यर्थी नहीं मिले।

राजनीति के क्षेत्र में पक्षपात की संभावनाएं इसलिए सबसे कम होती हैं, क्योंकि सभी पार्टियां के उम्मीदवारों को वोट मांगने के लिए सबके यहां जाना ही पड़ता है। मुख्य निर्वाचन आयुक्त जी.एम. लिंग्दोह को पता ही नहीं है कि इस देश में सबसे बड़ा कैंसर राजनैतिक क्षेत्र में है या अन्यत्र। इन्हें नौकरी मिल गई, इसीलिए असली कैंसर दिखाई नहीं पड़ता। क्यों नहीं ऐसे आलोचक राजनीति में आकर कुछ करते? जब राजनैतिक क्षेत्र में जोगी–बंगारू के लिए अलग मापदण्ड हों, तो दूसरे क्षेत्रों में क्या हो रहा है, इसी से अंदाजा लग सकता है। ऐसा नहीं है कि तथाकथित मनुवादी ही इसके लिए जिम्मेदार हैं, बल्कि दलित समाज भी दोषी है। बंगारू और जोगी जैसे दलित नेता ही मालिकों के कहने पर सबसे ज्यादा अपनो पर ही गुर्राते हैं और कई बार भूल जाते हैं कि उनका स्थान कहां है? उपरोक्त से स्पष्ट हो जाता है कि दलितों पर अभी भी राज्य का कानून कम, बल्कि सामाजिक व्यवस्था का अधिक लागू होता है।

---

03 जनवरी, 04 राष्ट्रीय सहारा अलग–अलग मापदण्ड क्यों

47

दलित-मुस्लिम की आगामी लोकसभा चुनाव में भूमिका

दलित और मुसलमान का धर्म अलग–अलग जरूर है, लेकिन इनकी आर्थिक, शैक्षिक, राजनैतिक परिस्थितियां लगभग एक सी हैं। आजादी के बाद मुसलमानों की तरक्की में गिरावट आई है और आरक्षण के कारण दलितों की परिस्थिति में कुछ बदलाव अवश्य हुआ है। इन दोनों समुदायों के पास किसी भी क्षेत्र में आवश्यक ताना–बाना नहीं है, जिसके अनुसार यह कहा जा सके कि आने वाले दिन बेहतर होगें। कपड़े, चमड़े आदि तमाम पुश्तैनी पेशे भी दूसरों ने छीन लिए।

जब कभी दलित–मुस्लिम एकता हुई, तो औरों के कान खड़े हो गए। बी.पी. मौर्य एवं संघप्रिय गौतम के नेतृत्व में जब रिपब्लिकन पार्टी ऑफ इंडिया का उभार पश्चिमी उ॰प्र॰ में आया तो एक बड़ा परिवर्तन नजर आया। अलीगढ़ और आस–पास के क्षेत्र में नारे लगते थे कि "दलित–मुस्लिम भाई–भाई, हिन्दू कौम कहां से आई।" डॉ॰ अम्बेडकर जब महाराष्ट्र से चुनाव हार गए, तो मुस्लिम लीग ने उन्हें बंगाल से चुनाव जिताकर लोकसभा में भेजा। सरदार पटेल ने उस समय नेहरू जी से कहा कि डॉ॰ अम्बेडकर के लिए संसद के दरवाजे तो क्या, खिड़कियां भी बंद कर दी गई हैं और वह दरवाजा तब खुला जब मुस्लिम लीग के नेता जोगेन्दर नाथ मंडल ने अपनी

सीट डॉ॰ अम्बेडकर के लिए बंगाल से छोड़ी। बहुजन समाज पार्टी की पहली जीत बिजनौर में हुई थी, जिसमें मुसलमानों की भूमिका अहम रही है। इन तथ्यों से यह बात तो सत्यापित होती है कि सामाजिक और राजनैतिक स्तर पर दलित–मुस्लिम एक तो हैं, लेकिन उन कारणों को जानना आवश्यक है, जिसकी वजह से यह एकता बनते–बनते रह जाती है।

प्रश्न यह उठता है कि क्या मुसलमान आगामी लोकसभा के चुनाव में कुछ कर पाएंगें? आजादी के बाद बड़ी ही चतुराई से मुसलमानों के वोट कांग्रेस बटोरती रही और अब धीरे–धीरे अपने आप मुस्लिम वोट भाजपा के विरोध में पड़ जाता है। कांग्रेस ने देश के 100–50 परिवारों को चिन्हित किया और उन्हीं के माध्यम से मुसलमानों को यह संदेश देती रही कि पार्टी उनको बराबर का प्रतिनिधित्व दे रही है। मुस्लिम नेतृत्व इन्हीं परिवारों के इर्द–गिर्द रहा है। भला व्यक्तिगत लाभ किसको बुरा लगता है? इसी लालच में मुसलमान नेताओं ने कभी ऐसी बात नहीं की, जिससे कांग्रेस के नेतृत्व को असुविधा हो। दूसरी ओर समय–समय पर ऐसी परिस्थितियां पैदा की जाती रहीं कि अगर भाजपा और संघ परिवार को हराना है, तो वोट उसको दो जो पार्टियां हरा रही हैं। आजादी के बाद से लेकर 90 के दशक तक मुसलमानों के इस भय से बचाने के लिए कांग्रेस ही विकल्प में दिखती रही, अर्थात् कांग्रेस की झोली में वोट स्वाभाविक तौर पर पड़ता गया। उसके बाद समाजवादी पार्टी, बसपा एवं कुछ और क्षेत्रीय पार्टियों का उभार हुआ और भाजपा का विकल्प जहां–जहां पर गैर कांग्रेसी उम्मीदवार मिले मुसलमानों का वोट उस ओर गया।

आम मुसलमान ने शायद ही किसी उम्मीदवार या पार्टी को चुनाव के दौरान अपनी समस्याओं को सुलझाने या अधिकार के लिए वोट दिया हो। इनके वोटों से सरकारें बनी और बिगड़ी जरूर, लेकिन इन्हें शायद ही कुछ मिला। इसके लिए खुद भी जिम्मेदार हैं, न कि केवल वोट बटोरने वाले उम्मीदवार। अगर ये कहते कि हमें शिक्षा, स्वास्थ्य व सरकार में भागीदारी चाहिए, तो पार्टियों को मजबूर होकर कुछ न कुछ करना ही पड़ता। यहां उन कारणों में जाना उचित नहीं है, जिसकी वजह से आम मुसलमान की यह सोच बनी।

हिन्दू और मुसलमान के सबसे ज्यादा फसाद उत्तरी भारत में हुए और उसमें उत्तर प्रदेश आगे रहा है। झगड़े कांग्रेस के समय में ज्यादा हुए। भाजपा उत्तर प्रदेश की सत्ता के साथ–साथ केन्द्र में भी हो और दंगे न के बराबर हों, तो क्या इससे सोच लेना चाहिए कि भाजपा एकाएक मुसलमानों की हितैषी बन गई है या उसने अपने उद्देश्यों एवं कार्यक्रमों में परिवर्तन कर लिया है? ऐसा कुछ नहीं है। दुख की बात है कि मुस्लिम बुद्धिजीवियों ने भी इस सच्चाई को न पूरा अहसास किया और न ही इसका प्रचार–प्रसार। क्या यह प्रश्न नहीं खड़ा करना चाहिए कि कांग्रेस के समय में साम्प्रदायिक दंगे अधिक क्यों हुए? यहां मध्य प्रदेश के पूर्व मुख्यमंत्री दिग्विजय सिंह का बयान याद आता है। उन्होंने कहा कि अगर सरकार चाहे तो दंगा हो और न चाहे तो नहीं हो सकता। क्या इससे यह निष्कर्ष नहीं निकलता कि मुसलमानों को असुरक्षा का अहसास दिलाकर वोट बटोरा जाता रहा। सन् 1990 के बाद उत्तरी भारत में एक सामाजिक परिवर्तन की लहर पैदा हुई, चाहे वह कांशीराम जी के कारण या अनुसूचित जाति/जन जाति संगठनों का अखिल भारतीय परिसंघ के कारण अथवा तमाम अम्बेडकरवादी संगठनों की वजह से। दलितों में जब चेतना आई, तो दंगे अपने आप होने बंद हो गए। शहरों में मुख्यतया तीन समुदाय के लोग रहते हैं–वैश्य, दलित एवं मुसलमान। दलितों ने जागरूक होने के कारण मुसलमानों से लड़ना बंद कर दिया हैं और वैश्य में लड़ने की हिम्मत नहीं है, स्वाभाविक रूप से दंगे नहीं होगें। इसका श्रेय तथाकथित धर्मनिरपेक्ष पार्टियों को कम जाता है, दलित चेतना को अधिक।

अब मुसलमान यदि इस परिप्रेक्ष्य में सोचें तो उसे सच्चाई की तह तक जाने में मुश्किल नहीं होगी। "भाजपा हराओ" की मुहिम पर मुसलमान कायम जरूर रहें, लेकिन दो बातों पर और विशेष ध्यान देने की आवश्यकता है। पहला मुसलमानों को अपने अधिकार और समस्याओं को उम्मीदवारों और पार्टियों के सामने रखना चाहिए। देखा यह जाता है कि जो ज्यादा भाजपा विरोधी भाषण या कार्यक्रम पेश कर सकता है, उसके प्रति आकर्षित हो जाते हैं। दूसरा, जहां भी हो सके दलितों का साथ दें और लें। स्वाभाविक तौर पर

दलित मुसलमान को वोट देते वक्त उसका धर्म उतना आड़े नहीं आता, जितना कि अन्य हिन्दुओं का। अम्बेडकरवादी और बौद्धों का तो बिल्कुल भी नहीं। मुसलमान अपना वोट किसी को भी दे देता है।

दलितों की भूमिका बहुत असरदार होने की संभावना नजर नहीं आती। पहला, उत्तरी भारत में भारी संख्या में दलित बसपा के समर्थक हैं और यह पार्टी कभी भी किसी के साथ गठजोड़ कर सकती है। आश्चर्य न होगा कि इस लोकसभा चुनाव में भाजपा से ही न अंदरूनी या खुले रूप से समझौता हो जाए। यदि ऐसा नहीं होता तो कुछ हद तक यह आशा की जा सकती है कि दलित भाजपा के विरुद्ध अपना मत देगा। जिस तरह से मुस्लिम मतदाता बिना किसी अधिकार एवं समस्या के समाधान जैसी बातों को रखे भाजपा के विरोध में वोट देता है, उसी तरह बसपा का भी मतदाता मतदान करता है। जिधर पार्टी का सुप्रीमों कहे ये वहीं जाते हैं।

दूसरी पार्टियों का रुख दलितों के प्रति बदल चुका है और उसका कारण बहुजन समाज पार्टी है। दूसरी पार्टियों ने सोच लिया है कि दलित अंततः बसपा का वोट है, तो उसके बारे में कुछ करना या कहना व्यर्थ है, जबकि ऐसा नहीं है। उत्तर प्रदेश को छोड़कर अन्य राज्यों में अभी भी दलितों का वोट मूलतः कांग्रेस को ही पड़ता है। बाद में भाजपा या अन्यों को। गैर बसपा पार्टियों की इस उदासीनता का लाभ बसपा को पहुंच रहा है।

दलितों को सोचना चाहिए कि मतदान करना, पार्टी बनाना और सत्ता में आना ही सबकुछ नहीं है। मकसद और उद्देश्य रखकर यह काम न किया जाए, तो इसका कोई लाभ समाज को नहीं मिलने वाला है। वैश्य समाज कभी सत्ता में आने की लड़ाई नहीं लड़ता, लेकिन वह इतना सावधान है कि कोई भी सरकार हो, उसका हित सुरक्षित रहता है। दलित यदि अपना मतदान उद्देश्यहीन होकर करता है, तो भले ही बड़ा नेता या पार्टी बना ले, समाज को लाभ नहीं मिलने वाला है।

दलितों के परिप्रेक्ष्य में दलित नेतृत्व पार्टी का इतिहास बहुत पुराना नहीं है। एक दशक के पहले ऐसा कुछ था ही नहीं, इसलिए इनके लिए यह नई शुरुआत है, लेकिन मुसलमान इस देश में हुकूमत में बहुत पहले से रहा है। दलितों में आपस की टांगखिंचाई के कारण आगामी लोकसभा के चुनाव में

इनकी भूमिका बहुत अहम नहीं होने वाली है। गरीब और उपेक्षित समाज या गुलाम मानसिकता के कारण इस वर्ग के लोग बिकते भी जल्दी हैं। इन कारणों पर यदि ध्यान दिया जाए, तो इनकी भूमिका सामान्य ही होती नजर आती है। जब तक नए दल और नए नेता इनमें से उभरकर आगे नहीं आ जाते, तब तक परिस्थितियों में खास परिवर्तन आने वाला नहीं है।

आगामी चुनाव दलित एवं मुस्लिम हितों के दृष्टिकोण से बहुत ही महत्त्वपूर्ण है। यदि भाजपा चुनाव में बेहतर करती है, तो इन दोनो समुदायों का भविष्य खतरे में है। आए दिन संघ परिवार एवं भाजपा की गतिविधियों का पता चलता ही रहता है। हाल में झबुआ में ईसाई को मारने के बाद वहां भय का माहौल पैदा कर दिया गया है। गुजरात में मुसलमानों के साथ क्या हुआ दुनिया जानती है। संघ परिवार मुसलमानों और ईसाइयों को अब तो अल्पसंख्यक भी मानने को तैयार नहीं है। ये कह रहे हैं कि पूर्व में ये तो हिन्दू ही थे, इसलिए इन्हें हिन्दू माना जाए। देश में तमाम प्रगतिशील सोच के लोग इस समय भ्रमित हो गए हैं कि अटल बिहारी वाजपेयी उदारवादी विचारधारा के हैं। हाल में चार राज्यों के विधान सभा चुनावों में भाजपा ने विकास का मुद्दा सामने रखा, इससे कुछ लोगों को लगने लगा है कि अब यह वह भाजपा नहीं रही, जो मंदिर बनाने की बात करती थी। आज की भाजपा अधिक खतरनाक है, क्योंकि रंग बदलने में इसने गिरगिट को भी मात दे दी है। जिस दिन इन्हें बहुमत मिलेगा, उसी दिन ये अपना असली रंग दिखा देगें।

निजीकरण एवं भूमण्डलीकरण की आड़ में आरक्षण समाप्त हो रहा है। आजादी के इतने दिन बाद तक भी दलित मीडिया, उद्योग, बाजार, वित्तीय क्षेत्र, कला एवं संस्कृति, आयात–निर्यात, उच्चशिक्षा, उच्च न्यायपालिका, आदि में नहीं के बराबर भागीदारी पा सके हैं। जो भी प्रगति इन्होंने की वह आरक्षण के माध्यम से सरकारी नौकरियों एवं राजनीति के क्षेत्र में ही की। आरक्षण समाप्त होने के बाद इनकी तरक्की भी समाप्त हो जाएगी। परिसंघ एवं इंडियन जस्टिस पार्टी का पूरा प्रयास है कि भाजपा के इस इरादे को दलितों के सामने रखे, यदि ऐसा हो पाता है तो दलितों की भूमिका इस चुनाव में भाजपा को हराने में अवश्य होगी।

दलितों और मुसलमानों की वर्तमान सोच से ऐसा नहीं लगता कि बहुमत होने के बाद, उसके हिसाब से चुनाव को प्रभावित कर पाएंगें। उपरोक्त के आधार पर यह कहा जा चुका है कि कैसे बसपा के कहने पर दलित बिना उद्देश्य के अपना मतदान कर रहे हैं? दलितों की तरह मुसलमानों का भी वोट अगर भटकता है, तो इस चुनाव में साम्प्रदायिक ताकतों को शिकस्त करने में अपनी ताक़त का प्रदर्शन नहीं कर पाएंगें।

---

19 फरवरी, 04 राष्ट्रीय सहारा आगामी चुनाव में दलित–मुस्लिम की भूमिका

15 फरवरी, 04 आलमी सहारा (उर्दू)

48

जनता को भी कटघरे में खड़ा करो

हमारी संस्कृति यह भी है कि दूसरे की बुराई करते जाओ और अपने दामन में न झांकों। औद्योगीकरण एवं शहरीकरण के साथ मध्यम वर्ग की संख्या का बढ़ना स्वाभाविक है और यह वर्ग तो इस काम में ज्यादा ही माहिर है। यह जनतन्त्र के लिए बहुत ही घातक सिद्ध हो रहा है और आगे चलकर इसके भयंकर दुष्परिणाम हो सकते हैं।

भारतीय फिल्मों को देखा जाए तो उसमें एकतरफा रूप से राजनैतिक लोगों को गुण्डा, बदमाश और बलात्कारी के रूप में दिखाया जाता रहता है। फिल्म उद्योग में पैसा लगाने वाले, निर्देशक एवं उसके हीरो और हीरोइन क्या काले काम नहीं करते? ज्यादातर काला धन फिल्म बनाने में लगता है। उसमें काम करने वाले नं. 2 का अथाह पैसा लेते हैं। भला ये क्या राजनैतिक लोगों के सामने अपनी नैतिकता और ईमानदारी बघार सकते हैं? ये लोग यह कहते हैं कि जनता इस तरह के मनोरंजन पसंद करती है। इस तर्क के अनुसार समाज का एक बड़ा हिस्सा बलात्कार, चोरी, बेइमानी एवं शोषण करना पसंद करता है, तो फिल्म बनाने वालों को ऐसी फिल्में बनानी चाहिए, क्योंकि जनता पसंद करती है। अशिक्षित, गरीब, देहाती आदि लोगों के सामने जो परोसा जाता है, वे बिना जांच पड़ताल के स्वीकार कर लेते हैं।

राजनैतिक नेता भ्रष्ट और बेइमान हैं, इन्होंने देश को बर्बाद कर दिया आदि टिप्पणियां लोग प्रायः करते ही रहते हैं। जनता से पूछा जाए कि उनके मध्य साधारण परिवेश एवं स्थिति वाला, जो लगातार क्षेत्रीय एवं जनता की

समस्याओं को लेकर लड़ता रहता है, जब कभी किसी पद के लिए चुनाव लड़े, तो क्या जनता उसे चुनकर भेजती है? कहने और सुनने में तो यह बहुत अच्छा लगता है, लेकिन सच्चाई यह है कि चुनाव के दौरान जिस पार्टी या उम्मीदवार के पास पैसा, शराब, गुंडे, जातीय एवं साम्प्रदायिक आधार न हों, वे हवा में उड़ जाते हैं। चुनाव के दौरान बिना जेब खर्च और खाना खिलाए कार्यकर्त्ता मिलने को तैयार नहीं हैं। हाल के दिल्ली विधान सभा चुनावों में एकाएक हजारों लोगों की बेरोजगारी इसलिए दूर हो गई थी, क्योंकि तमाम बेरोजगारों को 100–150 या 200 रूपये देकर प्रचार कराने में इस्तेमाल किया गया। लक्ष्मीबाई नगर और सरोजनी नगर के बीच एक झुग्गी--झोपड़ी है। इन लोगों से सम्पक्र रहता है और वक्त जरूरत पर हम इनकी सहायता भी करते रहते हैं। चुनाव के दौरान जब कुछ लोगों की आवश्यकता पड़ी, तो सम्पक्र करने पर पता लगा कि अच्छा पैसा मिलने पर किसी पार्टी का प्रचार करने के लिए तमाम लोग गए हैं। दिल्ली में रैलियां आयोजित होती रहती हैं, कइयों में तो भीड़ जुटाने के लिए 50 रूपये नकद, नाश्ता और आने–जाने का साधन दिया जाता है। वे ही लोग कई पार्टियों एवं संगठनों की रैलियों में शामिल होते रहते हैं। ऐसे में ईमानदार नेता जो उनके बीच का हो, क्या वह इनकी जरूरतों को पूरा कर सकता है?

दिल्ली विधान सभा के चुनावों में एक प्रयोग किया गया कि कुछ झुग्गी–झोपड़ियों में लोगों को प्रशिक्षित किया जाए। प्रशिक्षण के दौरान उनसे कहा गया कि मान लीजिए कोई उम्मीदवार शराब मुहैया करा देता है, तो क्या इससे तुम्हें पांच साल तक शराब की पूर्ति हो जाएगी? आखिर शेष दिन तो अपने ही पैसे से शराब पीना है। एक कंबल या धोती मिल जाने से पूरे जाड़े के लिए कपड़ा तो नहीं मिल जाता। छोटे–छोटे प्रधान जो दस–पांच हजार रूपये लेकर समर्थन देते हैं, क्या उनका खर्च इससे पूरा हो जाता है? बार–बार पूछने पर लोगों ने कहा कि अब हमारी समझ में बात आ गयी है और इस चुनाव में ऐसा नहीं करेगें। उनसे कबूल कराया गया कि पांच साल का भविष्य व विकास इन छोटे टुकड़ों में मत बेचो। बड़ी ही गर्मजोशी से आश्वासन दिया कि इस बार ऐसा ही होगा। चुनाव के कुछ दिन पहले तक यही कहते रहे, लेकिन जब शराब की पेटियां और थैलियां खुलीं, तो दो दिन में ही ये लोग भूल गए और अपना मत उन्हीं को दिया, जिनसे इनकी शिकायत पांच साल तक होती रही। चुनाव के कुछ दिन बाद ही फिर से पहले जैसी ही शिकायतें करने लगे हैं।

चिरई गांव वाराणसी जिले की विधान सभा है और वहां जून 2003 में उप चुनाव हो रहा था, तो उस समय लगा कि लोगों की क्षेत्रीय समस्याओं के आधार पर चुनाव होगा। चुनाव के शुरूआत में इन सब बातों पर लोग शोर–शराबा तो करते हैं, जैसे विजली–पानी का संकट, उस क्षेत्र में हथकरघा उद्योग में भारी गिरावट और गरीबी तो मानो सभी क्षेत्रों के लिए स्थाई रूप से विद्यमान रहती है। जैसे–जैसे चुनाव नजदीक आया लोग समस्याओं क़ो भूलते गए। मुसलमान है, तो जो भाजपा को हरा सके उसे वोट दिया, ठाकुर है तो ठाकुर उम्मीदवार को वोट दिया, कुर्मियों ने अपना दल को वोट दिया, दलितों ने बसपा को वोट दिया। इस तरह से चुनाव जातीय व साम्प्रदायिक भावना एवं व्यक्तिगत स्वार्थ के आधार पर हुआ। शहरों में बैठे मध्यम वर्गीय लोग और खासतौर से पठन–पाठन क्षेत्रों से सम्बन्ध रखने वाले इस बात पर गुणा–भाग करते रहते हैं कि मंहगाई, शिक्षा, स्वास्थ्य एवं बेरोजगारी बढ़ी है या घटी है और चुनाव की दिशा सामान्यतया इससे तय होगी, लेकिन सच्चाई कुछ और ही होती है। ऐसी परिस्थितियों में आखिर में जनता की कुछ तो जिम्मेदारी होती है कि जिन समस्याओं से वह जूझ रही है, उसे पार्टियों और उम्मीदवारों के सामने रखे। जब ऐसा किया ही नहीं जाता, तो उम्मीदवार भी अपने जीतने की होड़ में उसी भावना का इस्तेमाल करेगें, जो उन्हें विजयी बनाए। इन परिस्थितियों में जीतने वालों का पूरा दोष तो नहीं है, जनता को भी तो कटघरे में खड़ा किया जाना चाहिए।

31 जनवरी के अखबारों में यह पढ़ने को मिला कि कुछ कांग्रेसी कार्यकर्त्ता भोपाल से पदयात्रा करते हुए प्रियंका गांधी से अपील करने दिल्ली पहुंचे कि वे राजनीति में सक्रियता से भाग लें। भला कौन ऐसे अवसर को छोड़ेगा, जिसे एक विशेष घर में पैदा होने पर भारत का राजकुमार और राजकुमारी के रूप में सम्मान मिले, कुछ अपवाद को छोड़कर। राजीव गांधी की हत्या के बाद लोग सोनिया गांधी को प्रधानमंत्री बनाना चाहते थे, लेकिन वे स्वयं नहीं बनी और इसलिए पी.वी. नरसिंहराव प्रधान मंत्री बन गए। कांग्रेस के 110 वर्ष से अधिक के इतिहास में दो ही बार इसके अध्यक्ष का चुनाव हुआ। पहला सुभाष चन्द्र बोस और दूसरा सीता राम केसरी। चुने हुए अध्यक्ष सीता राम केसरी ने जब अपनी पगड़ी उतारकर सोनिया गांधी के चरणों में रख दी, तो अपवाद को छोड़कर शायद ही कोई इनसान ऐसे अवसर को गंवाएंगा। जब तक सोनिया गांधी अध्यक्षा बन नहीं गईं, लाखों कांग्रेसी

जगह–जगह पर आंदोलन करते रहे कि ''सोनिया लाओ–कांग्रेस बचाओ'' व ''सोनिया लाओ–देश बचाओ।'' इसके लिए केवल सोनिया गांधी एवं प्रियंका गांधी ही तो जिम्मेदार नहीं हैं। क्या जनता को कटघरे में नहीं खड़ा किया जाना चाहिए?

अब इस समस्या को समझने के लिए हमें अपने सनातनी संस्कृति में जाना चाहिए। कहते हैं कि अज़ामिल भगवान में आस्था नहीं रखता था और जब वह मर रहा था, तो अपने पुत्र से कहा कि नारायण पानी दे दे। भगवान खुश हो गए कि मरते समय तो नाम लिया। क्या भगवान इतनी अधिक चापलूसी पसंद करते हैं कि जो वास्तव में दिल से न माने उससे भी खुश हो गए? ऋषियों–मुनियों का स्वागत ठीक प्रकार से न होने पर श्राप दें दिया करते थे। स्वागत का मतलब यह था कि उनसे विनम्र होना और खाने व रहने की अच्छी तैयारी। इन बातों से क्या यह नहीं लगता कि न्याय, मानवता और जनता की समस्याओं से कोई ताल्लुक ही न रहे? अतः यह निष्कर्ष निकाला जा सकता है कि हमारी संस्कृति ही ऐसी है, जिसमें किसी मूल्य या इंसानियत के आधार पर पुरस्कार लिया और दिया नहीं जाता, बल्कि व्यक्तिगत प्रशंसा, चमचागिरी एवं स्वार्थ सिद्धि से ही सब तय होता है।

हाल में भारत के मुख्य चुनाव आयुक्त ने एक टिप्पणी की कि देश के राजनेता कैंसर हैं। नौकरी पाने के लिए याददाश्त की परीक्षा होती है, न कि प्रतिस्पर्धा में बैठने वाले की ईमानदारी, मानवता, संवेदनशीलता इत्यादि की। भारतीय प्रशासनिक सेवा में लिंग्दोह जी प्रतिस्पर्धा से चुने गए थे और विभिन्न पदों पर जिम्मेदारियां निभाते रहे और अब वे मुख्य चुनाव आयुक्त की जिम्मेदारी निभा रहे हैं। इसमें कोई संदेह नहीं है कि वे एक कर्त्तव्यनिष्ठ अधिकारी हैं, लेकिन उनकी अभी भी संवेदनशीलता, इंसानियत या तमाम समस्याओं को झेलने की परीक्षा बाकी है। नौकरशाही में हुकुम चलाना बड़ा आसान होता है, लेकिन जनता के दरबार में आकर अपने आपको सिद्ध कर देना असली परीक्षा मानी जा सकती है। टी.एन. शेषन भी दबंग चुनाव आयुक्त थे, किंतु गांधी नगर से चुनाव हार गए। मानाकि लिंग्दोह जी की उम्र बहुत हो गई है, लेकिन जो भी उनके पास समय है, वह एक राजनैतिक जीवन के रूप में बिताकर यह सिद्ध करें कि वे अन्य राजनीतिज्ञों से भिन्न हैं। अपने बलबूते पर ग्राम प्रधान, ब्लाक प्रमुख व विधायक का भी चुनाव शायद नहीं जीत सकते। हिम्मत है तो कैंसर का इलाज करने के लिए मैदान

में उतरें न कि टिप्पणी देकर जिम्मेदारियों से मुक्त हो जाएं। इस देश का मध्यम वर्ग रात–दिन राजनेताओं की आलोचना करता है, लेकिन जब उसे कहा जाए कि वह स्वयं क्यों नहीं राजनीति में आता है, तो यह कहते हुए पल्ला झाड़ लेता है कि वह इस गंदगी में नहीं पड़ना चाहता है। मध्यम वर्ग तो इतना निकम्मा होता है कि वोट भी डालने कम ही जाता है। उससे अच्छा तो गरीब है, जो नुक्ता–चीनी कम करता है और कम से कम वोट डालने तो चला जाता है। इसी प्रवृत्ति ने भारत के जनतंत्र को कमजोर किया है। हर व्यक्ति चाहता है कि भगत सिंह तो पैदा हों, लेकिन पड़ोस के घर में। जिन्हें लगता है कि राजनीतिक लोग भ्रष्ट हैं, उन्हें राजनीति में स्वयं आना चाहिए। अगर न आ सकें तो कम से कम राजनीति में उतनी तो भूमिका अदा करें, जितनी जनतंत्र में एक आम नागरिक को करनी चाहिए। आज के बिगड़े हालात के लिए जनता को भी कटघरे में अगर न खड़ा किया गया तो कभी इस कैंसर का इलाज हो ही नहीं सकता। एक पक्षीय प्रहार केवल राजनेताओं पर करने का मतलब है कि जनता अपनी गलती पर ध्यान ही न दे। सही इलाज तो जनता के ही पास है, इसलिए इस देश के बुद्धिजीवियों, स्वयं सेवी संस्थाओं एवं मीडिया को जबर्दस्त रूप से जनता पर प्रहार करना होगा, वरना इसके भयंकर परिणाम सामने आएंगें। जब वाजपेयी जी को मंदिर बनाने के लिए प्रधानमंत्री बनाया गया, तो उनसे रोजगार, शिक्षा, स्वास्थ्य व अच्छी कानून व्यवस्था की उम्मीद करना क्या बेइमानी नहीं है?

---

20 फरवरी, 04 हिन्दुस्तान अलग–अलग मापदण्ड क्यों

49

दलित तो 'गुड' नहीं 'फील' कर रहे हैं

राष्ट्रीय जनतांत्रिक गठबंधन सरकार ने 'भारत उदय', 'शाइनिंग इंडिया' एवं 'फील गुड फैक्टर' के नारों से पूरे वातावरण को दूषित कर दिया है। भारत एक नवजवान राष्ट्र है, लेकिन किस क्षेत्र में इसका उदय हुआ है, यह तो अल्पसंख्यक, गरीब और दलित की परिस्थितियों से ही जाना जा सकता है। मीडिया का इस्तेमाल करके अगर यह शब्दों, तर्कों एवं प्रचार से संभव बनाया जा रहा है तो कुद नहीं कहा जा सकता, वरना यह सब सार हीन बातें हैं।

दलित ही नहीं, अपितु समाज के कई वर्ग हैं, जैसे महिलाएं, अल्पसंख्यक और किसी भी जाति व धर्म का गरीब इस समय मंहगाई, बेरोजगारी के भार से दब गया है। दलितों की एक विशेष परिस्थिति है, जिसकी इस परिप्रेक्ष्य में जांच पड़ताल करना आवश्यक है। आजाद भारत में अब तक दलित सरकारी नौकरियों एवं राजनीतिक क्षेत्र के सिवाय किसी भी क्षेत्र में कोई उपलब्धि नहीं हासिल कर पाए हैं, चाहे वह मीडिया हो, उद्योग, व्यवसाय, उच्च शिक्षा, उच्च न्यायपालिका, आयात–निर्यात, वित्तीय संस्थान, हाईटेक या इंटरनेट आदि। राजग की आत्मा और सोच संघ परिवार है, जो कभी नहीं चाहेगा कि जातीय या वर्णव्यवस्था में गुणात्मक परिवर्तन हो। इस सोच के तहत कुछ इस तरह की सरकारी नीतियां बन रही हैं, जिससे दलितों का प्रवेश सरकारी नौकरियों में बंद कर दिया जाए। सरकार के कुछ लोग चाहें

भी कि दलितों के लिए कुछ किया जाए फिर भी उनके दर्शन में ही यह बात निहित है कि दलित और पिछड़ों को वर्णव्यवस्था के अनुसार नीचे रखो। ज़ाहिर है कि जो ताक़तें यथास्थितिवादी होंगीं और उन मूल्यों और धार्मिक विचारों को पुनर्जीवित करना चाहेंगी, वे किसी भी परिस्थिति में परिवर्तन के विरूद्ध होंगीं। राजग की आर्थिक नीतियों के कारण निजीकरण एवं भूमण्डलीकरण तेजी से किया जा रहा है, ताकि सरकारी नौकरियां बचे ही न, जिसमें दलित और पिछड़े अपनी भागीदारी का दावा ठोक सकें। यहां तक कि मुनाफा कमाने वाली बड़ी–बड़ी कंपनियों को भी औने–पौने दाम पर बेचा जा रहा है, ताकि ये सभी सरकारी नियंत्रण से बाहर निकालीं जा सकें। खर्च में कटौती के नाम पर तमाम विभागों में छंटनी हो रही हैं और नई भर्तियों का तो प्रश्न ही नहीं उठता। भाजपाई नेता या पूंजीपति 'गुड फील' कर रहे होगें, न कि दलित।

सत्ता द्वारा न केवल आर्थिक क्षेत्र प्रभावित होता है, बल्कि सांस्कृतिक भी। ऐसा माहौल पैदा किया जा रहा है, जिससे गरीब और दलित और अधिक अंधविश्वासी हों, ताकि अपने अधिकारों की मांग न कर सकें। मध्य प्रदेश एवं छत्तीसगढ़ में सरकार बनने के बाद ही तुरंत घोषणाएं की गईं कि गौशालाएं बनाई जाएंगीं और गायों के लिए सरकार अपने कोष से देखभाल करेगी। एन.सी.ई.आर.टी. की इतिहास की पुस्तकों में परिवर्तन इस तरह से किया गया कि वर्णव्यवस्था को और मजबूती दी जा सके। इतिहास की पुस्तक से वर्णव्यवस्था का अध्याय ही निकाल दिया गया, ताकि दलितों का इतिहास ही विद्यार्थियों को न पता चले। ज्योतिष विद्या एवं वेदों को थोपने के लिए मानव संसाधन मंत्रालय ने प्राथमिकता दी। कुल मिलाकर विचार, धर्म इतिहास आदि के क्षेत्रों में ऐसा माहौल पैदा किया गया है, जिससे दलित पुनः अंधविश्वासी एवं भाग्यवादी बनाए जा सकें। ऐसे में कैसे दलित 'गुड फील' करेंगें।

शिक्षा इतनी मंहगी होती जा रही है कि गरीब के बच्चे को विशेषतौर से व्यावसायिक शिक्षा जैसे–मेडिकल, इंजीनियरिंग की पढ़ाई करना ही असंभव सा होता जा रहा है। शिक्षा के क्षेत्र में विकसित देशों के उस अंश की नकल की जा रही है, जो उन देशों में कोई महत्त्व ही नहीं रखता है। अगर अमेरिका में उच्च शिक्षा प्राप्त करने के लिए अधिक पैसे देने होते हैं, तो इसका गलत विश्लेषण भारतीय परिस्थिति में नहीं करना चाहिए। पहला

यह कि इंटरमीडिएट और बी.ए. तक वहां शिक्षा लगभग मुफ्त है और इतनी शिक्षा प्राप्त करने के बाद न कोई अशिक्षित रह जाता है और न ही रोजगार विहीन। दूसरा, 14–15 वर्ष की आयु में लगभग हर छात्र व छात्रा आर्थिक दृष्टि से आत्म निर्भर हो चुका होता है। अगर वे चाहें, तो पार्ट टाइम काम करके उच्च शिक्षा बड़ी आसानी से हासिल कर सकते हैं। अतः विकसित देशों में कोई भी उच्च शिक्षा प्राप्त कर सकता है, लेकिन भारत में पब्लिक स्कूल से लेकर विश्व विद्यालयों के तमाम पाठ्यक्रमों की शिक्षा नाममात्र के ही लोग प्राप्त कर सकते हैं, क्यों नहीं हम क्यूबा की नकल करते? क्यूबा एक बहुत ही छोटा देश है, लेकिन अमेरिका तक से नहीं डरता है। वहां कक्षा एक से लेकर पीएचडी तक शिक्षा मुफ्त है, जिसे भारत में अपनाया जाना चाहिए। जब अच्छी शिक्षा दलित प्राप्त ही नहीं कर सकते हैं, तो वे क्या 'गुड फील' करेगें।

स्वाभिमान एवं जाति से पीछा छुड़ाने के लिए कुछ दलित धार्मिक आजादी के लिए भी स्वतंत्र नहीं हैं। जहां–जहां वे सम्मान प्राप्त करने के लिए दूसरे धर्म और विचार को ग्रहण कर रहे हैं, जोर–शोर से प्रचार किया जा रहा है कि पैसे लेकर धर्मांतरण हो रहा है। तथाकथित सवर्ण अपना मैला उंगलियों और हाथ से साफ कर सकते हैं, लेकिन दलित के छूने मात्र से अपवित्र हो जाते हैं, ऐसे में तथाकथित अछूत क्या करें? इसे रोकना है तो अपने धर्म में सुधार करें, बजाय इसके कि कभी ईसाई मिशनरियों पर प्रहार करें या बौद्ध विरासतों को जबरन हड़पें इत्यादि। तथाकथित अछूत इस क्षेत्र में क्या 'गुड फील' करेंगे।

राजग के प्रचार में सब झूठ ही नहीं है, बल्कि सच्चाई भी है। इसके शासनकाल में बहुराष्ट्रीय एवं देशीय पूंजीपतियों को भारी लाभ हुआ है, ये क्यों नहीं 'गुड फील' करेगें? भाजपा 23 दलों को मिलाकर सफलता पूर्वक 13वीं लोक सभा की सरकार चला गयी, तो इन्हें 'गुड फील' तो करना ही चाहिए। जिस विचारधारा को आर.एस.एस. 1925 से लेकर शासन में आने तक नहीं लागू कर सका, उसे अपने शासनकाल में संभव कर लिया, तो निश्चित तौर से इन्हें अपने लक्ष्यपूर्ति के लिए खुश तो होना ही चाहिए।

क्या दिल्ली या मुंबई की झोपड़–पट्टियों में रहने वाले लोग मकानों या महलों में रहने लगे हैं? इनकी हालातों में कोई परिवर्तन नहीं आया है। किसानों की फसल का उचित मूल्य नहीं मिल पा रहा है, वे आत्म हत्या कर

रहे हैं। अल्पसंख्यकों के ऊपर अत्याचार हो रहा है। हाल ही में झाबुआ में ईसाइयों का दमन इसका ताजा प्रमाण है। गुजरात में मुसलमानों को मारकर जरूर 'गुड फील' हो रहा होगा।

कम्प्यूटरीकरण और इंटरनेट के जमाने में वे ही 'गुड फील' कर पा रहे हैं, जो निजी स्कूलों में ज्यादा पैसे से आधुनिक शिक्षा हासिल कर सके हैं। राजकीय स्कूल अथवा कॉलेज में पढ़े छात्र वर्तमान में कम्प्यूटर एवं अत्याधुनिक क्षेत्र में अयोग्य साबित हो रहे हैं। भूमण्डलीकरण एवं निजीकरण का अगर फायदा किसी को मिला भी तो उसी तबके को, जो मंहगी शिक्षा हासिल कर सका है या जिनके बच्चे विदेशों में जाकर शिक्षा एवं तकनीक हासिल कर सके।

जब यह सरकार सत्ता में आई उस समय डीज़ल की कीमतें 8.50 रूपये प्रति लीटर थी, जो वर्तमान में 21 से 22 रूपये प्रति लीटर हो गई हैं। यह सरकार कह रही है कि इसने किसानों को कितने करोड़ रूपये का कर्ज दिया। सवाल है कि कृषि से जुड़े तमाम सहयोगी उत्पादों की कीमत में इतनी भारी बढ़ोत्तरी कर उन्हें कर्ज देना क्या उन्हें कर्जे के जाल में उलझाना नहीं है? जब यह सरकार सत्ता में आई उस समय पेट्रोल की कीमत 16–17 रूपये प्रति लीटर थी, जो वर्तमान में 33 से 35 रूपये प्रति लीटर है। मिट्टी के तेल की सरकारी कीमत 3 रूपये प्रति लीटर थी, जो अब बढ़कर 11 रूपये हो गई है। उस समय यूरिया की एक बोरी की कीमत 115 रूपये थी, जो अब बढ़कर 250 रूपये से अधिक हो गई है। पांच साल पहले जिस रसोईं गैस सिलेंडर की कीमत 145 रूपये थी, वह अब 242 रूपये हो गई है। इस सबके बाद सरकार 'भारत उदय' कह रही है।

इस सरकार ने भ्रष्टाचार की तो मिसाल ही कायम कर दी। इसके समय में शेयर घोटाला, यूटीआई घोटाला, ताबूत घोटाला आदि सहित पता नहीं कितने घोटाले हुए। इनके शासनकाल में आने के बाद से ही लगातार रोजगार की दर घट रही है। एक तरफ छंटनी, वीआरएस, सीआरएस, निजीकरण, तालाबंदी आदि के जरिए काम कर रहे लोगों को बाहर किया जा रहा है, तो दूसरी ओर पर इस देश के दो ढाई लाख लोगों को समृद्ध बनाने की साजिश हो रही है। यानी जो नई अर्थव्यवस्था बन रही है, उसका आधार सिर्फ शेयर बाजार है। इसलिए नई नौकरियों के अवसर नहीं पैदा हो रहे हैं, जबकि पुरानी नौकरियां छीनी जा रही हैं। सरकार कह रही है कि

उसका विदेशी मुद्रा भंडार एक सौ अरब डॉलर का हो गया है। यह रूपया आखिर कहां से आया? यह सरकार के निर्यात की आय नहीं है, इसमें से लगभग 60 अरब रूपया तो प्रवासी भारतीयों का है, जो भारत में मिल रही ज्यादा ब्याजदर की वजह से यहां जमा किया गया है। जहां तक विदेशनीति का सवाल है, तो सरकार ने उस मामले में घुटने टेक दिए हैं और जो कुछ अमेरिका कह रहा है, वही किया जा रहा है। इस तरह से भारत की निर्भरता आर्थिक क्षेत्र से लेकर विदेशी मामलों में पहले से अधिक बढ़ी है। हमारी सम्प्रभुता खतरे में पड़ रही हो और हम कहें कि भारत तरक्की कर रहा है, यह शैली भाजपा और संघ परिवार की ही हो सकती है।

आगामी चुनाव में यदि 'फील गुड फैक्टर' असरदार साबित होता है, तो भारतीय जनतंत्र की जड़ें जरूर कमजोर होंगीं। जो सच्चाई न हो, उसका सरेआम प्रचार करके सच्चाई बना देना और जनता द्वारा मान लेना, केवल करने वालों का दोष नहीं होगा बल्कि जनता भी दोषी होगी। चूंकि दलित सबसे ज्यादा प्रभावित हो रहे हैं इसलिए उन्हें सबसे ज्यादा कटघरे में खड़ा किया जाएगा। दलित नेता और तमाम दलित संगठन इस समय चुप्पी साधे हुए हैं। केवल अनुसूचित जाति/जन जाति संगठनों का अखिल भारतीय परिसंघ ही निजीकरण पर रोक और उसमें आरक्षण के लिए आंदोलनरत् है। इनका अपेक्षित योगदान साम्प्रदायिकता के विरूद्ध भी नहीं हो पाया है। वास्तविक रूप में देखा जाए तो इस प्रचार का सबसे ज्यादा नुकसान जितना दलित वर्ग को होगा, उतना अल्पसंख्यकों को भी नहीं। अल्पसंख्यक वैसे भी न तो आरक्षण का फायदा ले रहे हैं और न ही सरकार की कल्याणकारी योजनाओं की। गरीब किसी भी जाति या धर्म का हो उसका भारत तो डूब रहा और बैड है। हिटलर ने भी प्रचार द्वारा झूठ को सच सिद्ध कर दिया था। ऐसा न हो कि अखबार में सरकार की उपलब्धियों के विज्ञापन को ही लोग सच मान बैठे।

---

28 फरवरी, 04 दैनिक भास्कर दलित तो 'गुड' नहीं 'फील' कर रहे हैं

50

शराब और रूपया चुनाव में हावी रहा

दिल्ली विधान सभा चुनाव का मतदान कल सम्पन्न हो गया। इस वर्ष चुनाव आयोग की सख्ती के कारण दिल्ली के मुख्य मार्गों एवं सड़कों पर पोस्टर, होर्डिंग, झण्डे एवं अन्य प्रकार के प्रचार के साधन नहीं के बराबर दिखे अर्थात् धन का दुरूपयोग नहीं हुआ। गलियों, गांवों एवं मोहल्लों में झंडियां, बैनर आदि उतने तो नहीं लगे, जितने पहले हुआ करते थे। अतः यह कहा जा सकता है कि इस बार दिल्ली विधान सभा चुनाव में खुले रूप में धन का दुरूपयोग कम हुआ है। प्रत्याशी गाड़ियों के लम्बे काफिले भी लेकर नहीं चल सके। जब इस तरह से धन का दुरूपयोग संभव नहीं हुआ, तो इस वर्ष धन रूपये और शराब के रूप में इस्तेमाल हो ही गया।

जगह–जगह पर प्रशिक्षण एवं चुनावी सभाओं के माध्यम से यह समझाने का प्रयास किया गया कि शराब, कंबल, शाल और रूपये लेकर वोट न दें। झुग्गी–झोपड़ी के लोगों को कहा गया कि यदि शराब और रूपये के लिए वोट दिए, तो समझो आप वोट विकास एवं अपने भविष्य के लिए नहीं दे रहे हैं, बल्कि शराब और रूपये के लिए दे रहे हैं। कठोर शब्दों में भी इनसे कहा गया कि क्या एक बोतल शराब पांच साल तक पी जा सकती है? गरीब और मजदूर भी कभी–कभार इसका सेवन करता ही रहता है। उम्मीदवार एक–दो बोतल शराब दे भी दे, तो हफ्ते–पन्द्रह दिन भी यह नहीं चलाई जा सकती।

तमाम सभाओं में यह कहा गया कि एक कंबल या शाल मिल भी जाए, तो इससे पूरे घर के लोगों के लिए गर्म कपड़े का इंतजाम तो नहीं हो जाता। यह भी मान लिया जाए कि अगले चुनाव तक यह कपड़ा चल जाएगा, तो भी समझ में आता है कि इसके एवज में वोट दिया जा सकता है। 100–200 रूपये प्रतिदिन के हिसाब से मजदूरी भी उम्मीदवारों ने दी है, इससे तो हफ्ते–पन्द्रह दिन के लिए राशन की व्यवस्था भी नहीं हो सकती और अगले चुनाव तक की बात ही दूर की है। शायद यह पहला चुनाव रहा होगा, जब भारी संख्या में कार्यकर्त्ता मजदूरी पर जुटाए गए। चुनाव प्रचार के लिए हमने जब जान–पहचान के कुछ लोगों से आवश्यकता पड़ने पर सम्पक्र किया, तो पता लगा कि 200 रूपये प्रतिदिन पर किसी पार्टी का प्रचार करने गए हैं। यह इस चुनाव में आम बात रही। शायद इतना रोजगार असंगठित क्षेत्र में कुछ दिनों के लिए कभी ही मिला होगा। कुछ छोटे–छोटे प्रधानों को दस–पांच हजार रूपया दे दिया जाए, तो भी इनके घर का खर्च चलने वाला नहीं है, वैसे इतनी बड़ी धनराशि मिलने वाली शायद नहीं है। सैकड़ों जगहों पर ऐसे प्रशिक्षण शिविर लगाए गए, परन्तु इसका खास असर नहीं दिखा।

कल जब मतदान शुरू हुआ, तो देखा गया कि जिन लोगों की शिकायतें जिन–जिन नेताओं एवं पार्टियों से थी, वे ही रातो–रात बदल गए। उन्हीं के कार्यालय में ये दिखाई दिए और वोट भी उन्हीं को दिया। प्रश्न यह उठता है कि पांच साल तक जिस सरकार और उम्मीदवार की नीतियों के खिलाफ रहे हैं, चुनाव के समय ये उन्हीं को वोट देते हैं।

चुनाव आयोग की सख्ती के बावजूद भी इस तरह के भ्रष्टाचार को न रोका जा सका। पुलिस के चरित्र में एकाएक परिवर्तन भी नहीं आ सकता कि उसकी सांठ–गांठ स्थानीय नेताओं से न रहे। पुलिस का संबंध झुग्गी–झोपड़ी वालों से भी अच्छा है। दूसरी बात यह भी है कि इतने बड़े पैमाने पर शराब और पैसे का वितरण हुआ कि पुलिस चाहकर भी इसे रोक नहीं सकती। घर–घर पुलिस नहीं तैनात की जा सकती है, इसलिए इस पर प्रतिबन्ध लगाना मुश्किल है। चुनाव आयोग के डंडे के कारण प्रशासन पूरी तरह से चुस्त तो नजर आया, लेकिन धरातल पर पूरी तरह कामयाब नहीं रहा।

यह केवल झुग्गी–झोपड़ियों में ही नहीं देखा गया, बल्कि आम बस्तियों में भी छाया रहा। मीडिया भी कहीं न कहीं इसके लिए दोषी है। वे लगातार पार्टी और नेताओं के विरूद्ध तो लिखती है परन्तु जनता को निर्दोष करार कर छोड़ देती है। आज के समय में जनता भी बराबर की गुनहगार है, क्योंकि जब उसे पता है कि ये जनप्रतिनिधि बार–बार वायदा करके कुछ नहीं करते हैं, तब तो उसे इस समय सबक सिखाना चाहिए था। मध्यम एवं तथाकथित समृद्धिशाली लोग कितना भी आलोचना करें कि राजनीति में भ्रष्ट, कपटी एवं साम्प्रदायिक लोग हावी हो गए हैं, ये तो मात्र कहकर मन का बोझ हल्का कर लेते हैं। क्यों नहीं ये राजनीति में भाग लेकर इसे स्वस्थ करते? आलोचना करना आसान है, लेकिन विकल्प पैदा करना बहुत ही मुश्किल है। दुनिया के दूसरे देशों के मध्यम वर्ग एवं बुद्धिजीवियों ने काफी हद तक स्वयं हिस्सेदारी लेते हुए क्रांतियां की हैं, लेकिन हमारे यहां ऐसे उदाहरण अभी तक देखने को नहीं मिले।

प्रश्न यह उठता है कि राजनीति अयोग्य एवं बेईमान लोगों के हाथ में है, तो इसे ठीक करने के लिए लोग आगे क्यों नहीं आते? यदि राजनीति तमाम समस्याओं की जड़ है, तो राजनीति से ही सुधार संभव है, न कि किसी अन्य तरीके से। स्वयं सेवी संस्था चलाने वाले, सबकी आलोचना करते हैं। ये कभी टेबलेट, कभी इंजेक्शन या कभी छोटे–मोटे कल्याणकारी सहयोग से सोचते हैं कि इन्होंने सबसे महत्त्वपूर्ण भूमिका निभा दी। इस बात का भी दम भरते हैं कि जनता इनके साथ है। यदि यह सच्चाई है, तो क्यों नहीं, जिनके बीच ये काम करते हैं, उन्हें चुनाव के समय संगठित करके भ्रष्ट और बेईमानी वाले तरीकों को नाकाम करते? वास्तविकता यह है कि एन.जी.ओ. चलाने वाले अंत में अकेले ही रह जाते हैं, लेकिन ये लोग आलोचना करके बड़े आन्दोलन को कमजोर जरूर कर देते हैं।

अगर किसी बड़ी पार्टी का उम्मीदवार आखिरी रात जिसे कत्ल की रात कहा जाता है, इन तरीकों का सहयोग न ले तो जो जिताने वाला वोट है वह हाथ से निकल जाएगा। यदि दो प्रत्याशियों के बीच टक्कर रही, तो उसका फैसला रूपया और शराब ही कर सकता है। इसका मतलब यह नहीं

निकालना चाहिए कि केवल शराब और रूपया बांटकर चुनाव जीता जा सकता है, बल्कि यह पाया गया है कि यह निर्णायक भूमिका अदा करता है। उदाहरण के तौर पर दो उम्मीदवार चुनाव लड़ें और उनमें से मजबूत वाले के पास इस साधन का उपयोग करने के लिए धन नहीं है, तो उससे थोड़ा कमजोर उम्मीदवार भी चुनाव जीत जाएगा, यदि उसकी क्षमता वोटरों को शराब में नहलाने और जेब गर्म करने की है।

प्रश्न यह उठता है कि भारतीय जनतंत्र में कैसे स्वस्थ परंपरा और निष्पक्ष चुनाव कराया जा सके? दिल्ली में यदि जातीय भावना हावी नहीं रही तो शराब और पैसा तो हावी रहा ही। जातीय भावना को पूरी तरह से दिल्ली में नकारा नहीं जा सकता है। करावल नगर विधान सभा क्षेत्र में कांग्रेस का बागी प्रत्याशी पार्टी के कहने पर बैठ गया। उसके बाद उसकी जाति के लोगों ने घर घेरकर मार–पीट की, यह कहते हुए कि इसने पैसा ले लिया और जाति का नाम डुबा दिया। तथाकथित मध्यम वर्ग और बुद्धिजीवी क्यों नहीं इससे लड़ने के लिए कुछ करते? ये इसलिए कुछ नहीं करते, कयोंकि इसके लिए उन्हें जमीन पर उतरना पड़ेगा। हो सकता है कि इन्हें अन्तर्जातीय शादी–विवाह का आन्दोलन चलाना पड़े या और विधियां जिससे जाति का असर कम हो जाए। फिलहाल शराब और पैसे की भूमिका का क्या असर चुनाव में रहा, उस दृष्टिकोण पर चर्चा हो रही है। विकास, ईमानदारी और विज्ञान की वनिस्वत जाति एक दूसरी बड़ी सच्चाई है, जिससे चुनाव की दिशा तय होती है।

सत्ता पाने की होड़ में पार्टियां और उम्मीदवार इस रास्ते को अपनाए बिना नहीं रह सकतीं। इंडियन जस्टिस पार्टी के भी 30 से अधिक उम्मीदवारों ने इस चुनाव में भाग लिया। कुछ ने कहा कि यदि पेटियों का इंतजाम नहीं हुआ तो चुनाव गड़बड़ा जाएगा। मैंने उन्हें साफ कह दिया कि पहली बात तो हमारी आर्थिक स्थिति इतनी अच्छी नहीं है कि ऐसा कर सकूं, यदि होती भी तो इस रास्ते को हम नहीं अपना सकते। हमारे उम्मीदवार मायूस हो गए, उन्हें और पार्टी को इसकी कीमत चुकानी पड़ेगी। पेटी का आम मतलब होता है एक लाख रूपया लेकिन पेटी का इस चुनाव में मतलब था शराब। हमारे

वरिष्ठ नेताओं और कार्यकर्त्ताओं से तमाम जगहों पर पूछा गया कि पेटी लाए हो, जब उन्हें नहीं का जबाब मिला, तब उन्होंने कहा कि आखिर क्यों चुनाव लड़ रहे हो? अतः पेटी इस चुनाव में बड़ी भूमिका निभा गई। पहले शराब और रूपये की भूमिका कम हुआ करती थी, लेकिन इस बार इसलिए अधिक हुई कि धन का दुरूपयोग चुनाव के पारम्परिक रूप से संभव नहीं था। पारंपरिक रूप का मतलब है–होर्डिंग, पोस्टर, बैनर, गाड़ियों के काफिले इत्यादि। समय आ गया है कि नेता और पार्टियों के साथ जनता को भी लपेटा जाए। उनसे प्रश्न किया जाए कि जिनसे शिकायत होती है, चुनाव के दो–चार दिन में माहौल क्यों बदल जाता है और अन्त में उन्हीं को वोट क्यों देते हैं? मजबूत और प्रभावशाली नेता और पार्टियां इस साधन का मौन रहकर समर्थन करती हैं। छोटी पार्टियों एवं ईमानदार नेताओं की आवाज कमजोर है, इसलिए बात उनकी ज्यादा सुनी नहीं जाती। इस देश के बुद्धिजीवी, मीडिया और जो भी जिम्मेदार नागरिक हैं, जनता के गुनाहों पर भी प्रहार करें, जनता के भोलेपन और लालच के प्रति उन्हें आगाह करें। यह नहीं है कि गरीब और अशिक्षित हैं, उसकी वजह से जनतंत्र और अपने खिलाफ काम करें तो उसे माफ कर दिया जाए।

51

क्या गोरक्षा मानव से ज्यादा जरूरी है

गाय की राजनीति की शुरूआत मुख्यतया आर्य समाज के आंदोलन से शुरू हुई और अब यह मध्य प्रदेश और छत्तीसगढ़ तक पहुंच गई है। भाजपा को कुछ न कुछ धार्मिक आधार मिलता रहना चाहिए, जिससे वोटर उसके जाल में फंसते रहें। अयोध्या का मामला कमजोर पड़ता प्रतीत हो रहा है, इसलिए उस तरह के कुछ और धार्मिक और भावुक मुद्दे लिए जाएं, ताकि सत्ता में बने रहने का आधार बरकरार रहे। हाल में मध्य प्रदेश व छत्तीसगढ़ में भाजपा की सरकारें बनीं और उन्होंने गोवध को प्रतिबंधित कर दिया। इनके लिए गोरक्षा अन्य समस्याओं से ज्यादा गंभीर है। बाजारीकरण और औद्योगीकरण के पहले गाय एवं अन्य जानवर महत्त्वपूर्ण आर्थिक इकाई हुआ करते थे। सैकड़ों और हजारों गायों को भोज्य हेतु प्राचीन भारत में यज्ञों एवं अन्य पर्वों पर काटा जाता था। जब बौद्ध धर्म ने इसका विरोध किया तो गाय का वध करने वाले ही और क्रांतिकारी हो गए। धीरे–धीरे उन्होंने ही इसे धार्मिक पवित्रता का जामा पहना दिया। प्राचीन धार्मिक साहित्य इस तरह के तमाम उद्धरणों का आज भी उल्लेख करते हैं, लेकिन साम्प्रदायिक सद्भाव के लिए इस सच्चाई को नहीं लाया जाता। इसका पहला कारण यह है कि अंधविश्वासी, संघपरिवार एवं उसके समानांतर संगठनों को बिना वजह प्रचार मिल जाएगा। दूसरा कारण यह है कि मीडिया भी भयभीत है और इसीलिए इस जोखिम को उठाने को तैयार नहीं है।

छत्तीसगढ़ के मुख्यमंत्री डॉ॰ रमन सिंह ने गोहत्या पर प्रतिबंध लगा दिया है। उनकी सरकार ने गौशाला स्थापित करने की घोषणा की है, ताकि गायों की रक्षा ठीक तरह से की जा सके। कांग्रेस पार्टी के राज्य सभा के सदस्य श्री झुमुक लाल भेंड़िया ने 16 दिसम्बर, 03 को राज्यसभा में प्रश्न उठाया कि कोरवा आदिवासी खत्म हो रहे हैं। ये आदिवासी छत्तीसगढ़ की कोरवा पहाड़ी पर बसे हुए हैं और बहुत तेजी से इनकी संख्या कम हो रही है, क्योंकि स्वास्थ्य संबंधी कोई सुविधाएं नही हैं और भोजन का भी अभाव है। छत्तीसगढ़ की भाजपा सरकार ने इनकी चिन्ता न करते हुए गाय को ज्यादा तरजीह देना उचित समझा। इसी तरह मध्य प्रदेश की मुख्यमंत्री उमा भारती ने भी किया। इनकी नजरों में दलित, गरीब, बेरोजगार एवं महिलाएं आदि महत्त्व नहीं रखतीं। झज्जर में पांच दलितों की हत्या के पश्चात् विश्व हिन्दू परिषद के वरिष्ठ नेता गिरिराज किशोर ने प्रतिक्रिया व्यक्त करते हुए कहा था कि हिन्दू धर्मशास्त्रों के अनुसार गाय का महत्त्व दलित से अधिक है। अखिल भारतीय गोरक्षा महाभियान समिति, जिसका नेतृत्व एक शंकराचार्य कर रहे हैं, ने मांग की है कि पोटा की तर्ज पर गाय की हत्या के संबंध में भी कानून बने ताकि इसके हत्यारों को कठोर सजा दी जा सके। क्या ऐसे धार्मिक संगठन या नेता दलितों की रक्षा के लिए या अल्पसंख्यकों के हितों के लिए कभी ऐसी मांग करते हैं? हाल में गुजरात में दोपहर के भोजन के लिए दलित और गैर दलित बच्चों को स्कूल में अलग–अलग बैठाए जाने का विरोध जब दलित शिक्षकों ने किया, तो उनका तबादला कर दिया गया और आज वे नाना प्रकार के उत्पीड़न का सामना कर रहे हैं। इस तरह से तमाम अत्याचार होते ही रहते हैं। ऐसे मामलों में हिन्दू धर्म के ये नेता और संगठन आदि इनकी रक्षा के लिए आगे कभी नहीं आते। ज्ञात रहे कि मोदी सरकार भी इन्हीं की है।

प्रश्न उठता है कि सरकारी धन का खर्च ऐसे कार्यों के लिए करना कहां तक जायज है? क्या ऐसी सरकार की नजर में तथाकथित पिछड़ी जातियों का कोई महत्त्व है? दुनिया की कौन सी ऐसी नैतिकता है, जहां गाय का महत्त्व इनसान से अधिक हो? क्या दूसरे जानवर महत्त्वपूर्ण नहीं हैं? क्या यह

सबकुछ आधुनिक सभ्यता के अनुरूप है? विकसित देशों की नजर में भारत किस तरह की छवि बना रहा है? क्या यह वैज्ञानिक सोच के अनुरूप है? हो सकता है कि कुछ अशिक्षित एवं भावुक लोगों के लिए यह अच्छा रहे। इस तरह से अश्लीलता एवं अन्य तरह के अनैतिक कृत्यों को भी प्रोत्साहित किया जा सकता है, क्योंकि ऐसी चीजों के भी पक्ष में कुछ लोग तो होगें ही। राज्य का क्या यही कर्त्तव्य है? इस तरह से तो ऐसे अन्य अनर्गल विषयों पर भी विचार करने के लिए सरकार के लिए सरकार को मजबूर किया जा सकता है।

अब यह जान लेना बहुत जरूरी है कि संघ परिवार या भाजपा के नेताओं और कार्यकर्त्ताओं के दिल में तथाकथित पवित्र गाय के लिए कितनी मुहब्बत है। प्राचीन काल से लेकर आज तक ये तथाकथित गाय से मुहब्बत करने वाले क्या कभी बुनियादी जिम्मेदारी को निभा पाए, जिससे लगे कि गाय से वास्तव में इन्हें प्रेम है। न तो कभी इन्होंने गाय को चराया और न ही खिलाया। यह जिम्मेदारी तथाकथित शूद्रों की रही और आज भी मुख्य रूप से इन्हीं की है। यदि गाय पवित्र मां है, तो क्या अपनी मां की तरह कभी इन्होंने इसे समझा। इसके मरने के बाद क्यों नहीं हिन्दू धर्म के नेता और गऊ प्रेमी इसका दाह संस्कार करते? गाय के पति बैल को क्यों नहीं पवित्र मानते? क्या बैल की उत्पत्ति भिन्न है? कैसे यह संभव है कि नर अपवित्र हो और मादा पवित्र? ऐसा भेदभाव दुनिया में मुश्किल से ही देखने को मिलेगा।

स्वामी दयानंद सरस्वती के नेतृत्व में चलाए गए आर्य समाज के आंदोलन ने गाय की पवित्रता को सबसे अधिक तरजीह दी और उसके बाद यह एक राजनैतिक हथियार बन गया। इस आंदोलन में 1882 में गोरक्षिणी सभा की स्थापना की गई, जिसके माध्यम से मुसलमानों के विरूद्ध हिन्दुओं को इकट्ठा करने का काम किया गया। गोहत्या के कारण 1980 और 1990 के दशक में जगह–जगह पर दंगे भी हुए। यदि यह आगे और बढ़ता गया तो उत्तर–पूर्व में रह रहे मुख्य रूप से आदिवासी और ईसाई अपने को अलग–थलग समझने लगेगें, क्योंकि उनका मुख्य भोजन गाय का मांस ही है। यदि बहुसंख्यक हिन्दुओं की यह आस्था का प्रश्न है, तो इसी आधार पर

सिक्ख, बौद्ध, जैन, मुस्लिम और ईसाई भी अपनी आस्था और धर्मों के आधार पर राज्य से कानून बनाने की मांग करने लगेगें।

आश्चर्य होता है कि तमाम राजनैतिक पार्टियों ने भी संसद में इस बिल का समर्थन देने की बात दोहराई है। क्या इन्हें पता नहीं है कि हिन्दू धर्म में आस्था रखने वाला एक भाग गोमांस खाता है। केवल केरल प्रदेश में ही 72 समुदायों के लोग गोमांस का सेवन करते हैं। नायर (केरल के ब्राह्मण) भी इसका सेवन करते हैं। ईसाई और मुसलमान तो इसे खाते ही हैं। यहां समझ में नहीं आता है कि संघ परिवार एवं भाजपा गाय और बैल का मांस खाने वाले हिन्दुओं को अपने से अलग क्यों कर रहा है? क्या इससे हिन्दुओं की संख्या कम नहीं हो जाएगी? इनके संस्थापक जैसे सावरकर एवं डॉ० हेडगेवार ने यह सिखाया है कि एक हिन्दू का कम हो जाना भी चिन्ता का विषय है। इससे तो गाय–बैल का मांस खाने वाले हिन्दू और न खाने वालों के बीच एक गहरी दीवार बन सकती है।

हमारा देश इस बात के लिए जाना जाता है कि इस देश में नियम–कानून अधिक हैं, लेकिन उनकी पालना नहीं के बराबर है। यदि गोहत्या बन्द भी कर दी जाय तो इस बात की क्या गारण्टी है कि हत्या नहीं होगी। एक तरीका जरूर है, जिससे गोहत्या बन्द हो सकती है और वह संघ परिवार एवं भाजपा के पास ही है। यदि संघ परिवार एवं भाजपा के प्रत्येक कार्यकर्त्ता और नेता यह निश्चित कर लें कि सभी एक–एक गाय की रक्षा इसके मरने और अन्तिम संस्कार तक लें तो शायद एक भी गऊ माता तथाकथित कसाइयों को मारने के लिए नहीं मिल पाएगी। शिव के नन्दी बैल के लिए तो मन्दिर है, लेकिन गाय के लिए अभी तक नहीं बन पाया है। इसलिए संघ परिवार को गाय के लिए भी कोई पवित्र स्थान बनाना चाहिए। जमीनी सच्चाई यही है कि गाय जब दूध देना बन्द कर देती है तो संघ परिवार एवं भाजपा के लोग भी इसे कौड़ियों के दाम में कसाइयों के हाथ बेंच देते हैं। कानून तो बनता रहेगा, लेकिन इन्हें तो दूध निकालने के बाद बेंचना नहीं चाहिए, बल्कि मरने के बाद दाह संस्कार करने के लिए रखना चाहिए। ये यह भी देखें कि दाह संस्कार के लिए इनकी पवित्र मां दलितों के हाथ में

न लगे, बल्कि खुद ही इसका दाह संस्कार करें। दुनिया का कोई भी मानव समूह नहीं है, जिसे वह अपनी मां कहता हो, उसे सड़क पर प्लास्टिक सहित अन्य चीजें खाने के लिए बाध्य करे। यह पवित्र गऊ माता उन लोगों के पास पहुंचे ही न जो इसे मानते ही न हों। इससे जो गाएं सड़कों पर घूमती रहती हैं और लोग मारते भी हैं, वह भी न हो सकेगा। रास्ते जाम भी नहीं होगें। एक–एक गाय की रक्षा करने का यदि संकल्प ये ले लें, तो इस तथाकथित पवित्र मां का आपमान रूक जाएगा। यदि कानून बन भी जाता है, तो भी इसकी रक्षा की कोई गारण्टी नहीं है, क्योंकि हमारे देश में कानून का उल्लंघन सर्वविदित है। यह जिम्मेदारी संघ परिवार और भाजपा को ले ही लेनी चाहिए और आज जो त्रिशूल का वितरण कर रहे हैं, उसके एवज में तमाम बेसहारा एवं बेबस गायों का वितरण करें, ताकि लोग इसे सेवा–संस्कार के लिए ले जाएं। गोरक्षा का तरीका इससे बेहतर दूसरा कोई हो ही नहीं सकता।

मानव को मानव की ही तरह समझा जाना चाहिए। यदि हमारा देश गुलाम, गरीब और विभाजित हुआ है, तो ऐसी ही संकीर्ण एवं पूर्वाग्रहित मानसिकता के कारण। मानव प्रकृति का सबसे कीमती उपहार है। जो इसको नहीं मानता है वह आजाद है, गैरमानव की तरह रहने और व्यवहार करने के लिए।

52

चुनावों का जातीय चरित्र

भारतीय समाज जातियों का समाज है। हिन्दू धर्म को बिना जाति के न तो परिभाषित किया जा सकता है और न ही समझा जा सकता है। इसकी तुलना नारियल से करना उचित है। जिस तरह नारियल को सुरक्षित रखने के लिए वह छिलकों और आवरणों से अपने आपको पूर्ण सुरक्षित रखता है, उसी तरह से प्रचार, कुतक्र, अंधविश्वास, स्वर्ग और नक्र का भय, भाग्य एवं पुनर्जन्म इत्यादि बातों के जरिए जाति को सुरक्षित किया गया है।

इस देश में हमलावरों की लम्बी कतार है और उनका शासन लगभग 1000 वर्ष तक होने के बावजूद भी हिन्दू धर्म की व्यवस्था को खास प्रभावित नहीं किया जा सका। राष्ट्र की संप्रभुता को गिरवी रखना मंजूर रहा, लेकिन वर्णव्यवस्था में बदलाव नहीं। मुगल शासकों ने जब यहां की सामाजिक कुरीतियों को खत्म करने का साहस किया, तो भयंकर विरोध का सामना करना पड़ा। इससे वे समझ गए कि वर्णव्यवस्था में यदि बदलाव करेगें तो उनका शासन करना मुश्किल हो जाएगा। अंग्रेजी शासन में जब चार्ल्स ग्रांट ने 1772 में अंग्रेजी, आधुनिक विज्ञान, इंजीनियरिंग आदि की शिक्षा देने की बात कही, तो जबर्दस्त विरोध हुआ। इसी तरह से बिलियम गिलवर फोर्स के साथ हुआ। 1835 में विलियम बेंटिग ने मैकाले के प्रस्ताव को मान लिया कि अंग्रेजी, विज्ञान एवं इंजीनियरिंग आदि की शिक्षा भारत में लागू की जाए। राजा राम मोहन राय को भी बहुत तीखी आलोचनाओं का सामना करना पड़ा, जब उन्होंने यहां की सामाजिक व्यवस्था में परिवर्तन के लिए आंदोलन चलाया।

अंग्रेजों ने मुद्रा, डाक, रेल, प्रशासन एवं सेना आदि के द्वारा भारत को बनाने में सहयोग किया। फिर भी आजादी के समय लगभग 500 रजवाड़े राष्ट्र का हिस्सा न बनकर, अपनी रियासत कायम रखना चाहते थे। रियासत कायम रखने में जातीय व्यवस्था भी एक अहम् भूमिका निभा रही थी। वर्णव्यवस्था के अनुसार तथाकथित सवर्ण ही शासन करने के अधिकारी थे। अंग्रेजी शासन में विभिन्न अधिनियमों द्वारा संसदीय प्रणाली का विकास हुआ और आजाद भारत में इसी जनतंत्र प्रणाली को अपनाया गया। आधुनिक जनतंत्र का विकास यूरोप में हुआ और उसके बाद दुनिया के अन्य देशों ने इसे अपनाया। भारत भी इससे अछूता नहीं रहा। राजनैतिक पार्टी को यदि परिभाषित किया जाए, तो इसका उद्देश्य अपने सिद्धान्तों को लागू करने के लिए सत्ता हासिल करने का होता है। जिस पार्टी के जो भी सिद्धांत हों, उसी को लागू कराने के लिए लोगों को संगठित करके अपना–अपना वोट बैंक बनाया जाता है। हमारे यहां सभी पार्टियों के उद्देश्यों एवं कार्यक्रमों का अध्ययन करने के बाद यह लगेगा कि जैसे इन पार्टियों का अस्तित्व यूरोप या अमेरिका के देशों जैसा है। लेकिन जब धरातल की सच्चाई को देखते हैं, तो होश उड़ जाते हैं। भाजपा के उद्देश्य में भी धर्मनिरपेक्षता के लिए कटिबद्धता है, लेकिन व्यवहार में क्या ऐसा है?

आजादी के बाद से ही कांग्रेस इस फार्मूले के आधार पर चुनाव लड़ती रही कि जहां जिस जाति या समुदाय की संख्या ज्यादा हो, उम्मीदवार लगभग उसी के हों। विपक्ष में उस समय भाजपा जैसी पार्टियां नहीं थी। 80 के दशक तक विपक्षी पार्टिया या तो समाजवादी थीं या साम्यवादी अथवा उदारवादी। इसलिए इन्होंने जाति व धर्म को कांग्रेस जितना इस्तेमाल नहीं किया और सत्ता से दूर रहे।

चुनाव के समय कोई भी उम्मीदवार मंच से यह भाषण नहीं करता हुआ मिलेगा कि वह अमुक जाति या सम्प्रदाय का है, इसलिए वोट मिलना चाहिए। वास्तविकता ठीक इसके विपरीत ही होती है। कांग्रेस पार्टी को यदि जानें व समझें तो यह लगेगा कि तथाकथित सवर्णों के बीच ही सत्ता सिमटती रही और आज भी उसका वही चरित्र है। दिखाने के लिए कुछ अल्पसंख्यक, दलित एवं पिछड़े वर्ग के भी नेता हैं, लेकिन असली सम्प्रभुता तथाकथित सवर्णों के ही हाथ में आज भी सिमटी हुई है। मान लिया जाए कि कांग्रेस चुनाव लड़ती है और कहती है कि वह गरीबी दूर करेगी, धर्मनिरपेक्ष राष्ट्र इसका संकल्प है या देश का विकास ही उद्देश्य है, तो जब सत्ता सवर्णों के

ही बीच घूमती रही, तो ऐसी हालत में यह मान लेना कहां तक सच है कि कांग्रेस एक पार्टी के रूप में चुनाव लड़ी या उसके प्रभुत्वशाली तथाकथित जातियों के द्वारा। भले ही आवरण यह ओढ़ रखा हो कि और भी लोग पार्टी में हैं, लेकिन असली लड़ाई तो सवर्णों के सत्ता पर काबिज रहने की ही है। सन् 1937 के चुनाव में जिन 8 प्रान्तों में कांग्रेस का बहुमत प्राप्त हुआ था, उन सबके मुख्यमंत्री ब्राह्मण थे। स्वतंत्रता सेनानी मेवालाल यादव ने जब 1952 में विधान सभा प्रत्याशी हेतु आवेदन किया तो तत्कालीन गृहमंत्री गोविन्द बल्लभ पंत ने कहा कि अहिर, गड़रिया जब विधान सभा में बैठेगें तो गाएं और भेड़े कौन चराएगा? इससे स्पष्ट हो जाता है कि पहले तथाकथित सवर्ण ही चुनाव लड़ते थे, लेकिन अब पिछड़ी और दलित जातियां भी चुनाव लड़ने लगी हैं।

यही सच्चाई भाजपा के मामले में भी है। सवर्णों के अतिरिक्त इसमें व्यवसायी जाति भी शामिल हो गई है। अतः भाजपा की ओर से सवर्ण और बनिया दोनो चुनाव वास्तविक धरातल पर लड़ते हैं, न कि भाजपा एक राजनैतिक पार्टी के ही रूप में। समाजवादी पार्टी में मुख्य रूप से यादव चुनाव लड़ते हैं और उसे एक पार्टी का रूप देने के लिए ठाकुरों तथा कुछ और जातियों के नेताओं या कार्यकर्त्ताओं को शामिल करना पड़ता है। भाजपा का भय दिखाकर मुसलमानों का साथ पार्टी लेने में कामयाब रही है और मुसलमान अपने धर्म और सुरक्षा के लिए चुनाव सपा की ओर से लड़ता है, न कि शिक्षा, रोजगार व स्वास्थ्य आदि के लिए। जहां समाजवादी पार्टी नहीं है, विकल्प के रूप में कांग्रेस या कम्युनिस्टों के साथ जुड़कर मुसलमान चुनाव लड़ता है।

बहुजन समाज पार्टी भी चुनाव को पार्टी की ओर से नहीं, बल्कि दलित जाति की ओर से लड़ती है, जब चुनाव होता है तब दलित बसपा की तरफ से सवर्णों को हराने का ही काम करते हैं। उस समय उ॰प्र॰ के आम दलितों में यही जुनून सवार होता है कि हम अपने नेता को जिताएंगें और सवर्णों को हराएंगें। कुछ मतदाताओं को छोड़कर लगभग सभी को इस चीज का बोध नहीं होता कि आखिर मतदान पार्टी के सिद्धान्त के लिए कर रहे हैं अथवा किसी अन्य विचार के तहत।

बिहार में यादव की बाहुल्यता होने के कारण एक निश्चित वोट बैंक लालू जी का बन गया है। मुसलमान की वरीयता भाजपा को हराने की रहती है। ऐसे में वह स्वाभाविक रूप से तलाश करेगा कि कौन ऐसा नेता या पार्टी

है, जो भाजपा का विकल्प बन सकती है। इस तरह से मुसलमान और यादव वोट का ध्रुवीकरण हो जाता है और यादव मूलरूप से भूमिहारों, राजपूतों, को चुनाव में हराने के लिए सक्रिय होते हैं। यही स्थिति आन्ध्र प्रदेश में भी है। वर्तमान में कम्मा जाति के नेता चन्द्रबाबू नायडू आंध्र प्रदेश में तेलगुदेशम पार्टी के सुप्रीमों हैं। आंध्र प्रदेश में कम्मा और रेड्डी दबंग जातियां हैं। इसीलिए कभी कम्मा मुख्य मंत्री बनता है, तो कभी रेड्डी। इस सच्चाई के जानने के बाद तो बात बिल्कुल स्पष्ट हो जाती है कि चुनाव जातियों के बीच अधिक है, अपितु पार्टियों के बीच। हरियाणा में तीनो लाल–भजन लाल, देवी लाल, बंशी लाल जाट जाति के ही हैं। सत्ता इन्हीं के इर्द–गिर्द घूमती रहती है। अपवाद को छोड़कर दूसरी जाति का कोई नेता कितना भी विद्वान, प्रशासनिक, सिद्धांतवादी, ईमानदार और दूरदृष्टि वाला हो, तो भी वह सत्ता में नहीं आ सकता, क्योंकि उसकी जाति की संख्या कम है या कमजोर है। यही बात पंजाब के भी संदर्भ में सटीक है। चाहे प्रकाश सिंह बादल हों या अमरीन्दर सिंह हों, सत्ता जाट सिक्ख के ही इर्द–गिर्द रहती है। पंजाब में जाट सिक्ख की संख्या अधिक है और वे मालदार व दबंग भी हैं। उनके सामने दूसरी जातियां चुनाव लड़ने में कमजोर पड़ती हैं, इसलिए वे सत्ता से दूर रहती हैं। अगर पार्टियों के सिद्धान्त के मुताबिक चुनाव होता, तो क्या अब तक ब्राह्मण, बनिया, क्षत्रिय या दलित वर्ग के लोग मुख्यमंत्री नहीं हुए होते?

जनमानस की चाहत योग्य, ईमानदार, चरित्रवान नेता होना चाहिए, लेकिन क्या वह ऐसा करने में सहयोग करती है। मध्यम वर्ग का एक भाग अपवाद के रूप में हो सकता है, लेकिन आम जन–मानस के लिए जाति/धर्म और स्वयं के स्वार्थ की प्राथमिकता होती है, नेता चुनने में। श्री लाल कृष्ण आडवानी दिल्ली छोड़कर गांधी नगर से चुनाव इसलिए लड़ते हैं कि वहां पर उनकी जाति–सिंधियों की बाहुल्यता है। उसी तरह से चौधरी अजीत सिंह जाट बाहुल्य क्षेत्र से, मुलायम सिंह यादव क्षेत्र से व मायावती दलित बाहुल्य क्षेत्र से ही चुनकर आते हैं। कुछ अपवाद भी हैं, लेकिन साधारणतया चुनाव जातीय समीकरण के अनुसार ही लड़ा जाता है। जब जातीय भावना चुनने में प्रभावी हो, तो अन्य मुद्दे जैसे बेरोजगारी, भ्रष्टाचार, मंहगाई आदि का क्या मतलब?

भारतीय परिप्रेक्ष्य में राजनैतिक पार्टियों की जिम्मेदारी वही नहीं है, जो यूरोपीय देशों की राजनैतिक पार्टियों की है। चूंकि वहां जाति जैसी कोई सामाजिक विकृति नहीं है, इसलिए इसका वहां के परिप्रेक्ष्य में कोई अर्थ ही

नहीं है। हमारे नेताओं और पार्टियों को विकास, शिक्षा, स्वास्थ्य आदि मांगों के साथ जाति तोड़ने की भी मांग उठानी पड़ेगी। जब तक इस सड़ी–गली सामाजिक परंपराओं और भावनाओं को खत्म करने की प्राथमिकता नहीं देते हैं, तब तक ऐसा माहौल नहीं बन पाएगा, जिसमें चुनाव पार्टियों के बीच हो। हालांकि इस सामाजिक विभाजन जैसे दैत्य के शिकार लगभग सभी हैं, लेकिन इससे लड़ने की हिम्मत या प्रयास नहीं करते। चूंकि जातीय भावना को उभारकर आसानी से राजनैतिक सत्ता हथियायी जा सकती है, तो आम नेता इसी सहज रास्ते को अपनाने में ही बुद्धिमानी समझते हैं। जब चुनाव जातियों के मध्य हो तो ईमानदारी, भ्रष्टाचार मिटाने, चरित्र, विकास इत्यादि जैसी अहम मुद्दों की बात करने वाली पार्टियों व नेताओं को पिछड़ना ही है। मध्यम वर्ग की दुनिया अलग ही है। इसलिए वह इस सच्चाई को बिना पहचाने या आगे लाए उम्मीद करता है कि नेता और पार्टियां अपने कार्य को परिभाषित मापदण्ड में क्यों नहीं करती? जो अपेक्षा इनसे की जाती है, उसके लिए वातावरण बनाने के लिए भी संघर्ष करना पड़ेगा।

लोकसभा का चुनाव निकट भविष्य में होने जा रहा है। मध्यम वर्ग को चाहिए कि इस नजर से देखे, ताकि आत्मसात करने के बाद इस सड़ी गली व्यवस्था को समाप्त करने के लिए देश में आन्दोलन चलाने या चलवाने में सहयोगी हो सके।

---

10 मार्च, 2004 राष्ट्रीय सहारा जाति की नैया पर सवार

53

कार्यकर्ता और आंदोलन की गति

बहुजन समाज पार्टी के समर्थक अपने नेतृत्व की बात आंख मूंदकर मानते हैं और यही पार्टी की सबसे बड़ी शक्ति भी है। दूसरी पार्टियां इसलिए भयभीत रहती हैं कि इसका नेतृत्व अपने मतदाताओं के वोट इच्छानुसार किसी और को भी दिला सकता है, लेकिन यही भेड़चाल सबसे बड़ी कमजोरी भी है।

दलित और गरीब समाज के लोग बुनियादी सुविधाओं के अभाव एवं धन–सम्पत्ति की लालच में आसानी से तोड़े और खरीदे जा सकते हैं। हालांकि खाता–पीता तबका ज्यादा बिकता है, लेकिन उनकी कीमत लगाने की ताक़त कम से कम दलित एवं अल्पसंख्यक संगठन और पार्टियों में नहीं होती। इस कमजोरी को कांशीराम जी ने बहुत पहले ही पहचान लिया था और उसी के अनुसार उन्होंने अपने कार्यकर्त्ता एवं नेता तैयार किए। बहस करने वाले और सोचने–समझने वाले को पार्टी से दूर ही रखा गया। यह भी एक कड़वा सच है कि जरा सी ताक़त और पहचान मिल जाने से बसपा जैसी पार्टी के नेता जल्दी बिक जाते हैं। ऐसी विडम्बना बसपा जैसे अन्य संगठनों के साथ भी है। कुछ ही दिनों के अनुभव के बाद मैंने स्वयं महसूस किया कि जिसको भी आगे बढ़ाओ या निर्णय लेने का अधिकार दो, झूठे अहंकार एवं दूसरे के बरगलाने से अपने आपको बड़ा नेता समझने लगते हैं। संगठन छोड़ देने के कुछ दिन बाद पता लगता है कि उनकी हैसियत क्या है?

पार्टी का कार्यकर्त्ता एवं नेता कट्टर समर्थक हो तो इससे अच्छी बात ही क्या हो सकती है, परन्तु ऐसा नहीं होना चाहिए कि नेतृत्व की गलतियों के कारण गलत दिशा में चल पड़े। बसपा ने शुरू से यह रटाया कि बहुजन समाज का सत्ता में आने पर ही भला हो सकता है। कार्यकर्त्ताओं एवं नेताओं ने कभी प्रश्न ही नहीं किया कि आखिर आंदोलन और नेतृत्व उनके और देश के लिए करना क्या चाहता है? यही कारण है कि इसके नेता अपनी मनमानी करने लगे। पूरी पार्टी के कार्यकर्त्ता दिन में सपने देखते रहे और उनकी ऊर्जा का दुरूपयोग जमकर होता रहा।

चुनाव आयोग के अलावा शायद ही किसी ने बहुजन समाज पार्टी के संविधान को देखा होगा। घोषणा पत्र किसी भी चुनाव में इन्होंने जारी नहीं किया। जब इस पर जमकर नुक्ता–चीनी की गई तो इस बार सुश्री मायावती घोषणा–पत्र जारी करने के लिए बाध्य हुईं। भले ही इनका कार्यकर्त्ता मार दिया जाए, तो भी उसकी सुरक्षा या न्याय के लिए धरना–प्रदर्शन या आंदोलन नहीं किया जाता। सरकार की नीति कितनी भी दलित विरोधी क्यों न हो उस पर कभी जन आंदोलन नहीं चलाया। राजनैतिक पार्टी की परिभाषा को उलटकर रख दिया है। किसी भी राजनीति शास्त्र के विद्यार्थी से यदि पार्टी की परिभाषा पूछी जाए तो वह यह कहेगा कि पार्टी अपने उद्देश्यों एवं मांगों को मनवाने के लिए संघर्ष करते हुए सत्ता तक पहुंचने का प्रयास करती है। बसपा तो अपने सिद्धान्त एवं मांगों को मनवाने के लिए बिना किसी संघर्ष के सत्ता हासिल करना चाहती है। सत्ता पाने के लिए भावुकता, उल्टा प्रचार, अवसरवाद आदि साधनों का इस्तेमाल करती है। हालांकि यही सब और पार्टियां भी करती हैं, लेकिन उनका मुख्य हथियार कुछ और ही होता है, जैसे–भाजपा ने सत्ता तक पहुंचने के लिए अयोध्या में मंदिर बनवाने के लिए आंदोलन किया और जब उसे लगा कि बाबरी मस्जिद तोड़ना जरूरी है, तो तोड़ भी दिया। कांग्रेस भी अपने प्रचार में दलित, पिछड़ों व अल्पसंख्यकों आदि की समस्याओं पर कुछ न कुछ करती ही है, लेकिन बसपा केवल सत्ता में आने पर ही कुछ करने की बात करती है। कभी पर्दाफाश रैली, कभी चेतावनी तो कभी सावधान–ये सभी भावुकता एवं उत्तेजना के ही रूप हैं।

इसे और बेहतर समझने के लिए उन बातों पर ध्यान देना पड़ेगा, जिससे ये अपने समर्थकों को लगातार गुमराह किए रहते हैं। इस समय मायावती जी जमकर कांग्रेस को कोस रही हैं कि उसने डॉ॰ अम्बेडकर को चुनाव नहीं जीतने दिया था। हुआ यह था कि जब डॉ॰ अम्बेडकर कांग्रेस के अशिक्षित उम्मीदवार से चुनाव हारे तो पटेल जी ने नेहरू जी से कहा कि डॉ॰ अम्बेडकर के लिए संसद के दरवाजे तो क्या खिड़कियां भी बंद कर दी गई हैं। 1996 में बसपा ने उसी कांग्रेस के साथ मिलकर उ॰प्र॰ का विधान सभा चुनाव क्यों लड़ा था? ''तिलक, तराजू औ तलवार, इनको मारो जूते चार।'' के नारे के ही कारण दलितों, पिछड़ों एवं अल्पसंख्यकों का समर्थन पार्टी को मिला था, लेकिन उन्हीं के साथ सरकार भी बनायी। मनुवादी–मनुवादी कहते रहते हैं, लेकिन समझौता भाजपा से होता ही रहता है। यहां तक कि गुजरात में नरेन्द्र मोदी के पक्ष में प्रचार करने भी सुश्री मायावती पहुंच गयीं। अवसरवादी राजनीति कई पार्टियां कर रही हैं, उस मायने में यहां पर बसपा का उल्लेख नहीं किया जा रहा है, बल्कि उन नारों और वक्तव्यों का उल्लेख करके समझाने की कोशिश की जा रही है कि कैसे कार्यकर्त्ताओं के दुख और समस्याओं को समझें या शामिल हुए बिना, भावुक बनाकर पार्टी उन्हें वोट बैंक बना रखी है। कौन से डॉ॰ अम्बेडकर के आदर्श को इन्होंने लागू करने की कोशिश की है? डॉ॰ अम्बेडकर की आखिरी आवाज जात–पांत तोड़ने की थी, उस दिशा में इन्होंने कौन सा कदम उठाया? उल्टे अपने साथ–साथ दूसरे दलित नेताओं की भी जाति बताती रहतीं हैं। क्या यही अम्बेडकरवाद है? क्या इनके समर्थक कभी प्रश्न करते हैं कि आखिर यह ब्राह्मणवाद नहीं तो क्या है?

जब 1997 में पांच आरक्षण विरोधी आदेश जारी किए गए तो उसका विरोध बसपा ने बिल्कुल नहीं किया। उन आदेशों को निरस्त कराने के लिए अनुसूचित जाति/जन जाति संगठनों का अखिल भारतीय परिसंघ का गठन किया गया और उसके संघर्ष से तीन आरक्षण विरोधी आदेश वापिस भी हुए। जब परिसंघ का आदोलन चल रहा था, तब मायावती जी ने उल्टे इसकी आलोचना करते हुए कहा था कि आरक्षण कर्मचारियों की रैली से नहीं बचेगा,

बल्कि उसके लिए बसपा को सत्ता में आना होगा। तब भी बसपा समर्थकों ने पार्टी में यह बहस नहीं चलायी कि आखिर पार्टी 50 साल तक सत्ता में न आए तो क्या संघर्ष किया ही नहीं जाएगा? जब निजीकरण और भूमण्डलीकरण तेज हुआ और सरकारी कम्पनियां बिकने लगी, तब भी बसपा यही कहती रही कि सत्ता में आने पर सब ठीक हो जाएगा। तेल की कम्पनियों के विनिवेश का विरोध सत्ता पक्ष के नेता जॉर्ज फर्नांडीज तक ने किया, लेकिन बसपा ने नहीं किया। इसके बावजूद बसपा कार्यकर्त्ता चुप रहे।

निजीकरण के कारण तमाम कल्याणकारी योजनाएं बंद की जा रही हैं, आरक्षण लागू नहीं किया जा रहा है, खाली पदों पर भर्ती नहीं हो रही है, ये सब बसपा के लिए कोई मुद्दे हैं ही नहीं। शिक्षा का जिस तरह से निजीकरण एवं व्यवसायीकरण हुआ है, उसके कारण दलित और गरीब के बच्चे उस शिक्षा से वंचित होते जा रहे हैं, जिससे कुछ प्रगति या भागीदारी सुनिश्चित हो सके। जब यह दौर नहीं आया था, तो गरीब–अमीर एवं सवर्ण–दलित सभी के बच्चे सरकारी स्कूलों में पढ़ते थे। मेडिकल और इंजीनियरिंग की शिक्षा में भी यही हालात थे, लेकिन आज मंहगी एवं निजीक्षेत्र की शिक्षा अमीरों और सवर्णो को ही मिल रही है। क्या सावधान या पर्दाफाश रैली इन विषयों को लेकर नहीं की जा सकती थी? 13 मार्च को बसपा की पर्दाफाश रैली लखनऊ में हुई, क्या उपरोक्त समस्याओं के सम्बंध में थी, बिल्कुल नहीं। ऐसी थोथी और भावुक रैलियां या वक्तव्य इसके नेता देते हैं, जिसका कोई सरोकार दलितों के आर्थिक विकास एवं सम्मान से नहीं है। बसपा कार्यकर्त्ता भावना में बहते चले जा रहे हैं।

हालात यहां तक पैदा हो गए हैं कि दूसरी पार्टियां जो कभी दलितों के लिए कुछ कर दिया करती थी, उन्होंने भी पूरी तरह से चुप्पी साध ली है या परोक्ष रूप से विरोधियों की कतार में खड़े हो गए हैं। कारण यह है कि उन्हें लगता है कि दलित वोट आखिर बसपा को ही देगा तो इनकी समस्या उठाने से लाभ क्या? लोकसभा से लेकर विधानसभाओं तक में अब कोई गंभीर बहस या आवाज नहीं उठ रही है, फिर भी बसपाई अपने नेता की

नीतियों को समझ नहीं पा रहे हैं। समर्थकों की सोच यहां तक खत्म कर दी गयी कि उनमें से कुछ यह भी कहने लगे हैं कि आरक्षण से तो दो–चार प्रतिशत लोगों का फायदा हुआ है। हम तो आरक्षण देने वाला बनना चाहते हैं। इन्हें यह भी आभास नहीं है कि राजनीति या सरकारी नौकरियों में आरक्षण के ही कारण थोड़ा–बहुत दलितों को सामाजिक प्रतिष्ठा एवं आर्थिक उन्नति मिली है। अन्य क्षेत्र जैसे–मीडिया, उद्योग, व्यवसाय, उच्च शिक्षा, उच्च न्यायपालिका, आयात–निर्यात, वित्तीय संस्थान, हाई–टैक या इंटरनेट आदि में अभी तक भागीदारी की कोई शुरुआत तक नहीं हो पाई है। आरक्षण के सहारे दलित बुद्धिमान, कर्मचारी एवं अधिकारी बने तो भी अंध–भक्तों को इसकी सार्थकता नज़र नहीं आ रही है।

1980 के दशक में बसपा ने मंडल कमीशन लागू करवाने के लिए जन आंदोलन किया, जिसका सरोकार पिछड़े वर्ग के लोगों से था। काका कालेलकर के आयोग ने भी सिफारिश की थी कि पिछड़ों को आरक्षण मिलना चाहिए, लेकिन लागू करवाने के लिए कोई आंदोलन नहीं चला और वह रपट ठण्डे बस्ते में बंद होकर रह गयी। कांशीराम जी के आंदोलन के कारण जब मंडल कमीशन के मुद्दे ने राजनैतिक रूप ले लिया, तो राजनैतिक मजबूरीवश सरकार को लागू करना पड़ा। हाल में मायावती जी ने पार्टी का घोषणापत्र जारी करते हुए कहा कि वे सवर्णों को आरक्षण देने के पक्ष में हैं। दलित के लिए कभी भी कोई आंदोलन नहीं किया और न ही उनके मुद्दे लिए। इस मायने में समर्थक भेड़ कहे जाएं तो कोई अतिश्योक्ति नहीं होगी। दिल्ली विधान सभा चुनाव के दौरान बसपा के एक नेता ने दैनिक भास्कर समाचार पत्र के माध्यम से कहा कि उनकी पार्टी के लिए बिजली, पानी, रोजगार, भ्रष्टाचार आदि कोई समस्या नहीं है, सिर्फ समस्या है तो नेता को सत्ता में पहुचाने की।

जितनी ऊर्जा बसपा के आंदोलन को खड़ा करने में लगी है, अगर किसी दूसरे दूरदर्शी एवं समझदार नेतृत्व को मिली होती तो दलित समाज तो क्या पूरे देश के लिए बहुत कुछ किया जा सकता था। कम्युनिस्ट पार्टी की स्थापना 1925 में हुई और आज तक वह केन्द्र की सत्ता में नहीं पहुंच

पायी है, फिर भी उसके आंदोलन के कारण देश के तमाम गरीबों एवं मजदूरों को अधिकार मिले। अगर उनका भी यही दृष्टिकोण होता, तो वे भी कुछ न कर सके होते। डॉ॰ अम्बेडकर ने अकेले संसद में पहुंचकर संघर्ष करते हुए तमाम अधिकार दिलाए। बसपा के 14 गुना अर्थात् 14 सांसद 13वीं लोकसभा में चुनकर गए, लेकिन एक भी अहम् मुद्दा नहीं उठा सके। अन्य पार्टियों ने भी विपक्ष की भूमिका निभाते हुए अपनी बातों को मनवाया, लेकिन बसपा कुछ भी अपने समर्थकों के लिए हासिल नहीं कर सकी। ये रटते जा रहे हैं कि जब पार्टी सत्ता में आएगी, तभी स्वर्ग मिलेगा। तीन बार उ॰प्र॰ की सत्ता में आए तो कोई स्वर्ग नहीं मिला और आगे भी यदि कभी केन्द्र की सत्ता में आएंगें, तो कहेंगें कि साझा सरकार थी, इसलिए कुछ नहीं कर पाए, जैसा उ॰प्र॰ के मामले में कहते हैं। बसपा समर्थकों को भेड़ चाल छोड़कर दूसरे दलित आन्दोलन एवं पार्टी से जुड़ना चाहिए।

---

24 मार्च, 04 राष्ट्रीय सहारा आंदोलन की शक्ति का दुरूपयोग

54

भ्रष्ट मतदाताओं से

जब 'भ्रष्ट' शब्द नेताओं के लिए इस्तेमाल होता है, तो इससे कोई चौंकता नहीं है, लेकिन मतदाता के लिए इस शब्द का प्रयोग बहुतों के लिए अचम्भित जरूर करेगा। कहावतें हैं, ''ताली एक हाथ से नहीं बजती है।'' ''गुनाह करने वाले से सहने वाला ज्यादा कसूरवार होता है।'' ''लालच वहीं काम कर पाता है, जहां लालची हों।'' इस धरातल की सच्चाई को स्वीकार या कहने की हिम्मत या तो हमारी परम्परा में नहीं है या भय के कारण कोई आगे नहीं आता। देश या समाज बनाने के लिए इस सच्चाई से मुंह मोड़ा नहीं जा सकता, यही प्रयास चुनावों के मध्य करने के लिए किया जा रहा है।

निर्विवाद रूप से राजनीति में भ्रष्ट लोग हैं, लेकिन क्या भारत की 100 करोड़ की आबादी में ईमानदार बचे ही नहीं हैं, जो सरकार चला सकें? निश्चित तौर से उतने लोग तो ईमानदार बचे ही हैं, जिनसे सरकार चल सकती है। आजादी के आंदोलन से निकले राजनीतिक नेताओं में एक आदर्श इसलिए था कि वे किसी विशेष परिस्थिति की उपज थे। प्राचीन भारत से लेकर आजादी के पहले तक के रियासतदार कौन से ईमानदार रहे हैं? रियासतों के बीच टकराव जर, जोरू और जमीन के लिए हुआ करता था, तो क्या उस समय की सत्ता किसी आदर्श या न्याय पर टिकी थी? भले ही कुछ लोग उसे सतयुग कहें या पुराने जमाने की बात ही क्या थी, कहें, लेकिन उन दलितों और सर्वहारा से पूछो कि उनका सतयुग तब हुआ करता था कि आज है। रानी के पेट से राजा पैदा हो और वह राज्य भ्रष्टाचार, षड्यंत्र व

लोभ–लालच से ऊपर हो, कैसे संभव है? जब मेहतरानी के पेट से भी राजा पैदा होने लगे, तो उसकी अच्छाइयों को कहने और सुनने वाले कम ही मिलते हैं। हालांकि इस देश में सही सुनने और कहने की परंपरा कम रही है और वही विरासत हम भी अपने कंधों पर ढो रहे हैं। मध्यम वर्ग से उम्मीद की जा सकती थी कि वह सवाल–जबाब करने वाले एवं तक्र के आधार पर समाज बनाने में मददगार होगा, लेकिन अब उसकी भी आशा नहीं रही। भूमण्डलीकरण एवं निजीकरण का समर्थन मध्य वर्ग भी करने लगा। शिक्षा के भगवाकरण का मुकाबला क्या मध्यम वर्ग अंत तक कर सका? भारत का नया उदय हुआ है। मध्यम वर्ग की चुप्पी बताती है कि उनका समर्थन जरूर मिल रहा है। उपभोक्तावाद के बढ़ने से शायद इसकी भी सोच भ्रष्ट हुई है। बड़े शहरों में इंटरनेट, टेलीविजन, कम्प्यूटर, हाई–टैक, नई इमारतें आदि से कुछ लोग चकाचौंध हो गए हैं, तो उन्हें भी लगने लगा है कि भारत चमक रहा है। गांव एवं छोटे शहरों में गरीबी, अशिक्षा एवं बीमारी का आलम वही है या यूं कहें कि उससे बदतर हुआ है। क्या इस सच को भ्रष्टाचार की परिधि में नहीं जकड़ा जा सकता है? बुद्धिजीवी वर्ग बंद कमरे में आलोचना तो सबकी करेगा, लेकिन उनमें से निकम्मों की एक बड़ी फौज है, जो चुनाव के दिन वोट देने तक नहीं जाती। क्या नैतिक रूप से ये भ्रष्ट राजनीतिक लोगों की आलोचना करने के हकदार हैं?

राजनीति में कभी इतना भ्रष्टाचार खुलकर नहीं सिर पर नाचा, जितना कि 14वीं लोकसभा के दौरान। भाजपा चुनाव जीतने के लिए फिल्म उद्योग से नाचने और गाने वालों को खरीदकर चुनावी माहौल अपने पक्ष में करने का पूरा प्रयास कर रही है। मशहूर फिल्म कलाकार सुनील सेट्टी ने कहा कि उन्हें राजनीतिक पार्टी में शामिल करने के लिए दस लाख रूपये प्रतिदिन के हिसाब से पेशकस की गई थी। क्या इन तथाकथित कलाकारों को भ्रष्ट नहीं कहा जाएगा? बाद में इस होड़ में कांग्रेस भी शामिल हुई है, कला के जगत् से राजनीतिज्ञों की जितनी खिल्ली उड़ाई जाती है, शायद ही किसी और मोर्चे से। अब यही कलाकार खुद ही भ्रष्ट हो गए हैं। अभिजात्य वर्ग और कला के क्षेत्र में जो भ्रष्टाचार है, शायद अन्यत्र नहीं होगा। अंडरवर्ल्ड के पैसे से फिल्में बन रही हैं और उनके मनोरंजन के लिए ये कलाकार दुबई में नाचने और गाने जाने के लिए मुंह बाए रहते हैं। नं. वन में जो पैसा ये लोग लेते हैं, उससे कई गुना नं. दो में लेते हैं। क्या फिल्म की शूटिंग भारत में नहीं हो सकती? लेकिन मानसिक गुलामी और ऐयासी के लिए विदेशों में जाना

पसंद करते हैं, जिससे भारत का फॉरेन एक्सचैंज तो प्रभावित होता ही है, साथ ही साथ दूसरे देशों की आर्थिक व्यवस्था मजबूत होती है, न कि हमारी। किस मापदण्ड से ये लोग बेहतर हैं?

हमारे यहां लोग चहते हैं कि भगत सिंह तो पैदा हों, लेकिन अपने घर नहीं, पड़ोस के। स्वयं का बच्चा पढ़ाई में अच्छा हो, बड़ों से सवाल–जबाब न करे और किसी भी सामाजिक न्याय के आंदोलन में शामिल न हो, घर समय से आए। भगत सिंह जैसा बच्चा अच्छे नम्बर नहीं लाएगा और संभव है कि तमाम झंझावातों से गुजरना पड़े। घर वालों को भी कभी मुसीबत का सामना करना पड़े। यही हालत मतदाताओं की भी है। ये चाहते तो हैं कि राजनीतिज्ञ लोग ईमानदार और स्वच्छ छवि के हों, लेकिन खुद कोई विशेष योगदान देकर ईमानदार लोगों को आगे बढ़ाने के लिए आगे न आएं।

अभी भी तमाम सामाजिक और राजनैतिक कार्यकर्त्ता और नेता हैं, जो बिल्कुल ईमानदार हैं और जनता के सरोकारों से जुड़े भी रहते हैं। ऐसे लोग यदि चुनाव में खड़े हों, तो क्या जनता चुनकर भेजेगी? जब कारों के काफिले के साथ उम्मीदवार उतरते हैं, तो तमाम मतदाता उनसे बिना प्रभावित हुए रह नहीं पाता। चेतन या अचेतन अवस्था में वह सोचता है कि यह धाकड़ नेता है, जो काम आएगा। प्रचार–प्रसार के माहौल में तमाम मतदाता गलत दिशा में बह जाते हैं। गांव और मुहल्ले के कुछ मुखिया या प्रधान किस्म के लोगों को खरीद कर तमाम मतदाताओं का मत लेना कोई नई बात नहीं है।

चुनाव के पूर्व या बाद में आम मतदाता यही बहस करते हुए पाया जाएगा कि उसके विधायक और सांसद ने क्षेत्र के लिए काम नहीं किया। अपराध और दादागीरी बढ़ी। मंहगाई और बेरोजगारी जैसी बातें तो उनके गुस्से और चर्चाओं का हिस्सा होती ही हैं। जैसे–जैसे मतदान का समय नजदीक आता है, तो तमाम मतदाता को उनकी जाति और स्वार्थ नजर आने लगता है। वर्तमान में शराब और उपभोग के सामान तो अन्तिम समय में चुनाव की दिशा ही बदल देते हैं। ईमानदार उम्मीदवार कहां से ऐसे मतदाताओं की चाहत पूरी कर सकता है?

अपराधी एवं भ्रष्ट लोगों को वोट कौन देता है? जातियों में विभाजित समाज के लोग अपनी जाति के गुण्डे और डकैत को जाति का मान और सम्मान समझते हैं। दूसरी जाति के गुण्डे के जबाब में अपनी जाति के गुण्डे पर नाज़ रखते हैं। ऐसे में क्या मतदाता जिम्मेदार नहीं है राजनीति का अपराधीकरण एवं भ्रष्टाचार करने का?

जातियों के मध्य जब तक चुनाव होता रहेगा, तब तक शायद ही विकास, अनुसंधान, रोजगार, शिक्षा, स्वास्थ्य जैसे मुद्दों के आधार पर सरकार बनेगी। सतही रूप से हम देखें तो लगेगा कि चुनाव विभिन्न राजनीतिक दलों के बीच हो रहा है, लेकिन तह में जाएं तो देखने को मिलेगा कि चुनाव मूलतः जातियों और धर्मों के बीच हो रहा है। दो दशक पहले चुनावों में मुख्य रूप से दबंग जातियां भाग लेती थी, लेकिन चेतना के साथ दलित, पिछड़े और अल्पसंख्यक भी इस स्पर्धा में शामिल हो गए हैं, तो लगने लगा है कि जातिवाद बढ़ रहा है। जब जाति के बीच चुनाव होगा तो उसमें भावना, अहंकार, झूठी शांति और शान के लिए ज्यादा, बजाय कि बुनियादी समस्याओं एवं देश के विकास के लिए।

हाल में दिल्ली नगर निगम में ईमानदार या उपयुक्त इंजीनियरों का भारी अकाल पड़ गया है। एमसीडी के सतक्रता विभाग ने एक साल में 520 कर्मचारियों के विरूद्ध आरोप लगाए, जिसमें 400 इंजीनियर ही थे। सतक्रता विभाग ने 97 अधिकारियों को विभाग से ससपेंड किया और 60 की छुट्टी कर दी। बिल्डिंग डिपार्टमेंट में कुछ को छोड़कर सभी भ्रष्टाचार में लिप्त हैं और इस समय संवेदनशील स्थान पर नियुक्ति के लिए इंजीनियरों का अभाव है। परिणाम यह हो रहा है कि एक वार्ड को देखने के लिए एक जूनियर इंजीनियर की आवश्यकता है, लेकिन ईमानदार इंजीनियरों की कमी के कारण एक–एक को तीन–तीन चार–चार वार्ड देखना पड़ रहा है। यहां तक कि सतक्रता विभाग में भी घुन लग गया। इन अधिकारियों को भी जोर–जोर से कहते हुए सुना जाएगा कि राजनीति में भ्रष्ट लोग हैं, लेकिन अपनी जिम्मेदारी का जब समय आता है, तो क्या ये किसी से कम हैं?

फोड़े या जख्म पर पट्टी बांधने से मवाद नहीं निकलेगा। म्रवाद निकालने के लिए चीड़–फाड़ की जरूरत होगी। यह बहुत ही अहम बात है कि हम कम से कम गलत को गलत और सही को सही जानने और कहने की कोशिश तो करें। मतदाता भ्रष्ट होते हुए नेताओं से उम्मीद करे कि वे ईमानदार बने रहें, यह संभव नहीं है। प्रजातंत्र में जैसे मतदाता वैसे ही सरकार की संभावना अधिक है। उदाहरण हमारे सामने है कि जो नेता सत्ता में रहते हुए पैसा कमा गए और सही या गलत में भेद न करते हुए अपने कार्यकर्त्ताओं का काम किया, उनकी ही दास्तान दास्तानों में रह गई। अवसरवादी और दलबदलू नेताओं को भले या बुरे में याद तो किया जाता है और उनके सामने पड़ने पर शत्–प्रतिशत लोग नतमस्तक हो जाते हैं,

लेकिन जो ईमानदार रहे, वे धनाभाव एवं कार्यकर्त्ता विहीन हो जाने के कारण चुनाव भी हारे। कइयों को तो आगे टिकट भी नहीं मिले और अंत में जनता ने उनको सदा के लिए भुला दिया। विपक्ष में वही पार्टी और नेता अपने को जिन्दा रख सकता है, जिसके पास पैसा और कार्यकर्त्ता हैं। ईमानदार नेता के पास इतना भी पैसा नहीं है कि तमाम कार्यकर्त्ताओं की समस्याओं के लिए टेलीफोन और पत्राचार के खर्च का वहन कर सके। हालांकि अपवाद भी है कि ईमानदारी के साथ कुछ नेता राजनीति में जिन्दा हैं, लेकिन सत्ता बहुमत से चलती है।

हालत अब तो बद से बदतर हो गई है। अपवाद को छोड़कर कोई पार्टी या नेता भीड़ जुटाने में सक्षम नहीं है, जब तक आने–जाने का साधन मुहैया न कराए। बड़े शहरों में तो दिन की मजदूरी भी देना पड़ता है। उन्हीं उम्मीदवारों और पार्टियों को कार्यकर्त्ता चुनाव में मिलते हैं, जो जेब खर्च, खाना और यातायात के साधन देने में सक्षम हैं। और भी बहुत सी जरूरतें चुनाव लड़ने के लिए बनती जा रही हैं, जो निश्चित तौर से ईमानदार व्यक्ति पूरा नहीं कर सकता है। ऐसे में मतदाता को भी अपने गिरेबान में झांककर देखना होगा, तभी जाकर इस तरह की सरकार का निर्माण होगा, जो विकास, रोजगार, शिक्षा और स्वाथ्य आदि सुविधाओं या अधिकारों को मुहैया करा सके। केवल राजनीतिज्ञों की आलोचना ही समस्या का हल नहीं।

55

चुनाव आयोग कुछ और आगे बढ़े

चुनाव आयोग भारत के संविधान की धारा 324 के तहत अस्तित्व में है। अतः यह संवैधानिक संस्था है। जब तक राजनीति में कालाधन, अपराध आदि का बढ़चढ़कर इस्तेमाल नहीं शुरू हुआ, तब तक यह संस्था बहुत प्रभावशाली नहीं रही। लोग अब की तुलना में पहले सत्ता के लिए इतने उग्र नहीं थे, अब बहुत लोग इसे प्राप्त करना चाहते हैं। स्पर्धा बढ़ने से उग्रता एंव छीना–झपटी की भी बढ़त हुई है। इसलिए आयोग का काम अधिक चुनौतीपूर्ण होता जा रहा है। इसका मतलब यह कत्तई नहीं कि पहले चुनाव ज्यादा निष्पक्ष होता था। पहले की तुलना में अब चुनाव में ज्यादा निष्पक्षता होने लगी है।

इस संस्था को नया प्राण देने का काम टी.एन. शेषन ने किया। श्री शेषन ने यह साबित कर दिया कि यदि व्यक्ति दृढ़ प्रतिज्ञ हो तो बहुत कुछ किया जा सकता है। श्री के.आर. नारायणन के पहले ऐसा कोई राष्ट्रपति नहीं था, जिसने केन्द्र की सिफारिश पर राज्यों मे राष्ट्रपति शासन लागू करने से मना किया हो। वर्तमान में चुनाव आयोग खुद इतना मजबूत हो गया है कि उसमें साधारण व्यक्ति बैठा हो तो भी इसका खौफ बना रहेगा।

अभी देश में 14वीं लोक सभा के लिए चुनाव हुए, जिसमें भारी अनियमितताएं पायी गयीं। हो सकता है कि चुनाव पहले करा लिया गया, इसलिए आयोग पूरी तैयारी न सका हो, लेकिन यह बहुत बड़ा कारण नहीं है। सरकारी तंत्र में जब तक कड़े अनुशासन से काम न लिया जाए, तब तक सही काम नहीं हो पाता।

हरदोई में 33 और बिजनौर में 34 पोलिंग स्टेशनों पर मतदान के समय स्वयं गया और पाया कि अनियमितताएं बहुत हुई हैं। लगभग हर पोलिंग स्टेशन पर देखा कि लोगों के पास मतदाता पहचान पत्र होने के बावजूद उनके नाम वोटर लिस्ट से कटे थे। मतदाता अन्दर जाकर मतदान अधिकारियों से माथापच्ची करके वापिस आ रहे थे और कई बार ऐसा हुआ कि उन्होंने मुझे पूरी तरह से घेर लिया कि आखिर उनका नाम क्यों कट गया? 10 मतदान केन्द्रों पर उन्हें वापिस ले गया। तो मतदान केन्द्र के अधिकारियों ने वोटर लिस्ट दिखाया और कहा कि इनका नाम कटा हुआ है। मतदान केन्द्र के अधिकारियों के पास नवीनतम् वोटर लिस्ट थी और कुछ मतदाताओं के नाम के सामने लाल स्याही से काटकर दस्तखत कर दिया गया था। यह चुनाव कार्यालय आफिस से किया गया था। वोटर लिस्ट के साथ ही कटे हुए नामों की सूची भी लगी थी, जिसे विलोपन के रूप में लिखाया गया था। मतदाता जिन्दा घूम रहे थे, लेकिन उनका नाम विलोपन की लिस्ट में था। विलोपन सूची में उनका भी नाम था, जिन्हें मृत्यु की श्रेणी में न दिखाते हुए और कारणों से नाम काटा गया था। मतदान अधिकारियों के सामने मजबूरी थी कि आखिर वे करें तो क्या करें।

मतदान के समय यह देखा गया कि मतदान केन्द्र के कर्मचारी उदासीन होते हैं। हरदोई के एक पोलिंग स्टेशन, भदइचा आदर्श कृष्ण विद्यामंदिर इण्टर कॉलेज, में वहां का प्रधान लगभग 300 फर्जी वोट डलवा चुका था और जब मैं वहां पहुंचा तो लोगों ने इस बारे में बताया। जब मैं पीठासीन अधिकारी से बात करने लगा, तो वहां पर तैनात एस.एच.ओ. और पुलिस इंस्पेक्टर मतदान केन्द्र के अधिकारियों की तरफ से बहस करने लगे। प्रत्याशी होने के बावजूद भी मुझे उन्होंने बाहर जाने के लिए कहा, तो यह जानकर बड़ा आश्चर्य हुआ। ये दोनो पुलिस अधिकारी निःसंदेह एक विशेष पार्टी की मदद कर रहे थे। इस घटना की विस्तार में वीडियोग्राफी एवं फोटोग्राफ्री भी करा ली गयी है। महसूस हुआ कि विरोधी पक्ष अगर सशक्त और सावधान न हो तो मतदान केन्द्र के कर्मचारी और पुलिस मिलकर किसी के भी भाग्य का फैसला आसानी से कर सकते हैं। बात आगे और उलझ जाती है, जब इसके सम्बन्ध में कोई प्रभावी कार्यवाही नहीं हो पाती। चुनाव आयोग के पास वीडियोग्राफी या अन्य सबूत होने चाहिए, जो कि आसानी से संभव नहीं है।

एक दो जगह पर मैंने मतदान केन्द्र के अधिकारियों को कहा कि यह सब कुछ आपके सामने हो रहा है, क्यों नहीं आपत्ति करते? उनकी उदासीनता, जो हमारे यहां आम आदमी का स्वभाव है, झलक पड़ी। यदि इन कर्मचारियों को दंडित करने का प्रावधान चुनाव आयोग करे, तो चुनाव और अधिक निष्पक्ष हो सकता है।

इसी जगह पर मेरे सामने एक महिला मतदाता ने शिकायत की कि उसके नाम का वोट पड़ गया है और मामले को जब मतदान केन्द्र के अधिकारियों के समक्ष लाया गया, तो उन्होंने कहा कि उन्हें कैसे मालूम होगा कि इनके नाम से वोट पड़ चुका है। उनका कहना था कि वे प्रत्येक को पहचान तो सकते नहीं। अंत में 2 रूपये देकर चैलेंज करने को कहा, ताकि वोट डाला जा सके। 'चैलेंज वोट' उसे कहते हैं, जब कोई अन्य व्यक्ति दूसरे के नाम पर मतदान कर जाए। ऐसी स्थिति में असली मतदाता 2 रूपये देकर वोट दे सकता है। चुनाव आयोग यहां यह कह सकता है कि उसके पास इतना बड़ा तंत्र नहीं है कि वह शीघ्र ही जांच कराए कि किसके नाम पर गलत वोट पड़ गया है। मतदान केन्द्र के आस–पास ही मतदाता रहते हैं और सत्यापित करने के लिए एक–दो जगह पर ऐसी जांच अविलम्ब करायी जा सकती है, परन्तु चुनाव आयोग इसके लिए अभी कानूनी रूप से सक्षम नहीं है। प्रश्न यह उठता है कि एक ही व्यक्ति कई वोट कैसे डाल लेता है? मतदान करते समय नाखून में स्याही लगा दी जाती है, फिर कैसे वही व्यक्ति दुबारा बिना कर्मचारियों के सहयोग के वोट डाल सकता है। एक जगह तो एजेंट ही मतदाताओं को स्याही लगाने का काम कर रहा था, आपत्ति करने पर बताया गया कि कर्मचारी महोदय थोड़ी देर के लिए बाहर गए है। यदि चुनाव आयोग मतदान कराने वाले अधिकारियों के खिलाफ कड़े नियम बनाए, तो इस से निष्पक्षता बढ़ जाएगी।

चुनाव आयोग खुले रूप से धन के दुरूपयोग को रोकने में सफल जरूर हुआ, लेकिन धन का इस्तेमाल अन्दरूनी रूप से बढ़ा ही है। हाल में उद्योगपतियों का राजनीति में हस्तक्षेप बढ़ने के कारण कालेधन का इस्तेमाल बढ़ा है। जब मुख्यमंत्री के शपथ समारोह की सहारा, रिलॉयन्स, गोदरेज जैसी कम्पनियों के मालिक और फिल्मी सितारे शोभा बढ़ाएंगें, तो जो भी पर्दा था वह भी हट गया। पहले ऐसे अवसरों को बुद्धिजीवी, समाजसेवी एवं

स्वतंत्रता सेनानी आदि सुशोभित करते थे। इसका इलाज चुनाव आयोग नहीं जनता ही कर सकती है। जो पार्टी फिल्मी सितारों और काले धन का इस्तेमाल करे, जनता को कम से कम सांकेतिक बहिष्कार तो करना ही चाहिए। यह मुश्किल भी नहीं है, क्योंकि इतनी संख्या बुद्धिजीवी एवं स्वयंसेवी संस्थओं की तो है ही। अपराधियों, तस्करों एवं बाहुबलियों ने चुनाव को बहुत ही महंगा बना दिया है, क्योंकि इनके पास कालाधन है भी अधिक और ये चुनाव लड़ते ही हैं जान–माल की रक्षा के लिए। चुनाव आयोग को ऐसे लोगों को चुनाव लड़ने पर प्रतिबन्ध लगा देना चाहिए। जब कैदी वोट देने का अधिकारी नहीं है, तो चुनाव लड़ने का अधिकारी कैसे हो सकता है? राजनैतिक प्रतिद्वंदता के कारण गलत मामलों में फंसाकर भी किसी को अपराधी घोषित किया जा सकता है। इसके लिए चुनाव आयोग को अधिकार मिले कि यदि गलत रूप से फंसाया गया है, तो उसके यहां अपील की जा सके। इससे दोहरी जांच हो जाएगी और सही अपराधी के बारे में निष्कर्ष पर पहुंचना कठिन काम नहीं होगा।

रिटर्निंग आफीसर्स भी पक्षपात करते है। दिल्ली में एक उम्मीदवार ने केवल आयु नहीं भरा था, उसका नामांकन रद्द कर दिया गया। यह बहुत बड़ी गलती नहीं है, क्योंकि रिटर्निंग आफीसर के पास वोटर लिस्ट होती है, जिससे वह आयु को सत्यापित कर सकता था। पर्यवेक्षक होने के बावजूद उनके पास अधिकार नहीं हैं कि तुरन्त पक्षपात के खिलाफ अपील की जा सके। बड़ी पार्टियों एवं मजबूत उम्मीदवारों के मामले में छोटी–मोटी त्रुटियों को रिटर्निंग आफीसर समावेश कर लेते हैं, लेकिन प्रभावहीन उम्मीदवारों के साथ ऐसा नहीं है। चुनाव आयोग को इनके अधिकार क्षेत्र में हस्तक्षेप करने के लिए कुछ करना चाहिए। हालांकि ऐसे मामले चुनाव आयोग में अपील किए जा सकते हैं, परन्तु आयोग इतने कम समय में खास कुछ नहीं कर पाता और बेहतर यही सोचता है मामले को यही यहीं छोड़ दिया जाए वरना इससे काम का बोझ बढ़ेगा।

अनुभव के अनुसार लगभग 10 प्रतिशत लोग वोटर लिस्ट में गड़बड़ी होने के कारण इस बार मतदान करने से वंचित रह गए। कुछ और लोगों के अनुभवों के अनुसार ये आकड़े और भी अधिक हो सकते हैं। इतना बड़ा सरकारी तंत्र है, यह कौन सा मुश्किल काम है कि मतदाता सूची दुरूस्त नहीं

की जा सकती। देखा जाए तो तंत्र के लिए एक दिन का काम है। इसका शुद्धिकरण घर–घर या बस्तियों में भी जाकर किया जा सकता है। यह भी एक संभावना है कि जिस क्षेत्र के मतदाता हैं, उनकी लिस्ट वहां चिपका दी जानी चाहिए, ताकि वे जान सकें। कई जगहों पर ऐसा देखा गया है कि पूरा मोहल्ला या गांव के एक हिस्से के लोगों का नाम ही मतदाता सूची से उड़ा दिया गया है। कर्मचारियों की उदासीनता पर यदि काबू पा लिया जाए तो गड़बड़ियों को रोका जा सकता है। वे जानते हैं कि इस अनियमितता का कोई दण्ड नहीं है। दुर्भाग्य है इस देश का कि भय या लोभ के बिना काम हो ही नहीं पाता।

अब समय आ गया है कि चुनाव आयोग को टी.एन. शेषन जैसा दूसरा मुख्य चुनाव आयुक्त मिले। मतदाता सूची को प्रभावित करने वाले नेताओं से बचा नहीं जा सकता है, इस पर अंकुश लगाने के लिए सरकारी तंत्र को ज्यादा जबाबदेह बनाना होगा। दिल्ली की झुग्गी–झोपड़ियों को बसाने का मुख्य कारण वोट का ही लोभ होता है। मतदाता सूची से नामों का विलोपन और शामिल करने की धांधली बिना सरकारी तंत्र के सहयोग के संभव नहीं है। देखना है कि इस चुनौती से चुनाव आयोग कैसे निबटता है।

---

15 मई, 04 दैनिक हिन्दुस्तान चुनाव आयोग कुछ और आगे बढ़े

56

आवाज जो न सुनी गयी

साधारणतया हम भारतीयों को तभी यकीन आता है, जब घटना घट जाए। प्रायः लोगों की जुबान पर जो होता है वह हकीकत से दूर होता है। भगत सिंह की कुर्बानी पर फिदा तो सभी होते हैं, लेकिन अपने घर के बच्चे ऐसा करें, तो कत्तई मंजूर नहीं। राजग सरकार जब सत्ता पर आसीन हुई तो सबसे पहले जनता की गाढ़ी कमाई से बने सरकारी उपक्रमों एवं कम्पनियों को बेचकर आर्थिक तरक्की हासिल करनी चाही। हो सकता है कि राजग के कुछ लोगों ने ऐसा यकीन भी किया हो, लेकिन विनिवेश एवं वित्त मंत्रालय में बैठे लोगों का इरादा दलितों व मजदूरों को नुकसान पहुंचाना कहीं ज्यादा था, बजाय कि देश की आर्थिक समृद्धि।

जब–जब इस नीति के ऊपर लोगों ने उंगली उठाई, यही कहा गया कि यह तो नरसिंहाराव की सरकार के समय की है। कांग्रेस की भी हिम्मत नहीं पड़ रही थी कि वह सफाई पेश करे कि उसका इरादा उन तमाम सरकारी उद्योगों को बेचने का नहीं था, ऐसा इसलिए था कि कहीं उद्योग जगत नाराज न हो जाए।

सरकारी नीतियों के कारण लगातार रोजगारों का घटना और निजीकरण के द्वारा आरक्षण समाप्त होना इत्यादि राजनैतिक मुद्दे नहीं बन पाए, इसलिए अन्दर के आक्रोश को चुनाव परिणाम तक जाना न जा सका। कम्युनिस्टों से उम्मीद थी कि वे इसे राजनैतिक मुद्दा बनाएंगें, परन्तु ये भी रक्षात्मक

दृष्टिकोण अपनाते रहे। पश्चिम बंगाल से उद्योगपति भाग रहे थे, उससे बेरोजगारी बढ़ रही थी और प्रदेश की आर्थिक तरक्की रूक रही थी। सीपीआईएम उदारीकरण की नीति के पक्ष में थी, परन्तु देश की सम्पत्ति को औने–पौने दामों पर बेचने के विरूद्ध। कम्युनिस्टों के अलावा राजनीति में दखल देने वाले पिछड़े एवं दलित वर्ग के नेताओं ने आंदोलन चलाया होता तो मुद्दा बन सकता था। संघ परिवार और दुनिया के हालात ने कम्युनिस्टों को इतना बदनाम कर दिया कि वे सच भी कहते तो लोग विश्वास न करते और मध्यम वर्ग विशेषतौर पर समस्या की धार को कुंद कर देता। बहुजन समाज पार्टी, समाजवादी पार्टी व डी.एम.के. जैसी पार्टियां लड़ाई को ज्यादा धारदार बना सकती थी। कारण यह था कि ये उन्हीं वर्गों का प्रतिनिधित्व करती हैं, जिनका निजीकरण एवं भूमण्डलीकरण के कारण नुकसान बहुत हो रहा था। कांग्रेस की ढुलमुल नीति न होती तो इस चुनाव में उसे 200 के आस–पास सीटें मिल सकती थी। कम्युनिस्टों को भी सड़क की लड़ाई लड़ने में पीछे नहीं रहना चाहिए था। आखिर इंसाफ तो होता ही।

निजीकरण ने सबसे ज्यादा अहित दलितों का किया और संयोग से अनुसूचित जाति/जन जाति संगठनों का अखिल भारतीय परिसंघ देश स्तर का संगठन मुखर होकर राजग की नीतियों का विरोध शुरू से करने लगा था। चूंकि परिसंघ गैर राजनैतिक संगठन था, इसलिए इसे मजबूत राजनैतिक मुद्दा नहीं बनाया जा सका। आर्थिक नीतियों का विरोध तो प्रगतिशील लोगों ने भी किया, लेकिन वह किसी बड़े समाज को प्रभावित नहीं कर सका। परिसंघ की ओर से सन् 1999 से निजीकरण पर रोक के लिए देशव्यापी आंदोलन चलाया जाता रहा। 11 दिसम्बर 2000 को परिसंघ की ओर से रामलीला मैदान में इसी मुद्दे पर रैली आयोजित हुई। ज्ञात रहे कि उसके एक सप्ताह पूर्व बहुजन समाज पार्टी की रैली और इससे भी एक सप्ताह पूर्व लोक जनशक्ति पार्टी की रैली हुई थी, लेकिन परिसंघ के मुकाबले ये फीकी रहीं। इसकी सफलता के पीछे कारण था कि देश का दलित कर्मचारी एवं अधिकारी आंदोलित हो चुका था। इस रैली में सी.पी.एम. के हरकिशन सिंह सुरजीत, पूर्व प्रधानमंत्री वी.पी. सिंह, सी.पी.आई. नेता ए.बी. वर्धन, डी. राजा

एवं चन्द्रजीत यादव आदि मौजूद थे। उनके लिए भी यह एक अचंभित भीड़ थी। राजग के खिलाफ आक्रोश पहले से ही पैदा हो रहा था, लेकिन मध्यम वर्ग की चुप्पी ने इसे प्रकट नहीं होने दिया।

बहुजन समाज पार्टी के कारण भी इस मुद्दे के साथ अन्याय हुआ, क्योंकि अन्य पार्टियों को लगता है कि दलितों के बारे में उनके बोलने से फायदा क्या है, क्योंकि इनका वोट बसपा के पक्ष में पड़ता है। यह सच्चाई भी है, क्योंकि सभी पार्टियां अपने जनाधार के बारे में ज्यादा गंभीर होती हैं।

राजस्थान, मध्य प्रदेश एवं छत्तीसगढ़ के चुनावों ने जहां भाजपा को उत्साहित किया, वहीं एक और सच्चाई छिपी थी कि दलितों का वोट उसे कम मिला। दलित इतने नाराज थे कि राजस्थान में मुसलमानों से भी कम वोट भाजपा को दिए। इस सच्चाई को भांपने में कांग्रेस भी मात खा गयी और सबको लगने लगा कि आर्थिक उदारीकरण के कारण जीत हुई है। ऐसी बात नहीं है कि इस धरातल की सच्चाई को बताने की कोशिश नहीं की गयी, लेकिन कुछ ऐसे कारण हैं, जिनकी वजह से देश की प्रमुख पार्टियों ने माना ही नहीं।

संघ परिवार का प्रचारतंत्र इतना मजबूत था कि औरों को भी लगने लगा कि इसके खिलाफ बोलने का मतलब जनता को नाराज करना। अपवाद को समाज की सच्चाई के रूप में पेश किया गया। भूमण्डलीकरण एवं विनिवेश का फायदा अगर बड़े शहरों में रह रहे कुछ लोगों को मिला तो प्रचारित ऐसा किया गया कि देश की जनता खुशहाली की ओर बढ़ रही है।

दूसरा, मीडिया एवं अखबार के मालिकों ने भी राजग की नीतियों को कमोवेश स्वीकृति दे दी। इससे सच्चाई को और ढक दिया गया। बार–बार विकसित देशों का उल्लेख करने से शिक्षित वर्ग को लगने लगा कि तरक्की का यही मार्ग है। मानव संसाधन मंत्रालय ने तो शिक्षा के क्षेत्र में इतना प्रचार किया कि पूरा मध्यम वर्ग विश्वास करने लगा कि विकसित देशों में शिक्षा खरीदी जाती है, अर्थात् वहां पर सरकार द्वारा अनुदान और सहायता इत्यादि नहीं के बराबर दी जाती है। कोई ऐसा विकसित देश नहीं है, जहां 12वीं तक मुफ्त शिक्षा न हो। जिन देशों को आधार माना गया, जैसे–नार्वे, फिनलैंड,

डेनमाक्र आदि, वहां पर भी उच्च शिक्षा में सरकार का योगदान उतना ही है, जितना भारत का। राजग का प्रचार इतना तेज था कि छोटी–मोटी क्या बड़ी–बड़ी सच्चाइयां छिप गयी और उनका आंशिक आविर्भाव देश के आम चुनाव में देखने को मिला। कांग्रेस पूरी तैयारी से चुनाव लड़ती और आर्थिक नीतियों का मुद्दा बनाया गया होता, तो भाजपा 100 के आकड़े पार न कर पाती। इसके लिए भाजपा को कांग्रेस को धन्यवाद देना चाहिए। श्रमिको के अधिकार का हनन हो रहा हो, रोजगार नाम की चीज न रह गयी हो, फिर भी राजग के द्वारा प्रचार को देश की जनता बर्दाश्त कर गयी, ऐसा मुख्य विपक्षी पार्टी कांग्रेस के ही कारण हुआ।

तीसरा, मध्यम वर्ग और इस देश के बुद्धिजीवी जातीय रूप से पूर्वाग्रहित हैं। इसलिए जब आम जनता की बात सोचते भी हैं, तो अमीर–गरीब के परिपेक्ष्य में न कि जातीय सच्चाई को ध्यान में रखकर। प्रायः यह सुनने को मिलता है कि दलितों को आरक्षण से क्या फायदा मिला, जबकि इन्हें समझना चाहिए कि इनका मुख्य विकास ही सरकारी नौकरियों एवं राजनीति के क्षेत्र में आरक्षण के ही कारण हुआ। भले ही दलितों में गुस्सा भड़क रहा था, लेकिन इन्होंने अपने ही चश्मे से देखने का प्रयास किया।

चौथा, लोक सभा की कार्यवाही प्रायः न चलने के कारण भी इन गंभीर मुद्दों के ऊपर चर्चा नहीं हो सकी। पहले लोकसभा एवं राज्य सभा में आम जनता की समस्याओं और परेशानियों के बारे में सवाल–जवाब हुआ करते थे, लेकिन अब महत्त्वपूर्ण बिल पास करा लिए जाएं तो मानो संसद सत्र ने अपना लक्ष्य प्राप्त कर लिया। विपक्ष उन मुद्दों पर सरकार को घेरने की कोशिश करता था, जो संवेदनशील हों और मध्यम वर्ग को प्रभावित करते हों, जैसे–घोटाले इत्यादि। जातियों के देश में कभी भ्रष्टाचार, अन्याय, सम्मान आदि पर जनता को संगठित किया गया हो, अपवाद हो सकते हैं, परन्तु पूर्ण सच्चाई नहीं।

आज भी भारत औद्योगीकरण की उस ऊंचाई को नहीं छू सका जो यूरोप ने 18वीं, 19वीं सदी में प्राप्त कर लिया था। विकसित देशों में लोग सरकारी सहायता के लिए बहुत ही कम निर्भर है, जबकि हमारे देश में

सरकार के हस्तक्षेप के बिना शिक्षा, रोजगार, स्वास्थ्य इत्यादि आम लोगो तक पहुचाना संभव नहीं है। इससे भी लोगों की धारणा बनी कि सरकार रोजगार देने का काम करती है, तो यह व्यावसायिक गतिविधि है, अतः इसे खत्म किया जाना चाहिए। जो देश पश्चिमी देशों की नकल न करके बिना गलती किए देखकर सीखे, वे बहुत आगे चले गए। हम लोग जब तक नकल करते हैं, तब तक विकसित राष्ट्र और आगे चले जाते हैं। झूठी सांत्वना के सहारे तरक्की होती रहती है।

वर्तमान में सबसे ज्यादा आवाज शेयर बाजार की सुनी जाती है। साम्प्रदायिक दंगों के कारण शेयर बाजार में गिरावट आ जाती है। वर्षा भी इसे प्रभावित करती रहती है। मंत्रिमंडल के फेरबदल का सबसे पहले असर स्टॉक एक्सचैंज पर ही देखने को मिलता है। क्या स्टॉक एक्सचैंज का सम्बंध चीजों के उत्पादन, वित्तीय स्थिति, बाजार और उद्योग प्रबंधन से नहीं है, लगता तो ऐसा ही है। स्टॉक एक्सचैंज जुआघर अथवा सट्टाबाजार हो गया है। कुल घरेलू सकल उत्पाद की लगभग 10 प्रतिशत ही सम्पत्ति स्टॉक एक्सचैंज पर होगी। देश के मात्र 2 करोड़ लोगों के पास सरकार से लेकर निजी कम्पनियों के शेयर या बांड होगें। इसमें उन निवेशकों का भी नाम शामिल है, जिसका मात्र 1 शेयर होगा। इतना महत्त्व देने का मतलब षड्यंत्र ही हो सकता है। बेरोजगारी, किसानों की समस्याएं और सामाजिक कुरीतियों आदि पर टेलीविजन और अखबारों में खबरें ढूंढ़ने से नहीं मिलती, लेकिन शेयर बाजार की खबरें पढ़ते–पढ़ते आम आदमी दुखी हो गया है।

किसान आत्महत्या कर रहे थे, वह आवाज धीमी सुनी गयी। बेतहाशा बेरोजगारी और गरीबी–अमीरी के बीच बढ़ती खाईं तो मानो समस्या ही नहीं रह गयी थी। दलित कर्मचारियों की पदावनति, इस सम्बंध में सुप्रीम कोर्ट का अनावश्यक हस्तक्षेप, खाली पदों पर भर्ती न होना, निजीकरण के कारण पहले की नौकरियों का समाप्त होना आदि की सुगबुगाहटें राजग सरकार सुनने को तैयार ही नहीं थी। यदि एक्जिट पोल कांग्रेस को निराश न करते और कांग्रेस इस आवाज को सुन लेती, तो भाजपा एवं उसके सहयोगी 100 के आकड़े

के नीचे ही रह जाते। परिसंघ ने पूरे देश में निजीकरण और भूमंडलीकरण के खिलाफ ऐसा माहौल तैयार कर दिया कि दलित चुनाव की घड़ी का इंतजार ही कर रहे थे। बसपा निजीकरण के मुद्दे पर उदासीन रही। तब भी दलितों ने उसे अपना समझकर वोट दिया। यदि यह कारण न होता तो कांग्रेस अकेले सरकार बना सकती थी। डॉ॰ मनमोहन सिंह से दलित अभी भी डरे हुए हैं, क्योंकि उदारीकरण इन्हीं के समय में शुरू हुआ। हालांकि ये कहते हैं कि इनका उद्देश्य दलितों को प्रभावित करने वाली नीति को लागू करने का नहीं था, जैसा–राजग ने बदनाम करने की कोशिश की। चुनाव परिणाम के बाद शिवसेना सुप्रीमो बालठाकरे भी कहने लगे कि अरुण शौरी की क्या जरूरत थी? उन्होंने वित्तमंत्री जसवंत सिंह पर भी करारा प्रहार किया। आवाज सुनी गयी तो चुनाव के बाद, आखिर फायदा क्या हुआ?

---

21 मई, 2004 राष्ट्रीय सहारा आवाज जो न सुनी गयी

57

कहां गया ज्योतिष

हमारे यहां ज्योतिषियों का अच्छा कारोबार चल रहा है। हाल के चुनाव में इनका बाजार और तेज हो गया था। राजनेताओं ने इस धंधे का कारोबार बहुत बढ़ा दिया है। राशिफल विशेषज्ञ एवं ज्योतिषी डॉ॰ मनमोहन सिंह के प्रधानमंत्री बनने की भविष्यवाणी क्यों नहीं कर सके? वैसे तो यह विषय बहुत पुराना है, लेकिन विज्ञान एवं तकनीक के समय में इसका महत्व बहुत कम हो गया है। फिर भी भाजपा की सरकार के समय में इसको पुनर्जीवित करने का पूरा प्रयास किया गया।

संघ परिवार एवं मानव संसाधन विकास मंत्री डॉ॰ मुरली मनोहर जोशी विज्ञान, तकनीक, कम्प्यूटर आदि सभी को ज्योतिष एवं शास्त्रों की देन मानते हैं। धारावाहिक एवं मनोरंजन के साधनों के माध्यम से इसका प्रचार–प्रसार बढ़ने लगा है। कुछ वर्षों से तथाकथित वास्तुशास्त्र का बड़ा बोल–बाला हो गया है। अच्छे पढ़े लिखे लोग भी अंधविश्वासी होते जा रहे हैं। इनका मानना है कि यदि वास्तुशास्त्र के अनुसार मकान, कार्यालय, उद्योग, स्थापित किए जाते हैं, तो सफलता निश्चित है। जब इनसान ऐसे अंधविश्वास के सहारे उद्योग और व्यवसाय करेगा, तो क्या वह चुनौतीपूर्ण काम कर सकेगा? विकसित देश, जैसे–अमेरिका व यूरोप आदि में वास्तुशास्त्र नाम की कोई चीज नहीं है, फिर भी विकास उन्हीं का ज्यादा हुआ है। लोग घर के दरवाजे, रसोईंघर और कमरे को तोड़कर दिशा बदलते हैं, जिससे राष्ट्र की सम्पत्ति का बड़ा ह्रास हो रहा है। यही कारण है कि हमारे यहां के उद्योगपतियों और

कामगारों ने नई खोजें नहीं की और न ही उत्कृष्ट किस्म का सामान बना पाए।

शुरू में मानव को जब बादल गड़गड़ाने की आवाज सुनाई पड़ी, अचानक वर्षा होने लगी, जन्म और मृत्यु, आखेट में असफलता और तमाम तरह की घटनाओं आदि का कारण न पता लग सका तो उसने भगवान, भूत और अंधविश्वास को पैदा कर लिया। इससे मानव को मनोवैज्ञानिक शक्ति प्राप्त हुई और धीरे–धीरे ऐसी मान्यताएं और विषयों का विकास होता गया। गावों में आज भी अचानक किसी व्यक्ति की मृत्यु हो जाए, तो आम धारणा यह है कि ईश्वर ने अच्छी मौत दी और व्यक्ति को यहीं तक जीना ही था। प्रायः अचानक मौत हृदय की गति रुक जाने से होती है। बड़े शहरों और शिक्षित लोगों में अब जानकारी हो गयी है कि हृदय की धमनियों में चर्बी ज्यादा होने से ऐसा होता है, इसलिए लोग उपचार कर लेते हैं। भारत की आजादी के समय औसतन आयु 29 वर्ष थी, जो आज बढ़कर 63 वर्ष हो गयी है। राशिफल, वास्तुशास्त्र, ज्योतिष, मंत्र–तंत्र के सहारे अगर अभी तक हम चलते आते तो औसत आयु न बढ़ती और मृत्युदर भी कम न होती।

हमारे देश की पूरी सामाजिक संरचना तर्क एवं विज्ञान के विरूद्ध है। यहां इनसान पैदा होता है अपने माथे पर लिखी लकीर के हिसाब से। पूर्वजन्म में किए गए कर्मों के आधार पर परिवार एवं जाति में जन्म होता है। इस मान्यता का खंडन आज भी नहीं किया जा रहा है। मो. गजनवी ने सोमनाथ मंदिर पर आक्रमण किया तो वहां के हजारों पुजारियों ने बड़े ही गर्व से कहा कि आने दो, भगवान इन्हें भस्म कर देगा। युद्ध हुआ ही नहीं और हजारों को काटते हुए वह पूरा धन लूट ले गया। जब–जब बाहर से हमला हुआ, तब–तब पुजारियों एवं ज्योतिषियों ने यह कहकर पूरे समाज को शांत कर दिया कि जो जैसा करेगा, वैसा भरेगा और इस तरह से पूरा समाज भाग्य के सहारे जीने लगा। किसी अशिक्षित महिला को यदि समझाने का प्रयास किया जाए कि ज्यादा बच्चा न पैदा करो और कम बच्चे पैदा होने पर उनकी अच्छी परवरिश एवं शिक्षा–दीक्षा हो सकती है, हो सकता है कि शुरू में वह प्रतिक्रिया न करे, लेकिन अधिक जोर देने पर कह पड़ेगी कि जो हमारी तकदीर में होगा उसको कौन मिटा सकता है? यहीं पर सारा तर्क और समझाने का प्रयास मिट्टी में मिल जाता है।

जब–जब आविष्कार एवं मानवीय मूल्यों की बात होती है, तब–तब कुतक्र के जरिए इसे कुंद कर दिया जाता है। अमेरिका के राइट ब्रदर्स ने 1908 में हवाई जहाज को बनाया, लेकिन डॉ॰ मुरली मनोहर जोशी कहेगें कि इसकी विद्या तो हमारे शास्त्रों में ही थी और पहले हवाई जहाज हुआ भी करते थे। यहीं पर विद्यार्थी अनुसंधान एवं आविष्कार अपने प्रयास से करने की बजाय शास्त्र और भाग्य पर भरोसा करने लगेगा। संस्कृत भाषा की वकालत करने वाले खुद ही नहीं संस्कृत बोल पाते। इसके बारे में भी समय–समय पर भ्रांतियां फैलाई जाती रहती हैं कि इसमें विज्ञान छिपा हुआ है। सेटेलाइट लांच करते समय नारियल फोड़ा जाता है और यही कारण है कि प्रायः हम असफल रहते हैं। सिरडी के साईं बाबा को लोग भगवान मानते हैं, लेकिन उनकी हत्या का षड्यंत्र पुलिस को न पता लगता तो यह भगवान अब तक मर चुका होता। आज आलम यह है कि यह भगवान कड़ी पुलिस सुरक्षा में रह रहा है। जो अपनी सुरक्षा न कर सके, वह श्रद्धालुओं का क्या भला करेगा? हम आंदोलन चलाते–चलाते आर्थिक रूप से टूट गए हैं, लोग मदद करने को तैयार नहीं हैं, लेकिन तिरूपति जैसे तीर्थस्थलों पर प्रत्येक वर्ष 700 करोड़ से अधिक का चढ़ावा आता है। खबरों के अनुसार टी–सीरीज के मालिक ने दूसरी कम्पनियों के गानों का नकली कैसेट बनाकर इतना बेचा कि वह बहुत धनाढ्य हो गया। इस तरह की कमाई का एक बड़ा हिस्सा वह वैष्णो देवी पर खर्च किया करता था। क्या वैष्णो देवी ही इस तरह की कमाई के लिए आशीर्वाद दिया करती थी? चंबल के डकैत लूट का एक हिस्सा मंदिर में चढ़ाते हैं। कभी तो ऐसा लगता है कि पाप एवं अन्याय करने के लिए लोगों को प्रेरणा मिलती है कि अमुक दिन अमुक स्थान पर स्नान करने से सारे पाप धुल जाते हैं। जब पाप धुलने की व्यवस्था है, तो फिर पाप करने से डरने की क्या जरूरत है?

सबसे ज्यादा चिंताजनक बात यह है कि आम आदमी अपने जीवन में सभी असफलताओं, गरीबी और अत्याचार के पीछे भाग्य, तकदीर को कारण मानता है। चेचक का मर्ज एक कीटाणु से पैदा होता है, लेकिन आज भी गांवों में इसे माता का प्रकोप माना जाता है। वैज्ञानिकों ने अब इसे समूल नष्ट कर दिया, नहीं तो लोगों के चेहरों पर बड़े–बड़े गड्ढे पड़ जाया करते थे। अपराधी और गुंडे इसलिए पनप रहे हैं कि आम जनता उनके खात्मे के लिए

दुआएं मांगती हैं। फसल नष्ट हो जाए तो किसान दैविक कारणों को जिम्मेदार मानता है।

ज्योतिषी, हस्तरेखा विशेषज्ञ, कुंडली विशेषज्ञों को खुद भी नहीं पता होता कि कल क्या होने वाला है। डॉ॰ मुरली मनोहर जोशी इलाहाबाद से चुनाव हार गए। कहां गयी इनकी ज्योतिष विद्या? पहले क्यों नहीं इन्होंने पता लगा लिया? डॉ॰ मनमोहन सिंह के बारे में क्यों नहीं पहले से भविष्यवाणी कर दी गयी कि वे ही प्रधानमंत्री बनेगें? इसी मानसिकता के कारण हमारे समाज में श्रम और कार्य की इज्जत नहीं है, बल्कि उनकी इज्जत ज्यादा है, जो उत्पादन प्रक्रिया में शामिल नहीं हैं और जीवन की यथार्थता को माया और मिथ्या बताते हैं। सच्चाई उसे बताते हैं, जो न कभी किसी ने देखा है और न ही उसे प्रमाणित किया जा सकता है। दुनिया के अन्य समाजों में अपवाद के रूप में ऐसे मत होगें, लेकिन हमारा लगभग पूरा समाज ही इस तरह की सोच में जकड़ दिया गया है। हम दूसरों के अपवाद से प्रत्येक उस मूल्य की वकालत करते हैं, जो व्यवस्था को न बदले और न ही लोगों को संघर्ष करने के लिए प्रेरणा दे। यदि घटनाओं की भविष्यवाणी की जा सकती, तो सीमा पर इतनी बड़ी सेना तैनात करने की क्या जरूरत है? नेताओं एवं देश के लोगों की सुरक्षा का भी इंतजाम उसी तरह से किया जाता।

58

निजीक्षेत्र में दलितों को आरक्षण क्यों?

इन दिनों निजीक्षेत्र में आरक्षण का मुद्दा गर्माया हुआ है। एक तरफ पक्ष वाले हैं तो दूसरी तरफ विपक्षी भी। महाराष्ट्र सरकार ने विधेयक पारित कर दिया है कि निजी क्षेत्र में दलितों एवं पिछड़ों को आरक्षण दिया जाएगा, जिसका विरोध शिवसेना कर रही है। इन परिस्थितियों में सबसे जरूरी बात यह है कि कौन से कारण हैं कि समाज का एक बड़ा तबका आरक्षण की आवश्यकता महसूस कर रहा है। विरोध करने वाले ऐसा क्यों कर रहे हैं, इसकी भी जांच करना जरूरी है।

आरक्षण हमारी सनातनी परंपरा है। आर्यों के आने के बाद मूलनिवासियों से उनका भयंकर संघर्ष हुआ और आर्य जीते। उन्होंने सोचा कि बड़ी संख्या वालों पर डंडे की ताकत पर बहुत दिन तक शासन नहीं किया जा सकता, इसलिए धर्म, ईश्वरीय मर्जी एवं पूर्व जन्म में किए गए कार्यों को आगे खड़ा करके आरक्षण की व्यवस्था बनायी। इस व्यवस्था में पठन–पाठन का कार्य ब्राह्मण को दिया गया, क्षत्रियों को देश की रक्षा, वैश्यों को उत्पादन एवं दलितों के हक में उपरोक्त तीनों वर्णों की सेवा करना। यह व्यवस्था हजारों वर्षों से चली आ रही है और आज भी तमाम जगहों पर प्रभावशाली है। यदि विरोध करने वालों का नजरिया पारंपरिक सोच है, तो उनका विरोध उचित

है। उन महिलाओं या पुरूषों की संवेदना को यदि जानते जो सुबह अपने बच्चों को नहला–धुलाकर स्कूल भेजने की बजाय झाड़ू लेकर घर–घर सफाई करते हैं और आज भी देश में तमाम जगहों पर इनसान के मैले को सिर पर ढोकर सफाई का कार्य करते हैं। बासी और जूठन खाना मिल जाय तो वे घर लेजाकर खाते हैं। आरक्षण विरोधी यदि उनकी हालत पर एक प्रतिशत या रत्ती भर भी संवेदना रखते तो वे खुद ही आरक्षण देने की बात उठाते। गांवों में जिन्हें तालाब के पानी का इस्तेमाल करने से रोका जाए, उनकी पीड़ा को तथाकथित दंबंग जाति के लोग समझ पाते तो देश विकास कर गया होता। तालाब का पानी कुत्ते, बिल्ली सहित अन्य सभी जानवर इस्तेमाल कर सकते हैं, लेकिन चकवाड़ा के दलित आज भी नहीं कर सकते। शहर में रह रहे लोग इसे बकवास कहकर झुठलाने की कोशिश करेगें। जब उनसे पूछा जाए कि क्या आप जातीय बंधन से ऊपर उठ चुके हैं, जबाब मिलेगा कि अवश्य। आगे प्रश्न किया जाए कि क्या अपने बेटे–बेटी की शादी गैर जाति में करेगें, अपवाद को छोड़कर कुतक्र करने लगेगें। सार्वजनिक स्थान हो या अन्यत्र व्यक्ति का परिचय नाम बताने से पूरा नहीं होता और जिज्ञासा बनी रहती है कि ऐसी बातें करें जिससे जाति के बारे में पता लग जाए । अपवाद को छोड़कर बिना जाति जाने व्यक्ति का परिचय पूरा हो ही नहीं सकता। यदि व्यक्ति ईसाई या मुसलमान है, तो इस तरह के परिचय देने की जरूरत नहीं होती। सरकारी नौकरियों एवं राजनीति के क्षेत्र में आरक्षण मिलने से दलितों की भागीदारी हो सकी है, लेकिन जिन क्षेत्रों में, जैसे–मीडिया, उद्योग, बाजार, जमीन, उच्च शिक्षा एवं न्यायपालिका, कला, आयात–निर्यात आदि में, आज भी दलित न के बराबर भागीदारी कर सके हैं। ओलंपिक मशाल में शामिल करने के लिए 25 करोड़ दलितों में से एक भी महत्त्वपूर्ण व्यक्ति (सेलीब्रेटी) नहीं था।

आरक्षण के विरोध की हवा संघ परिवार और भाजपा के ही आंगन से उठती है। जब 1990 में वी.पी. सिंह जी ने पिछड़ों को आरक्षण देने की घोषणा की तो उसका विरोध भाजपा ने सीधे न करके लाल कृष्ण आडवानी के नेतृत्व में अयोध्या में राममंदिर बनाने के लिए रथ निकाला। उस समय

मंडल के विरोध में मध्यम वर्ग एवं जातिवादी मानसिकता वालों में भारी आक्रोश था और वही आडवानी की रथयात्रा में प्रकट हुआ। कमंडल की सफलता के पीछे राज मंडल ही रहा है और उसका परिणाम यह निकला कि जो भाजपा 30 वर्ष में कुछ न कर पाई थी वह सत्ता में आ गयी। पिछड़े वर्ग में सामाजिक कार्यकर्त्ताओं एवं मध्यम वर्ग के अभाव के कारण इस चाल को समझ न सके वरना सबसे ज्यादा विनय कटियार, नरेन्द्र मोदी, उमा भारती एवं पिछड़े वर्ग को भाजपा का विरोध करना चाहिए था। महाराष्ट्र में शिवसेना आरक्षण का विरोध कर रही है और कानून में परिवर्तन करके निजी क्षेत्र में आरक्षण तो मिलने जा रहा है, लेकिन उन उद्योगों में नहीं जहां पर सरकारी संस्थाओं का योगदान न हो। इसका विरोध इस समय इस आधार पर किया जा रहा है कि इससे उद्योग जगत के उत्पादन एवं क्षमता पर असर पड़ेगा। अभी तक निजीक्षेत्र में आरक्षण नहीं है, तो हमारे उद्योग विकसित देशों के उद्योगों का रत्ती भर मुकाबला क्यों नहीं कर पाए हैं? अमेरिका में अधिकतर अनुसंधान निजी क्षेत्रों ने अपने पैसे पर किया। भारत में ऐसा किस उद्योगपति ने किया? सरकार अनुसंधान करे और उसका उपयोग निजी क्षेत्र करे।

भारतीय उद्योग जगत अमेरिका के उद्योगपतियों को आदर्श मानता है तो इन्हें जान लेना चाहिए कि अमेरिका के व्यवसायी स्वतः अपने यहां के पिछड़े–अश्वेत, मूलनिवासी, मैक्सिको से आए लोगों को उनकी आबादी के अनुसार रोजगार दे रखा है। 2001 में जब बिलगेट्स भारत आए तो उन्होंने 5 हजार करोड़ रूपये का दान कम्प्यूटरीकरण के लिए दिया। वहां के पूंजीपति जब अमेरिका के बाहर के लोगों के साथ इतने उदार हैं, तो अपने यहां के पिछड़े लोगों के लिए क्या नहीं करते होगें। इस तथ्य को कुछ लोग झुठलाने का कार्य अपवाद को उद्धृत करके करने की कोशिश करेगें। सन् 1982 में जब अमेरिका के मीडिया जगत में खबर लगी कि अश्वेतों की भागीदारी 2 प्रतिशत से भी कम है, तो वहां के बड़े–बड़े अखबारों के मालिक और संपादकों ने विचार मंथन किया और योजना बनायी कि अश्वेत लड़के–लड़कियों को पता लगाकर प्रशिक्षित किया जाए, ताकि उनकी

भागीदारी उचित हो। 7–8 साल के बाद जब पुनः सर्वे किया गया तब पता लगा कि अश्वेतों की भागीदारी 8 और 9 प्रतिशत तक पहुंच गयी है। इसे कहते हैं देश–प्रेम। पिछले वर्ष एक श्वेत छात्र ने मिशिगन विश्वविद्यालय के कानून संकाय में अश्वेत छात्र द्वारा कम अंक प्राप्त करने के बावजूद प्रवेश पाने पर आपत्ति की। मामला सुप्रीम कोर्ट में पहुंचा और माहौल गर्म हुआ कि कहीं अमेरिका के सुप्रीम कोर्ट के 1978 के फैसले को उलट न दिया जाए। अमेरिका के बड़े उद्योग फोर्ड फाउंडेशन सहित तमाम विश्वविद्यालयों की ओर से सुप्रीम कोर्ट में याचिका दायर करके पैरवी की गयी कि किसी भी हाल में अश्वेतों को आरक्षण (अमेरिका में जिसे अफरमेटिव ऐक्शन के नाम से जाना जाता है) जारी रहना चाहिए। जून 2003 को अमेरिका के सुप्रीम कोर्ट में 4 के मुकाबले 5 जजों ने आरक्षण जारी करने के फैसले पर मुहर लगायी। भारत के उद्योगपति यदि अमेरिका के उद्योगपतियों को अपना आदर्श मानते हैं तो जिस तरह से वे सामाजिक जिम्मेदारी का वहन करते हैं, उसी तरह से इन्हें भी करना चाहिए। दलितों को निजी क्षेत्र में आरक्षण देने में गर्व महसूस करना चाहिए, क्योंकि जिन लोगों को हजारों वर्षों से शोषित किया है, उन्हें उठाने का इन्हें सुनहरा मौका मिला है। प्रसिद्ध वैज्ञानिक अलबर्ट आइंस्टीन ने भी कहा था कि व्यक्ति को अपने लिए ही नहीं, बल्कि दूसरे के लिए भी जीना चाहिए। भारत की उत्पादित वस्तुओं की गुणवत्ता अंतर्राष्ट्रीय स्तर की गुणवत्ता का मुकाबला नहीं कर पा रही है। इसका कारण यह भी हो सकता है कि मेहनतकश दलितों को उत्पादन में शामिल नहीं किया गया है।

आश्चर्य होता है कि कुछ व्यावसायिक घरानों ने इसका विरोध किया है, इसके पीछे क्षमता घटने की बात नहीं है, बल्कि वह मानसिक सोच हैं जिसकी गिरफ्त में लगभग सभी हैं। दलित यदि उत्पादन प्रक्रिया में शामिल होगें, तो उन्हें पारिश्रमिक काम करने के बदले मिलेगा न कि मुफ्त में। भारत में सरकार की आय कुल घरेलू सकल उत्पाद का 8.5 प्रतिशत से लेकर 10 प्रतिशत के बीच है, जबकि विकसित देशों में यह 25 प्रतिशत है और पिछड़े देशों में भी 16 से लेकर 20 प्रतिशत तक है। आयकर से आय विकसित देशों

में ज्यदा होती है, जबकि यह हमारे यहां सीमा एवं उत्पादन शुल्क से कम है। घर में 15–20 एअर कंडीशनर लगे हुए हैं, लेकिन आयकर विवरणी में व्यक्तिगत घरेलू खर्च यहां के तमाम उद्योगपति वर्ष में 50–60 हजार रूपये के आस–पास ही दर्शाते हैं। बिक्रीकर, जो जनता से या क्रेता से इकट्ठा किया जाता है, उसे भी सरकार के खजाने में जमा नहीं करते और जब बिक्रीकर विभाग वसूलने के लिए सक्रिय होता है, तो तमाम व्यापारी इसका विरोध करते हैं।

कोई भी देश परिवार के बड़े इकाई का रूप होता है। जिस तरह से परिवार में कोई व्यक्ति बीमार या दुखी हो और परिवार का सुख–चैन हराम हो जाए, उसी तरह से देश में यदि दलित–पिछड़े वंचित रहते हैं या राष्ट्र की मुख्य धारा में नहीं जुड़ते तो राष्ट्रीय भावना का संचार नहीं होगा और न ही भाईचारा स्थापित हो सकेगा। 14वीं लोकसभा के चुनाव से भी लोगों ने सबक नहीं सीखा कि किस तरह से दलितों, अल्पसंख्यकों और पिछड़ों ने राजग सरकार को उखाड़ फेंका। भाजपा ने एक विशेष वर्ग की ही भलाई की बात सोची। मध्यम वर्ग सबसे ज्यादा आलोचना करता है कि राजनीति में जाति का बोलबाला है, क्या उसने कभी इसे समाप्त करने की भी बात कही है। जब समाज में जाति है, तो राजनीति में जाना स्वाभाविक है। ईस्ट इंडिया कंपनी का अधिकारी लॉर्ड क्लाइव जब कलकत्ता पर लगभग 1500 लोगों के साथ हमला कर रहा था, तो उस नजारे को देखने वाले लाखों थे। क्लाइव ने बाद में कहा कि यदि वे एक–एक पत्थर भी फेंकते तो उसकी सेना का पता भी न लगता। काबुल और कांधार से चंद घुड़सवारों को दिल्ली तक रोकने वाला कोई नहीं होता था। लोग घरों, खेतों और दूर से देखते रहते थे। लोगों का दोष तो था नहीं क्योंकि सामाजिक व्यवस्था के अनुसार केवल क्षत्रिय पर लड़ने की जिम्मेदारी थी और शेष लोगों को अपना–अपना कार्य। इस तरह से भारत में रह रहे आम लोगों में राष्ट्रीय भावना का संचार ही नहीं हो पाया, बल्कि उसके बदले में जातीय भावना ने स्थान लिया। अंग्रेजों ने जब समाज सुधार या शिक्षा का द्वार सबके लिए खोलने की बात की तो उसका विरोध यहां की दबंग जातियों ने किया। इससे अंग्रेज समझ गए कि

यहां की जातीय व सामाजिक व्यवस्था को छेड़ने का मतलब है कि उनके लिए शासन करना मुश्किल हो जाएगा। दूसरा भले राज कर जाए, यहां की जातिवादी भावनाओं के लोगों को सहर्ष स्वीकार है, लेकिन दलित और पिछड़ों की क्या मज़ाल कि वे सिर उठाएं। यदि उद्योग जगत निजी क्षेत्र में आरक्षण का विरोध करता है, तो उसी मानसिकता का परिचायक होगा, जो पहले से होता आ रहा है कि विदेशी भले राज करें, सम्मान पाएं और अधिकार लें, फिर भी उनके प्रति द्वेष न हो। आज विश्वव्यापार संगठन, विश्वबैंक, विदेशी संस्थागत निवेशकों के दबाव में आयात–निर्यात पर कितनी भी छूट दे दी जाए या उनके पक्ष में सरकार सहूलियतें दे दे, उनके खिलाफ हमारे उद्योग जगत के लोग झंडा बुलंद नहीं करेगें। स्टॉक एक्सचैंज पर विदेशी संस्थागत निवेशकों का कब्जा हो गया है और उनकी मर्जी से शेयर बाजार घटती और बढ़ती है, लेकिन यहां के व्यापारियों ने उनके खिलाफ प्रतिक्रिया नहीं व्यक्त की। असली घाटा देशी पूंजीपतियों को बहुराष्ट्रीय कंपनियों और विकसित देशों के दबाव के कारण हो रहा है। इन्हें उनके खिलाफ लामबंद होना चाहिए, न कि दलितों के निजीक्षेत्र में आरक्षण का विरोध। यदि दलितों को तरक्की करने का अवसर मिलता है, तो देश का ही भला होगा, न कि बाहर के लोगों का। अतः उद्योग जगत को इसका समर्थन करना चाहिए। और प्रयास करना चाहिए कि दलितों को उद्योगपति बनाएं या अमेरिका जैसे उनसे सामान खरीदें, ताकि ये बुनियादी जरूरतों को पूरा कर सकें।

---

12 जून, 04 दैनिक भास्कर–निजी क्षेत्र में दलितों को आरक्षण क्यों?
16 जून, 04 अमर उजाला–क्यों न मिले निजी क्षेत्र में आरक्षण

59

मुसलमानों को आरक्षण मिलना चाहिए

ऐसी आहटें सुनने को मिल रही हैं कि देश में हर तबके के लिए कुछ मिलने जा रहा है, परन्तु मुसलमानों को कुछ नहीं। कांग्रेस के नेतृत्व में केन्द्र में सरकार बनी है, तो ऐसी अपेक्षा करना और भी स्वाभाविक हो जाता है। अधिकार घटने या मिलने का सिलसिला कुछ महीनों का नहीं होता, बल्कि उसकी ऐतिहासिक पृष्ठभूमि होती है। कभी–कभी इतने बड़े फैसले अचानक भी हो जाते हैं, लेकिन वह अपवाद ही होता है। आज़ादी के बाद से मुसलमानों में शासन–प्रशासन शिक्षा स्वास्थ्य आदि में भागीदारी के लिए कोई जोरदार पहल नहीं हुई। माहौल ऐसा बनता रहा कि जान–माल की रक्षा हो जाए वही बहुत है। मुसलमानों के सामाजिक आंदोलन भी नहीं के बराबर रहे, यह भी एक बड़ा कारण रहा है। राजनीति में सक्रिय मुसलमान ने भी इस क्षेत्र में कोई सक्रियता नहीं दिखाई। इमामों और उलेमाओं की सोच कभी ऐसी रही ही नहीं।

भारत विकासशील देश है और अभी भी आबादी के बड़े हिस्से को बुनियादी जरूरतें पूरी नहीं हुई हैं। सरकार के पास इतनी क्षमता नहीं है कि बड़ी आबादी को आवश्यक सुविधाएं उपलब्ध करायी जा सकें। यहां तो मांगने वालों को मुश्किल से कुछ मिल पाता है तो न मांगने वालों को कुछ मिल जाए, कैसे संभव है? संयुक्त प्रगतिशील गठबंधन सरकार के भी कॉमन मिनिमम प्रोग्राम में ऐसा कुछ नहीं है, जिससे मुसलमानों को कुछ मिले। कुछ मुसलमानों को शिकायत तो है, आखिर उनको भी क्यों नहीं कुछ सुविधाएं

दी जा रही हैं? अब इनमें बहस छिड़नी चाहिए कि क्या कभी इन्होंने कुछ मांगा भी है जो मिले।

राजस्थान के विधान सभा चुनाव के पूर्व सवर्ण इकट्ठा हुए और उन्होंने आंदोलन की राह पकड़ी कि गरीब सवर्णों को आरक्षण मिलना चाहिए। चुनाव के पूर्व कांग्रेस और भाजपा के सभा–सम्मेलनों का बहिष्कार और उन्हें न होने देना आदि गतिविधियां तेज हो गयी। इसका सीधा असर चुनाव में पड़ता हुआ देख दोनो प्रमुख पार्टियां भयभीत हो गयीं और उनके सामने दूसरा विकल्प था ही नहीं कि गरीब सवर्णों के आरक्षण के मामले को नजरंदाज कर सकें। जल्दी–जल्दी में कांग्रेस की राज्य सरकार ने केन्द्र सरकार को सिफारिश भेज दी कि गरीब सवर्णों को आरक्षण दिया जाए। मुसलमानों के लिए वह इतना अच्छा समय था कि ये बोलते कि क्या इस देश में मुसलमान ही सबसे ज्यादा शासन–प्रशासन और धन–सम्पत्ति में आगे हैं, जो उन्हें ही आरक्षण नहीं चाहिए। वर्तमान में प्रशासन में डेढ़–दो प्रतिशत से अधिक इनकी हिस्सेदारी नहीं हैं। यह वक्त चुनाव का था और दो–चार स्थानों पर भी मुसलमानों द्वारा जोर से मांग उठायी गयी होती तो संभव है कि सरकार इनके बारे में कुछ करती।

गुजरात के नरसंहार के बाद अनुसूचित जाति/जन जाति संगठनों का अखिल भारतीय परिसंघ एवं लॉर्ड बुद्धा क्लब ने जमीयत उलमा–ए–हिन्द के साथ मिलकर वहां पर जमीनी कार्य किया। 2 मई 2002 को राम लीला मैदान, दिल्ली में दलित–मुस्लिम रैली आयोजित की गयी। उसमें जो मजबून पास हुए, सबसे ज्यादा आरक्षण के बारे में थे। चूंकि यह रैली गुजरात में मुसलमानों के साथ हुए अत्याचार से संबंधित थी और बड़ी भी इतनी थी कि शायद ही कभी इतनी बड़ी रैली हुई हो, लोगों और मीडिया का ध्यान आकर्षित किए बिना नहीं रही। आरक्षण की बात को व्यापक समर्थन मिला और उसके बाद जगह–जगह पर चर्चाएं होने लगीं। परिसंघ एवं इंडियन जस्टिस पार्टी अपने आंदोलन की प्रत्येक सक्रियता में मुसलमानों की भागीदारी की बात करते रहे। पिछले वर्ष दिल्ली विधान सभा के चुनाव हुए और इंडियन जस्टिस पार्टी के 30–35 उम्मीदवार चुनाव लड़े, जिसमें मुसलमानों को आरक्षण दिलाना मुख्य मुद्दा रहा। कुछेक मुसलमानों ने मानसिक रूप से इसका स्वागत किया, लेकिन चुनाव में राजनैतिक मुद्दा बनाने में किसी ने

सहयोग ही नहीं दिया। गत् वर्ष अगस्त माह में इसी विषय पर मुस्लिम बुद्धिजीवियों का सम्मेलन इंडियन जस्टिस पार्टी की ओर से दिल्ली में बुलाया गया, जिसमें बहुत कम लोग सम्मिलित हुए। उसके बाद यह महसूस किया गया कि जजबाती विषयों पर मुसलमानों को इकट्ठा करना बहुत ही आसान है, लेकिन जब शिक्षा, स्वास्थ्य एवं शासन–प्रशासन में भागीदारी के लिए कार्यक्रम आयोजित हों तो इनका इकट्ठा होना बहुत ही मुश्किल है। चुनाव या राजनीति को प्रभावित करने वाले मुद्दों को सरकार सबसे ज्यादा अहमियत देती है, जो मुस्लिम समाज नहीं कर पा रहा है।

लगभग प्रत्येक चुनाव में यही वातावरण बन जाता है कि जो भाजपा को हरा सके वोट उसे दो। ऐसे में उन उम्मीदवारों एवं पार्टियों के ऊपर क्या असर पड़ता होगा, जो मुसलमानों के आरक्षण की वकालत कर रही हों और समर्थन औरों को मिले। धीरे–धीरे एक सहमति सी बनती जा रही है कि मुसलमानों के लिए कुछ करने की जरूरत ही नहीं है, क्योंकि ये जबर्दस्ती अपना वोट देते हैं, जो इनसे समर्थन मांगे या न मांगे, इन्हें देना उसी को है, जो भाजपा को हरा सके। मत और समर्थन के बदले में ये कुछ अपने लिए मांगते ही नहीं अर्थात् अपना वोट मुफ्त में देते हैं। ऐसे में क्यों कोई नेता अधिकार या भागीदारी देने के वायदे की भूल करेगा? उसकी कोशिश रहेगी कि वह भाजपा का विकल्प बने या बनने का बहाना करे तो अपने आप ही इनका समर्थन मिल जाएगा।

मुसलमानों में मध्यम वर्ग का अभाव है। इसके जो भी बुद्धिजीवी या मजबूत लोग हैं, उन्हें इसके बारे में खास चिंता नहीं है। इसके पीछे ऐतिहासिक कारण भी हैं कि ये वर्ग हमेशा हिन्दू समुदाय के दबंगों के साथ रहा है और आज भी मानसिक रूप से उसी के साथ उठने–बैठने में सहूलियत महसूस करता है। भले ही ऐसा जानबूझकर न कर रहे हों, लेकिन मानसिकता के तहत ऐसा हो रहा है। यह वर्ग कहीं न कहीं हीन भावना का शिकार भी है तभी ऐसी बात उठाने से झिझकता है। कार्यक्रमों, गोष्ठियों एवं धर्मनिरपेक्ष आंदोलनों में दबंग जाति के बुद्धिजीवियों या संगठनों के साथ मिलकर तमाम गतिविधियां तो करते हैं, लेकिन पसमांदा हिन्दुओं के साथ नहीं। इस वर्ग में अगर बदलाव नहीं आया तो आगे चलकर अधिकारों से संबंधित आंदोलन और कमजोर होगा। सहयोग लेना और देना विशेष रूप से भागीदारी जैसे मुद्दे हों,

तो उन्हीं के साथ करना चाहिए जो दर्द के रिश्ते को समझते हों। आर्थिक राजनैतिक एवं सामाजिक क्षेत्रों में दलितों एवं मुसलमानों की हालातें लगभग एक जैसी हैं। अतः इस गठबंधन से मुसलमानों की मांग जोर पकड़ सकती है। वैचारिक अभिव्यक्ति, सामाजिक मेल–जोल और कुछ छोटे–मोटे मुद्दों पर दबंग सवर्णों से सम्पक्र या दोस्ती रखने में हर्ज नहीं है, लेकिन उनके समाज का समर्थन मिलना मुश्किल है। यदि यही संबंध दलितों व पिछड़ों के साथ करें, तो संभव है कि उनके समाज का बड़ा हिस्सा मुसलमानों के पक्ष में खड़ा होगा।

पसमांदा मुसलमान को इसकी चिंता है ही नहीं। उसे समझा दिया गया है कि आज जो मिले, इस्तेमाल कर लो या खा लो, कल की चिंता क्यों करते हो? खुदा ने अगर पैदा किया है तो कल का इंतजाम भी वही करेगा। भले ही यह बात आम मुसलमानों में चेतन अवस्था में रोजमर्रा के अधिकारों से लड़ने के लिए प्रेरित करने से न रोकती हो, लेकिन अचेतन अवस्था में प्रभावित जरूर करती है। जो बात धर्म से जुड़ी हो उसको रोजमर्रा के जीवन से नहीं जोड़ना चाहिए। जज्बाती मुद्दों पर हजारों और लाखों मुसलमान इकट्ठा हो जाते हैं, लेकिन जब किसी मुसलमान पर अत्याचार हो या अधिकार पर चोट की जाए, तो चंद मुसलमानों को इकट्ठा करना मुश्किल काम है। मंडल कमीशन के तहत 27 प्रतिशत पिछड़ों को आरक्षण दिया गया, जिसमें 8.5 प्रतिशत आरक्षण पसमांदा मुसलमानों का शामिल है। अलीगढ़ विश्वविद्यालय के प्रो॰ हुंमायुं मुराद कहते हैं कि साढ़े 8 प्रतिशत की दर से तीन साल में तीस आई.ए.एस. अधिकारी पसमांदा मुसलमान से होना चाहिए था लेकिन हुए केवल दो। संघ परिवार से तो उम्मीद की नहीं जा सकती कि वह इनके अधिकारों को दिलाने के लिए आगे आएगा। उर्दू माध्यम से पढ़ रहे छात्रों के नतीजे पहले की भांति इस वर्ष भी इतने खराब आए हैं कि उसे सोचकर ही लगता है कि पढ़ाने वाले की कोई रूचि नहीं है। बच्चों के मां–बाप ने शिक्षा के महत्त्व को समझा नहीं है। उर्दू अकादमी को उर्दू माध्यम से किताब लिखने की जिम्मेदारी दी गयी, लेकिन वह भी न किया जा सका, जबकि सेमिनारों व गोष्ठियों के नाम पर लाखों रूपया उड़ा दिया जाता है। इस पिछड़ेपन के लिए मुस्लिम समाज भी कहीं न कहीं जिम्मेदार है।

आजादी के बाद कांग्रेस ने 40–45 वर्ष तक देश में शासन किया, तो ज़ाहिर सी बात है कि एक लम्बे समय में ही मुसलमानों की भागीदारी घटी।

चाहे कांग्रेस पार्टी हो या अन्य हों, भागीदारी तब तक नहीं मिलेगी, जब तक कि मुस्लिम समाज की ओर से आवाज न उठे। यदि मुस्लिम इस पर इकट्ठा नहीं हो सकते तो कम से कम उनका तो साथ देना चाहिए जो इस बात को ईमानदारी से उठा रहे हैं। मुस्लिम समाज की ताक़त और समर्थन भी न मिले और उम्मीद की जाए कि अमुक नेतृत्व इसकी लड़ाई लड़े, ऐसा सोचना व्यावहारिक नहीं है। आजादी के समय मुसलमानों की भागीदारी शासन–प्रशासन एवं उद्योग और जमीन में अच्छी थी, परन्तु अब नहीं रह गयी है। संयुक्त प्रगतिशील गठबंधन की सरकार को इनको भागीदारी देना चाहिए, ताकि इन्हें देश की मुख्यधारा में शामिल किया जा सके। किसी भी राष्ट्रभक्त को इस मांग का समर्थन करना चहिए, क्योंकि इतनी बड़ी आबादी को वंचित करने से राष्ट्र के विकास पर बड़ा असर पड़ेगा। अमेरिका में सरकार ने अश्वेतों, रेड इंडियन और अन्य पिछड़े अल्पसंख्यकों को सेना एवं शिक्षण संस्थानों तक में आरक्षण दिया है। वहां के औद्योगिक जगत ने इनकी आबादी के अनुसार अपने यहां काम दे रखा है। अमेरिका विश्व की सबसे बड़ी शक्ति है, तो उसके पीछे ऐसी ही सोच का हाथ है। उसे महाशक्ति बनने के लिए अपने समाज में कोई ऐसी बात नहीं होने देना है, जिसकी वजह से घरेलू कलह हो। हम इसके विपरीत चल रहे हैं। हजारों जातियों में व्याप्त भेदभाव ने एक तरह से भारतीय समाज को हजारों सालों से अघोषित घरेलू युद्ध में झोंक दिया है। राजनैतिक फायदा उठाने के लिए कुछ तत्व धर्म के आधार पर समाज को और कमजोर कर रहे हैं। उपरोक्त परिस्थितियों पर ईमानदारी से यदि गौर किया जाए, तो मुसलमानों को आरक्षण दिया जाना चाहिए।

60

स्टॉक एक्सचैंज द्वारा जनादेश की उपेक्षा

अमेरिका जैसे अति बाजारवाद एवं औद्योगिक देश में भी शेयर बाजार की भूमिका वहां के आर्थिक ढांचे को इतना नहीं प्रभावित करती जितना कि इस समय भारत के। शेयर बाजार में तेजी या गिरावट देश की अर्थव्यवस्था के स्वास्थ्य का द्योतक नहीं हो सकता और भारत में तो इसलिए भी क्योंकि यह औद्योगिक क्षेत्र में खास ऊंचाई को नहीं प्राप्त कर सका है। सूचकांक गिरने और उठने का संबंध उन्हीं शेयरों के खरीद–परोख्त से है, जो लगभग 5 प्रतिशत घरेलू सकल उत्पाद से अधिक नहीं होगा, फिर भी यह हायतौबा क्यों? हमारे देश के आम लोग नेता सहित शेयर बाजार या कैपिटल मार्केट का नाम सुनते ही घबरा जाते जाते हैं, क्योंकि इसके बारे में उनको ज्ञान नहीं होता।

जब श्रीमती सोनिया गांधी के देश का प्रधानमंत्री बनने की सूचना देश में फैली तो सूचकांक गिर गया। क्या इसका सम्बंध वास्तविक उत्पादन या देश में लेन–देन से था? ऐसा बिल्कुल नहीं। क्या यह दिन–दहाड़े छलावा नहीं है? इससे पूरी तरह से लगने लगा है कि शेयर बाजार सरकार पर नियंत्रण कर रही है, बजाय कि सरकार इसके ऊपर। इस क्षेत्र मे माने–जाने पत्रकार सुचेता दलाल ने लिखा है कि शेयर बाजार सरकार को प्रतिदिन जनादेश दे रहा है। वर्षा अच्छी हो जाती है, तो सूचकांक ऊपर की ओर उछल जाता है और जब सूखा पड़ता है, तो औंधे मुंह गिर भी जाता है। सरकार

बदलने पर या उसकी नीति के कारण बाजार में बड़ा परिवर्तन आ जाता है। कानून व्यवस्था के बिगड़ने के कारण भी बाजार पर असर पड़ता है। अतः स्टॉक एक्सचैंज प्रभावित ज्यादा होता है, बजाय दूसरों को करने के। ऐसे में यह जरूरी हो गया है कि स्टॉक एक्सचैंज पर नियंत्रण लगाया जाए, जिससे सूचकांक के गिरने या उठने से सही आर्थिक स्थिति की जानकारी हो। आम आदमी को यह जानना जरूरी है कि शेयर बाजार में गिरावट के कारण जो हानि होती है, वह एक काल्पनिक हानि है, उसका उत्पादन से खास सम्बंध नहीं है। हां इतना जरूर है कि शेयर बाजार के दलाल सैकड़ों करोड़ रूपया छोटे पूंजीनिवेशकों का गटक जाते हैं।

राजग सरकार की गलत नीतियों का प्रभाव अब शेयर बाजार में और दिखने लगा है। इसकी नीतियों के कारण विदेशी निवेशकों का नियंत्रण अब शेयर बाजार पर हो गया है। इस समय लगभग 500 विदेशी संस्थागत निवेशक स्टॉक एक्सचैंज पर शेयर का क्रय–बिक्रय कर रहे हैं, उसमें से मात्र एक दर्जन ऐसे हैं, जो जब चाहें बाजार को ऊपर उठा दें या गिरा दें। पूरे देश में जितने स्टॉक एक्सचैंज हैं, उनमें जिन शेयरों की बिक्री या खरीद होती है, उसमें से 14 प्रतिशत से अधिक विदेशी संस्थागत निवेशकों का हिस्सा नहीं होगा। ये केवल 'फ्री फ्लोट मार्केट' में ही छल–कपट कर रहे हैं। 'फ्री फ्लोट मार्केट' उसे कहते हैं, जिसमें आम निवेशक या छोटे शेयर धारकों का सरोकार है। विदेशी संस्थागत निवेशक फ्री फ्लोट मार्केट के लगभग 45 प्रतिशत शेयरों पर नियंत्रण रखते हैं। इसी से इन्हें बाजार पर एकाधिकार करने का मौका मिल जाता है। साधारणतया ये शेयर बाजार में ऐसा माहौल पैदा करते हैं जिससे छोटा निवेशक तेजी के भाव शेयर को खरीद ले और बाद में इनके द्वारा अधिक शेयर छोड़ दिया जाए ताकि दाम गिर जाए। जब शेयर के दाम गिर जाते हैं, तो छोटा निवेशक हड़बड़ाकर घाटे में बेंचकर अपनी पूंजी निकालकर भागना चाहता है। जब इन कारणों से शेयर बाजार में तेजी या गिरावट हो, तो उसके लिए राजनेता या सरकार कैसे जिम्मेदार हैं? वर्तमान में सूचकांक की हालत जुआघर जैसे है। कांग्रेस के नेतृत्व में जब नई सरकार कार्यभार ग्रहण कर रही थी, तो इसमें कौन सी आर्थिक नीति में ऐसा परिवर्तन हो गया, जिससे शेयर बाजार में भगदड़ मच गयी।

सीधे विदेशी निवेश पूंजी लाने की चिंता नहीं के बराबर दिखती है, जिसके कारण वास्तविक आर्थिक विकास हो सकता है। देश के लोगों को

सावधान हो जाना चाहिए कि हम लैतानवी अमेरिका के देशों की हालत की ओर तेजी से बढ़ रहे हैं। 1980 के दशक के बाद उन देशों के प्रधानमंत्री या मुख्य शासक एवं प्रशासक विदेशी निवेशकों के इशारे पर चुने गए। ब्राजील में लूला की सरकार को सार्वजनिक सुविधाओं के कार्यक्रम को रोक देना पड़ा, जब अंतर्राष्ट्रीय पूंजी बाजार ने दबाव बढ़ाया। भूमण्डलीकरण की आड़ में बहुराष्ट्रीय कम्पनियों ने स्टॉक एक्सचैंज की मार्केट के माध्यम से पिछड़े देशों की आर्थिक व्यवस्था पर नियंत्रण पाया। ऐसे हालात पैदा कर दिए गए कि बिना शेयर के व्यवसाय के देश की अर्थव्यवस्था का विकास ही नहीं हो सकता। अफ्रीका के देशों में तो हालत और भी दयनीय है, जहां पर तमाम सरकारी प्रमुख पदों पर वे ही लोग हैं, जो पहले अंतर्राष्ट्रीय मुद्रा कोष एवं विश्व बैंकों की नौकरी करते थे। हमारे यहां भी कुछ ऐसा ही है। वित्त मंत्रालय के तमाम वरिष्ठ अधिकारी विश्व बैंक एवं अंतर्राष्ट्रीय मुद्रा कोष में अच्छे पदों पर ले लिए जाते हैं। प्रधानमंत्री कार्यालय में कार्यरत् नौकरशाह भी खूब धड़ाके से इन संस्थाओं में नौकरी पा जाते हैं। सेवानिवृत्ति के उपरांत तो बहुत सारे अधिकारियों ने ऐसा किया। अगर इन अधिकारियों ने अंतर्राष्ट्रीय मुद्राकोष, विश्व बैंक एवं विश्व व्यापार संगठन आदि संस्थाओं को फायदा न पहुंचाया होता तो इन्हें ही क्यों वहां नौकरियां मिलती? क्या इनमें कोई अतिरिक्त अनुभव या ज्ञान है?

सेबी क्या कर रही है? शेयर बाजार कुछ लोगों के हाथों का खिलौना बन गया है और सेबी असहाय होकर तमाशबीन बनी हुई है। बिना मिलीभगत के यह संभव नहीं है। सेबी को चाहिए कि 'हेज फंड' एवं बाजार में चालबाजी करने वालों पर निगरानी रखे, ताकि विदेशी संस्थागत निवेशक अपने फायदे के लिए शेयर बाजार न चलवाएं। 'हेज फंड' वह धन है, जिसके स्रोत के बारे में किसी को पता नहीं है। हमारे देश से अरबों रूपया काले धन के रूप में बाहर जाता है और वह भी 'हेज फंड' के रूप में आ सकता है। तश्करी एवं नशीली दवाओं के धंधे का भी पैसा इसमें शामिल हो सकता है। मौरीशस से भी काले धन का जबर्दस्त प्रवेश भारतीय अर्थव्यवस्था में होता है। लोगों के मन में यह भ्रम पैदा कर दिया गया है कि बिना पूंजी बाजार के उद्योग चलाने या लगाने के लिए पैसे जुटाना मुश्किल है, परन्तु यह अर्द्धसत्य है, क्योंकि हमारे यहां अधिकतर व्यवसाय शुरू करने वाले अपनी पूंजी और बैंक के लोन से काम शुरू करते हैं। विदेशी संस्थागत निवेशकों के पक्ष की सबसे बड़ी

ताक़त यह है कि उनके पास नकद पूंजी है। राजग सरकार की यह देन है कि आज ये चुनी हुई सरकार को हिलाने की हिम्मत कर रहे हैं। क्या यह नया साम्राज्यवाद नहीं है? यदि इसके ऊपर नियंत्रण नहीं लगाया गया तो हमारी निर्भरता विदेशी ताक़त पर बढ़ती जाएगी।

एक समय था कि रिक्शा चलाने वाला भी शेयर बाजार में कारोबार करने लगा था, लेकिन हर्षद मेहता और केतन पारिख जैसे बड़े दलालों ने स्टॉक एक्सचैंज में इस तरह से लूट मचायी कि आम लोग शेयर बाजार की तरफ देखने से भी डरने लगे। स्टॉक एक्सचैंज बोर्ड भी है, लेकिन यह सबकुछ होता रहता है, क्या कर रहा है? प्रणंजय गुहा ठकुरता, देश के माने–जाने अर्थशास्त्री हैं, कहते हैं कि इसकी शुरूआत कांग्रेस के प्रधानमंत्री नरसिंहराव की सरकार के समय ही की गयी थी, जो राजग सरकार में जड़े जमा लीं। केतन पारिग के मामले में संयुक्त संसदीय समिति द्वारा जांच करायी गयी थी, जिसने रिपोर्ट दी कि उस पूंजी के स्रोत की जानकारी की जाए, जिसके कारण स्टॉक एक्सचैंज पर कुछ लोगों का नियंत्रण है। क्या राजग सरकार ने ऐसा किया? प्रणंजय गुहा आगे कहते हैं कि किसी को नहीं पता कि इस देश में कितने शेयर धारक हैं? अंदाज यही लगाया जाता है कि इनकी संख्या लगभग दो करोड़ है। इस दो करोड़ में वे लोग भी शामिल हैं, जिसके पास मात्र एक शेयर या सरकार की सिक्योरिटी हो। वास्तव में 50 लाख से ज्यादा लोग इस देश में हैं ही नहीं, जो सही मायने में शेयर बाजार से जुड़े हैं। जो पूंजी बाजार मात्र आधा प्रतिशत देश की जनता से सरोकार रखता हो उसकी सर्दी से भारत की अर्थव्यवस्था को छींकें आने का कोई मतलब ही नहीं है, अतः यह सबकुछ करवाया जा रहा है।

नई सरकार के बनने से पूंजी बाजार को जबर्दस्त रूप से नियंत्रित किया गया। आम चुनाव में नतीजे के बाद पूंजी बाजार में जबर्दस्त गिरावट आयी लेकिन उसका वास्तविक असर देश के उत्पादन या लेन–देन पर नहीं हुआ। स्टॉक एक्सचैंज के बड़े दलालों एवं विदेशी निवेशकों का मकसद यही है कि इस तरह से सरकार को डरवाकर ज्यादा से ज्यादा लाभ कमाया जाए। कॉमन मिनिमम प्रोग्राम में जब आम लोगों को राहत देने की योजनाएं शामिल की गयी हैं, तो उससे पूंजीबाजार को प्रभावित होने का क्या मतलब? इससे स्पष्ट हो जाता है कि सरकार धनी लोगों को ज्यादा से ज्यादा छूट दे। अगर सरकार गरीबों एवं आम जनता को रोजगार एवं बुनियादी सुविधाएं देती है,

तो इसके लिए पूंजीपतियों के ऊपर कर आदि लगाना पड़ेगा। इस वर्ष बजट पेश न होने पर भी सरकार ने कुछ नीतिगत फैसले लिए थे, जिसमें से यह भी था कि कोयला एवं कुछ अन्य वस्तुओं के आयात पर सीमाशुल्क कम की गयी। जिससे सरकार को लगभग 11 हजार करोड़ रूपये का घाटा हुआ। अर्थात् सरकार की आय कम हुई और इससे सरकारी कल्याणकारी योजनाओं पर सीधा असर पड़ेगा। ये चाहते यह हैं कि सरकार गरीबों से लेकर इन्हें दे। सरकारी उद्योगों का विनिवेश करना या न करना सरकार का फैसला है, लेकिन इससे पूंजी बाजार में क्यों खलबली मचती है? कुछ समय पहले एक बड़े पूंजीपति ने कहा कि मैं राजनीति में क्यों नहीं प्रवेश रहा हूं? तो मैंने उससे पूछा कि आपका इससे क्या सरोकार? उस व्यवसायी ने कहा कि इस समय सबसे अच्छा मुनाफे का धंधा सरकारी बीमार उद्योगों को खरीदने का है और जब तक राजनैतिक ताक़त का समर्थन नहीं होता, तब तक इस धंधे में सफलता नहीं मिल सकती।

टेलीविजन खोलें या अखबार के पेज, स्टॉक एक्सचैंज की खबरों से भरा रहता है। देश की बड़ी आबादी को दो जून की रोटी कृषि क्षेत्र से जुटती है, उसके बारे में शायद ही कोई खबर होती है। क्या देश में आधे प्रतिशत लोग ही महत्त्वपूर्ण हैं, जिनके बारे में शोर–शराबा हो रहा है? नई सरकार को चाहिए कि पूंजीबाजार के इस व्यवहार को अनुशासित करे और अन्य आर्थिक क्षेत्रों का महत्त्व बढ़े, जिसके बल पर अर्थव्यवस्था टिकी है या आम लोगों को अधिक से अधिक रोजगार मिलता है। हर देश को अपनी परिस्थितियों के अनुसार नीतियां और योजनाएं बनाना चाहिए। पूंजी बाजार दुनिया के सबसे बड़े जनतंत्र के जनादेश के साथ खिलवाड़ करने से बाज आए।

61

बसपा के अंधभक्तों से

राजनीति में जिन्दा रहने के लिए धन की आवश्यकता पहले से कहीं ज्यादा हो गयी है। सबसे बड़ा कारण यह है कि कार्यकर्त्ता एवं समर्थक खर्च एवं प्रचार के अन्य साधनों के बिना काम करने को तैयार ही नहीं हैं। पहले जनता भोली–भाली हुआ करती थी, इसलिए पार्टी के नेता एवं उम्मीदवार को देखने या मिलने के नाम से प्रचार में जुट जाते थे। बड़े शहरों में चुनाव के समय बेरोजगारों को 200 रूपये प्रतिदिन के हिसाब से प्रचार के लिए मिलता है। खाने के साथ शराब भी मुहैया करायी जाती है। गाड़ियों के लम्बे काफिले के साथ प्रचार करने से जनता प्रभावित होती है। अपवाद को छोड़कर साधारण व्यक्ति, चाहे जनता के बीच लगातार संघर्ष करता रहा हो, के लिए न तो समर्थन और न ही वोट। इसके अलावा प्रचार सामाग्रियों पर खर्च की कोई सीमा ही नहीं है। ऐसे में किसी पार्टी का जिसका नेतृत्व दलित के हाथ में हो, राजनीति में टिक पाना तो बहुत ही मुश्किल कार्य है। बसपा को भी इस सच्चाई का सामना करना पड़ा होगा।

बहुजन समाज पार्टी को जितने दुर्दिन शुरू में संसाधन को लेकर हुए होगें, शायद और किसी पार्टी के साथ ऐसा नहीं हुआ होगा। कांशीराम जी ने एक वोट और एक नोट का नारा दिया। तब तथाकथित प्रबुद्ध वर्ग ने इस दर्द को महसूस नहीं किया और ईमानदार लोगों ने सराहना भी नहीं की। धीरे–धीरे वोट बढ़ता गया, तो लोग़ों ने नोट भी देना शुरू किया। इस देश में साधारणतया लोग कुछ मदद तभी करते हैं, जब लोभ या डर में किसी एक की स्थिति हो या दोनो की। यह सनातनी परंपरा रही है। आम आदमी

तीर्थस्थल इसलिए जाता है कि उसकी अमुक मनोकामना पूरी होगी। जिस गुंडे या अपराधी से जान या माल का खतरा हो, उसकी एक आवाज पर साधारणतया लोग मांग को पूरा कर देते हैं। सामाजिक कार्य या मानव कल्याण के लिए संसाधन जमा कर पाना बहुत ही मुश्किल है। प्रायः लोग बहुसंख्यक राजनीतिज्ञों को भ्रष्ट समझते हैं। लेकिन यदि उन्हें इस स्थिति में रख दिया जाए तो शायद भ्रष्ट राजनीतिज्ञों की सीमा को पार कर जाएंगें। चुनाव को खर्चीला बनाने में क्या जनता की जिम्मेदारी कम है? यदि जनता थोड़ा सा भी इन चीजों से परहेज करती, तो ईमानदार लोग भी चुनाव लड़ने की हिम्मत जुटाते। क्या जनता का दोष नहीं है कि जिनका काम लोगों का मनोरंजन करना है, उनके नाम पर हजारों लाखों की संख्या में इकट्ठा हो जाते हैं और मतदान भी करते हैं। किसी व्यक्ति को मनोरंजन के लिए चाहना या पसंद करना एक अलग बात है, लेकिन जब उसको राजनीति में चाहा जाएगा, तो शायद ऐसे लोगों से जीवन की रोजमर्रा की जरूरतों को पूरा करने की उम्मीद नहीं करनी चाहिए।

बहुजन समाज पार्टी के समर्थकों को बार–बार उसके नेता कांशीराम एवं मायावती यही कहते रहे कि उनका अपना कुछ नहीं है, जो भी कुछ है वह बहुजन समाज का है। इनके समर्थक इस नारे से प्रभावित भी हुए। समर्थकों ने अपना पेट काटकर पार्टी को चंदा दिया। बहुजन समाज पार्टी उ॰प्र॰ में तीन बार सत्ता में आयी जिससे आर्थिक रूप से इसे मजबूत होने में बड़ा सहयोग मिला। सत्ता के भय या लोभ से लोग बिना मांगे पैसा देते हैं। उ॰प्र॰ में कर्मचारी–अधिकारी अपनी पोस्टिंग के के लिए क्या नहीं करते? जितना भी कहा जाए कम है।

14 अप्रैल, 2003 को मायावती ने लखनऊ की पर्दाफाश रैली में कहा कि उनके पास अपना कुछ नहीं है, जो कुछ भी है वह बहुजन समाज का है। चुनाव आयोग ने अब अनिवार्य कर दिया है कि जो संसद या विधान सभा का चुनाव लड़ेगा उसे अपनी सम्पत्ति का विवरण देना होगा। इस अनिवार्यता के कारण मायावती जी ने अकबरपुर संसदीय क्षेत्र से अपना नामांकन दाखिल करते समय अपने व्यक्तिगत खाते में 9 करोड़, 78 लाख रूपये दर्शाए। हाल में जब राज्य सभा के लिए अपना नामांकन पत्र भरा तब भी तमाम सम्पत्तियों का ब्योरा दर्शाया, जिसमें इस बैंक खाते में जमा राशि को पुनः दिखाया। दिल्ली के इंद्र पुरी इलाके में उनके पास सवा करोड़ की मिल्कियत के 1698.11 वर्ग गज के चार आवासीय प्लाट–भवन और 30,94,000 रूपये मूल्य के

जेवरात भी। सी.बी.आई. की जांच चल रही है, जिसके अनुसार देहरादून, बुलंदशहर, बिजनौर, दिल्ली और न जाने कितने स्थानों पर मायावती के मां–बाप, भाई–बहन व भाभी के नाम धन एवं सम्पत्तियां हैं। लगता है कि मायावती को धन पचाने या रखने की कला में माहिरियत नहीं है। हो भी कैसे? दलितों के सगे संबंधी धन–सम्पत्ति वाले होते ही नहीं, इसीलिए काले धन को रफा–दफा करने में मुश्किलें आती हैं। दूसरा कारण वोट की गर्मी है, जिस नेता या पार्टी का जनाधार पक्का हो, उसे भ्रष्टाचार जैसे आरोपों से फायदा ही होता है, जैसे–तमिलनाडु की जयललिता या चारा घोटाले में फंसे नेता। इनके खिलाफ जब कार्यवाही होती है, तो समर्थकों में भावुकता और अधिक जग जाती है। जिनका जनाधार पक्का नहीं है, उनके खिलाफ भ्रष्टाचार का आरोप तो अभिशाप ही साबित होता है।

नोएडा–आगरा के ताज एक्सप्रेस परियोजना एवं ताज कोरीडोर के मामले में सुप्रीम कोर्ट के आदेश से सी.बी.आई. जांच शुरू हुई, तो मायावती बिफर गयीं। इसी कारण मुख्यमंत्री पद से इस्तीफा भी दिया। यदि सुप्रीम कोर्ट ने आदेश न दिया होता, तो ऐसे मामले रफा–दफा हो जाया करते हैं। उस समय भाजपा कहती रह गयी कि इसमें उसका हाथ नहीं है, फिर भी मायावती ने उसे दंडित करने के लिए स्वयं सरकार गिरायी।

मायावती की योजना थी कि सरकार गिरने के बाद पुनः चुनाव हों जिससे बसपा की सीटें और बढ़ें। जैसे ही मुलायम सिंह मुख्यमंत्री बने, मायावती ने विधान सभा से भी इस्तीफा दे दिया। होना यह चाहिए था कि मायावती विधान सभा में विपक्ष की भूमिका अदा करतीं। खुद तो इस्तीफा देकर दिल्ली भाग लीं, लेकिन गांवों एवं कस्बों में रह रहे कार्यकर्त्ता कहां भागकर जाते? असली नेता होतीं, तो विपक्ष की भूमिका अदा करते हुए दलितों के दुख और सुख की लड़ाई उनके साथ उ॰प्र॰ में ही लड़तीं। भारत के इतिहास में शायद ही इतने भोले–भाले और अंध–भक्त समर्थक किसी पार्टी या नेता के हुए होगें। बसपा सुप्रीमो मायावती ने लोकसभा से इस्तीफा देकर राज्यसभा से नामांकन करके फिर पलायनवादी नीति को दोहराया है। बसपा के अंधभक्तों में फिर से कोई सुगबुगाहट नहीं हुई कि आखिर में लोक सभा से अधिक उपयुक्त कौन सी देश के अंदर संस्था है, जहां से दलितों एवं देश के लिए आवाज उठायी जा सकती है। जब अधिकार के लिए लड़ने का स्थान मिला, तो उसे छोड़ दिया। इनके आंदोलन का इतिहास ही ऐसा रहा है कि कभी भी मुद्दों के आधार पर संघर्ष नहीं किया। डॉ॰ अम्बेडकर का पूरा

आंदोलन मुद्दे पर आधारित रहा है, लेकिन इनके अंध–भक्तों को अभी भी साल–दो–साल तक समझाने से ज्यादा फायदा नहीं होगा। जो लोग भावना में बहते हैं, उन्हें तार्किक और सही बातें भी गलत लगती हैं। इस आम चुनाव में इंडियन जस्टिस पार्टी ने 32 स्थानों पर लोक सभा के लिए उम्मीदवार उतारकर इन अंध–भक्तों को जगाने की कोशिश की और कुछ स्थानों पर थोड़ी कामयाबी भी मिली। बहुजन समाज पार्टी का प्रत्याशी चायल सुरक्षित एवं जौनपुर लोक सभा क्षेत्र से चुनाव इसलिए हारे कि दलितों का वोट विभाजित हो गया। कुछ समय पहले बसपा के आम कार्यकर्त्ता बात सुनने को तैयार नहीं थे, लेकिन अब ऐसा नहीं है।

संयुक्त प्रगतिशील गठबंधन सरकार ने अपने न्यूनतम साझा कार्यक्रम में दलितों को निजीक्षेत्र में आरक्षण एवं आरक्षण कानून इत्यादि अधिकार देने के लिए कहा है। बहुजन समाज पार्टी कितनी शुभचिंतक है, इसी से अंदाजा लगाया जा सकता है कि उसने गठबंधन सरकार के इस फैसले का स्वागत तक नहीं किया। आज तक इन्होंने एक भी आंदोलन मुद्दों के आधार पर नहीं चलाया। हमेशा भावुक बातें उठाते रहे। कभी सावधान रैली, कभी चेतावनी तो कभी पर्दाफाश। दलितों व गरीबों के लिए न्यूनतम मजदूरी, खाली पदों पर भर्ती, भारतीय संविधान की रक्षा, छात्रों के वजीफे में बढोत्तरी, निजी क्षेत्र में आरक्षण एवं दलित उत्पीड़न आदि मुद्दों पर कभी कोई रैली या आंदोलन नहीं किया। राजग सरकार ने धड़ाधड़ सरकारी कम्पनियों का विनिवेश किया और आरक्षण समाप्त करने की पूरी साजिश रची, फिर भी 14 सांसद लोक सभा में होते हुए इस पर कभी चूं तक नहीं किए। बी.पी.सी.एल., एच.पी.सी.एल. जैसी कंपनियों पर जब लोक सभा में चर्चा हुई, तब राजग के संयोजक जॉर्ज फर्नांडीज तक ने इसका विरोध किया, लेकिन बसपा ने लोक सभा में कोई संघर्ष नहीं किया। कभी–कभी यथार्थ जुबान पर आ भी जाता है, जैसे मायावती जी का जनसभाओं में बोलना कि दलित जब पिटेगें तभी बसपा में आएगें। इन्होंने अच्छी तरह समझ लिया है कि यदि दलितों में अधिकार लेने की आदत पड़ जाएगी तो ये पार्टी से हमेशा ऐसी बात की उम्मीद करेगें और दूसरी मुश्किल यह होगी कि अधिकार के जरिए साधन–सम्पन्न होने पर लोग सवाल–जावाब करने लगेगें। अनुभव बताता है कि भावुकता राजनीति में बहुत फलदायी होती है। अनुसूचित जाति/जन जाति संगठनों का अखिल भारतीय परिसंघ ने आरक्षण विरोधी आदेश वापिस कराए, बौद्ध धर्म का प्रचार–प्रसार किया, निजीक्षेत्र में दलितों को आरक्षण के लिए आंदोलन

चलाया, फिर भी दलित नोट और वोट देने में सबसे आगे बसपा के लिए ही हैं। मुद्दे के आधार पर डॉ॰ अम्बेडकर का पूरा आंदोलन रहा है, लेकिन जो सहयोग उन्हें मिलना चाहिए था, नहीं मिला। जब महाराष्ट्र से चुनाव हारे तो उन्हें लोक सभा में भेजने का काम मुस्लिम लीग के नेता योगेन्द्र नाथ मंडल ने किया। भाजपा ने जब मंदिर के नाम पर वोट मांगा तब लोगों ने बिना कुछ अपेक्षा किए हुए सहयोग दिया। भाजपा की सत्ता आने के बाद 5 साल राज तो कर लिए, लेकिन मंदिर मिला नहीं। मतदाता जब मंदिर बनवाने के लिए वोट दिए तो उन्हें भी चाहिए कि वे रोजगार, शिक्षा, स्वास्थ्य की उम्मीद ऐसी सरकार से न करें।

संकट में मायावती दलित की बेटी बन जाती हैं लेकिन वास्तव में दौलत की बेटी ही हैं। राजग सरकार में हजारों करोड़ के सरकारी उद्योगों को सैकड़ों करोड़ में बेचा गया। उद्योग जगत के हिसाब से आजाद भारत में अब तक का सबसे मुनाफे का सौदा कथित रूप से बीमार उद्योगों को खरीदने का ही साबित हुआ है। हजारों करोड़ के वारे–न्यारे हुए, लेकिन करने वालों को पैसा रखने का तरीका पता होने के कारण भ्रष्टाचार उजागर नहीं हो सका। शायद यहां पर मायावती कुछ चूकी हैं। कोई भी पार्टी करोड़ों रूपये चुनाव फंड के नाम पर रख सकती है, यह कानूनसंगत है। हिम्मत की दाद मायावती को देनी चाहिए कि अपने स्वयं के खाते में 9 करोड़, 78 लाख रूपये नकद जमा किए। अंध–भक्तों को सोचना चाहिए कि यदि यह पैसा बहुजन समाज का है, तो पार्टी के खाते में क्यों नहीं जमा किया गया?

---

24 जून, 04 दैनिक हिन्दुस्तान दलित, बसपा और मायावती

62

वाजपेयी जी को सारे खून माफ

कांग्रेस के अलावा अगर कोई नेता या प्रधानमंत्री के रूप में सबसे अधिक सफल हुआ है, तो वे हैं श्री अटल बिहारी वाजपेयी। मनाली में छुट्टी मनाने गए तो कहा कि मोदी के कारण भाजपा की हार हुई है। इस पर जब संघ परिवार एवं भाजपा में हाहाकार मचा, तब उन्होंने कहा कि मोदी को हटाने की बात अब अतीत की हो गयी है। मुंबई में भाजपा की कार्यकारिणी की बैठक में उन्होंने कहा कि वे राजनीति से सन्यास ले लेगें और फिर पलट दिया और कहा कि वह तो मज़ाक था। क्या भारत का कोई अन्य इतना वरिष्ठ नेता इस तरह का बयान देकर पार्टी का सर्वेसर्वा बना रहे और मीडिया भी न पीछे पड़े? यदि इसे समझ पाएं तब कुछ हद तक भारत की सामाजिक एवं राजनैतिक व्यवस्था को समझा जा सकता है। सन् 1942 में वाजपेयी जी अंग्रेजी सरकार के सामने कहा कि आजादी के आंदोलन या उसमें सक्रिय लोगों से कोई लेना–देना नहीं है। आजादी में भाग लेने वालों के खिलाफ न्यायपालिका में बयान भी दिया। यह मात्र आरोप नहीं है, बल्कि एक ऐतिहासिक सच है। इसके बावजूद जनसंघ एवं संघ परिवार ने इनको सर्वश्रेष्ठ नेता बनाया, जबकि संघ परिवार राष्ट्रभक्ति का ढिंढोरा पीटते अघाता नहीं। वाजपेयी जी कभी अनुशासित नेता नहीं रहे और न ही संगठनकर्ता। इन्होंने जीवन बड़ी सहजता से जिया, जबकि अन्य नेता दीन दयाल उपाध्याय, बलराज मधोक एवं लाल कृष्ण आडवाणी जैसों ने जबर्दस्त मेहनत करके पार्टी बनायी।

जब वी. पी. सिंह ने मण्डल लागू करने की घोषणा की, तो उस समय भाजपा के चतुर नेता लाल कृष्ण आडवाणी भाप गए कि मध्यम वर्ग एवं पूर्वाग्रहित दबंग जाति के लोगों में आक्रोश है। लाल कृष्ण आडवाणी ने अयोध्या में मंदिर बनाने के लिए रथ घुमाकर मंडल विरोधी भावनाओं को एक शक्ति के रूप में एकत्रित कर लिया। इसमें भी वाजपेयी की कोई सक्रिय भूमिका नहीं रही। इसी रथयात्रा के कारण पार्टी केन्द्र की हुकूमत में तीन बार पहुंची। आडवाणी की छवि कट्टरवादी बनी रही और वाजपेयी की उदारवादी। भाजपा जब सत्ता में आयी तो प्रधानमंत्री पद का हकदार आडवाणी को होना चाहिए था, न कि वाजपेयी को। इस तरह से देखा जाए तो आडवाणी ने ही पार्टी बनायी लेकिन तीनो बार प्रधानमंत्री अटल बिहारी वाजपेयी ही बने।

वाजपेयी की जीवन शैली पर भी लोगों ने उंगली नहीं उठायी। शायद ही कोई दूसरा नेता इनके स्थान पर होता तो बच पाता। बलराज मधोक ने अपनी पुस्तक 'जिन्दगी का सफर–2' पृष्ठ 85 पर लिखा, "1956 में लखनऊ में लोक सभा का एक स्थान रिक्त हुआ। उसका उपचुनाव होना था। मैंने अटल बिहारी को वहां से जनसंघ का प्रत्याशी बनाने का सुझाव दिया। दीन दयाल उपाध्याय को यह सुझाव पसन्द नहीं आया। उन्होंने मुझे कहा कि आप अटल को नहीं जानते।" फिर पृष्ठ 86 पर बलराज मधोक लिखते हैं, "मुझे तब तक न तो अटल बिहारी की पृष्ठभूमि का कोई ज्ञान था और न उसकी चारित्रिक दुर्बलताओं की कोई जानकारी थी। बोलचाल में वह अच्छा लगता था, इसलिए मैं दीन दयाल उपाध्याय के विरोध को व्यक्तित्त्व का टकराव मात्र समझता रहा और इसे उचित महत्त्व नहीं दिया। बाद में घटना चक्र ने सिद्ध किया कि दीन दयाल उपाध्याय द्वारा अटल बिहारी का मूल्यांकन ठीक था। उनकी बात पर ध्यान दिया गया होता तो संभवतः जनसंघ की अपने ही लोगों के हाथों हत्या न होती।" बलराज मधोक ने अपनी पुस्तक 'जिन्दगी का सफर–3' में यहां तक लिखा है कि दीन दयाल उपाध्याय की हत्या में पार्टी के ही वरिष्ठ नेता का हाथ रहा है। उन्होंने वाजपेयी के नैतिक चरित्र के बारे में ऐसा लिखा है कि यदि कोई उसे पढ़ ले तो निश्चित तौर से आचर्श्यचकित रह जाएगा! बलराज मधोक भाजपा का वह नेता है, जिसे कहा जा सकता है कि इसने भाजपा का निर्माण किया। ऐसे व्यक्ति के द्वारा वाजपेयी के बारे में लिखा गया हो, लेकिन उनके राजनैतिक जीवन में कोई दुष्प्रभाव न पड़े, ऐसी माफी वाजपेयी को ही क्यों मिलती है?

विपक्ष भी वाजपेयी पर हमला न कर सका, क्योंकि उनकी छवि उदार है। आडवाणी जैसे कट्टरपंथी नेताओं पर ज्यादा प्रहार होता रहा है। विपक्ष यदि विवेकशील होता तो वह वाजपेयी की ही आलोचना करता, क्योंकि इन्हीं के व्यक्तित्व की वजह से दूसरी पार्टियों के सहयोग से भाजपा सत्ता में आयी। कांग्रेस को इसी कारण से सत्ता से बाहर रहना पड़ा। यह तो नहीं कहा जा सकता कि कांग्रेस या और विपक्षी दलों ने वाजपेयी को जानबूझकर माफ किया है, बल्कि वाजपेयी ने कहीं न कहीं इन्हें मात दे दिया होगा। वाजपेयी जिस सोच का प्रतिनिधित्व करते हैं, उसका योगदान कहीं ज्यादा रहा है। खास वर्ग के कांग्रेसी भाजपा की आलोचना दिन भर करते रहे, लेकिन निष्कर्ष में यही कहते थे कि वाजपेयी ठीक हैं।

साधारणतया वाजपेयी उदार प्रवृत्ति के हैं, लेकिन जब कोई पार्टी का आदमी आंख की किरकिरी हो जाता है, तो उसको पार्टी से जाना ही होता है, जैसे–कल्याण सिंह, गोविंदाचार्या इत्यादि। उदार और कवि हृदय होते हुए भी भाजपा और संघ परिवार में कोई वरिष्ठ नेता ऐसा नहीं है, जिसको इस तरह की सजा पार्टी ने दी हो। इनकी मित्रमंडली में विभिन्न तरह के साथी हैं, लेकिन पार्टी में कभी विवाद नहीं उठा। इनके अलावा भाजपा और संघ परिवार में किसी और वरिष्ठ नेता की मित्रमंडली ऐसी होती तो जरूर फटकार मिली होती कि वे अपने चरित्र को ठीक रखें।

सुना यह भी गया है कि जब आडवाणी रथयात्रा लेकर अयोध्या जा रहे थे, तो वाजपेयी इंग्लैंड में आराम फरमाने गए थे। उस समय जब लोगों ने पूछा कि आप यहां कैसे? तो इन्होंने कहा कि राम–भक्त अयोध्या गए और मैं इधर। जब अमेरिका में वाजपेयी गए, तो बयान दिया कि सबसे पहले वे स्वयं सेवक हैं। इसकी कड़ी आलोचना भी हुई, लेकिन मामला रफा–दफा हो गया। गुजरात की घटना के बाद पार्टी की गोवा बैठक में वाजपेयी ने कहा कि मुसलमान जहां भी रहते हैं, झगड़ा करते रहते हैं। आलोचना तो हुई, परन्तु मामला ठण्डा हो गया।

1998 में परमाणु परीक्षण हुआ, उसके तुरन्त बाद ही पाकिस्तान ने जबाब में उससे ज्यादा बम फोड़े। अब तक पाकिस्तान परमाणु शस्त्र के क्षेत्र में बराबरी पर नहीं था, लेकिन इन्होंने उसे बराबरी की स्थिति में खड़ा कर दिया। मुंबई एवं दिल्ली स्थित पाकिस्तान के दूतावास के कर्मचारियों को कम किया। रेल, बस एवं हवाई संबंध पाकिस्तान से निरस्त कर दिए, लेकिन

उसके पहले और बाद में भी आतंकवादी गतिविधियों में खास परिवर्तन नहीं हुआ। वाजपेयी काफी दिनों तक कहते रहे कि पाकिस्तान से आर–पार की लड़ाई की जाएगी, सो तो हो न सका। अंत में भारत–पाक वार्ता की शुरुआत फिर से हुई। यहां ध्यान देने वाली बात है कि जब इन्होंने आर–पार की लड़ाई की बात कही, तो लोगों ने जबर्दस्त समर्थन दिया और बिना स्थिति में परिवर्तन के बातचीत शुरू की, तब भी लोगों ने पीठ थपथपाई। क्या और किसी नेता पर इस तरह की मेहरबानी मीडिया या जनता कर सकती है? कारगिल युद्ध से भी बड़ा लाभ मिला। पहले तो घुसपैठिए भारत में आ गए, पता नहीं चला। जब पता चला तो उन्हें निकालने के लिए युद्ध छेड़ा गया। युद्ध में सैकड़ों करोड़ रूपया बर्बाद हुआ और सेना के नौजवानों एवं अधिकारियों की हत्या हुई। इनको निकाला भी तो इस तरह से जैसे घर में चोर घुस आए, तो पहले उसे रसोईं घर से निकाला और उसे विजयश्री के रूप में मनाया गया। दूसरे चरण में शयनकक्ष से तो वह भी विजय के रूप में प्रचारित किया गया। इस तरह से क्रमशः आंगन, बरामदे और घर से खदेड़ा गया। ऐसा माहौल बना कि जैसे हम बहुत बड़ा युद्ध जीत रहे हैं, जबकि हमारी ही गलती से घुसपैठिए अंदर आए। मरे हुए नौजवानों व अधिकारियों की लाशों का जमकर इस्तेमाल हुआ। वाजपेयी जी से देश की जनता और मीडिया ने भी विशेष सवाल नहीं किया कि आखिर में आर–पार की लड़ाई का क्या हुआ?

वाजपेयी ही ऐसे प्रधानमंत्री रहे हैं, जिन्होंने सबसे कम कार्यालय में बैठकर काम किया है। अन्य प्रधानमंत्री फाइलों को पढ़ने का प्रयास करते हैं, लेकिन इन्होंने नौकरशाहों के ऊपर सब छोड़ रखा था। इस पर भी लोगों ने उंगली नहीं उठायी। जब इनके स्वास्थ्य के संबंध में टाइम्स मैगजीन में समाचार छपा, तो एक तरह से सरकार ने उस पत्रिका पर हमला ही बोल दिया। अमेरिका एवं यूरोप के देशों में भी वहां के राष्ट्राध्यक्षों के निजी जीवन के बारे में खबरें छपती रहती हैं, लेकिन इस तरह से प्रतिक्रिया वहां नहीं होती। मीडिया यहां के अन्य नेताओं के बारे में कभी–कभी उनके निजी जीवन के सम्बंध में लिखती रहती है, लेकिन ऐसा बवाल कभी नहीं मचा, जैसा कि वाजपेयी के मामले में हुआ। टाइम्स मैगजीन को भी अंत में आभास हुआ कि उसने गलत व्यक्ति के निजी जीवन के बारे में छाप दिया। इस तरह से माफी मांगने के अलावा कोई रास्ता नहीं बचा।

मुंबई की बैठक में इन्होंने पार्टी की जिम्मेदारियों से मुक्त होने की बात कहकर सभी को स्तब्ध कर दिया। मान–मनौव्वल के बाद कहा कि जो उन्होंने कहा, वह मजाक था। हैरानी तब हुई जब देश में बहस नहीं छिड़ी कि आखिर राजनीति कोई मजाक या मनोरंजन की चीज हो गयी है। ऐसा नेतृत्व जो दो दिन में बिल्कुल बदल जाए, ऐसे के हाथ में पार्टी या देश की सत्ता सौंपना कहां तक उचित है? एक साधारण व्यक्ति भी जब अपने बयान या वायदे से मुकरता है, तो लोगों की नजरों में गिर जाता है। क्या इस मामले में वाजपेयी जी साधारण व्यक्ति से भी कम जिम्मेदार हैं? लोगों ने इसे गंभीरता से लिया ही नहीं, क्या इस तरह के बयान सोनिया गांधी या और नेता देकर सुरक्षित रह सकते थे? इनके दामाद रंजन भट्टाचार्या जैसे किसी और प्रधानमंत्री के रिश्तेदारों के कार्यकलाप होते, तो क्या वह बिना विवाद बने रह सकता था?

यह माफी कहीं वाजपेयी जी को ब्राह्मण होने की वजह से तो नहीं। इतना जिम्मेदार व्यक्ति देश के सामने बयान दे और दूसरे दिन ही कह दे कि वह मजाक था, यह कोई साधारण बात नहीं है। इससे इस देश के सामाजिक और राजनैतिक परिवेश के बारे में पता चलता है कि कौन गलती करके भी सर्वमान्य बना रहता है और कौन सही कार्य करने के बावजूद कटघरे में खड़ा किया जाता है।